161 138764 7

G UN

D1100798

Brox/Walker · A...

Allgemeines Schuldrecht

von

Dr. iur. Hans Brox

Bundesverfassungsrichter a. D.
em. o. Professor der Rechte
an der Universität Münster

fortgeführt von

Dr. iur. Wolf-Dietrich Walker

Universitätsprofessor an der
Justus-Liebig-Universität Gießen

28., neubearbeitete Auflage

Verlag C. H. Beck München 2002

Die Deutsche Bibliothek – CIP-Einheitsaufnahme

Brox, Hans:
Allgemeines Schuldrecht / von Hans Brox. Fortgef. von
Wolf-Dietrich Walker. – 28., neubearb. Aufl. – München :
Beck, 2002
  (Grundrisse des Rechts)
  ISBN 3 406 48596 0

Verlag C. H. Beck im Internet:
beck.de

ISBN 3 406 48596 0

© 2002 Verlag C. H. Beck oHG
Wilhelmstraße 9, 80801 München
Satz und Druck: Druckerei C. H. Beck Nördlingen
(Adresse wie Verlag)

Gedruckt auf säurefreiem, alterungsbeständigem Papier
(hergestellt aus chlorfrei gebleichtem Zellstoff)

Vorwort zur 28. Auflage

Am 1. 1. 2002 ist das Schuldrechtsmodernisierungsgesetz vom 26. 11. 2001 (BGBl. I, 3183) in Kraft getreten. Dadurch wurden außer den Regeln im Besonderen Schuldrecht vor allem zum Kaufrecht, zum Werkvertragsrecht und zum Darlehensrecht wesentliche Teile des Allgemeinen Schuldrechts tiefgreifend geändert. Das hat eine weitgehende Neubearbeitung des Buches erforderlich gemacht. Diese hat Hans Brox nach 27 von ihm bearbeiteten Auflagen (!) nunmehr abgegeben. Das bewährte, vorrangig auf didaktische Ziele ausgerichtete Konzept des Buches bleibt auch künftig unverändert.

In erster Linie wurden die Ausführungen zu den Leistungsstörungen, die einen Schwerpunkt im Allgemeinen Schuldrecht bilden und auch den Kern der Schuldrechtsreform ausmachten, vollständig neu geschrieben und erweitert. Ferner wurden in Absprache mit Hans Brox insbesondere die Passagen zu den Allgemeinen Geschäftsbedingungen, zum vorvertraglichen Schuldverhältnis, zum Rücktritt, zum Verbraucherschutz bei den besonderen Vertriebsformen, zum Schuldverhältnis mit Schutzwirkung für Dritte, zur Gesamtschuld und zu Teilen des Schadensrechts neu bearbeitet. Dabei wurde das am 1. 8. 2002 in Kraft getretene Zweite Schadensersatzrechtsänderungsgesetz (BGBl. I, 2674) bereits berücksichtigt. An weiteren Gesetzesänderungen seit der letzten Auflage war vor allem das Mietrechtsreformgesetz aus dem Jahr 2001 einzuarbeiten. Die Darstellung des Buches orientiert sich an dem neuen Schuldrecht. Soweit es zum Verständnis des neuen Rechts und zur Einordnung der noch zum früheren Schuldrecht ergangenen Rechtsprechung sinnvoll erscheint, enthält das Buch Hinweise auf das vor der Schuldrechtsreform geltende Recht.

Rechtsprechung und Schrifttum sind in dem Umfang, wie es dem Konzept des Buches entspricht, bis Anfang Juli 2002 eingearbeitet. Ausgewählte Werke zur Schuldrechtsreform sind am Ende des Schrifttumsverzeichnisses nachgewiesen.

In die Bearbeitung dieser Auflage sind zahlreiche Ideen der Herren Assessoren Sandy Bernd Reichenbach und Thorsten Krick sowie von Frau Assessorin Sonja Petri eingeflossen, die meine ständigen Diskussionspartner waren. Ferner habe ich hilfreiche Unterstützung von Herrn Assessor Ralf Gaumann und Herrn stud. iur. Thilo Kuntz erhalten. Die Register wurden von Herrn stud. iur. Oliver Koos erstellt. Das Manuskript hat weitgehend Frau Regina Lausmann betreut. Ihnen allen danke ich vielmals für ihre wertvolle Mitarbeit.

Gießen, im Juli 2002   Wolf-Dietrich Walker

Inhaltsübersicht

Inhaltsverzeichnis

Sechstes Kapitel

§ 19. Verbraucherschutz bei besonderen Vertriebsformen

Achtes Kapitel. Störungen im Schuldverhältnis

Zehntes Kapitel. Beteiligung Dritter am Schuldverhältnis

Elftes Kapitel. Mehrheit von Gläubigern und Schuldnern

Abkürzungsverzeichnis

c. i. c.	culpa in contrahendo
CR	Computer und Recht
DAR	Deutsches Autorecht
DB	Der Betrieb
ders.	derselbe
d. h.	das heißt
dies.	dieselbe(n)
Diss.	Dissertation
DNotZ	Deutsche Notar-Zeitschrift
DRiZ	Deutsche Richterzeitung
EFZG	Entgeltfortzahlungsgesetz
EG	Europäische Gemeinschaft
EGBGB	Einführungsgesetz zum Bürgerlichen Gesetzbuch
Einf.	Einführung
Einl.	Einleitung
Einzelh.	Einzelheiten
EnWG	Energiewirtschaftsgesetz
ErbR	Brox, Erbrecht
Erman/(Bearb.)	Erman, Handkommentar zum Bürgerlichen Gesetzbuch
Esser/Schmidt	Esser/Schmidt, Schuldrecht, Bd. I, Allgemeiner Teil
EU	Europäische Union
EuGH	Gerichtshof der Europäischen Gemeinschaften
evtl.	eventuell
EWiR	Entscheidungen zum Wirtschaftsrecht
I. E	Entwurf eines bürgerlichen Gesetzbuches für das Deutsche Reich. Erste Lesung, 1888
FamRZ	Zeitschrift für das gesamte Familienrecht
f.	folgend (-er, -e, -es)
FernAbsG	Fernabsatzgesetz (aufgehoben)
ff.	fortfolgende
FN	Fußnote
G	Gesetz
GBO	Grundbuchordnung
GenG	Genossenschaftsgesetz
GewO	Gewerbeordnung
GG	Grundgesetz
ggf.	gegebenenfalls
GmbHG	Gesetz betreffend die Gesellschaften mit beschränkter Haftung
GSZ	Großer Senat in Zivilsachen
GVG	Gerichtsverfassungsgesetz
GWB	Gesetz gegen Wettbewerbsbeschränkungen

HaftpflG	Haftpflichtgesetz
Halbs.	Halbsatz
HausratsVO	Hausratsverordnung
HausTWG	Gesetz über den Widerruf von Haustürgeschäften und ähnlichen Geschäften (aufgehoben)
HGB	Handelsgesetzbuch
h. L.	herrschende Lehre
h. M.	herrschende Meinung
HO	Hinterlegungsordnung
HöfeO	Höfeordnung
HR	Brox, Handelsrecht und Wertpapierrecht
HRefG	Handelsrechtsreformgesetz
Hs.	Halbsatz
i. d. F.	in der Fassung
i. d. R.	in der Regel
i. e. S.	im engeren Sinne
InsO	Insolvenzordnung
i. S. d.	im Sinne des/der
IuR	Informatik und Recht
i. V. m.	in Verbindung mit
JA	Juristische Arbeitsblätter
Jauernig/(Bearb.)	Jauernig, Bürgerliches Gesetzbuch
JR	Juristische Rundschau
JurA	Juristische Analysen
Jura	Juristische Ausbildung
Jur. Blätter	Juristische Blätter
JuS	Juristische Schulung
JZ	Juristenzeitung
Larenz	Larenz, Lehrbuch des Schuldrechts, Bd. I
LM	Lindenmaier-Möhring, Nachschlagewerk des Bundesgerichtshofs
LZ	Leipziger Zeitschrift für Deutsches Recht
m. a. W.	mit anderen Worten
MDR	Monatsschrift für Deutsches Recht
m. E.	meines Erachtens
Medicus BürgR.	Medicus, Bürgerliches Recht
Medicus SAT	Medicus, Schuldrecht I: Allgemeiner Teil
m. N.	mit Nachweisen
Mot.	Motive zum Entwurf eines Bürgerlichen Gesetzbuches
MünchKomm/ (Bearb.)	Münchener Kommentar zum Bürgerlichen Gesetzbuch

Paragraphen ohne Gesetzesangaben sind solche des BGB.

Schrifttum

1. Lehrbücher, Grundrisse, Grundkurse und Repetitorien:

Däubler, Das Zivilrecht 1, Ein Leitfaden durch das BGB, 1997;
Däubler, BGB-Kompakt, 2002;
Esser/Schmidt, Schuldrecht, Band I, Allgemeiner Teil, Teilband 1, 8. Aufl.
1995; Teilband 2, 8. Aufl., 2000;
Fikentscher, Schuldrecht, 9. Aufl. 1997;
Gernhuber, Handbuch des Schuldrechts: Das Schuldverhältnis, 1989;
Hirsch, Allgemeines Schuldrecht, 3. Aufl., 1998;
U. Huber, Handbuch des Schuldrechts: Leistungsstörungen, Band I und II,
1999;
Kittner, Schuldrecht, 2. Aufl., 2002;
Köbler, Schuldrecht, Allgemeiner Teil und Besonderer Teil, 2. Aufl., 1995;
Larenz, Lehrbuch des Schuldrechts, Band I, 14. Aufl., 1987;
Medicus, Bürgerliches Recht, 18. Aufl., 1999;
Medicus, Schuldrecht I, Allgemeiner Teil, 13. Aufl., 2002;
Musielak, Grundkurs BGB, 7. Aufl., 2002;
Schellhammer, Schuldrecht nach Anspruchsgrundlagen, 4. Aufl., 2002;
Schlechtriem, Schuldrecht, Allgemeiner Teil, 4. Aufl., 2000;
Thiele/Fezer, Schuldrecht, Allgemeiner Teil, 4. Aufl., 1993;
H. P. Westermann, BGB-Schuldrecht, Allgemeiner Teil, 4. Aufl., 1999;
Wörlen, Grundbegriffe des Schuldrechts, Teilband 1: Allgemeines Schuldrecht,
3. Aufl., 1997.

2. Kommentare:

Alternativkommentar zum Bürgerlichen Gesetzbuch, Band 2, Allgemeines
Schuldrecht, 1980;
Dauner-Lieb/Heidel/Lepa/Ring, Anwaltkommentar Schuldrecht, 2002;
Dörner/Ebert/Eckert/Hoeren/Kemper/Saenger/Schulte-Nölke/Schulze/
Staudinger, BGB Handkommentar, 2. Aufl. 2002;
Erman, Handkommentar zum Bürgerlichen Gesetzbuch, Band 1, 10. Aufl.,
2000;
Jauernig, Bürgerliches Gesetzbuch, 9. Aufl., 1999;
Kropholler, Studienkommentar BGB, 5. Aufl., 2002;
Münchener Kommentar zum Bürgerlichen Gesetzbuch, Band 2, 4. Aufl.,
2001;

Palandt, Bürgerliches Gesetzbuch, 61. Aufl., 2002 mit Ergänzungsband 2002;
RGRK, Das Bürgerliche Gesetzbuch, Kommentar, hrsg. von Reichsgerichts-
räten und Bundesrichtern, II. Band, 12. Aufl., 1978 ff.;
Soergel, Bürgerliches Gesetzbuch, Band 2, Schuldrecht I, 12. Aufl., 1990;
v. Staudinger, Kommentar zum Bürgerlichen Gesetzbuch, Teilbände zum
Recht der Schuldverhältnisse, 13. Bearb., 1995 ff.

3. Fallsammlungen:

Becker, Vertragliche Schuldverhältnisse, 2002;
Dauner-Lieb/Arnold/Dötsch/Kitz, Fälle zum neuen Schuldrecht, 2002;
Köhler, BGB-Schuldrecht I, Prüfe Dein Wissen, Band 2, 18. Aufl., 2000;
Köhler/Fritzsche, Fälle zum neuen Schuldrecht, 2002;
Kornblum, Fälle zum Allgemeinen Schuldrecht, 4. Aufl., 2002;
Marburger, 20 Probleme aus dem BGB-Schuldrecht, Allgemeiner Teil,
6. Aufl., 1998.

4. Ausgewählte Literatur zur Schuldrechtsreform im Allgemeinen:

Canaris, Schuldrechtsreform 2002, 2002;
Dauner-Lieb/Heidel/Lepa/Ring, Das neue Schuldrecht 2002;
Ehmann/Sutschet, Modernisiertes Schuldrecht, 2002;
Ernst/Zimmermann (Hrsg.), Zivilrechtswissenschaft und Schuldrechtsreform,
Tübingen, 2001, mit Beiträgen zum Allgemeinen Schuldrecht von U. Hu-
ber, Dauner-Lieb, Hager;
Henssler/v. Westphalen, Praxis der Schuldrechtsreform, 2002;
Huber/Faust, Schuldrechtsmodernisierung, 2002;
Lorenz/Riehm, Lehrbuch zum neuen Schuldrecht, 2002;
Olzen/Wank, Die Schuldrechtsreform, 2002;
Schmidt-Räntsch, Das neue Schuldrecht, 2001;
Schulze/Schulte-Nölke, Die Schuldrechtsreform vor dem Hintergrund des
Gemeinschaftsrechts, 2001, mit Beiträgen zum Allgemeinen Schuldrecht
von Canaris, Grigoleit, Fleischer, Köndgen, St. Lorenz, Magnus, Mankow-
ski, Heinrichs, Schmidt-Räntsch, Dörner, Micklitz, Ulmer;
Schwab/Witt, Einführung in das neue Schuldrecht, 2002;
Westermann, Das Schuldrecht 2002, 2002.

Erstes Kapitel

§ 1. Standort und Bedeutung des Schuldrechts

Fälle:

a) V verkauft an K am 1. 4. einen antiken Schrank für 9000 Euro. Der **1** Schrank soll am 2. 4. geliefert und bezahlt werden. In der Nacht vom 1. zum 2. 4. stiehlt D den Schrank, beschädigt ihn beim Transport und überlässt ihn dann dem B. Wer kann von B Herausgabe des Schrankes und von D Schadensersatz wegen der Beschädigung verlangen? Wer, wenn der Schrank erst am Abend des 2. 4. bei K gestohlen wird?

b) Im Fall a verkauft V nach Abschluss des Kaufvertrages mit K den Schrank für 9500 Euro an K 1, der den Schrank sofort mitnimmt und auch nicht mehr herzugeben bereit ist. Rechte des K?

I. Begriff und gesetzliche Regelung

1. Begriff

Das Schuldrecht ist der Teil des Privatrechts, der die Schuldverhältnisse behandelt.

a) Schuldrecht als Teil des Privatrechts

Das Privatrecht regelt Rechtsverhältnisse zwischen einzelnen gleichgeordneten Rechtssubjekten. Es geht hier also nicht um eine Über- und Unterordnung, die in der Regel für das öffentliche Recht kennzeichnend ist.

Im **Fall a** ergeben sich die Verpflichtungen des V und des K aus dem Kaufvertrag (§ 433), also aus dem Privatrecht. Die Frage, wer gegenüber dem Staat zur Zahlung von Umsatzsteuer (= Mehrwertsteuer) verpflichtet ist, regelt das Steuerrecht, das zum öffentlichen Recht gehört.

b) Schuldverhältnisse als Gegenstand des Schuldrechts

Das Schuldverhältnis ist ein Rechtsverhältnis, auf Grund dessen **2** eine Person (= Schuldner) der anderen (= Gläubiger) etwas schuldet, d.h. ihr gegenüber zur Leistung (§ 241 I) oder zur Rücksicht (§ 241 II) verpflichtet ist. Aus dem Schuldverhältnis als einer Sonderverbindung zwischen Personen ergibt sich also die *Pflicht (Schuld, Verbindlichkeit)* des Schuldners, sich gegenüber dem Gläubiger in einer bestimmten Weise zu verhalten. Dem kann aus Sicht des Gläubigers das *Recht (der Anspruch, die Forderung)* auf das Verhalten des Schuldners entsprechen. Zwingend ist das jedoch nicht (zu Einzelheiten siehe § 2 Rdnr. 4 ff.).

Beispiele: A verpflichtet sich vertraglich gegenüber B, diesem ein bestimmtes Originalgemälde zu schenken (§§ 516, 518); B kann dann von A Übereignung des Bildes verlangen. – Der Kraftfahrer K gerät mit seinem Fahrzeug in Folge Unachtsamkeit auf den Bürgersteig und verletzt den Fußgänger F; dieser kann von K Ersatz seines Körper- und Sachschadens fordern (§ 823).

2. Gesetzliche Regelung

3   **a) Regelung im zweiten Buch des BGB**

Das Schuldrecht wird im zweiten Buch des BGB (§§ 241 bis 853) behandelt. Im achten Abschnitt dieses Buches hat der Gesetzgeber bestimmte, im praktischen Leben häufig vorkommende Schuldverhältnisse ausdrücklich geregelt (§§ 433 bis 853; Besonderes Schuldrecht). Entsprechend der auch sonst zu beobachtenden Systematik des BGB sind die bei allen oder bei mehreren der einzelnen Schuldverhältnisse auftauchenden Probleme zusammengefasst und den einzelnen Schuldverhältnissen vorangestellt (§§ 241 bis 432; Allgemeines Schuldrecht).

Dieses Bestreben, das Gemeinsame auszuklammern („Ausklammerungsprinzip"), zeigt vor allem der Allgemeine Teil des BGB: Was für *alle* Bücher des BGB gilt, ist im ersten Buch des BGB geregelt.

Beispiel: § 433 setzt einen Kauf*vertrag* voraus. § 929 S. 1 verlangt für den Eigentumsübergang neben der Übergabe einen Übereignungs*vertrag*. Wie ein Vertrag, der im Schuld- und Sachenrecht ebenso wie im Familien- und Erbrecht eine Rolle spielt, zustande kommt, ergibt sich aus den Bestimmungen des Allgemeinen Teils (§§ 145 ff., 116 ff., 104 ff.).

4   Das Gesetz geht also in seinem Aufbau vom Allgemeinen zum Besonderen. Das gilt auch im Rahmen des Schuldrechts: Dem

achten Abschnitt über die Regeln einzelner Schuldverhältnisse sind sieben Abschnitte über das Allgemeine Schuldrecht vorangestellt.

So beginnt das zweite Buch des BGB mit der abstrakten Bestimmung des § 241 I, dass der Gläubiger vom Schuldner eine Leistung zu fordern berechtigt ist. Um welche Leistung es sich im konkreten Fall handelt, richtet sich nach dem jeweiligen Schuldverhältnis (z. B. Kauf, § 433; Miete, § 535; usw.).

Beschädigt X aus Unachtsamkeit den von Y geliehenen Kriminalroman, so hat er dem Y Schadensersatz zu leisten. Schadensersatzpflichtig ist aber auch der Autofahrer, der mit seinem Fahrzeug infolge zu schnellen Fahrens auf den Bürgersteig gerät und den Y anfährt, so dass dessen Buch beschädigt wird. Die Frage, worauf der Schadensersatzanspruch gerichtet ist (Ersatz nur der unleserlich gewordenen Seiten? Lieferung eines neuen Buches? Desselben Inhalts? Lieferung eines anderen Krimis? Zahlung des Anschaffungspreises? usw.), stellt sich gleichermaßen in beiden Fällen. Deshalb sind diese Regeln des Schadensersatzes ausgeklammert und vorweg in den §§ 249 ff. behandelt. Andernfalls hätte der Gesetzgeber sie bei jedem Schuldverhältnis wiederholen müssen.

Hat jemand gegen einen anderen eine Forderung auf Zahlung von 300 Euro, so regelt das Allgemeine Schuldrecht in den §§ 362 ff., wie diese Forderung erlischt (z. B. durch Erfüllung, Aufrechnung mit einer Gegenforderung). Dabei ist es gleichgültig, aus welchem Grund die Forderung besteht (z. B. aus Kauf-, Miet- oder Werkvertrag oder aus § 823).

b) Geltung auch für Schuldverhältnisse nach den anderen Büchern des BGB

Das Allgemeine Schuldrecht gilt grundsätzlich auch für solche 5 Schuldverhältnisse, die sich aus den übrigen Büchern des BGB ergeben.

Beispiele: Anspruch des Erklärungsempfängers gegenüber dem nach § 119 Anfechtenden (§ 122); Anspruch des Finders auf Finderlohn (§ 971); Unterhaltsanspruch gegen den in gerader Linie Verwandten (§ 1601); Anspruch des Vermächtnisnehmers gegen den Erben auf Leistung des vermachten Gegenstandes (§ 2174).

c) Geltung auch für Schuldverhältnisse nach anderen Gesetzen

Auch außerhalb des BGB gibt es zahlreiche Gesetze, nach denen 6 Schuldverhältnisse entstehen. Auf sie sind die Regeln des Allgemeinen Schuldrechts ebenfalls anwendbar, soweit in diesen Gesetzen nicht etwas anderes bestimmt ist.

Beispiele: StraßenverkehrsG, HaftpflichtG, LuftverkehrsG, ProdukthaftungsG, Handelsgesetzbuch, WechselG, ScheckG.

II. Unterscheidung zum Sachenrecht

7 Beim *Schuldrecht* geht es um Schuldverhältnisse, also um *Sonder-verbindungen zwischen einzelnen Personen*. Das *Sachenrecht* dagegen regelt nicht das Rechtsverhältnis einer Person zu einer anderen, sondern ordnet die *Beziehung einer Person zu einer Sache* (z.B. Eigentum, Pfandrecht).

Das *Schuldrecht* gibt dem Gläubiger ein Recht auf Leistung nur gegen eine bestimmte Person; diese Forderung ist also ein *relatives Recht* und kann regelmäßig nur durch den Schuldner verletzt werden. Das *Sachenrecht* hingegen gibt dem Inhaber des Rechts ein *absolutes Recht*; es richtet sich gegen jedermann. So kann z.B. der Eigentümer einer Sache diese von dem Besitzer herausverlangen (§ 985); er kann ferner von dem, der das Eigentum beeinträchtigt, Beseitigung und bei Besorgung weiterer Beeinträchtigungen Unterlassung verlangen (§ 1004).

> Im **Fall a** hat K am 1. 4. mit Abschluss des Kaufvertrages nur eine Forderung gegen V auf Übereignung des Schrankes erworben (§ 433 I 1); Eigentümer bleibt weiterhin V. Er allein kann also von B Herausgabe des Schrankes verlangen (§ 985); ihm steht wegen der Verletzung seines Eigentums ein Schadensersatzanspruch gegen D zu (§ 823 I). – Hat K am 2. 4. durch Einigung und Übergabe (§ 929 S. 1) von V das Eigentum an dem Schrank erworben, dann stehen ihm die genannten Ansprüche zu (**Fall a,** 2. Frage).

8 Das („dynamische") Schuldrecht ist auf Änderung des gegenwärtigen Zustandes, das („statische") Sachenrecht auf dessen Erhaltung gerichtet. Die Forderung zielt auf Erfüllung, das dingliche Recht auf Beherrschung der Sache.

> Der Kaufvertrag bezweckt einen Güteraustausch (Schrank gegen Geld; § 433). Der Eigentümer des Schrankes kann mit diesem nach Belieben verfahren und andere von jeder Einwirkung ausschließen (§ 903).

9 Das BGB trennt zwischen dem schuldrechtlichen (= obligatorischen) Verpflichtungsgeschäft und dem sachenrechtlichen (= dinglichen) Verfügungsgeschäft (Trennungsprinzip). Durch den Schuldvertrag (z.B. Kauf) ändert sich sachenrechtlich nichts. Die Änderung der Zuordnung einer Sache zu einer Person tritt erst durch Übereignung, Verpfändung usw. ein.

So kann V im **Fall b** das Eigentum an dem Schrank noch auf K 1 übertragen (§ 929 S. 1), obwohl der Schrank schon an K verkauft war. K 1 wird durch die Übereignung von V Eigentümer des Schrankes. K hat nur gegen V einen Anspruch auf Schadensersatz statt der Leistung (§§ 280, 283; dazu § 22 Rdnr. 49 ff.), weil V seine Verpflichtung aus dem Kaufvertrag mit K nicht mehr erfüllen kann; denn V ist zur Übereignung außer Stande, da er das Eigentum auf K 1 übertragen hat. Gegen K 1 hat K regelmäßig keinen Anspruch; lediglich unter den strengen Voraussetzungen des § 826 (vorsätzliche sittenwidrige Schädigung; BS § 41 Rdnr. 75 ff.) besteht ein Schadensersatzanspruch.

Auch bei den Kaufgeschäften des täglichen Lebens muss der **10** (schuldrechtliche) Kaufvertrag von den (sachenrechtlichen) Übereignungen der Kaufsache und der Geldstücke unterschieden werden, obwohl in der Praxis die Geschäfte zeitlich häufig zusammenfallen.

Beispiel: K will von einem Straßenhändler, der eine Sportzeitung vertreibt, ein Exemplar erwerben. Ohne ein Wort zu sagen, gibt er ihm einen Euro. Darin sind das Angebot auf Abschluss eines Kaufvertrages über ein Exemplar, das Angebot auf Einigung über den Eigentumsübergang an dem Geldstück und dessen Übergabe zu erblicken. Händigt der Händler dem K ebenfalls wortlos ein Zeitungsexemplar aus, so nimmt er damit das Kaufangebot und das Angebot auf Übereignung des Geldes an. Gleichzeitig macht er dem A – in Erfüllung des Kaufvertrages – ein Angebot auf Übereignung des Eigentums an der Zeitung, das K mit der Entgegennahme annimmt.

Die Wirksamkeit des sachenrechtlichen hängt nicht von der **11** Wirksamkeit des schulrechtlichen Geschäfts ab; gleiches gilt umgekehrt (Abstraktionsprinzip).

Verfügungen, die auch ohne gültiges Verpflichtungsgeschäft vorgenommen worden sind, können nach §§ 812 ff. rückabgewickelt werden (BS §§ 36 ff.).

III. Bedeutung

Das Schuldrecht enthält die wesentlichen Regelungen für den **12** auf Bedarfsdeckung gerichteten geschäftlichen Verkehr im privaten und wirtschaftlichen Bereich. Dabei geht es vor allem um die auf die Herstellung und den Austausch von Vermögensgütern gerichteten Geschäfte (z. B. Werkvertrag, Kaufvertrag). Die wichtigsten Vertragstypen sind im Besonderen Schuldrecht (§§ 433 ff.) geregelt. Das Schuldrecht bezweckt zudem den Ausgleich ungerechtfertigter Vermögensverschiebungen (§§ 812 ff.) und den Ersatz von Schäden an Personen und Gütern (§§ 823 ff.).

Den genannten Zielen dient auch das Allgemeine Schuldrecht (§§ 241 bis 432). Es umfasst nämlich die allgemeinen Regeln, die für alle Verträge (§ 3 Rdnr. 2 ff.) und für die gesetzlichen Schuldverhältnisse (§ 3 Rdnr. 10 ff.) von Bedeutung sein können. So enthält es z. B. Bestimmungen über die Begründung und das Erlöschen von Schuldverhältnissen sowie über die Rechtsfolgen, die bei einer Störung in der Abwicklung solcher Verhältnisse eintreten sollen.

Zweites Kapitel

§ 2. Begriff und Abgrenzung des Schuldverhältnisses

Schrifttum: M. Fuchs, Naturalobligationen und unvollkommene Verbind- 1
lichkeiten im BGB, Festschrift f. Medicus, 1999, 123; Gernhuber, Das Schuldverhältnis, 1989; Hadding, Schuldverhältnis, Forderung, rechtlicher Grund,
Festschrift f. Kroeschel, 1997, 293; Krebs, Sonderverbindung mit außerdeliktischen Schutzpflichten, 2000; Medicus, Probleme um das Schuldverhältnis,
1987; Schur, Leistung und Sorgfalt, 2001; Willoweit, Schuldverhältnis und
Gefälligkeit, JuS 1984, 909.

Fälle:

a) A nimmt jeden Tag seinen Arbeitskollegen B in seinem Wagen gegen
Beteiligung an den Benzinkosten zur Arbeitsstelle mit. An einem Montag
verspätet sich A. B verlangt von ihm Ersatz seines Verdienstausfalls.

b) A sagt dem B zu, ihn in seinem Wagen zum Schützenfest in den Nach-
barort mitzunehmen. Später überlegt er es sich anders. B verlangt Beförderung.

I. Begriff

Der Begriff des Schuldverhältnisses wird vom Gesetz in doppel-
tem Sinne verwandt:

1. Schuldverhältnis im weiteren Sinne

Unter einem Schuldverhältnis im weiteren Sinne versteht man
ein Rechtsverhältnis zwischen mindestens zwei Personen, kraft dessen wenigstens eine gegenüber der anderen zur Leistung (§ 241 I)
oder zur Rücksicht (§ 241 II) verpflichtet ist (vgl. § 1 Rdnr. 2). Gemeint ist also das Rechtsverhältnis als „Organismus", aus dem sich
eine ganze Reihe von Einzelansprüchen (= Forderungen = Schuldverhältnisse im engeren Sinne) und Pflichten ergeben können.

Im weiteren Sinne wird der Begriff gebraucht z.B. in der Überschrift des zweiten Buches des BGB („Recht der Schuldverhältnis-

se"), in § 273 I („sofern nicht aus dem Schuldverhältnisse sich ein anderes ergibt") oder in § 241 II („Das Schuldverhältnis kann ... verpflichten.").

Beispiele: Aus dem Organismus „Kauf" oder „Mietverhältnis" entstammen verschiedene Einzelansprüche (vgl. §§ 433 ff. bzw. §§ 535 ff.). – Eine Gesellschaft (§ 705) kann ein besonders komplexer Organismus sein (z. B. Beitrags-, Mitarbeits-, Nachschusspflicht; Anspruch auf Gewinnausschüttung, Aufwendungsersatz, Auseinandersetzungsguthaben usw.).

2. Schuldverhältnis im engeren Sinne

2   Als Schuldverhältnis im engeren Sinne bezeichnet man das Recht auf eine Leistung (§ 241 I 1), den einzelnen schuldrechtlichen Anspruch, d. h. die Forderung des Gläubigers gegen den Schuldner. Gegenstand der Leistung kann sowohl ein positives Tun als auch ein Unterlassen des Schuldners sein (§ 241 I 2).

Beispiele: Zahlung des Kaufpreises von 9000 Euro, der Miete von 1000 Euro für einen Monat; Unterlassen von Konkurrenzgeschäften.

3   Meist gebraucht das Gesetz den Begriff im engeren Sinne. Wenn z. B. die Überschrift des dritten Abschnitts des zweiten Buches des BGB Erlöschen der Schuldverhältnisse lautet, so ist damit das Erlöschen der Forderung gemeint; denn wenn der Schuldner die geschuldete Leistung bewirkt (§ 362 I), z. B. den Kaufpreis zahlt, dann erlischt damit nur die betreffende Forderung, nicht aber das Schuldverhältnis im weiteren Sinne (Kaufvertrag). In der wissenschaftlichen Diskussion wird der Begriff des Schuldverhältnisses dagegen oft im weiteren Sinne gebraucht. Zur Bezeichnung des Schuldverhältnisses im engeren Sinne bedient man sich der Begriffe „Anspruch" oder „Forderung".

II. Pflichten des Schuldners und Forderungsrecht des Gläubigers

4   Jedes Schuldverhältnis im weiteren Sinne enthält mindestens eine Pflicht des Schuldners. Dem kann auf Seiten des Gläubigers eine Forderung entsprechen.

Das Gesetz geht grundsätzlich davon aus, dass Schuldverhältnisse nur zu einmaligen Leistungen verpflichten. Für Schuldverhältnisse, die auf länger andauernde oder wiederholte Leistungen gerichtet sind (sog. *Dauerschuldverhältnisse*), gibt es Sondervorschriften (z. B. Miet-, Pacht-, Leihverhältnis; Verwahrung; Arbeits- und Gesellschaftsverhältnis). Die Vertragparteien können auch andere Verträge zu Dauerschuldverhältnissen ausgestalten. Das ist z. B. bei den Sukzessivlieferungsverträgen i. S. d. §§ 505 I Nr. 3 der Fall, bei denen die insgesamt zu liefernde Menge nicht von vornherein feststeht (z. B. Bierlieferungsvertrag zwischen Brauerei und Gastwirt; vgl. auch BS § 18 Rdnr. 20), hierfür gelten Besonderheiten (vgl. etwa § 17 Rdnr. 12 ff.). Keine Dauerschuldverhältnisse sind jedoch solche Verträge, nach denen eine von vornherein festgelegte Gesamtleistung lediglich in mehreren Teilen oder Raten erbracht werden soll (sog. *Teillieferungsverträge* i. S. d. § 505 I Nr. 1, z. B. Vertrag über die Lieferung eines mehrbändigen Lexikons, BS § 18 Rdnr. 17 und sog. *Teilzahlungsgeschäfte* i. S. d. § 499 II, z. B. Teilzahlungskauf, BS § 18 Rdnr. 6 ff.).

1. Pflichten des Schuldners

a) Primärpflichten

Das Schuldverhältnis kann dem Schuldner eine Reihe von **5** Pflichten auferlegen. Diese lassen sich in verschiedene Kategorien einteilen. Dabei hat sich allerdings keine einheitliche Terminologie herausgebildet. Zum Teil wird zwischen Hauptpflichten und verschiedenen weiteren Verhaltens-, Neben-, Schutz- oder Sorgfaltspflichten unterschieden. Der Wortlaut des § 241 und die Gesetzesbegründung (vgl. BT-Drucks. 14/6040, S. 125) legen es nahe, zwischen Leistungspflichten und Schutzpflichten zu unterscheiden (siehe den Überblick in Rdnr. 17).

aa) *Leistungspflichten* sind diejenigen Pflichten des Schuldners, denen ein Forderungsrecht des Gläubigers entspricht (vgl. § 241 I 1). Sie sind selbstständig einklagbar. Die Leistung kann in einem Tun oder Unterlassen bestehen (§ 241 I 2).

Ob eine Verpflichtung im Klagewege durchsetzbar ist, ergibt sich aus der Vereinbarung oder dem Gesetz (z. B. „kann verlangen"). Fehlt es an einer eindeutigen Regelung, muss durch Auslegung ermittelt werden, ob die Gesetzesverfasser oder die Parteien Klagbarkeit gewollt haben.

(1) *Hauptleistungspflichten* heißen diejenigen Leistungspflichten, **6** die für das konkrete Schuldverhältnis wesentlich sind, ihm sein Gepräge geben. Sie ergeben sich bei den vertraglichen Schuldver-

hältnissen aus der Vereinbarung der Parteien (ggf. i.V.m. der gesetzlichen Definitionsnorm für den jeweiligen Geschäftstyp) und bei gesetzlichen Schuldverhältnissen (allein) aus dem Gesetz.

Beispiele: Bei einem Kauf ist der Verkäufer (kraft Vertrages) zur Übereignung und Übergabe der Sache in mangelfreiem Zustand (§ 433 I 1 und 2) und der Käufer zur Zahlung des Kaufpreises (§ 433 II) verpflichtet. Im Falle einer ungerechtfertigten Bereicherung ist der Schuldner (kraft Gesetzes) zur Herausgabe des rechtsgrundlos Erlangten verpflichtet (§ 812 I).

7   Beim gegenseitigen Vertrag stehen die Hauptleistungspflichten der beiden Teile in einem Austauschverhältnis. Daran knüpfen die §§ 320, 326 besondere Rechtsfolgen (Einzelheiten siehe § 13 Rdnr. 12 ff. und § 22 Rdnr. 29 ff.).

8   (2) Als *Nebenleistungspflichten* kann man alle anderen selbstständig einklagbaren Pflichten bezeichnen. Sie können auf die ordnungsgemäße Erbringung und Nutzung der eigenen Hauptleistung (d.h. auf das Erfüllungsinteresse des Gläubigers) bezogen sein, aber auch einen anderen, selbstständigen Zweck (z.B. Schutz des Integritätsinteresses des Gläubigers) verfolgen. Ob und in welchem Umfang sie bestehen, hängt maßgeblich vom konkreten Schuldverhältnis ab.

Beispiele: für auf die Hauptleistung bezogene Nebenleistungspflichten: Pflicht des Verkäufers zur Versendung, Aufbewahrung oder Versicherung der Kaufsache; Pflicht zur Beratung oder zur Erteilung einer Bedienungsanleitung; ferner Auskunfts- und Rechenschaftspflichten (vgl. § 10 Rdnr. 8 ff.).

9   Derartige Auskunfts- und Rechenschaftspflichten sind im Auftragsrecht als Pflichten des Beauftragten in § 666 ausdrücklich genannt. Darauf verweisen zahlreiche andere Vorschriften (Beispiele aus dem Schuldrecht: §§ 675, 681 S. 2; 713). Aus diesen Bestimmungen ist der allgemeine Rechtsgedanke zu entnehmen, dass diese Pflichten jeden Schuldner treffen, der fremde Angelegenheiten besorgt. Sie müssen selbstständig einklagbar sein; denn erst wenn der Schuldner Auskunft erteilt und Rechenschaft abgelegt hat, ist der Gläubiger in der Lage, z.B. das Erlangte vom Schuldner herauszuverlangen.

Beispiele: für sonstige Nebenleistungspflichten: Abnahmepflicht des Käufers nach § 433 II (jedenfalls im Regelfall; vgl. BS § 2 Rdnr. 20), Pflichten des Dienstberechtigten (Arbeitgebers) zur Krankenfürsorge und zu Schutzmaßnahmen aus §§ 617, 618.

10   Nebenleistungspflichten können vertraglich vereinbart werden. Ob das der Fall ist, muss ggf. durch Auslegung (§§ 133, 157) ermittelt werden. Einige Nebenleistungspflichten sind ausdrücklich

im Gesetz genannt (vgl. neben § 666 z.B. § 402, § 379 I HGB).
Sie können sich aber auch aus § 242 ergeben. Danach ist die Leistung nämlich so zu bewirken, wie Treu und Glauben mit Rücksicht auf die Verkehrssitte es erfordern.

bb) Den Leistungspflichten des § 241 I stehen die *Schutzpflichten*, **11** die z.T. auch als *weitere Verhaltens-, Sorgfalts-* oder *Nebenpflichten* bezeichnet werden, gegenüber. Sie sind in § 241 II angesprochen. Danach kann das Schuldverhältnis seinem Inhalte nach jeden Teil zur Rücksicht auf die Rechte, Rechtsgüter und Interessen des anderen Teils verpflichten. Diese Pflichten sind anders als die Leistungspflichten nicht selbstständig einklagbar; denn der Begünstigte hat keinen Anspruch auf ihre Beobachtung (vgl. den Wortlaut von § 241 II [Verpflichtung des Schuldners] im Gegensatz zu dem des § 241 I [Forderungsrecht des Gläubigers]). Gleichwohl sind sie nicht ohne Bedeutung. Im Falle ihrer Verletzung kann nämlich – wie bei der Verletzung von Leistungspflichten auch – ein Rücktrittsrecht oder ein Schadensersatzanspruch des Begünstigten entstehen (§ 25 Rdnr. 3 ff.).

Die Schutzpflichten dienen vornehmlich dem Integritätsinteresse **12** des anderen Teils. Er soll vor Schäden bewahrt werden, die ihm aus der Durchführung des Schuldverhältnisses erwachsen können.

Beispiel: Der Malermeister, der vertraglich verpflichtet ist, eine Wohnung zu tapezieren, muss nicht nur diese Arbeiten fachgerecht ausführen, sondern hat auch darauf zu achten, dass bei der Arbeit die Möbel des Auftraggebers nicht beschädigt werden. – Wer ein Tier mit einer übertragbaren Krankheit verkauft, muss den Käufer zumindest dann auf die Ansteckungsgefahr hinweisen, wenn er erkennt, dass der Käufer die Gefahr nicht bemerkt.

Inhalt und Umfang derartiger Schutzpflichten können je nach **13** Art und Intensität des Schuldverhältnisses verschieden sein.

In § 241 II werden die Schutzpflichten nicht näher konkretisiert. Vor seiner Einführung zum 1. 1. 2002 wurden sie aus § 242 abgeleitet. Auf die dabei von Rechtsprechung und Literatur gebildeten Fallgruppen kann nach wie vor zurückgegriffen werden.

Bei Dauerschuldverhältnissen (z.B. Miet-, Pachtverhältnis) sind die Schutzpflichten stärker ausgeprägt als bei solchen Geschäften, die sich in einem einmaligen Austausch erschöpfen (z.B. Kauf). Gesteigerte Bedeutung erhalten sie bei Schuldverhältnissen mit

einer starken persönlichen Bindung der Parteien (z.B. Gesell-
schafts-, Arbeitsverhältnis).

Insbesondere das Arbeitsrecht legt den Parteien sehr weitreichende Schutzpflichten auf. Man spricht deshalb verbreitet von Fürsorgepflicht (des Arbeitgebers) und Treuepflicht (des Arbeitnehmers). Aus diesen Bezeichnungen dürfen
jedoch keine besonderen Rechtsfolgen abgeleitet werden. Es handelt sich
vielmehr um Schutzpflichten, wenn auch um besonders weitgehende.

14   Die Annahme von Schutzpflichten setzt nicht das Bestehen von
Leistungspflichten voraus. Das Schuldverhältnis kann sich auch auf
solche Pflichten i.S.d. § 241 II beschränken. Man spricht hier von
einem Schuldverhältnis ohne primäre Leistungspflichten. Ein solches entsteht insbesondere durch die Aufnahme von Vertragsverhandlungen, die Anbahnung eines Vertrages und ähnliche geschäftliche Kontakte (§ 311 II, c.i.c., dazu § 5 Rdnr. 4 ff.). Ein auf
Schutzpflichten beschränktes Schuldverhältnis kann auch im Verhältnis zu solchen Personen entstehen, die nicht selbst Vertragspartner werden sollen (§ 311 III, Rdnr. 9).

Schutzpflichten i.S.d. § 241 II können auch bei Unwirksamkeit des Vertrages bestehen. Jedoch ist stets zu prüfen, ob der Unwirksamkeitsgrund nicht
auch der Annahme eines auf Schutzpflichten beschränkten Schuldverhältnisses
entgegensteht (Minderjährigkeit, Fehlen von Vertretungsmacht).

b) Sekundärpflichten

15   Von den bislang erörterten Primärpflichten sind die Sekundärpflichten zu unterscheiden. Sie ergeben sich anders als jene nicht
unmittelbar aus dem Schuldverhältnis. Sie können vielmehr erst als
Folge der Störung primärer Pflichten (Leistungs- oder Schutzpflichten) entstehen. Sie treten entweder neben die Primärpflicht
(vgl. § 280 I und § 280 II) oder an ihre Stelle (vgl. § 280 III und
§ 346).

Beispiele: Hat K gegen V einen Anspruch auf Lieferung eines Lastkraft-
wagens bis spätestens zum 15. Mai, so tritt nach Ablauf dieses Tages neben
die primäre Leistungspflicht (auf Übergabe und Übereignung) die sekundäre
Pflicht auf Ersatz des Verzögerungsschadens (§§ 280 I, II, 286; dazu § 23
Rdnr. 2 ff.). Wird der Wagen vor Lieferung durch Verschulden des V zerstört,
so ist dieser statt zur Übereignung zum Schadensersatz verpflichtet (§§ 280 I,
III, 283; dazu § 22 Rdnr. 49 ff.). – Verschrammt der Malermeister im o.g.
Beispiel (Rdnr. 12) in Folge Unachtsamkeit den Schrank, muss er Schadenser-
satz wegen Schutzpflichtverletzung leisten (§§ 280 I, 241 II; dazu § 25
Rdnr. 3 ff.).

c) Obliegenheiten

Von den soeben beschriebenen Pflichten jeder Partei des Schuld- **16**
verhältnisses gegenüber der jeweils anderen Partei sind die sog.
Obliegenheiten zu unterscheiden. Es handelt sich hierbei um
„Pflichten gegen sich selbst". Sie bestehen nur im Eigeninteresse.
Die andere Partei kann sie daher nicht einklagen, und ihr erwächst
bei ihrer Verletzung kein Sekundäranspruch. Derjenige, den sie
treffen, muss lediglich Rechtsnachteile in Kauf nehmen, wenn er
sie nicht beachtet.

> **Beispiele:** Schadensminderungs"pflicht" gem. § 254 (§ 31 Rdnr. 36 ff.),
> Untersuchungs- und Rügeobliegenheit gem. §§ 377, 378 HGB.

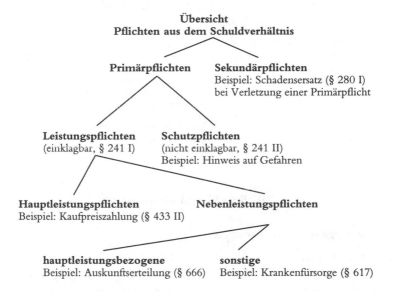

Übersicht
Pflichten aus dem Schuldverhältnis

Primärpflichten

Sekundärpflichten
Beispiel: Schadensersatz (§ 280 I)
bei Verletzung einer Primärpflicht

Leistungspflichten
(einklagbar, § 241 I)

Schutzpflichten
(nicht einklagbar, § 241 II)
Beispiel: Hinweis auf Gefahren

Hauptleistungspflichten
Beispiel: Kaufpreiszahlung (§ 433 II)

Nebenleistungspflichten

hauptleistungsbezogene
Beispiel: Auskunftserteilung (§ 666)

sonstige
Beispiel: Krankenfürsorge (§ 617)

2. Forderungsrecht des Gläubigers

a) Forderung als relatives Recht

Auf Grund des Schuldverhältnisses kann der Gläubiger – wie ge- **17**
sehen – ein Forderungsrecht gegen den Schuldner haben (§ 241 I)

und zwar nur gegen ihn. Deshalb bezeichnet man das Forderungsrecht als ein *relatives Recht* (§ 1 Rdnr. 7).

Der Käufer eines noch nicht übereigneten Schrankes hat keine Rechte gegenüber demjenigen, der sich an dem Schrank zu schaffen macht. Ihm steht lediglich ein Forderungsrecht gegen den Verkäufer zu (§ 433 I 1). Er ist auch nicht befugt, sich den Schrank ohne oder gar gegen den Willen des Verkäufers aus dessen Wohnung zu holen.

b) Durchsetzbarkeit der Forderung

18   Die Rechtsordnung gibt dem Gläubiger die Möglichkeit, sein Forderungsrecht gegen den Schuldner *mit Hilfe des Staates durchzusetzen*. Der Gläubiger kann seine Forderung gegen den Schuldner einklagen und aus dem Urteil, das der Klage stattgibt, die Zwangsvollstreckung gegen ihn betreiben.

Liefert der Verkäufer den verkauften Schrank nicht, so kann der Käufer gegen ihn Klage erheben mit dem Antrag, den Verkäufer zu verurteilen, den Schrank an den Käufer zu übereignen und zu übergeben. Wird der Klage durch Urteil stattgegeben und liefert der Verkäufer trotzdem nicht, so hat der Käufer die Möglichkeit, den Gerichtsvollzieher mit der Zwangsvollstreckung zu beauftragen. Der Gerichtsvollzieher nimmt den Schrank dem Verkäufer weg und übergibt ihn dem Käufer (vgl. §§ 883 I, 897 I ZPO; ZVR Rdnr. 1052, 1121). Die zum Eigentumserwerb nach § 929 erforderliche Einigungserklärung des Verkäufers gilt mit der Rechtskraft des Urteils als abgegeben (§ 894 I 1 ZPO; ZVR Rdnr. 1112 ff.).

III. Schuld und Haftung

1. Begriffsbestimmungen

19   *Schuld* ist das Leistensollen des Schuldners (= Verpflichtetsein = Verbindlichkeit = Leistungspflicht; Rdnr. 4 ff.). Demgegenüber bedeutet *Haftung* das Unterworfensein des Schuldners unter den zwangsweisen Zugriff des Gläubigers (Rdnr. 20 ff.).

Der Ausdruck Haftung wird allerdings nicht einheitlich verwandt. Haften wird auch im Sinne von schulden gebraucht (z.B. § 840 I; BS § 43 Rdnr. 13 ff.). Mit Haftung bezeichnet man häufig auch das Einstehenmüssen für entstandene Schäden (Eltern haften für ihre Kinder; vgl. § 832; BS § 42 Rdnr. 14 ff.).

2. Gegenstand der Haftung

Wenn der Schuldner für seine Schuld auch haftet, er also dem **20**
Zugriff des Gläubigers unterworfen ist, so fragt sich, womit er
haftet.

a) Haftung mit dem gesamten Vermögen

Regelmäßig haftet der Schuldner nicht – wie in früheren Rechts-
ordnungen – mit seiner Person, sondern mit seinem ganzen Vermögen (*unbeschränkte Vermögenshaftung*).

Zahlt der Käufer den Kaufpreis von 9000 Euro nicht, so kann der Verkäufer
sich ein Urteil beschaffen und aus ihm die Zwangsvollstreckung in das Vermögen des Schuldners betreiben: Der Gerichtsvollzieher nimmt Geld in der
genannten Höhe beim Schuldner weg, oder er pfändet Mobilien (z. B. ein
Klavier und zwei Teppiche), versteigert die Gegenstände und befriedigt aus
dem Versteigerungserlös den Gläubiger. Das Vollstreckungsgericht pfändet und
überweist eine Forderung des Schuldners gegen einen Dritten (häufig Lohnforderung gegen den Arbeitgeber des Schuldners) dem Gläubiger zur Einziehung; der Dritte zahlt die gepfändete Forderung an den Pfändungspfand-
gläubiger. Ein Grundstück des Schuldners wird vom Vollstreckungsgericht
versteigert. Einzelheiten der verschiedenen Vollstreckungsmöglichkeiten ergeben sich aus der ZPO und dem Zwangsversteigerungsgesetz. Ausnahmsweise unterliegen bestimmte Vermögensstücke nicht der Zwangsvollstreckung,
nämlich die nach § 811 I ZPO (ZVR Rdnr. 276 ff.) unpfändbaren Gegenstände (wie etwa Tisch, Stuhl, Bett, Arbeitsgerät), die der Schuldner unbedingt
zum Leben braucht, und die nach §§ 850 ff. ZPO (ZVR Rdnr. 539 ff.) unpfändbaren Forderungen, wie etwa ein bestimmter Teil des Arbeitseinkom-
mens; das Existenzminimum soll dem Schuldner und seiner Familie erhalten
bleiben.

Eine unbeschränkte Vermögenshaftung hilft dem Gläubiger **21**
dann nicht, wenn der Schuldner kein pfändbares Vermögen mehr
hat. Für den Gläubiger ist es sicherer, wenn ihm für seine Forderung ein dingliches Sicherungsrecht an einem Gegenstand zusteht
(*Sachhaftung*).

Beispiel: Eine Bank gibt ihrem Kunden ein Darlehen von 10 000 Euro. Zur Sicherung für die Rückzahlungsforderung (§ 488 I 2) bestellt der
Kunde der Bank ein Pfandrecht an einem wertvollen Schmuckstück
(§§ 1204 ff.), eine Hypothek oder eine Grundschuld an seinem Grundstück
(§§ 1113 ff., 1191 ff.). Zahlt der Kunde das Geld nicht zurück, kann die Bank
das Schmuckstück bzw. das Grundstück versteigern lassen und sich aus dem
Erlös befriedigen.

Nicht nur der Schuldner, sondern auch ein Dritter kann dem Gläubiger ein solches dingliches Sicherungsrecht an einem ihm gehörenden Gegenstand bestellen. Dann ist der Dritte nicht Schuldner des Gläubigers, wohl aber haftet er dem Gläubiger mit dem Gegenstand.

b) Haftung mit einem Teil des Vermögens

22   Ausnahmsweise haftet für die Schuld nicht das ganze Schuldnervermögen, sondern nur eine selbstständige Vermögensmasse des Schuldners (*beschränkte Vermögenshaftung*).

Beispiel: Mit dem Tod des Erblassers gehen dessen Aktivvermögen und auch dessen Schulden auf den Erben über (§§ 1922 I, 1967 I). Schuldete also der Erblasser dem G 3000 Euro, so ist jetzt der Erbe Schuldner dieser Verbindlichkeit. Für diese Schuld haftet das ganze Vermögen des Erben, also sein persönliches (Eigen-) Vermögen und das bisherige Vermögen des Erblassers (= Nachlass). Das Gesetz räumt aber dem Erben die Möglichkeit ein, die Haftung für die genannte Nachlassschuld auf den Nachlass zu beschränken (§ 1975; Brox, ErbR Rdnr. 608 ff.).

c) Haftung mit der Person

23   Hat der Schuldner eine Handlung vorzunehmen, die ausschließlich von seinem Willen abhängt (z. B. Erteilung einer Auskunft, eines Zeugnisses), und kommt er dem nicht nach, so kann er dazu vom Gericht durch Zwangsgeld oder Zwangshaft angehalten werden (§ 888 ZPO; ZVR Rdnr. 1076 ff.). In den seltenen Fällen der Inhaftierung kennt unser Recht also heute noch eine *Haftung des Schuldners mit seiner Person*.

3. Schuld ohne Haftung

24   Eine Schuld ohne Haftung ist dann gegeben, wenn sie zwar vom Schuldner erfüllt, die Erfüllung aber vom Gläubiger nicht erzwungen werden kann. Da die Schuld also nicht einklagbar, jedenfalls aber nicht vollstreckbar ist, spricht man von *unvollkommenen* oder *natürlichen Verbindlichkeiten*, von *Naturalobligationen*. Hat der Schuldner aber geleistet, kann er das zur Erfüllung Geleistete nicht wegen ungerechtfertigter Bereicherung (§ 812) vom Gläubiger zurückverlangen, da die Forderung bestand.

Diese Naturalobligationen spielten im gemeinen Recht eine **25** Rolle. Heute wird sehr Verschiedenartiges unter diesem Begriff zusammengefasst. Zum Teil versteht man darunter die nicht im Klagewege durchsetzbaren Forderungen (a), zum Teil aber auch die Fälle, in denen überhaupt keine Verbindlichkeit besteht (b).

a) Verjährte Forderungen

Die verjährte Forderung ist zwar einklagbar. Der Gläubiger erhält auch ein obsiegendes Urteil, wenn der Schuldner die Verjährungseinrede nicht geltend macht (vgl. § 214 I). Aus dem Urteil kann der Gläubiger die Zwangsvollstreckung betreiben. Erhebt der Schuldner aber mit Recht die Einrede der Verjährung, wird die Klage abgewiesen. – Jedoch kann das zur Befriedigung des verjährten Anspruchs Geleistete nicht zurückgefordert werden (§ 214 II). Trotz der Verjährung ist der Gläubiger nicht gehindert, bei Bestehen eines Pfandrechts oder einer Hypothek Befriedigung aus dem verpfändeten Gegenstand zu suchen (§ 216).

b) Spiel, Wette, Ehevermittlung

Aus Spiel, Wette, Ehevermittlung kann nicht geklagt werden; in diesen **26** Fällen entsteht überhaupt keine Schuld (§§ 762, 656; BS § 30 Rdnr. 77, § 34 Rdnr. 4). Dennoch kann das Geleistete nicht zurückgefordert werden (§§ 762 I 2, 656 I 2). Da keine Forderung besteht, kann auch nicht wirksam ein Pfandrecht bestellt werden.

IV. Schuldverhältnis und Gefälligkeitsverhältnis

1. Abgrenzung

Im Gegensatz zum Schuldverhältnis begründet ein Gefälligkeits- **27** verhältnis keine Verpflichtung, die versprochene Gefälligkeit zu erbringen.

Wenn A den B zu einem Essen oder einem Fest einlädt und B die Einladung dankend annimmt, erhält B keinen Anspruch auf das Essen, auf Teilnahme am Fest; A ist nicht rechtlich, sondern nur gesellschaftlich verpflichtet.

Die Abgrenzung des Gefälligkeitsverhältnisses vom Schuldver- **28** trag ist theoretisch leicht möglich: Der Schuldvertrag besteht aus zwei Willenserklärungen, also aus Willensäußerungen, die auf Er-

zeugung einer Rechtswirkung gerichtet sind. Bei den rein gesell-
schaftlichen Abmachungen fehlt gerade der Wille, sich rechtlich zu
verpflichten. Was aber im Einzelfall gewollt ist, lässt sich nicht
immer leicht feststellen.

Im **Fall b** soll die Mitnahme im Kraftwagen aus Gefälligkeit erfolgen; B
kann also nicht die Beförderung zum Schützenfest verlangen. Eine Gefällig-
keitsfahrt wird aber bei Vereinbarung einer Beteiligung an den Kosten nicht
vorliegen **(Fall a)**. Das gilt auch, wenn zwei Arbeitskollegen übereinkommen,
dass nicht jeder einzeln mit seinem Wagen zur Arbeitsstätte fährt, sondern
abwechselnd einer den anderen mitnimmt. Wenn aber ein Arbeitnehmer, der
sich nicht arbeitsfähig fühlt, von seinem Arbeitskollegen während der Arbeits-
zeit mit dem Kraftfahrzeug nach Hause gebracht wird, handelt es sich in der
Regel um eine Gefälligkeit ohne rechtlichen Bindungswillen der Beteiligten
(BGH MDR 1992, 555).

29   Die Unentgeltlichkeit mag Anhaltspunkt für eine bloße Gefälligkeit sein. Zwingend ist ein solcher Schluss jedoch nicht, da das
Gesetz auch unentgeltliche Verträge, also Schuldverhältnisse, kennt
(z. B. Schenkung, Leihe, Auftrag, unentgeltliche Verwahrung). Bei
einem besonderen Interesse dessen, dem eine Zusage gemacht ist,
wird regelmäßig ein Schuldverhältnis gegeben sein (z. B. Mitnahme
des Nachbarn zu einem für ihn wichtigen Termin; **Fall a)**.

Im **Fall a** ist A zur Beförderung verpflichtet. Verletzt er schuldhaft diese
Pflicht, muss er Schadensersatz (Ersatz des Verdienstausfalls) leisten (§ 31
Rdnr. 15 ff.).

2. Folgen einer Gefälligkeit

30   Liegt eine bloße Gefälligkeit vor, so besteht kein Anspruch auf
Erfüllung (z. B. **Fall b**) und auch kein Schadensersatzanspruch
wegen Nichterfüllung. Es können aber trotz fehlender Hauptleistungspflicht Schutzpflichten bestehen, deren Verletzung Schadensersatzansprüche auslöst (vgl. zum Schuldverhältnis ohne primäre Leistungspflicht Rdnr. 14). Außerdem kommen Ansprüche
aus Gesetz (z. B. aus unerlaubter Handlung) in Betracht.

Hilft ein Transportunternehmer seinem Geschäftsfreund aus Gefälligkeit mit
einem Fahrer aus, so ist er zwar nicht zur Überlassung, wohl aber zur sorgfältigen Auswahl verpflichtet (vgl. BGHZ 21, 102).

Wird jemand aus Gefälligkeit von einem Kraftwagenfahrer mitgenommen, so kann man daraus allein nicht auf einen stillschweigenden Vertrag auf Ausschluss der Haftung des Fahrers schließen. Der Fahrer kann vor Fahrtbeginn einen Haftungsausschluss ausdrücklich vereinbaren; dabei ist jedoch zu beachten, dass ein Nichtgeschäftsfähiger einen solchen Vertrag nicht wirksam schließen kann (vgl. §§ 105, 108).

Drittes Kapitel
Entstehung von Schuldverhältnissen

§ 3. Arten
der Entstehung von Schuldverhältnissen

1   Ein Schuldverhältnis kann durch Rechtsgeschäft, durch geschäftlichen Kontakt oder kraft Gesetzes entstehen.

I. Entstehung durch Rechtsgeschäft

Nach § 311 I ist zur rechtsgeschäftlichen Begründung (sowie zur Änderung des Inhalts) eines Schuldverhältnisses regelmäßig ein Vertrag erforderlich; ausnahmsweise genügt ein einseitiges Rechtsgeschäft.

1. Entstehung durch Vertrag

Eine vertragliche Begründung des Schuldverhältnisses setzt einander entsprechende Willenserklärungen (Angebot und Annahme; §§ 145 ff.) voraus.

Nach den Verpflichtungen, die sich aus dem Vertrag ergeben, kann man unterscheiden:

a) Gegenseitige Verträge

2   Gegenseitige Verträge liegen vor, wenn der eine Vertragsteil eine Leistung gerade deshalb verspricht, weil auch der andere sich zu einer Leistung verpflichtet. Man nennt sie auch synallagma-

tische (Austausch-)Verträge, weil ihre Hauptleistungspflichten (§ 2 Rdnr. 6) im Austauschverhältnis stehen.

Beispiele: Kauf (Bild gegen Zahlung von 5000 Euro), Tausch (Pferd gegen Auto), Mietvertrag (Gebrauchsüberlassung gegen Zahlung einer Miete), Pachtvertrag (Gaststätte gegen eine Pacht), Dienstvertrag (Dienst als Aushilfskellner gegen eine Vergütung von 400 Euro), Werkvertrag (Reparatur eines Pkw gegen Vergütung von 300 Euro).

Die Besonderheit dieser Verträge besteht in der gegenseitigen Abhängigkeit der beiderseitigen Hauptverpflichtungen zur Leistung und zur Gegenleistung. Der eine Vertragsteil kann seine Leistung solange verweigern, bis der andere die Gegenleistung erbringt (Einzelheiten: §§ 320 bis 322; dazu § 13 Rdnr. 12 ff.). Leistet der eine Vertragsteil nicht oder nicht richtig, so wird davon möglicherweise sein Anspruch auf die Gegenleistung beeinflusst (§§ 323, 326; dazu § 22 Rdnr. 29 ff. und § 23 Rdnr. 67 ff.).

b) Unvollkommen zweiseitig verpflichtende Verträge

Unvollkommen zweiseitig verpflichtende Verträge liegen vor, **3** wenn nur für *einen* Vertragsteil Leistungspflichten entstehen, unter Umständen sich aber auch eine Verpflichtung des anderen Vertragsteils ergeben kann. Man spricht von *zufällig* zweiseitigen Verträgen.

Beispiele: Beim Auftrag ist notwendigerweise nur der Beauftragte verpflichtet (§ 662; BS § 29). Im Einzelfall kann aber auch der Auftraggeber verpflichtet sein, nämlich zum Aufwendungsersatz (§ 670); dieser ist kein Entgelt für die Leistung des Beauftragten. Der Vertrag über eine unentgeltliche Verwahrung enthält nur eine Pflicht des Verwahrers (§§ 688, 690); hat dieser aber Aufwendungen gemacht, muss der Hinterleger sie ersetzen (§ 693; BS § 30 Rdnr. 20). Gegenstand des Leihvertrages ist die Pflicht zur unentgeltlichen Gebrauchsüberlassung (§ 598; BS § 16 Rdnr. 2 ff.); Pflichten des Entleihers können sich aus §§ 601 ff. ergeben.

c) Einseitig verpflichtende Verträge

Einseitig verpflichtende Verträge liegen vor, wenn immer nur **4** eine Vertragspartei zur Leistung verpflichtet ist.

Beispiele: Schenkungsversprechen (§ 518; BS § 9 Rdnr. 9), Bürgschaft (§ 765; BS § 32 Rdnr. 1).

2. Entstehung durch einseitiges Rechtsgeschäft

5 Ausnahmsweise kann ein Schuldverhältnis auch durch ein einseitiges Rechtsgeschäft begründet werden. Dafür seien zwei Beispiele genannt:

a) Auslobung

Auslobung (§ 657) ist das öffentlich bekannt gemachte Versprechen einer Belohnung für die Vornahme einer Handlung (z.B. Zeitungsanzeige: Schwarzer Pudel Prinz entlaufen. Wiederbringer erhält 200 Euro Belohnung.). Derjenige, der die Handlung vornimmt (den Erfolg herbeiführt), hat einen Anspruch auf die Belohnung, auch wenn er nicht mit Rücksicht auf die Auslobung gehandelt hat (§ 657 a.E.).

b) Vermächtnis

6 Vermächtnis (§ 1939) ist die in einer Verfügung von Todes wegen enthaltene Zuwendung eines Vermögensvorteils, die nicht Erbeinsetzung ist (z.B. Testament: X ist mein Erbe; V soll mein Klavier haben.). Für den Vermächtnisnehmer wird das Recht begründet, von dem Beschwerten die Leistung des vermachten Gegenstandes zu fordern (§ 2174, Brox, ErbR Rdnr. 403 ff.; im Beispielsfall hat also V nach dem Tode des Erblassers einen Anspruch gegen X auf Übereignung des Klaviers).

3. Keine Entstehung durch unbestellte Lieferung oder sonstige Leistung

7 Liefert ein Unternehmer (§ 14) einem Verbraucher (§ 13) Sachen (§ 90) oder erbringt er ihm Leistungen sonstiger Art, ohne dass dem eine Bestellung zu Grunde liegt, so ist darin regelmäßig ein Angebot nach § 145 auf Abschluss eines Vertrags zu sehen. Allein dadurch wird ein vertraglicher Anspruch und damit ein vertragliches Schuldverhältnis nicht begründet (§ 241 a I); dafür ist vielmehr noch eine Annahmeerklärung erforderlich.

§ 241 a wird nur in solchen Fällen relevant, in denen gemäß § 151 ein Vertrag schon durch die bloße Betätigung des Annahmewillens – etwa durch

Zueignung (Signieren des Buches) oder Gebrauch (des Kleides) – zustande kommen würde. In einem bloßen Schweigen des Angebotsempfängers ist nämlich schon nach allgemeinen Grundsätzen nicht die Annahme eines Vertrages zu sehen. Dem Verbraucher ist es trotz § 241 a I unbenommen, gegenüber dem Unternehmer ausdrücklich oder konkludent (z. B. durch Kaufpreiszahlung) die Annahme des Angebotes zu erklären.

Eine unbestellte Leistung i. S. d. § 241 a I liegt gemäß dessen Abs. 3 jedoch **8** nicht vor, wenn dem Verbraucher statt der bestellten eine nach Qualität und Preis gleichwertige Leistung angeboten und er darauf hingewiesen wird, dass er zur Annahme nicht verpflichtet ist und die Kosten der Rücksendung nicht zu tragen hat.

§ 241 a I schließt nicht nur vertragliche, sondern auch gesetzliche Ansprüche **9** wie den auf Herausgabe der Sache (§§ 985, 812) oder etwaiger Nutzungen i. S. d. § 100 (§§ 987 f., 818) sowie auf Schadensersatz (§§ 989, 990 oder §§ 311 II, 280, dazu § 25 Rdnr. 11 ff.) aus. Der Verbraucher wird zwar nicht Eigentümer der Sache, kann aber gleichwohl nach Belieben mit ihr verfahren. Eine Ausnahme gilt jedoch gem. § 241 a II, wenn die Leistung nicht für den Empfänger bestimmt war oder in der irrigen Vorstellung einer Bestellung erfolgte und der Empfänger dies erkannt hat oder bei Anwendung der im Verkehr erforderlichen Sorgfalt (dazu § 20 Rdnr. 14) hätte erkennen können.

II. Entstehung kraft Gesetzes

Schuldverhältnisse können auch ohne Rechtsgeschäft unmittel- **10** bar kraft Gesetzes entstehen. Vier wichtige Gruppen von Tatbeständen sind im Schuldrecht geregelt:

1. Geschäftlicher Kontakt

Gem. § 311 II entsteht ein Schuldverhältnis ohne primäre Leistungspflichten, aber mit Schutzpflichten nach § 241 II durch
– die Aufnahme von Vertragsverhandlungen (Nr. 1),
– die Anbahnung eines Vertrages, bei welcher der eine Teil im Hinblick auf eine etwaige rechtsgeschäftliche Beziehung dem anderen Teil die Möglichkeit zur Einwirkung auf seine Rechte, Rechtsgüter und Interessen gewährt oder ihm diese anvertraut (Nr. 2),
– ähnliche geschäftliche Kontakte (Nr. 3).

Verletzt einer der Beteiligten seine Pflichten aus § 241 II, kann **11** er über die Vorschriften des Deliktsrechts (BS §§ 40 ff.) hinaus schadensersatzpflichtig sein, auch wenn es zu einem Vertragsschluss noch nicht gekommen ist (Haftung aus culpa in contrahendo; Einzelheiten: § 25 Rdnr. 11 ff.).

Beispiel: K möchte im Kaufhaus V einkaufen. Dort rutscht er auf einer Bananenschale aus, die der sonst zuverlässige Angestellte A dort liegen lassen hat. Hier greift § 831 I 1 wegen der Exculpationsmöglichkeit des V nach § 831 I 2 nicht. Zwar fehlt es an einer vertraglichen Verbindung zwischen K und V; es liegt aber bereits ein Schuldverhältnis des geschäftlichen Kontaktes vor, auf Grund dessen V dem K gem. §§ 280 I, 311 II i. V. m. § 278 auf Schadensersatz haftet.

2. Unerlaubte Handlung

12   Die §§ 823 ff. bestimmen eine Ersatzpflicht für zurechenbare Schädigungen; die Forderung des geschädigten Gläubigers geht auf Ersatz des rechtswidrig und schuldhaft verursachten Schadens (BS §§ 40, 41).

Beispiele: Jemand wirft mutwillig fremde Fensterscheiben ein. Ein Kraftfahrer fährt bei Glatteis zu schnell, gerät auf den Bürgersteig und verletzt einen Fußgänger.

3. Ungerechtfertigte Bereicherung

13   Hat jemand auf Kosten eines anderen ohne Rechtsgrund einen Vermögensvorteil erlangt, so ist diese Vermögensverschiebung nach §§ 812 ff. rückgängig zu machen (BS §§ 35 ff.).

Beispiele: Die Herde des X weidet auf der Wiese des Y. Dadurch erspart X Futterkosten, und Y erleidet einen Vermögensverlust. Diese Vermögensverschiebung erfolgt ohne Rechtsgrund (z. B. Gestattungsvertrag). – A übereignet ein Bild an B. Später stellt sich heraus, dass der zugrunde liegende Kaufvertrag nichtig oder durch Anfechtung vernichtet worden ist. A kann von B nach § 812 Rückübereignung des Bildes verlangen.

4. Geschäftsführung ohne Auftrag

14   Wenn jemand ein Geschäft für einen anderen besorgt, ohne von ihm beauftragt oder sonst dazu berechtigt zu sein, dann entsteht ein gesetzliches Schuldverhältnis, aus dem sich für beide Beteiligten Pflichten ergeben können (§§ 677 ff.; BS § 34).

Beispiel: Ein Kraftfahrer, der einen Schwerverletzten auf dessen Bitten ins Krankenhaus bringt, kann seine Aufwendungen (Fahrtkosten, Verbandsmaterial) vom Verletzten nach § 670 ersetzt verlangen; denn zwischen beiden ist ein Vertrag (Auftrag) zustande gekommen. Ein Vertragsschluss scheidet aber aus, wenn der Verletzte bewusstlos ist. Der Aufwendungsersatzanspruch ergibt sich hier aus dem gesetzlichen Schuldverhältnis der Geschäftsführung ohne Auftrag (§ 683).

III. Zusammentreffen von rechtsgeschäftlichen und gesetzlichen Schuldverhältnissen

Rechtsgeschäftlich und gesetzlich begründete Schuldverhält- **15** nisse können zusammentreffen. Deshalb kann *ein* Anspruch möglicherweise auf *mehrere* Anspruchsgrundlagen gestützt werden (sog. Anspruchsgrundlagenkonkurrenz). So ist z. B. ein Schadensersatzanspruch oft aus Vertrag (wegen Schlechterfüllung) und aus den Vorschriften über unerlaubte Handlungen (etwa wegen Körper- oder Eigentumsverletzung) herzuleiten.

Beispiel: Der Kraftfahrzeugmeister S stellt bei einer Inspektion am Fahrzeug des G die Bremsen falsch ein. Bei der anschließenden Fahrt erleidet G deshalb einen Unfall, bei dem er verletzt und das Fahrzeug schwer beschädigt wird. G kann seinen Schaden (Arztkosten, Verdienstausfall, Reparaturkosten für das Fahrzeug) von insgesamt 10 000 Euro von S ersetzt verlangen. Der Anspruch ist sowohl wegen schuldhafter Schlechterfüllung des Werkvertrags als auch wegen unerlaubter Handlung begründet.

Kommen mehrere Anspruchsgrundlagen in Betracht, dann müs- **16** sen *alle* geprüft werden. Das gilt sowohl beim Zusammentreffen von einem rechtsgeschäftlichen und einem gesetzlichen Schuldverhältnis als auch dann, wenn gleichzeitig mehrere gesetzliche Schuldverhältnisse (z. B. wegen unerlaubter Handlung und wegen ungerechtfertigter Bereicherung) vorliegen.

Im **Beispielsfall** sind sowohl etwaige vertragliche als auch gesetzliche Ansprüche zu erörtern. Stellt sich dabei z. B. heraus, dass der Werkvertrag nichtig ist, dann bleibt jedenfalls der Anspruch aus § 823 I bestehen, der keinen Vertrag voraussetzt. – Werden in einem Prozess zwischen S und G die Tatsachen streitig, aus denen sich der Verschuldensvorwurf ergibt, kann die Forderung bei Unaufklärbarkeit des Sachverhaltes nur auf die vertragliche Anspruchsgrundlage gestützt werden, weil dafür gem. § 280 I 2 das Verschulden vermutet wird.

Hat für S sein Geselle X den Werkvertrag mit G abgeschlossen und durch unsachgemäße Arbeit den Unfall herbeigeführt, so kann G sowohl gegen X als auch gegen S vorgehen. Gegen X bestehen allerdings nur Ansprüche aus unerlaubter Handlung (§ 823) und nicht aus Vertrag; denn X hat den Werkvertrag nicht in eigenem Namen, sondern als Vertreter des S in dessen Namen abgeschlossen. Vertragspartner des G ist daher nur S (§ 164 I). Dieser hat dem G für ein Verschulden des X aus Vertrag (§ 278; dazu § 20 Rdnr. 23 ff.) und für eigenes Verschulden aus unerlaubter Handlung (§ 831 I 1; BS § 42 Rdnr. 3 ff.) einzustehen. Weist S aber nach, dass er X sorgfältig ausgewählt und überwacht hat, dann entfällt ein Anspruch aus unerlaubter Handlung (§ 831 I 2), während seine vertragliche Haftung hiervon unberührt bleibt.

17   Die vorstehenden Erörterungen haben gezeigt, wie wichtig es ist, sämtliche Anspruchsgrundlagen zu untersuchen. Auch der Richter hat alle in Frage kommenden Anspruchsgrundlagen zu durchdenken. Er darf nicht über streitige Tatsachen Beweis erheben, wenn der Klage schon nach einer anderen Norm stattzugeben ist, deren tatsächliche Voraussetzungen unstreitig sind. So wäre es verfehlt, etwa für den Anspruch des G gegen S auf Ersatz der Reparaturkosten für das beschädigte Fahrzeug darüber Beweis zu erheben, ob S den X sorgfältig ausgewählt hat (§ 831 I 2), wenn feststeht, dass zwischen S und G ein gültiger Werkvertrag zustande gekommen ist; denn wegen § 278 kann der Klage schon auf Grund des unstreitigen Sachverhalts stattgegeben werden. Ohne Prüfung des vertraglichen Anspruchs hätte der Richter den Rechtsstreit u. U. falsch entschieden, mindestens aber die Entscheidung hinausgezögert und den Parteien durch die Beweisaufnahme unnötige Kosten verursacht.

§ 4. Begründung von Schuldverträgen

1   **Schrifttum:** Brox, Fragen der rechtsgeschäftlichen Privatautonomie, JZ 1966, 761; Bydlinski, Kontrahierungszwang und Anwendung allgemeinen Zivilrechts, JZ 1980, 378; ders., Zu den dogmatischen Grundfragen des Kontrahierungszwangs, AcP 180, 1; Dilcher, Typenfreiheit und inhaltliche Gestaltungsfreiheit, NJW 1960, 1040; Flume, Rechtsgeschäft und Privatautonomie, in: Hundert Jahre Deutsches Rechtsleben, I, 1960, 135; Henrich, Vorvertrag, Optionsvertrag, Vorrechtsvertrag, 1965; Kilian, Kontrahierungszwang und Zivilrechtssystem, AcP 180, 47; Köhler, Vorvertrag, Optionsvertrag und Festofferte, Jura 1979, 465; Picker, Vertragsfreiheit und Schuldrechtsreform, JZ 1988, 339; L. Raiser, Vertragsfunktion und Vertragsfreiheit, in: Hundert Jahre Deutsches Rechtsleben, I, 1960, 101; Schmidt-Salzer, Vertragsfreiheit und Verfassungsrecht, NJW 1970, 8; M. Wolf, Rechtsgeschäftliche Entscheidungsfreiheit und vertraglicher Interessenausgleich, 1970; Zöllner, Regelungsspielräume im Schuldvertragsrecht, AcP 196, 1.

Fälle:

a) Einem Zugezogenen verweigert das Wasserwerk die Belieferung mit Wasser, die einzige Apotheke den Verkauf eines lebenswichtigen Medikaments, das einzige Kino den Zutritt. Mit Recht?

b) V verkauft an K in notarieller Urkunde ein Grundstück. Später stellt sich heraus, dass die Ratenzahlungsvereinbarung nicht beurkundet ist. Da das Grundstück inzwischen an K aufgelassen und K im Grundbuch eingetragen ist, verlangt V von K Rückübereignung.

c) A verpflichtet sich in einem schriftlichen Vertrag, dem B gegen Zahlung von 30 000 Euro sein ganzes Vermögen mit allen Aktiven und Passiven zu übertragen. Gültig? Wie, wenn A in einem notariellen Vertrag sein in fünf Jahren vorhandenes Vermögen verkauft?

I. Schuldvertrag und Vertragsfreiheit

Ein Schuldverhältnis kann durch Vertrag entstehen (§ 311 I). Der Vertrag, der die Begründung eines Schuldverhältnisses zum Inhalt hat, wird als Schuldvertrag bezeichnet.

Durch den Vertragsschluss wird in der Regel vermieden, dass eine Partei durch besonders ungünstige Verpflichtungen belastet wird. Die Vertragsparteien verfolgen – vor allem bei den gegenseitigen Verträgen (§ 3 Rdnr. 2) – entgegengesetzte Interessen: Der Verkäufer z. B. will einen möglichst hohen Kaufpreis erzielen, der Käufer dagegen möglichst wenig zahlen. Zu einem Vertragsschluss kommt es, wenn beide Parteien ihre Ziele zurückstecken und sich schließlich auf einen mittleren Preis einigen. Durch diese Anpassung werden im Vertragsmechanismus regelmäßig gerechte Ergebnisse erzielt, wenn beide Parteien in etwa gleich stark sind. Deshalb ist der Gesetzgeber des BGB vom Grundsatz der Vertragsfreiheit ausgegangen.

Die Vertragsfreiheit ist verfassungsrechtlich gewährleistet und bedeutet, dass der einzelne frei darin ist, ob und mit wem er einen Vertrag schließt (Abschlussfreiheit) und welchen Inhalt des Vertrages er mit dem Vertragspartner vereinbart (Gestaltungsfreiheit).

1. Vertragsfreiheit und Verfassung

a) Verfassungsrechtlicher Schutz und Schranken der Vertragsfreiheit

2   Die Vertragsfreiheit ist in dem Grundrecht auf freie Entfaltung der Persönlichkeit (Art. 2 I GG) enthalten, da dieses Grundrecht die Vertragsfreiheit zwingend voraussetzt. Die Grundrechtsnormen sind nicht bloße Programmsätze, sondern unmittelbar geltendes Recht (Art. 1 III GG), an das auch der Gesetzgeber gebunden ist.

3   Er kann nur unter den Voraussetzungen des Art. 2 I GG die Vertragsfreiheit beschränken. Nach dieser Bestimmung hat jeder das Recht auf freie Entfaltung seiner Persönlichkeit, soweit er nicht die Rechte anderer verletzt und nicht gegen die verfassungsmäßige Ordnung oder das Sittengesetz verstößt. Rechte anderer werden durch den Schuldvertrag praktisch nicht verletzt, da die Vertragsparteien nur sich selbst und nicht auch Dritte zu einer Leistung verpflichten können. Verträge, die gegen das Sittengesetz verstoßen, sind nach § 138 I nichtig. Zur verfassungsmäßigen Ordnung i. S. des Art. 2 I GG gehören nicht schon alle formell ordnungsgemäß ergangenen Gesetze; denn dann wäre jede Einschränkung der Entfaltungsfreiheit durch einfaches Gesetz möglich. Gemeint sind damit vielmehr nur solche Gesetze, die sowohl formell als auch materiell mit der Verfassung in Einklang stehen, insbesondere den obersten Grundwerten der freiheitlich demokratischen Grundordnung nicht widersprechen (vgl. BVerfGE 20, 150).

b) Bedeutung der Verfassung für die Ausübung der Vertragsfreiheit

4   Bei Ausübung der danach bestehenden Vertragsfreiheit sind die Parteien nicht an die Grundrechte gebunden. Die Grundrechte sollen den Bürger nur vor der staatlichen Macht schützen, nicht aber eine unmittelbare Drittwirkung im Verhältnis der Bürger untereinander entfalten (Ausnahme: Art. 9 III GG). Diese Auffassung entspricht der klassischen Theorie der Grundrechte und der Entstehungsgeschichte des GG.

Wenn also z.B. der Gleichheitssatz des Art. 3 GG nur den Staat, nicht aber den Einzelnen bindet, dann ist dieser nach noch geltendem Recht (zum geplanten zivilrechtlichen Antidiskriminierungsgesetz siehe Rdnr. 9) nicht gehindert, etwa Kaufverträge nur mit Männern abzuschließen und den Vertragspartnern, die seine politischen Anschauungen teilen, besonders günstige Vertragsbedingungen zuzugestehen.

Da das GG in seinem Grundrechtsteil aber auch eine objektive **5**
Wertordnung aufgerichtet hat, die für unsere ganze Rechtsordnung verbindlich ist, wirken die grundrechtlichen Wertmaßstäbe über die sog. Generalklauseln (z.B. §§ 138, 242, 826) mittelbar auf das Privatrecht und damit auf die Rechtsbeziehungen unter Privaten ein. Dogmatisch wird diese Wirkung der Grundrechte heute zunehmend mit der Schutzgebotsfunktion der Grundrechte erklärt. Danach ist der Gesetzgeber (hilfsweise der Richter) verpflichtet, im Zivilrecht Vorkehrungen zum Schutz der Grundrechte gegen vertragliche Beeinträchtigungen zu schaffen, insbesondere wenn es an einem annähernden Kräftegleichgewicht der Beteiligten fehlt (BVerfGE 81, 242, 255f.; 89, 214, 232; 98, 365, 395).

So ist etwa ein Vertrag nichtig, in dem jemand sich seine Gewissensfreiheit abkaufen lässt. Die Nichtigkeit wird aber nicht unmittelbar durch das Grundrecht aus Art. 4 I GG bewirkt; sie ergibt sich vielmehr aus § 138 unter Berücksichtigung des Wertgehalts des Art. 4 I GG.

2. Abschlussfreiheit

a) Bedeutung

Die Abschlussfreiheit gibt dem Einzelnen die Möglichkeit zu **6**
entscheiden, ob er überhaupt und mit wem er einen Vertrag schließt.

Ihm steht es frei, sein Bild zu verkaufen oder nicht. Er ist nicht verpflichtet, das von mehreren günstigste oder zeitlich erste Angebot anzunehmen.

Dieser Grundsatz ist in bestimmten Fällen durch Abschlussverbote und Abschlussgebote eingeschränkt.

b) Abschlussverbote

Abschlussverbote sind z.B. die gesetzlichen Beschäftigungsver- **7**
bote. So dürfen etwa Jugendliche (zwischen 15 und 18 Jahren,

§ 2 II JArbSchG) nicht mit bestimmten gefährlichen oder gesundheitsschädlichen Arbeiten betraut werden (vgl. §§ 22 ff. JArbSchG). Verträge, die gegen ein solches gesetzliches Verbot verstoßen, sind nach § 134 nichtig.

In bestimmten Fällen wird die Gültigkeit des Vertrages von einer staatlichen Genehmigung abhängig gemacht. Bis zur Genehmigung ist der Vertrag schwebend unwirksam; bei Versagung der Genehmigung ist er nichtig. **Beispiel:** Vertrag zur Veräußerung eines land- oder forstwirtschaftlichen Grundstücks (Grundstückverkehrsgesetz).

c) Abschlussgebote

8   Abschlussgebote werden in einer Reihe von Gesetzen festgelegt: Der Gesetzgeber gebietet, ein bestimmtes Vertragsangebot anzunehmen (Kontrahierungszwang).

Beispiele: § 22 Personenbeförderungsgesetz (Sartorius Nr. 950), § 10 Energiewirtschaftsgesetz (Sartorius Nr. 830).

Für bestimmte Unternehmen kann sich ein Abschlussgebot aus dem *Diskriminierungsverbot* des § 20 I GWB ergeben. Wenn die Verweigerung eines Vertragsabschlusses als unbillige Behinderung oder unterschiedliche Behandlung und damit als Diskriminierung i. S. d. § 20 I GWB anzusehen ist, folgt aus dem Verbot einer solchen Diskriminierung das Gebot zum Abschluss des verlangten Vertrages.

9   Das Bundesjustizministerium hat am 10. 12. 2001 einen Diskussionsentwurf eines allgemeinen *zivilrechtlichen Antidiskriminierungsgesetzes* vorgelegt. Danach soll das BGB um neue §§ 319 a bis 319 e ergänzt werden. Darin ist vorgesehen, dass u. a. bei der Begründung, Beendigung und Ausgestaltung von Verträgen, die öffentlich angeboten werden oder eine Beschäftigung, medizinische Versorgung oder Bildung zum Gegenstand haben, niemand aus Gründen des Geschlechts, der Rasse, der ethnischen Herkunft, der Religion oder Weltanschauung, einer Behinderung, des Alters oder der sexuellen Identität unmittelbar oder mittelbar benachteiligt werden darf. Wer als Anbieter gegen dieses Diskriminierungsverbot verstößt (z. B. der Vermieter bietet eine Wohnung nur für weibliche oder nur für christliche Mieter an), soll unter bestimmten Voraussetzungen von dem diskriminierten Bewerber auf Abschluss eines Vertrages oder – falls das nicht möglich ist – auf Entschädigung in Geld in Anspruch genommen werden können. In dieser geplanten Regelung wird verbreitet eine unzulässige Einschränkung der Vertragsfreiheit gesehen. Mit einer Verabschiedung ist im Jahr 2002 wohl nicht mehr zu rechnen.

Außerdem kann sich ein Kontrahierungszwang aus §§ 826, 249 **10**
ergeben: Erfüllt die Ablehnung eines Vertragsangebots den Tatbestand einer sittenwidrigen Schädigung, die nach § 826 zum Schadensersatz verpflichtet, so folgt daraus mittelbar eine Pflicht zur
Annahme des Angebots. So hat die Rechtsprechung einen Kontrahierungszwang bejaht, wenn jemand eine Monopolstellung hat und
deshalb nur mit ihm ein Vertrag geschlossen werden kann. Dabei
spielt es keine Rolle, ob es sich um eine öffentlich-rechtliche Kör-
perschaft oder um ein Unternehmen des Privatrechts handelt.
Neuerdings wird mit Recht nicht auf die Monopolstellung, sondern darauf abgestellt, ob eine *öffentliche Versorgungsaufgabe* besteht,
die im allgemeinen Interesse von dem Unternehmen zu besorgen
ist (Versorgung mit lebenswichtigen Gütern, **Fall a:** Wasser, Me-
dikament, nicht Kinobesuch).

d) Hoheitlich diktierte Verträge

Das Gesetz kennt auch Fälle, in denen durch Hoheitsakt, also **11**
nicht durch Willenserklärung, die Wirkungen eines Vertrages herbeigeführt werden (sog. diktierte Verträge).

Beispiel: Bei Scheidung einer Ehe kann der Richter zu Gunsten eines der
geschiedenen Ehegatten ein Mietverhältnis an der bisherigen Ehewohnung
begründen (§ 5 der HausratsVO; Schönfelder, Nr. 44).

Hier ist das Vertragsprinzip aufgegeben. Vielmehr entsteht durch
staatlichen Hoheitsakt ein Rechtsverhältnis, das im Übrigen den
privatrechtlichen Regeln (z.B. des Mietvertrags) unterliegt. Die
diktierten Verträge spielen vor allem in Zeiten der Zwangsbewirt-
schaftung eine Rolle; ihre Bedeutung ist mit dem Abbau der
Zwangswirtschaft immer mehr zurückgegangen.

3. Gestaltungsfreiheit

a) Grundsatz

Die Vertragsparteien sind frei darin, was sie als Inhalt des Vertra- **12**
ges bestimmen. Sie brauchen also nicht einen Vertragstyp auszuwählen, der im Gesetz (§§ 433 ff.) geregelt ist. Diese *Typenfreiheit*

im Schuldrecht erklärt sich daraus, dass es beim Schuldvertrag regelmäßig nur um die Interessen der Vertragsparteien selbst geht. Dort, wo Interessen Dritter im Spiele sind, werden der Gestaltungsfreiheit der Parteien Grenzen gesetzt.

Beispiele: Dingliche Rechte können nur in den gesetzlich vorgesehenen Formen (Eigentum, Pfandrecht, Hypotheken, Grundschulden, Dienstbarkeiten) begründet werden (Typenzwang im Sachenrecht). – Beim Gesellschaftsvertrag sind die Parteien regelmäßig frei in der Gestaltung des Innenverhältnisses (der Parteien untereinander); dagegen sind im Außenverhältnis (gegenüber Dritten) die Gesetzesbestimmungen im allgemeinen zwingend.

13   Grundsätzlich können also die Parteien des Schuldvertrages einen atypischen Vertrag schließen, dessen wesentliches Element keinem der geregelten Verträge entspricht (z. B. Energielieferungsvertrag). Oft liegt ein gemischter Vertrag vor, der die Elemente verschiedener Vertragstypen enthält.

So setzt sich der Vertrag über ein Mittagessen im Gasthaus aus Elementen des Kaufs (der Speise), der Miete (des Geschirrs) und des Dienstvertrages (Bedienung) zusammen.

14   Auch wenn die Parteien einen bestimmten Vertragstyp wählen, können sie einzelne gesetzliche Regeln abbedingen.

Beispiel: Das Gesetz gibt dem Käufer bei einem Mangel der Kaufsache (§§ 434, 435; BS § 4 Rdnr. 6 ff.) die Rechte aus § 437. Der Käufer kann vorrangig Nacherfüllung nach Maßgabe des § 439 verlangen (§ 437 Nr. 1). Ist die zur Nacherfüllung gesetzte Frist fruchtlos verstrichen oder eine Fristsetzung ausnahmsweise entbehrlich, kann der Käufer nach seiner Wahl von dem Vertrag zurücktreten oder den Kaufpreis mindern (§ 437 Nr. 2) *und* Schadens- oder Aufwendungsersatz verlangen (§ 437 Nr. 3). Die Parteien können aber z. B. vereinbaren, dass der Rücktritt ausgeschlossen sein und die Minderung auch ohne einen vergeblichen Nachbesserungsversuch des Verkäufers in Betracht kommen soll. Möglich ist auch ein vertraglicher Ausschluss der Mängelrechte (Grenze: §§ 444, 475 I, III; BS § 4 Rdnr. 31 ff.).

b) Gesetzliche Beschränkungen der Gestaltungsfreiheit

15   Nur ausnahmsweise sind der Gestaltungsfreiheit durch zwingende gesetzliche Bestimmungen Grenzen gesetzt.

Ein Vertrag, der *gegen ein gesetzliches Verbot* oder *gegen die guten Sitten* verstößt, ist nichtig (§§ 134, 138).

Eine *Verpflichtung über das künftige Vermögen* eines Vertragspartners oder den *Nachlass eines noch lebenden Dritten* ist nichtig (siehe § 311b II, IV; **Fall c,** 2. Frage).

Zum Schutze eines Vertragspartners verbieten §§ 276 III, 444 bestimmte Haftungsfreistellungen.

Auch die Vorschriften über die Gestaltung rechtsgeschäftlicher Schuldverhältnisse durch Allgemeine Geschäftsbedingungen enthalten Einschränkungen der Gestaltungsfreiheit (§§ 305 ff.; 28 ff.).

Daneben finden sich auch im Miet- und Arbeitsrecht zahlreiche zwingende Bestimmungen, die zu Ungunsten des sozial Schwächeren nicht abbedungen werden können (z.B. Regelungen zum Kündigungsschutz, zum Mindesturlaub).

4. Formfreiheit

a) Grundsatz

Grundsätzlich kann jeder Vertrag *formlos* geschlossen werden. Es **16** genügen also mündliche Erklärungen. Auch eine bestimmte Gebärde reicht aus, wenn daraus eine Willenserklärung entnommen werden kann (z.B. Handaufheben oder Kopfnicken als Annahme eines Angebotes).

b) Formzwang in Ausnahmefällen

Ausnahmsweise besteht ein *Formzwang* dann, wenn er durch **17** Parteivereinbarung oder Gesetz vorgesehen ist.

aa) Die *Vertragsparteien* können die Gültigkeit des Vertrages von der Beachtung einer bestimmten Form abhängig machen, um einen später erforderlichen Beweis zu sichern oder (und) eine größere Rechtsklarheit zu erreichen. Wird die Form nicht eingehalten, ist der Vertrag im Zweifel nichtig (§ 125 S. 2).

bb) Das *Gesetz* schreibt in besonders genannten Fällen eine Form **18** des Vertrages oder nur einer der beiden Willenserklärungen vor. Gesetzgeberischer Grund dafür ist meist die Beweissicherung oder der Schutz vor Übereilung.

Wenn z.B. § 550 die Schriftform für einen Mietvertrag vorsieht, der für länger als ein Jahr geschlossen wird, so soll dadurch vor allem der Beweis über den Vertragsinhalt gesichert werden; das ist besonders bei der Veräußerung des vermieteten Wohnraumes für den Erwerber wichtig, der anstelle des Vermieters in dessen Rechte und Pflichten eintritt (§ 566; BS § 12 Rdnr. 5 ff.).

Beim Bürgschaftsvertrag bedarf nur die Willenserklärung des Bürgen der Schriftform (§ 766 S. 1). Er soll dadurch vor Übereilung geschützt werden. Dieses Schutzes bedarf er dann nicht, wenn er die Hauptverbindlichkeit erfüllt hat (§ 766 S. 3) oder wenn er Kaufmann ist (§ 350 HGB; Brox, HR Rdnr. 367).

19 An besonderen Formen sieht das Gesetz vor: die Schriftform (§ 126), die elektronische Form (§ 126a), die Textform (§ 126b) die öffentliche Beglaubigung der Unterschrift (§ 129; Schutz vor Fälschung der Unterschrift) und die notarielle Beurkundung (§ 128; vgl. auch § 127a). Ist die gesetzlich vorgeschriebene Form nicht eingehalten, so ist der Vertrag nichtig (§ 125 S. 1).

c) Form der notariellen Beurkundung

20 Das Allgemeine Schuldrecht schreibt in drei Fällen eine notarielle Beurkundung des ganzen Vertrages zwingend vor (§ 311b I, III, V).

aa) Die praktisch bedeutsamste Formvorschrift enthält § 311b I 1 für solche Verträge, welche die *Verpflichtung zur Übereignung oder zum Erwerb eines Grundstückes* enthalten. Gemeint sind also die Verpflichtungsgeschäfte (z.B. Kauf, Tausch), nicht die Verfügungsgeschäfte (z.B. Übereignungsvertrag).

Wie das Eigentum am Grundstück übertragen wird, ergibt sich aus dem Sachenrecht (Auflassung und Eintragung, §§ 925, 873). Welche Voraussetzungen gegeben sein müssen, damit der Erwerber im Grundbuch als Eigentümer eingetragen wird, bestimmt die Grundbuchordnung (vgl. §§ 13, 19, 20, 29, 39 GBO).

Nicht alle Verpflichtungsgeschäfte, die sich auf ein Grundstück beziehen, fallen unter § 311b I. So enthält z.B. ein Miet- oder Pachtvertrag über ein Grundstück keine Verpflichtung zur *Übereignung* oder zum *Erwerb* des Grundstücks.

21 Die Formvorschrift *bezweckt* eine Sicherung des Beweises und einen Schutz vor Übereilung. Eine Beweissicherung wird nur dann erzielt, wenn der *ganze* Vertrag einschließlich der Gegenleistungsverpflichtungen und aller Nebenabreden beurkundet ist. Es reicht nicht aus, dass in dem beurkundeten Vertrag auf nicht beurkundete Anlagen (z.B. Baupläne) verwiesen wird (BGHZ 74, 346; vgl.

§§ 13 I, 13a BeurkG). Eine nicht beurkundete Abmachung ist nach §§ 125 S. 1; 311b I 1 nichtig; dann ist im Zweifel der ganze Vertrag nichtig (§ 139, **Fall b**). Im Einzelfall kann es allerdings gegen Treu und Glauben (dazu § 7) verstoßen, wenn sich eine Partei auf die Formnichtigkeit beruft (vgl. BGHZ 92, 164, 171). Wird ein niedrigerer als der mündlich vereinbarte Kaufpreis beurkundet, etwa weil die Parteien auf diese Weise Grunderwerbsteuern und Gebühren sparen wollen, so ist der beurkundete Vertrag als Scheingeschäft (§ 117 I) und der gewollte wegen Formmangels (§ 311b I 1) nichtig.

§ 311b I soll nicht nur den Veräußerer, sondern auch den **22** Erwerber schützen. Deshalb bedarf auch die Verpflichtung zum Erwerb eines Grundstücks, insbesondere ein sog. Kaufanwärtervertrag, in dem der Käufer sich verpflichtet, einen späteren Verkaufsantrag des Grundstücksverkäufers anzunehmen, der notariellen Beurkundung.

Bevollmächtigt jemand einen anderen zum Abschluss eines Grundstücksveräußerungsvertrages, so bedarf die Vollmachtserteilung selbst keiner Form (§ 167 II). Ist sie aber unwiderruflich erteilt, muss sie nach dem Schutzzweck des § 311b I notariell beurkundet sein.

Wenn bei einem formnichtigen Veräußerungs- oder Erwerbs- **23** vertrag die Parteien die Auflassung (§ 925) erklärt haben und die Eintragung im Grundbuch erfolgt ist, dann bedarf es des Schutzes vor Übereilung nicht mehr. Deshalb wird nach § 311b I 2 der Mangel der Form durch (gültige) Auflassung und Eintragung geheilt. Mit der Übereignung wird also der nicht oder nicht vollständig beurkundete Veräußerungsvertrag in vollem Umfange (einschließlich aller Nebenabreden) gültig **(Fall b).** Ist ein niedrigerer Kaufpreis beurkundet, als die Parteien übereinstimmend gewollt haben, tritt Heilung des Formmangels ein, wenn das Grundstück an den Käufer aufgelassen und dieser im Grundbuch als Eigentümer eingetragen wird. Der Käufer ist damit verpflichtet, den nur mündlich vereinbarten Kaufpreis zu zahlen.

§ 311b I 2 heilt aber nach Wortlaut und Sinn nur den Formmangel, nicht auch andere Mängel des Kausalgeschäfts, wie etwa die Nichtigkeit wegen Geschäftsunfähigkeit eines Vertragspartners.

24   Die *Aufhebung* eines Grundstückskaufvertrages muss notariell beurkundet werden, wenn der Käufer bereits Eigentümer des Grundstücks geworden ist; denn dann ist er zur Rückübereignung des Grundstücks verpflichtet.

> In anderen Fällen (z.B. wenn die Auflassung erklärt und der Käufer den Eintragungsantrag gestellt hat oder eine Vormerkung für ihn eingetragen worden ist) kann der Vertrag – entgegen BGHZ 83, 395 – formlos aufgehoben werden (so mit Recht Reinicke/Tiedtke, NJW 1982, 2286; siehe auch Pohlmann, DNotZ 1993, 355; Eckardt, JZ 1996, 934).

25   bb) Auch Verträge, in denen sich ein Vertragspartner *verpflichtet*, sein *gegenwärtiges* Vermögen oder einen Bruchteil davon zu übertragen oder mit einem Nießbrauch zu belasten, müssen notariell beurkundet werden (§ 311b III). Diese Norm bezweckt den Schutz vor Übereilung (Mot. II, 188). Für die Anwendung des § 311b III kommt es entscheidend darauf an, ob nach dem Parteiwillen das Vermögen als solches veräußert werden soll. Wollen die Parteien allerdings nur einzelne Gegenstände übertragen, so bedarf der Verpflichtungsvertrag selbst dann keiner Form, wenn diese Gegenstände objektiv das ganze Vermögen des Veräußerers darstellen.

> Die Formvorschrift betrifft das Verpflichtungsgeschäft, nicht die Verfügungsgeschäfte. Durch Erfüllung des Verpflichtungsvertrages wird nicht – wie bei § 311b I 2 – der Mangel der Form geheilt. Bereits übereignete Sachen können nach § 812 zurückverlangt werden.

26   § 311b III behandelt den formbedürftigen Vertrag über das *gegenwärtige* Vermögen. Demgegenüber ist der Verpflichtungsvertrag über das *künftige* Vermögen in jedem Falle nichtig (§ 311b II). Der Grund dafür liegt darin, dass sich niemand gleichsam seiner Erwerbsfähigkeit begeben und damit jeden Antrieb zu eigenem Erwerb verlieren soll (Mot. II, 186 f.).

> Im **Fall c, 1. Frage,** ist der Vertrag formnichtig (§§ 311b III; 125 S. 1; gegenwärtiges Vermögen); bei der **2. Frage** ergibt sich die Nichtigkeit aus § 311b II (künftiges Vermögen).

27   cc) Eine weitere Formvorschrift enthält § 311b V für Verträge unter künftigen gesetzlichen Erben über ihren Erb- oder Pflichtteil.

Allerdings ist ein Verpflichtungsvertrag über den Nachlass eines noch lebenden Dritten normalerweise nichtig (§ 311 b IV; ebenso beim Vertrag über den
Pflichtteil oder ein Vermächtnis aus dem Nachlass eines noch lebenden Dritten). Niemand soll auf den Tod eines anderen spekulieren (vgl. Mot. II,
182 ff.).

Demgegenüber wird ein Bedürfnis für einen solchen Vertrag
unter zukünftigen *gesetzlichen* Erben (§§ 1924 ff.) vom Gesetz anerkannt (vgl. Prot. I, 456). Dieser Vertrag bedarf nach § 311 b V der
notariellen Beurkundung, damit ein Schutz vor Übereilung gewährleistet ist.

Beispiel: Ein Sohn des noch lebenden Erblassers braucht Geld, weil er ein
Geschäft eröffnen will. Da ein Erbvertrag mit dem Vater nicht zu erreichen ist,
schließt er mit seinem Bruder einen Vertrag, nach dem der Bruder ihm seinen
künftigen Erbteil abkauft. Der Vertrag hat nur schuldrechtliche und keine
erbrechtliche Bedeutung. Tritt der Erbfall später ein, muss der Sohn seinen
Anteil am Nachlass nach § 2033 auf seinen Bruder übertragen.

II. Gestaltung des Vertrages
durch Allgemeine Geschäftsbedingungen

Schrifttum: Artz, Schuldrechtsmodernisierung 2001/2002 – Integration **28**
der Nebengesetze in das BGB, JuS 2002, 528; Hennrichs, Die Kontrolle von
Allgemeinen Geschäftsbedingungen, in: Dauner-Lieb/Heidel/Lepa/Ring, Das
neue Schulrecht, 2002, 169; Lakies, Inhaltskontrolle von Vergütungsverein-
barungen im Arbeitsrecht, NZA-RR 2002, 337; Pfeiffer, Die Integration von
„Nebengesetzes" in das BGB, in: Ernst/Zimmermann, Zivilrechtswissenschaft
und Schuldrechtsreform, 2001, 481; Thüsing, Was sind die Besonderheiten des
Arbeitsrechts?, NZA 2002, 591; Ulmer, Integration des AGB-Gesetzes in das
BGB?, in: Schulze/Schulte-Nölke, Die Schuldrechtsreform vor dem Hintergrund des Gemeinschaftsrechts, 2001, 215; ders., Das AGB-Gesetz: Ein eigen-
ständiges Kodifikationswerk, JZ 2001, 491; Walker, Die Verbandsklage nach
dem Unterlassungsklagengesetz (UKlaG), in: Dauner-Lieb/Heidel/Lepa/Ring,
Das neue Schuldrecht, 2002, 183; Wolf/Pfeiffer, Der richtige Standort des
AGB-Rechts innerhalb des BGB, ZRP 2001, 303; Weick, Schuldrechtsre-
form, Transparenz und Gesetzgebungstechnik, JZ 2002, 442; v. Westphalen,
Nach der Schuldrechtsreform: Neue Grenzen für Haftungsfreizeichnungs- und
Haftungsbegrenzungsklauseln, BB 2002, 209.
Schrifttum zum früheren AGBG: Borges, Die Inhaltskontrolle von Ver-
braucherverträgen, 2000; Coester-Waltjen, Inhaltskontrolle von einfachen Ge-
schäftsbedingungen in Verbraucherverträgen, Festschrift f. Medicus, 1999, 63;
Dreher, Die Auslegung von Rechtsbegriffen in Allgemeinen Geschäftsbedin-

gungen, AcP 189, 342; Fischer, Praktische Probleme der Einbeziehung von AGB unter Kaufleuten, insbesondere bei laufenden Geschäftsverbindungen, BB 1995, 2491; J. Hager, Der lange Abschied vom Verbot der geltungserhaltenden Reduktion, JZ 1996, 175; Hansen, Das sogenannte Transparenzgebot im System des AGB-Gesetzes, WM 1990, 1521; Heinrichs, Die Entwicklung des Rechts der Allgemeinen Geschäftsbedingungen, zuletzt NJW 1999, 1596; v. Hoyningen-Huene, Die Inhaltskontrolle nach § 9 AGB-Gesetz, 1992; Joost, Der Ausschluß der Inhaltskontrolle bei Entgeltregelungen in Allgemeinen Geschäftsbedingungen, ZIP 1996, 1685; Lass, Zum Lösungsrecht bei arglistiger Verwendung unwirksamer AGB, JZ 1997, 67; Locher, Das Recht der Allgemeinen Geschäftsbedingungen, 3. Aufl., 1997; Martis, Allgemeine Geschäftsbedingungen im Kauf- und Werkvertragsrecht, MDR 1999, 449; Matusche/Beckmann, Die Bedingungsanpassungsklausel – Zulässiges Instrument für den Fall der Unwirksamkeit Allgemeiner Versicherungsbedingungen?, NJW 1998, 112; Niebling, Isolierte Betrachtung Allgemeiner Geschäftsbedingungen oder Würdigung des Gesamtvertrages?, BB 1992, 717; H. Roth, Funktion und Anwendungsbereich der Unklarheitenregel des § 5 AGBG, WM 1991, 2085, 2125; ders., Vertragsänderung bei fehlgeschlagener Verwendung von Allgemeinen Geschäftsbedingungen, 1994; Schmidt-Salzer, Recht der AGB und der mißbräuchlichen Klauseln: Grundfragen, JZ 1995, 223; Teske, Schriftformklauseln in Allgemeinen Geschäftsbedingungen, 1990; Wackerbarth, Unternehmer, Verbraucher und die Rechtfertigung der Inhaltskontrolle vorformulierter Verträge, AcP 200, 45; Westermann, Das Transparenzgebot – ein neuer Oberbegriff der AGB-Inhaltskontrolle?, Festschrift f. Steindorff, 1990, 817; Wille, Langjährige Schadens- und Unfallversicherungsverträge im Lichte des AGBG, VersR 1995, 1401; M. Wolf/Ch. Ungeheuer, Zum Recht der allgemeinen Geschäftsbedingungen, JZ 1995, 77, 176;

sowie die Kommentare und die Kommentare zum AGBG von Graf von Westphalen (Hrsg.), Vertragsrecht und AGB-Klauselwerke, 1997; Thamm/Pilger, 1998; Ulmer/Brandner/Hensen (8. Aufl., 1997), M. Wolf/Horn/Lindacher (4. Aufl., 1999);

schließlich die Lehrbücher und Grundrisse zum Allgemeinen Teil des BGB.

Die Freiheit der inhaltlichen Gestaltung des Vertrages wird oft weitgehend durch Allgemeine Geschäftsbedingungen (AGB; §§ 305 ff.) eingeschränkt.

Bisher war das Recht der AGB in einem eigenen Gesetz, dem AGB-Gesetz, geregelt. Im Zuge der Schuldrechtsreform hat der Gesetzgeber mit Wirkung zum 1. 1. 2002 auch den materiellrechtlichen Teil des AGB-Gesetzes ebenso wie andere Sondergesetze in das BGB integriert (zur Übernahme der verfahrensrechtlichen Vorschriften des AGB-Gesetzes in das UKlaG siehe Rdnr. 59). Inhaltlich sind mit der Integration des AGB-Gesetzes lediglich geringe Änderungen des vor der Schuldrechtsreform geltenden Rechts verbunden. Abgesehen von einigen Anpassungen an einzelne im Rahmen der Schuldrechtsreform geänderte Vorschriften des BGB wurden die früheren Regelungen des AGBG weitgehend wörtlich übernommen und in wenigen Vorschriften zusammengefasst. Deshalb kann zur Auslegung der §§ 305 ff. die zum früheren AGBG ergangene Rechtsprechung im Wesentlichen noch herangezogen werden.

Die Einordnung der Regelungen über Allgemeine Geschäftsbedingungen in das Allgemeine Schuldrecht war im Rahmen der Schuldrechtsreform heftig umstritten. Der Gesetzgeber hat sich für diesen Standort und nicht für den Allgemeinen Teil des BGB entschieden, weil durch Allgemeine Geschäftsbedingungen regelmäßig von den dispositiven Bestimmungen des Schuldrechts abgewichen werden soll. In der Gesetzesbegründung (BT-Drucks. 14/6040, S. 149) ist aber ausdrücklich klargestellt, dass durch diesen Standort keine Einschränkung des Anwendungsbereichs allein auf Schuldverträge bezweckt ist, sondern lediglich der Schwerpunkt des Anwendungsbereichs betont werden soll. Die §§ 305 ff. finden daher z. B. auch auf Verträge auf dem Gebiet des Sachenrechts oder auf einseitige Rechtsgeschäfte, die mit einer vertraglichen Beziehung im Zusammenhang stehen, Anwendung.

1. Begriff

Die Anwendbarkeit der §§ 305 ff. setzt voraus, dass es um die **29** Gestaltung eines Vertrages durch AGB geht. AGB sind alle für eine Vielzahl von Verträgen vorformulierten Vertragsbedingungen, die eine Vertragspartei (Verwender) der anderen bei Abschluss eines Vertrages stellt (§ 305 I 1).

a) Vertragsbedingungen

Unter Vertragsbedingungen sind Bestimmungen zu verstehen, die Inhalt des Vertrages werden sollen. Dabei kann es sich um fast den ganzen Vertragsinhalt oder nur um einzelne Vertragsbestandteile handeln.

Beispiele: Ein Formularvertrag wie der Einheitsmietvertrag enthält bis auf die Angabe des Mietobjekts, des Mietzinses und des Beginns der Mietzeit alle Vertragsbestimmungen. – Zahlungs- oder Lieferungsbedingungen treffen nur Regelungen über einzelne Vertragsteile.

b) Für eine Vielzahl von Verträgen vorformuliert

Die Vertragsbedingungen müssen für eine Vielzahl von Verträ- **30** gen vorformuliert sein. Dabei spielt es keine Rolle, ob der Verwender selbst, sein Interessenverband oder ein Dritter sie aufgesetzt hat. Es ist auch gleichgültig, ob die Bestimmungen einen äußerlich gesonderten Vertragsbestandteil bilden oder in die Vertragsurkunde selbst aufgenommen werden, welchen Umfang sie haben, in welcher Schriftart sie verfasst sind und welche Form der Vertrag hat (§ 305 I 2).

So kann in einem notariellen Vertrag auf (z. B. vorgedruckte oder in Maschinenschrift geschriebene) Bedingungen Bezug genommen oder können diese selbst in den Text der notariellen Urkunde aufgenommen werden. AGB sollen nach Ansicht des BGH sogar dann vorliegen, wenn ein Notar Klauseln aus einem Formularbuch entnimmt und sich eine Partei diese einseitig zu ihren Gunsten zunutze macht (BGHZ 74, 210; kritisch: Stürner, JZ 1979, 758; anders auch: BGH NJW 1991, 843).

c) Vom Verwender gestellt

31   Die Vertragsbedingungen müssen dem Vertragspartner von dem Verwender gestellt, also einseitig auferlegt werden. Daran fehlt es, wenn die Vertragsbedingungen zwischen den Parteien im Einzelnen ausgehandelt werden (§ 305 I 3). Ein Aushandeln liegt nach ständiger Rspr. des BGH dann vor, wenn der Verwender die in seinen AGB enthaltenen Bestimmungen ernsthaft zur Disposition stellt und dem Verhandlungspartner Gestaltungsfreiheit zur Wahrung eigener Interessen einräumt mit zumindest der rea-len Möglichkeit, die inhaltliche Ausgestaltung der Vertragsbedingungen beeinflussen zu können (BGH NJW 1992, 2760 m. w. N.).

Kommen die Parteien bei dem Aushandeln der Vertragsbedingungen schließlich zu dem Ergebnis, man wolle die auch sonst gebräuchlichen Zahlungsbedingungen – als für beide Parteien zweckmäßig – vereinbaren, liegt trotz des vorformulierten Textes eine Individualvereinbarung vor, da dieser Text von beiden Parteien frei ausgehandelt und nicht von einer Partei der anderen diktiert ist. Deshalb finden die §§ 305 ff. keine Anwendung.

2. Vorteile und Nachteile von AGB

32   Die Verwendung von AGB bringt insbesondere für den Verwender Vorteile, aber vor allem für den Vertragspartner auch Nachteile mit sich:

a) Vorteile von AGB für den Verwender

Der Verwender verspricht sich von der Vertragsgestaltung durch vorformulierte Bedingungen mehrere Vorteile. So haben die AGB

beim Abschluss von Massenverträgen (insbesondere der Groß–
unternehmen, Banken und Versicherungen) eine *Rationalisierungs-
aufgabe*. Gleichlautende Lieferungs- und Zahlungsbedingungen
für eine Vielzahl von täglich geschlossenen Verträgen erleichtern
die Geschäftsabwicklung. Ferner dienen die AGB der *Risikobe-
grenzung des Verwenders*. Diese wird insbesondere durch die vorformulierte Vereinbarung eines Eigentumsvorbehalts, eines Aus-
schlusses bestimmter Schadensersatzansprüche sowie einer Einschränkung der Rechte des Vertragspartners bei mangelhafter
Leistung erreicht. Schließlich kann durch AGB bei solchen Vertragsverhältnissen, die im Gesetz nur unzureichend geregelt sind
(z. B. Leasingvertrag, Automatenaufstellungsvertrag), erreicht werden, dass die gegenseitigen *Rechte und Pflichten immer umfassend
geregelt* sind.

b) Nachteile von AGB für den Vertragspartner

Auf der anderen Seite ist nicht zu verkennen, dass die Verwen- **33**
dung von AGB für den Vertragspartner des Verwenders schwere
Nachteile mit sich bringen kann. Es unterbleibt ein Aushandeln der
Vertragsbestimmungen insoweit, als sie in den AGB festgelegt sind.
Der Vertragspartner ist zwar frei darin, ob er mit dem Verwender
überhaupt einen Vertrag abschließt; entscheidet er sich aber dazu,
muss er sich mit der Geltung der AGB einverstanden erklären.
Dazu ist er praktisch gezwungen, wenn er die Ware dringend
braucht und der Verwender der AGB eine Monopolstellung hat.
Gleiches gilt, wenn er zwar unter mehreren Anbietern wählen
kann, diese aber die von ihrem Interessenverband aufgestellten
AGB zum Vertragsinhalt machen. Es liegt nahe, dass die Interessen
dessen, der die AGB formuliert oder von seinem Interessenverband
übernommen hat, in den AGB besser geschützt werden als die des
Vertragspartners (z. B. günstige Risikoverteilung). Nicht selten
werden die Rechte des Partners einseitig verkürzt (z. B. Ausschluss
von Schadensersatzansprüchen). Es kommt hinzu, dass ein juristisch
und geschäftlich ungeschulter Partner die vielen, oft sehr kleinge-
druckten Bestimmungen nicht liest oder in ihrer Bedeutung nicht
erkennt. Obwohl also formal die Vertragsfreiheit auch bei der

Vereinbarung von AGB gewahrt bleibt, handelt es sich in der Sache vielfach um ein einseitiges Diktat des Verwenders.

Vor diesen Gefahren soll der Vertragspartner des Verwenders, insbesondere der Verbraucher, durch die §§ 305 ff. geschützt werden. Zu diesem Zweck enthalten die §§ 305 ff. detaillierte Regelungen dazu, unter welchen Voraussetzungen AGB Bestandteil eines Vertrages werden, wie sie auszulegen sind und wann sie inhaltlich unwirksam sind.

> Soweit die §§ 305 ff. keine Sonderregelungen enthalten, gelten im Übrigen die allgemeinen Regeln über die Auslegung (§§ 133, 157) und über die Wirksamkeit (z. B. §§ 134, 138) von Willenserklärungen.

3. Einbeziehung in den Vertrag

34   Die AGB sind keine Rechtsnormen wie etwa Tarifverträge, denen der Gesetzgeber ausdrücklich Normencharakter beigelegt hat. Die Geltung der AGB beruht immer auf rechtsgeschäftlicher Grundlage. Rechtlich verbindlich werden sie erst, wenn sie durch Einbeziehungs- oder Rahmenvereinbarung zum Inhalt des einzelnen Vertrages geworden sind.

a) Einbeziehungsvereinbarung im Einzelfall

35   Die Einbeziehungsvereinbarung ist kein besonderes Rechtsgeschäft, sondern ein Teil des Vertrages. Sie setzt voraus:

aa) Der Verwender muss die andere Vertragspartei *bei Vertragsschluss ausdrücklich auf die AGB hinweisen* (§ 305 II Nr. 1). Das gilt auch dann, wenn bereits beim Abschluss früherer Verträge auf die AGB Bezug genommen worden war (BGH DB 1986, 2074).

> Ein Hinweis *nach* Vertragsschluss (z. B. auf dem Lieferschein, der Rechnung) genügt nicht, da es sich um einen Antrag auf Vertragsänderung handelt, den der Vertragspartner nicht anzunehmen braucht. Aus einem Schweigen des Partners oder der Annahme der Leistung durch ihn kann nicht auf eine Annahme des Änderungsangebots geschlossen werden.

36   *Ausnahmsweise*, wenn nämlich ein ausdrücklicher Hinweis wegen der Art des Vertragsschlusses nur unter unverhältnismäßigen Schwierigkeiten möglich ist, genügt ein *deutlich sichtbarer Aushang* am Ort des Vertragsschlusses (§ 305 II Nr. 1). Das gilt für Verträge des täglichen Lebens, bei denen AGB üblicherweise zu erwarten sind, ein ausdrücklicher Hinweis in der Praxis aber kaum möglich ist.

Beispiele: Beförderung durch die Straßenbahn; Bewachung des Kraftfahrzeugs auf bewachtem Parkplatz.

bb) Der Vertragspartner muss *in zumutbarer Weise von dem Inhalt* **37** *der AGB Kenntnis nehmen können* (§ 305 II Nr. 2). Dafür ist grundsätzlich ein verobjektivierter Maßstab anzulegen. Die AGB müssen nach Art und Größe des Schriftbildes für einen Durchschnittskunden mühelos lesbar und ohne übermäßigen Zeitaufwand auch verständlich sein.

Liegt aber eine für den Verwender *erkennbare körperliche Behinderung* der an- **38** deren Vertragspartei vor, darf die Möglichkeit der Kenntnisverschaffung nicht allein objektiv am Durchschnittskunden gemessen werden. Vielmehr muss die körperlich bedingte Einschränkung der Wahrnehmungsfähigkeit angemessen berücksichtigt werden (vgl. § 305 II Nr. 2). Zu denken ist insbesondere an Menschen mit Sehbehinderung. Sie bedürfen weiterer Hilfsmittel wie etwa der Übergabe der allgemeinen Geschäftsbedingungen in einer Form, die ihnen die Kenntnisnahme vor Vertragsschluss ermöglicht. Das kann im Einzelfall durch Übergabe in elektronischer oder akustischer Form oder auch in Braille-Schrift erfolgen (BT-Drucks. 14/6040, S. 150).

Erkennt der Verwender, dass es sich bei dem Kunden um einen Ausländer handelt, der die AGB nicht verstehen kann, muss er sich erbieten, eine Übersetzung vornehmen zu lassen. Allerdings kann der Kunde auf eine Übersetzung und überhaupt auf eine Kenntnisnahme verzichten.

cc) Der Vertragspartner muss *mit der Geltung der AGB einverstan-* **39** *den sein* (§ 305 II a. E.); das Einverständnis kann ausdrücklich oder konkludent erklärt werden.

Hat der Verwender auf die AGB ausdrücklich hingewiesen und schließt der Partner ohne Widerspruch gegen die AGB den Vertrag, so sind diese Inhalt des Vertrages.

b) Rahmenvereinbarung

Die Rahmenvereinbarung ist eine von den Vertragsparteien für **40** eine bestimmte Art von künftigen Rechtsgeschäften *im Voraus* getroffene Vereinbarung über die Geltung bestimmter AGB (§ 305 III). Dadurch soll es den Parteien erspart werden, jeweils bei

Abschluss eines neuen Vertrages wieder die Geltung der AGB zu vereinbaren.

Beispiel: Bei der Aufnahme einer Bankverbindung vereinbaren die Bank und ihr Kunde, dass für alle künftigen Geschäfte die Bankbedingungen gelten sollen.

41   aa) Wirksam ist eine solche Rahmenvereinbarung nur, wenn die *in § 305 II bezeichneten Erfordernisse erfüllt* sind (§ 305 III).

Die Bankbedingungen gelten also nur dann für die künftigen Geschäfte, wenn die Bank ausdrücklich darauf hinweist, der Bankkunde davon Kenntnis nehmen kann und mit der Geltung einverstanden ist.

42   bb) Es kann nur die Geltung *bestimmter* AGB, nicht aber der AGB in ihrer jeweiligen Fassung vereinbart werden. Andernfalls hätte es der Verwender in der Hand, die AGB ohne Einverständnis des Partners einseitig zu seinen Gunsten zu ändern.

Will die Bank im Laufe der Zeit ihre Bedingungen ändern, so werden die geänderten Bedingungen nur unter den Voraussetzungen des § 305 II, also insbesondere bei Einverständnis des Kunden, Vertragsinhalt.

c) Keine überraschende Klausel

43   Selbst wenn die Voraussetzungen des § 305 II, III erfüllt sind, so wird eine Bestimmung der AGB dennoch nicht Vertragsbestandteil, wenn sie nach den Umständen, insbesondere nach dem äußeren Erscheinungsbild des Vertrags, so ungewöhnlich ist, dass der Vertragspartner des Verwenders mit ihr nicht zu rechnen braucht (§ 305 c I). Diese Bestimmung will den Partner vor Überraschungen schützen; er soll darauf vertrauen dürfen, dass die AGB sich im Rahmen dessen halten, was bei einem solchen Vertrag normalerweise zu erwarten ist.

Beispiele: K kauft von V eine Kaffeemaschine. Nach den AGB verpflichtet er sich außerdem zum monatlichen Bezug einer bestimmten Menge Kaffee. – Obwohl es auf der Vorderseite eines Vertragsformulars Dauer ein Jahr heißt, ist auf der Rückseite eine Klausel enthalten, nach der sich die Vertragsdauer automatisch verlängert, wenn nicht bis zu einem bestimmten Termin gekündigt wird (vgl. BGH NJW 1989, 2255).

4. Auslegung von AGB und Vorrang der Individualabrede

Bei der normativen Auslegung von AGB aus der Sicht des **44** Empfängerhorizontes kommt es im Gegensatz zu den allgemeinen Regeln nicht auf die Person des konkreten Vertragspartners, sondern auf den Empfängerhorizont eines Durchschnittsempfängers an. Das ist die Konsequenz daraus, dass die AGB für eine Vielzahl von Geschäften gedacht sind.

Nach § 305 c II gehen *Auslegungszweifel zu Lasten des Verwenders*. Diese Regel von der kundenfreundlichen Auslegung kommt allerdings nur dann zum Zug, wenn sich durch Auslegung kein eindeutiges Ergebnis erzielen lässt.

Nach § 305 b gilt der *Vorrang der Individualabrede*. Diese Vor- **45** schrift spielt immer dann eine Rolle, wenn eine Klausel in AGB im Widerspruch zu einer einzeln ausgehandelten Vereinbarung steht.

Deshalb ändert z. B. die Regelung in den AGB, wonach Zusatzvereinbarungen zum Vertrag nur wirksam sind, wenn sie schriftlich getroffen werden, nichts an der Wirksamkeit einer individuell getroffenen mündlichen Vereinbarung; denn durch diese vorrangige Individualvereinbarung ist gleichzeitig das in den AGB festgelegte Schriftformerfordernis aufgehoben.

5. Inhaltskontrolle

Aus den §§ 307 bis 309 ergibt sich, unter welchen Vorausset- **46** zungen solche AGB, die wirksam in den Vertrag einbezogen wurden, aus inhaltlichen Gründen unwirksam sind. Die in diesen Vorschriften geregelte Inhaltskontrolle ist bei denjenigen Bestimmungen in AGB vorzunehmen, durch die von Rechtsvorschriften abweichende oder diese ergänzende Regelungen vereinbart werden (§ 307 III). Das sind fast alle Klauseln. Ausgenommen sind lediglich deklaratorische Klauseln, die eine gesetzliche Regelung nur wiederholen, sowie Klauseln über die Bestimmung der Hauptleistung, weil diese gar nicht gesetzlich geregelt ist, sondern ausgehandelt wird.

§ 307 ist die Generalklausel der Inhaltskontrolle. Die Vorschrift **47** spielt als Auffangtatbestand nur dann eine Rolle, wenn die Klausel nicht schon nach den §§ 308, 309 unwirksam ist. Die in § 308 aufgelisteten konkreten Klauseln sind nicht immer unwirksam, können aber im Einzelfall unwirksam sein, wenn sie zu einer unangemessenen Benachteiligung des Vertragspartners führen (deshalb „Klauselverbote mit Wertungsmöglichkeit"). Die in § 309 genannten Klauseln sind dagegen immer unwirksam.

Aus dem Inhalt der §§ 307 bis 309 ergibt sich, dass diese Vorschriften in umgekehrter Reihenfolge zu prüfen sind. Erst ist zu untersuchen, ob die Klausel nach § 309 immer unwirksam ist. Nur wenn das nicht der Fall ist, stellt sich die Frage, ob die Klausel unter § 308 fällt und jedenfalls im Einzelfall unwirksam ist. Nur wenn auch das zu verneinen ist, geht es zuletzt um die Frage, ob ein Verstoß gegen den Auffangtatbestand des § 307 vorliegt.

a) Klauselverbote ohne Wertungsmöglichkeit

48   Die in den 13 Nummern des § 309 aufgelisteten Klauseln sind immer unwirksam, ohne dass es auf eine Einzelfallprüfung ankommt.

Beispiel: In den AGB des Möbelverkäufers heißt es: „Die Haftung für Schäden, die nicht auf der Verletzung des Lebens, des Körpers oder der Gesundheit beruhen, ist ausgeschlossen, es sei denn, dass die Pflichtverletzung des Verkäufers oder seines Erfüllungsgehilfen vorsätzlich begangen wurde." Dieser Haftungsausschluss für jedes nicht vorsätzliche Verschulden verstößt gegen § 309 Nr. 7 b; danach kann nämlich die Haftung auch für grob fahrlässige Pflichtverletzungen nicht ausgeschlossen werden.

b) Klauselverbote mit Wertungsmöglichkeit

49   Alle in § 308 aufgelisteten Klauseln enthalten unbestimmte Rechtsbegriffe (z. B. „unangemessen lange", „hinreichend bestimmt", „sachlich gerechtfertigter Grund", „besondere Bedeutung"). Deren Vorliegen muss in jedem Einzelfall unter Vornahme einer Wertung geprüft werden.

Beispiel: Eine in den AGB vorgesehene Lieferfrist von sechs Monaten kann beim Kauf eines Möbelstücks unangemessen lange i. S. v. § 308 Nr. 1 sein, während sie beim Kauf eines neuen Pkw üblich und zulässig sein kann.

c) Generalklausel zur Inhaltskontrolle

Da der gesetzliche Katalog unzulässiger Klauseln nicht alle in der **50**
Praxis vorkommenden Klauseln, die aus Gründen der Vertragsge-
rechtigkeit unzulässig sein sollen, enthalten kann, stellt § 307 als
Auffangtatbestand eine Generalklausel auf. Danach sind AGB unwirksam, wenn sie den Vertragspartner des Verwenders entgegen
den Geboten von Treu und Glauben unangemessen benachteiligen
(§ 307 I 1).

aa) In den zwei Fällen des § 307 II ist *im Zweifel* eine unangemessene Benachteiligung zu bejahen:

(1) Eine Bestimmung der AGB ist mit wesentlichen Grundgedanken der abbedungenen gesetzlichen Regelung nicht zu vereinbaren (§ 307 II Nr. 1).

Beispiel: Nach den AGB eines Maklers soll der Anspruch auf Maklerlohn
ohne Rücksicht auf die Maklerleistung entstehen. Diese Klausel verstößt nicht
gegen eine der in §§ 308 f. enthaltenen Spezialregeln, wohl aber gegen die
Generalklausel des § 307. Nach dem gesetzlichen Leitbild des Maklerrechts
hängt die Entstehung des Lohnanspruchs davon ab, dass der angestrebte Vertrag durch Nachweis oder Vermittlung des Maklers zustande kommt (§ 652).
Eine davon abweichende AGB ist unwirksam (§ 307 II Nr. 1); dann gilt gem.
§ 306 II (Rdnr. 56) die gesetzliche Regelung des § 652.

(2) Eine Bestimmung der AGB schränkt wesentliche Rechte o-   **51**
der Pflichten, die sich aus der Natur des Vertrages ergeben, so ein,
dass die Errеichung des Vertragszwecks gefährdet ist (§ 307 II
Nr. 2). Insbesondere dürfen die AGB nicht zu einer Aushöhlung
von Hauptleistungspflichten der Parteien eines gegenseitigen Vertrages führen.

Beispiele: In den AGB eines Bewachungsunternehmens ist die Haftung für
fahrlässig mangelhafte Bewachung ausgeschlossen. Damit ist eine ordnungsgemäße Erfüllung des Bewachungsvertrages in Frage gestellt, so dass der Vertragszweck gefährdet ist. Gleiches hat der BGH bei einem formularmäßigen Ausschluss von Schadensersatzansprüchen des Mieters gegen den Vermieter
angenommen; denn die Hauptleistungspflicht des Vermieters zur Erhaltung der
Mietsache zum vertragsmäßigen Gebrauch dürfte selbst dann nicht sanktionslos
verletzbar sein, wenn der Vermieter nur leicht fahrlässig handele (BGH ZIP
2002, 220).

(3) Weitere **Beispiele** (noch zu § 9 AGBG, der Vorgängervorschrift des   **52**
§ 307) aus der Rechtsprechung: Autovermietung: Koppelung der Fälligkeit

von Schadensersatzansprüchen an Einsichtnahme in polizeiliche Ermittlungs-
akten (BGH NJW 1994, 1788); Breitbandkabelanschlussvertrag: Keine unangemessene Benachteiligung bei Pflicht des Kabelanschlusskunden, für den
Einzug des monatlichen Nutzungsentgelts eine Einzugsermächtigung zu erteilen (BGH WM 1996, 335); Bürgenhaftung: Formularmäßige Ausdehnung der
Haftung über das Kreditlimit hinaus (BGH BB 1995, 1705); Fitness-Studio:
Wirksame stillschweigende Vertragsverlängerung (BGH JZ 1997, 1007) sowie
vorformulierte Entgeltpflicht trotz Nichtnutzung des Studios (BGH NJW
1997, 193); Kabelanschlussunternehmen: 20-jährige Vertragsdauer (BGH NJW
1997, 3022); Kreditinstitut: Entgelte für Nichtausführung von Daueraufträgen
und Überweisungen sowie für Rückgabe von Schecks und Lastenschriften
mangels Deckung (BGH DB 1997, 2528) sowie für Verwaltung von Freistel-
lungsaufträgen (BGH WM 1997, 1663) und für die Bearbeitung und Überwachung von Pfändungsmaßnahmen (BGH NJW 1999, 2276); Kundenkredit-
karte: Verlagerung des Missbrauchsrisikos auf den Kunden ohne Rücksicht auf
dessen Verschulden (BGHZ 114, 238); Mietvertrag: Vorauszahlungsklauseln in
Wohnraummietverträgen (BGH NJW 1995, 254); Rechtsschutzversicherung:
5-jährige Laufzeit, Kündigungsrecht des Versicherungsnehmers (BGH BB
1997, 2072); Partnerschaftsvermittlungsvertrag: Laufzeitverlängerungsklausel
(BGH NJW 1999, 276); Versicherungsbedingungen: Uneingeschränktes Recht
des Versicherers, Prämien, Tarife und sonstige versicherungsvertragliche
Rechte und Pflichten abzuändern (BGH ZIP 1997, 2123). Diese Aufzählung
ist lediglich beispielhaft. Eine kaum übersehbare Zahl von weiteren Fällen ist
in den Kommentaren zu § 9 AGBG nachgewiesen.

53   bb) Eine unangemessene Benachteiligung kann sich auch daraus
ergeben, dass die *Bestimmung nicht klar und verständlich* ist (§ 307
I 2). Diese Vorschrift regelt das sogenannte *Transparenzgebot* für
AGB. In AGB sollen die Rechte und Pflichten des Vertragspartners
durch eine entsprechende Ausgestaltung und geeignete Formulierung der Vertragsbedingungen durchschaubar, richtig, bestimmt
und möglichst klar dargestellt werden (grundlegend BGHZ 106,
42, 49). Aus der Formulierung des § 307 I 2 („kann sich ergeben")
folgt, dass ein Verstoß gegen das Transparenzverbot nicht automatisch zur Unwirksamkeit der Klausel führt, sondern nur dann,
wenn sich im Einzelfall auf Grund einer sorgfältigen Abwägung
aller Umstände eine unangemessene Benachteiligung des Vertragspartners feststellen lässt.

6. Umgehungsverbot

54   Da nach den §§ 307 ff. viele Klauseln gesetzlich verboten sind,
werden „findige" Verfasser von AGB nach Wegen suchen, auf

denen die Vorschriften zur Gestaltung rechtsgeschäftlicher Schuldverhältnisse durch AGB umgangen werden können. Das soll das
Umgehungsverbot des § 306a verhindern. Die Vorschrift greift
schon beim Vorliegen des objektiven Tatbestandes ein; eine Um-
gehungsabsicht ist nicht erforderlich.

Beispiel: Der Warenumsatz wird nicht durch Kaufverträge, sondern durch
Gesellschaftsverträge geregelt, da die §§ 305 ff. bei Gesellschaftsverträgen keine
Anwendung finden (§ 310 IV 1). Da durch diese Vertragsgestaltung die Vorschriften über die Allgemeinen Geschäftsbedingungen umgangen werden,
greifen gem. § 306a die §§ 305 ff. doch ein.

7. Rechtsfolgen bei Nichteinbeziehung oder Unwirksamkeit

a) Wirksamkeit des Vertrages im Übrigen

Welche Rechtsfolgen sich für den Vertrag im Übrigen ergeben, **55**
wenn AGB entweder nicht wirksam in den Vertrag einbezogen
wurden oder inhaltlich unwirksam sind, ist in § 306 geregelt. Nach
§ 306 I bleibt grundsätzlich der Vertrag im Übrigen (also ohne die
betreffende AGB) wirksam. Darin liegt eine Abweichung von
§ 139, wonach Teilnichtigkeit grundsätzlich zur Gesamtnichtigkeit
führt. Eine Ausnahme gilt gem. § 306 III, wenn ein Festhalten an
dem Vertrag ohne die unwirksame Klausel für eine Vertragspartei
(im Zweifel für den Verwender) eine unzumutbare Härte darstellen
würde, weil durch den Wegfall der AGB das Vertragsgleichgewicht
erheblich verändert würde. Dann ist der Vertrag insgesamt nichtig.
Dem Vertragspartner des Verwenders kann in einem solchen Fall
ein Schadensersatzanspruch wegen vorvertraglicher Pflichtverletzung gem. §§ 280 I, 311 II zustehen.

b) Lückenfüllung durch Anwendung gesetzlicher Vor-
schriften

Falls ein Vertrag wegen der Unwirksamkeit von AGB unvoll- **56**
ständig wird, ist die so entstehende Lücke gem. § 306 II durch
Anwendung der gesetzlichen Vorschriften zu füllen. So wird etwa
eine unangemessen lange Lieferzeit (§ 308 Nr. 1) durch eine solche
Lieferzeit ersetzt, die sich aus den Umständen ergibt (vgl. § 271 I).

Dabei kann auf die für den jeweiligen Kaufgegenstand üblichen Lieferzeiten zurückgegriffen werden.

c) Keine geltungserhaltende Reduktion

57 Dagegen gibt es bei AGB keine geltungserhaltende Reduktion, wonach eine unzulässige Klausel mit dem nach dem Gesetzeswortlaut gerade noch zulässigen Inhalt wirksam wäre; andernfalls würde der Verwender von unzulässigen AGB überhaupt kein Risiko eingehen.

8. Gerichtliche Geltendmachung der Unwirksamkeit von AGB

a) Individualrechtsschutz

58 Jeder Vertragspartner kann in einem Individualrechtsstreit die Unwirksamkeit der ihm gegenüber verwendeten AGB geltend machen, indem er selbst Rechte aus dem Vertrag einklagt oder sich gegen die Inanspruchnahme aus dem Vertrag wehrt, jeweils unter Berufung auf die Unwirksamkeit der zu Grunde gelegten AGB. Diese werden dann vom Gericht inzident überprüft. Außerdem kann jeder Vertragspartner mit einer Feststellungsklage die Unwirksamkeit von AGB geltend machen.

b) Rechtsschutz durch Verbandsklagen nach dem UKlaG

59 Da es insbesondere den von AGB betroffenen Verbrauchern häufig schon wegen des Prozessrisikos an einer Klagebereitschaft fehlt, räumt das Unterlassungsklagengesetz (UKlaG) auch bestimmten Verbänden das Recht ein, unwirksame AGB klageweise zu beanstanden. Klageberechtigt sind rechtsfähige Verbraucherschutzverbände (§§ 3 I Nr. 1, 4 UKlaG), rechtsfähige Verbände zur Förderung gewerblicher Interessen (§ 3 I Nr. 2 UKlaG), Industrie- und Handelskammern sowie Handwerkskammern (§ 3 I Nr. 3 UKlaG). Sie können den Verwender und den Empfehler (z. B. Berufs- oder Interessenverbände) unwirksamer AGB auf Unterlassung, den Empfehler darüber hinaus auch auf Widerruf der Empfehlung verklagen (§ 1 UKlaG). Für das gerichtliche Verfahren in solchen Rechtsstreitigkeiten gelten die Regeln der Zivilprozessordnung sowie einzelne davon abweichende Regeln nach dem UKlaG (§§ 5 ff. UKlaG). Die Urteile in einem solchen Verbandsklageverfahren haben insofern eine erhöhte Breitenwirkung, als sich auch jeder an diesem Verfahren gar nicht beteiligte Vertragspartner eines Verwenders auf die im Urteil festgestellte Unwirksamkeit einer ihm gegenüber verwendeten Klausel berufen darf (§ 11 UKlaG).

9. Anwendbarkeit der §§ 305 ff. in Sonderfällen

Der Anwendungsbereich der §§ 305 ff. wird gem. § 310 für ver- **60** schiedene Sonderfälle eingeschränkt (in einer Klausur vorab zu prüfen), für Verbraucherverträge dagegen erweitert.

a) Verwendung gegenüber einem Unternehmer oder einer juristischen Person des öffentlichen Rechts

Wenn AGB gegenüber einem Unternehmer, einer juristischen Person des öffentlichen Rechts oder einem öffentlich-rechtlichen Sondervermögen verwendet werden, finden gem. § 310 I die Vorschriften über die Einbeziehung von AGB (§ 305 II, III) und über besondere Klauselverbote (§§ 308, 309) keine Anwendung. Dagegen findet eine Inhaltskontrolle nach der Generalklausel des § 307 auch hier statt (§ 310 I 2).

b) Allgemeine Versorgungsbedingungen

Auf Verträge der Elektrizitäts-, Gas-, Fernwärme- und Was- **61** serversorgungsunternehmen gegenüber sogenannten Sonderabnehmern finden die §§ 308 und 309 keine Anwendung, soweit die Versorgungsbedingungen nicht zum Nachteil der Abnehmer von Verordnungen über allgemeine Bedingungen für die entsprechende Versorgung von Tarifkunden abweichen (§ 310 II). Sinn: Sonderabnehmer sollen nicht besser gestellt werden als Tarifabnehmer.

c) Verbraucherverträge

62   Da eine natürliche Person als Verbraucher bei Vertragsverhandlungen im privaten Bereich dem Unternehmen regelmäßig unterlegen ist, soll sie gem. § 310 III auch dann durch die §§ 305 ff. vor missbräuchlichen Klauseln geschützt werden, wenn nicht alle Voraussetzungen erfüllt sind, die an AGB zu stellen sind.

63   aa) *Voraussetzung* des § 310 III ist das Vorliegen eines Verbrauchervertrages zwischen einem Unternehmer i. S. d. § 14 und einem Verbraucher i. S. d. § 13. Der Unternehmer muss bei Abschluss des Rechtsgeschäfts in Ausübung seiner gewerblichen oder selbstständigen beruflichen Tätigkeit handeln. Auf Verbraucherseite darf der Zweck des Vertragsschlusses gerade nicht der gewerblichen oder selbstständigen beruflichen Tätigkeit zuzurechnen sein. Um welchen Vertragstyp es sich im Einzelfall handelt, spielt keine Rolle.

64   bb) Die *Rechtsfolgen* des § 310 III bei Vorliegen eines Verbrauchervertrages bestehen darin, dass die §§ 305 ff. mit folgenden *Besonderheiten* anzuwenden sind:

(1) Die AGB gelten auch dann als vom Unternehmer gestellt, wenn sie tatsächlich von einem Dritten (etwa einem Notar, Makler, Architekt) gestellt wurden (§ 310 III Nr. 1). Darin liegt eine Abweichung von § 305 I 1.

Nur dann, wenn die AGB vom Verbraucher selbst in den Vertrag eingeführt worden sind (z. B. dem Mietvertrag wird ein Mietvertragsformular auf Vorschlag des Verbrauchers zu Grunde gelegt), ist der Verbraucher nicht schutzwürdig, so dass die §§ 305 ff. nicht zu beachten sind.

65   (2) Die Auslegungsregel des § 305 c II, die Rechtsfolgen des § 306 bei Nichteinbeziehung oder Unwirksamkeit sowie die §§ 307 bis 309 über die Inhaltskontrolle finden auf vorformulierte Vertragsbedingungen auch dann Anwendung, wenn diese nur zur einmaligen Verwendung bestimmt sind und soweit der Verbraucher auf Grund der Vorformulierung auf ihren Inhalt keinen Einfluss nehmen konnte (§ 310 III Nr. 2). Auch darin liegt eine Abweichung von § 305 I Nr. 1.

66   (3) Bei der Beurteilung, ob eine Klausel den Verbraucher unangemessen benachteiligt, ist nicht nur eine generalisierende, überindividuelle Betrachtung anzustellen (§ 307); vielmehr sind auch die den Vertragsschluss begleitenden, also die konkreten individuellen Umstände zu berücksichtigen (§ 310 III Nr. 3).

Beispiel: Die Überrumpelung des Partners beim Vertragsschluss spricht für eine Unwirksamkeit.

d) Verträge auf dem Gebiet des Erb-, Familien- und Gesellschaftsrechts sowie arbeitsrechtliche Kollektivverträge

Nach § 310 IV finden die §§ 305 ff. keine Anwendung bei Ver- **67** trägen auf dem Gebiet des Erb-, Familien- und Gesellschaftsrechts. In diesen Bereichen dürften vorformulierte Vertragsbedingungen ohnehin selten sein. Außerdem ist hier in der Regel der Verwender der jeweiligen anderen Vertragspartei nicht überlegen.

Ebenfalls gelten die §§ 305 ff. nicht bei Tarifverträgen (zwischen **68** Arbeitgeberverbänden oder Arbeitgebern auf der einen und Gewerkschaften auf der anderen Seite), Betriebsvereinbarungen (zwischen Arbeitgeber und Betriebsrat) und Dienstvereinbarungen (zwischen Dienststelle und Personalvertretung). Bei derartigen *Kollektivverträgen* ist ein besonderer Schutz zu Gunsten einer Seite nicht erforderlich.

Auf *Arbeitsverträge* zwischen dem Arbeitgeber und dem einzelnen Arbeit- **69** nehmer sind die §§ 305 ff. dagegen grundsätzlich anwendbar (§ 310 IV 2). Eine derartige Inhaltskontrolle im Arbeitsrecht hat die arbeitsgerichtliche Rechtsprechung ohnehin schon vor Inkrafttreten dieser Regelung vorgenommen. Allerdings sollen die im Arbeitsrecht geltenden Besonderheiten angemessen berücksichtigt werden. Deshalb dürften insbesondere die unter § 309 fallenden Klauseln entgegen dieser Regelung nicht ausnahmslos unwirksam sein. § 310 IV 2 wird wegen seiner Unbestimmtheit vermutlich Anlass für zahlreiche Streitigkeiten sein.

III. Keine faktischen Vertragsverhältnisse

Schrifttum: Baer-Kaupert, Schuldrechtliche Verpflichtung aus sozialtypi- **70** schem Verhalten, 1970; Erman, Faktische Vertragsverhältnisse oder Geschäftsführung ohne Auftrag, NJW 1965, 421; Esser, Gedanken zur Dogmatik der „faktischen Schuldverhältnisse", AcP 157, 86; Haupt, Über faktische Vertragsverhältnisse, 1941; Kellmann, Schuldverhältnisse aus sozialtypischem Verhalten, NJW 1971, 265; Lambrecht, Die Lehre vom faktischen Vertragsverhältnis, 1994; Lehmann, Faktische Vertragsverhältnisse, NJW 1958, 1; Simitis, Die faktischen Vertragsverhältnisse, 1957; Walker, Der Vollzug des Arbeitsverhältnisses ohne wirksamen Arbeitsvertrag, JA 1985, 138; Wiacker, Willenserklärung und sozialtypisches Verhalten, Festschrift für das OLG Celle, 1961, 263.

Verträge kommen durch Angebot und Annahme zu Stande (§§ 145 ff.). Demgegenüber meinte eine von Haupt begründete Lehre über faktische Vertragsverhältnisse, dass vertragliche Schuldverhältnisse in bestimmten Fällen auch ohne entsprechende Willenserklärungen allein durch ein rein tatsächliches Verhalten entstehen können. Mit dieser Konstruktion wollte man einen rechtsgeschäftlichen Erfolg ohne Willenserklärungen begründen, weil man die Anwendung der außervertraglichen Regeln (unerlaubte Handlung, ungerechtfertigte Bereicherung, Geschäftsführung ohne Auftrag) nicht für sachgerecht hielt. Dabei ging es insbesondere um ohne wirksamen Vertrag vollzogene Dauerschuldverhältnisse, um die Inanspruchnahme von Leistungen im modernen Massenverkehr und um die Inanspruchnahme einer Leistung bei gleichzeitiger Ablehnung eines Vertrages.

Die Lehre von den faktischen Vertragsverhältnissen findet im Gesetz keine Stütze und führt teilweise zu sachwidrigen Ergebnissen. Sie wird heute auch nicht mehr ernsthaft vertreten. Alle genannten Fälle lassen sich auch ohne sie lösen.

1. Ohne wirksamen Vertrag vollzogene Dauerschuldverhältnisse

71   Eine Fallgruppe der faktischen Vertragsverhältnisse waren die ohne wirksamen Vertrag vollzogenen Dauerschuldverhältnisse. Bei diesen besteht die Verpflichtung in einem dauernden Verhalten (z.B. Gebrauchsüberlassung) oder in wiederkehrenden Leistungen (z.B. monatliche Mietzahlung, tägliche Arbeitsleistung). Beruht ein Dauerschuldverhältnis auf einem von vornherein nichtigen oder durch Anfechtung mit Wirkung ex tunc vernichteten Vertrag und sind inzwischen bereits Leistungen erbracht worden, ist eine Rückabwicklung für die Vergangenheit oft kaum möglich.

Beispiel: Ist der Arbeitsvertrag durch Anfechtung rückwirkend vernichtet worden, kann die bereits erbrachte Arbeitsleistung nicht wieder rückgängig gemacht werden. Ein Anspruch auf Wertersatz (§ 818 II) ist dann nicht gegeben, wenn der Arbeitgeber durch die Arbeitsleistung nicht bereichert wurde oder die Bereicherung inzwischen weggefallen ist (§ 818 III). Die während des Vollzugs des Arbeitsverhältnisses erbrachten sonstigen Leistungen des Arbeitgebers wie z. B. Urlaubsgewährung und Entgeltfortzahlung bei Krankheit sind ohne Rechtsgrund erfolgt.

Da die gesetzlichen Ansprüche insbesondere des Bereicherungsrechts hier zu sachwidrigen Ergebnissen führen, wurde für die Zeit des Vollzugs des Arbeitsverhältnisses ein faktisches Vertragsverhältnis konstruiert, aus dem sich dann vertragliche Ansprüche ergeben sollten.

Im **Beispielsfall** hatte nach dieser Lehre der Arbeitnehmer bis zur Anfechtung oder Geltendmachung der Nichtigkeit alle arbeitsvertraglichen Rechte und Pflichten. Er brauchte die gegebenenfalls erhaltene Entgeltfortzahlung bei Krankheit nicht zurückzuzahlen und für den genommenen Urlaub keinen Wertersatz zu leisten.

Um zu solchen Ergebnissen zu kommen, bedarf es der Lehre 72 vom faktischen Vertrag jedoch nicht. Da der Gesetzgeber die besondere Problematik der vollzogenen Dauerrechtsverhältnisse nicht gesehen hat, kann z. B. bei der Irrtumsanfechtung (etwa durch teleologische Reduktion des § 142 I) eine Vernichtung ex nunc angenommen werden, so dass bis zur Anfechtung vertragliche Ansprüche gegeben sind (Einzelheiten: Brox, Die Einschränkung der Irrtumsanfechtung, 233 ff., 271 ff.). Ist dagegen der Vertrag wegen mangelnder Geschäftsfähigkeit einer Partei oder wegen arglistiger Täuschung nichtig, so ging die Lehre vom faktischen Vertrag zu weit, weil nach ihr auch für die nicht geschäftsfähige Partei vertragliche Pflichten und für den arglistig Täuschenden vertragliche Rechte entstehen konnten; hier ist die Anwendbarkeit von Vertragsrecht wegen der besonderen Schutzwürdigkeit des nicht Geschäftsfähigen und der fehlenden Schutzwürdigkeit des Täuschenden sachwidrig. Entsprechendes wie für vollzogene Arbeitsverhältnisse gilt auch für vollzogene Gesellschaftsverhältnisse, wenn der Gesellschaftsvertrag unwirksam ist. Richtigerweise spricht man in solchen Fällen nicht vom faktischen, sondern vom *fehlerhaften Arbeits- oder Gesellschaftsverhältnis*. Eine – wenn auch fehlerhafte – Vereinbarung muss allerdings vorliegen, um Vertragsrecht anwenden zu können. Fehlt es an jeglicher Vereinbarung oder stehen die

Unwirksamkeitsgründe einer Anwendung von Vertragsrecht entgegen, sind die ausgetauschten Leistungen trotz aller Schwierigkeiten nach §§ 812 ff. rückabzuwickeln.

2. Inanspruchnahme von Leistungen im Massenverkehr

73   Im modernen Massenverkehr werden öffentlich angediente Versorgungsleistungen (z. B. Gas, Wasser Elektrizität, Beförderung) vielfach in Anspruch genommen, ohne dass entsprechende Erklärungen abgegeben werden. Die Gegenleistungen ergeben sich aus Tarifen. Die Lehre vom faktischen Vertragsverhältnis meinte, eine solche Inanspruchnahme müsse nach ihrer sozialtypischen Bedeutung die Rechtsfolgen eines rechtsgeschäftlichen Handelns hervorrufen (*Schuldverhältnisse aus sozialtypischem Verhalten*). Danach bedurfte es also keiner auf einen Rechtserfolg gerichteten Erklärung; mangelnde Geschäftsfähigkeit spielte keine Rolle, eine Anfechtung sollte ausgeschlossen sein.

Sachgerechte Ergebnisse lassen sich auch in solchen Fällen ohne diese Lehre erreichen. Regelmäßig wird die zu einem Vertragsschluss erforderliche konkludente Willenserklärung dessen, der die Leistung in Anspruch nimmt, vorliegen. Wer einen Bus oder eine Straßenbahn besteigt, weiß, dass er damit eine Willenserklärung auf Abschluss eines entgeltlichen Beförderungsvertrages abgibt. Nur so ist sein Verhalten aus Sicht des Empfängerhorizontes auch aufzufassen. Im Übrigen verstieß die Lehre vom faktischen Vertragsverhältnis gerade in solchen Fällen gegen die auf den Schutz des nicht Geschäftsfähigen gerichtete Wertung des BGB; denn sie ermöglichte es, dass etwa ein Kind aus seinem faktischen Verhalten auf Erfüllung in Anspruch genommen werden konnte. Davon ganz abgesehen ist kein Grund dafür gegeben, die Anbieter von öffentlichen Versorgungsleistungen rechtlich anders zu behandeln als andere Vertragspartner.

3. Inanspruchnahme einer Leistung bei widersprüchlichem Verhalten

74   Schließlich braucht auf die Lehre vom faktischen Vertragsverhältnis auch dann nicht zurückgegriffen zu werden, wenn jemand

die ihm angebotene Leistung annimmt und gleichzeitig einen Vertragsschluss ablehnt. Schulbeispiel ist der Fall, in dem ein Autofahrer dem Wärter eines gebührenpflichtigen Parkplatzes erklärt, er wolle zwar parken, verzichte aber auf die Bewachung und verweigere deshalb die Zahlung (BGHZ 21, 319). Auch in diesem Fall liegt nämlich nicht nur ein faktisches Verhalten, sondern eine konkludente Willenserklärung des Autofahrers vor; denn sein Verhalten lässt keine andere Auslegung zu als die auf Abschluss eines entgeltlichen Bewachungsvertrages, und seine dazu im Widerspruch stehende Erklärung (protestatio facto contraria) ist unbeachtlich.

IV. Vorverträge

Schrifttum: Henrich, Vortrag, Optionsvertrag, Vorrechtsvertrag, 1965; **75** Ritzinger, Der Vorvertrag in der notariellen Praxis, NJW 1990, 1201; K. Schmidt, Zur Durchsetzung vorvertraglicher Pflichten, DNotZ 1990, 708.

1. Zweck

Stehen dem Abschluss eines Schuldvertrages zur Zeit noch tatsächliche oder rechtliche Hindernisse entgegen, wollen die Parteien sich aber bereits jetzt verpflichten, in der Zukunft einen Schuldvertrag abzuschließen, kommt für sie ein Vorvertrag in Betracht. Dabei handelt es sich um einen Vertrag, durch den für eine oder beide Parteien die Pflicht begründet wird, einen anderen schuldrechtlichen Vertrag, den Hauptvertrag, zu schließen (Abschlusspflicht).

Weigert sich die verpflichtete Partei, den Hauptvertrag zu schließen, kann die andere Partei sie auf Abschluss, d. h. auf Abgabe einer entsprechenden Willenserklärung, verklagen; mit der Rechtskraft des Urteils gilt die Willenserklärung als abgegeben (§ 894 ZPO).

2. Inhalt

Da aus dem Vorvertrag auf Abschluss des Hauptvertrages geklagt **76** werden kann, muss der Richter in der Lage sein, den Inhalt des Hauptvertrages aus dem Vorvertrag zu entnehmen. Deshalb müssen die Bestimmungen des Hauptvertrages aus dem Vorvertrag mindestens bestimmbar sein (zur Bestimmbarkeit der Leistung: § 6 Rdnr. 1 ff.).

3. Form

Bedarf der Hauptvertrag einer Form, um vor Übereilung zu schützen, so trifft dieser gesetzgeberische Grund auch für den Vorvertrag zu. Geht es dagegen bei der Formvorschrift nur um die Beweissicherung, braucht der Vorvertrag nicht in dieser Form geschlossen zu sein.

4. Bedeutung

77   Der Vorvertrag hat in der Praxis keine große Bedeutung: Da der hieraus Berechtigte zunächst auf Abschluss des Hauptvertrages klagen muss und erst dann die Rechte aus dem Hauptvertrag geltend machen kann, ziehen die Parteien meistens einen anderen Weg vor. Will z.B. K von V nach seinem Urlaub einen Pkw erwerben, so erreicht er dieses Ziel einfacher als durch einen Vorvertrag dadurch, dass er sich bereits jetzt ein unwiderrufliches Verkaufsangebot von V geben lässt, das er später annehmen oder ablehnen kann. Stattdessen hätten die Parteien auch gleich den Kaufvertrag abschließen und die Fälligkeit der Leistungen auf einen späteren Zeitpunkt festlegen können. Im Einzelfall ist also zu prüfen, ob die Vertragspartner nur die Verpflichtung, einen Hauptvertrag abzuschließen, oder ob sie nicht vielmehr unmittelbar die sich aus diesem ergebenden Rechte und Pflichten begründen wollten (BGH NJW 1962, 1812).

§ 5. Entstehung von vorvertraglichen Schuldverhältnissen

1   **Schrifttum:** Fleischer, Vorvertragliche Pflichten im Schnittfeld von Schuldrechtsreform und Gemeinschaftsprivatrecht – dargestellt am Beispiel der Informationspflichten, in: Schulze/Schulte-Nölke, Die Schuldrechtsreform vor dem Hintergrund des Gemeinschaftsrechts, 2001, 243; Grigoleit, Reformperspektiven der vorvertraglichen Informationshaftung, in: Schulze/Schulte-Nölke, Die Schuldrechtsreform vor dem Hintergrund des Gemeinschaftsrechts, 2001, 269; Köndgen, Die Privatisierung der culpa in contrahendo als Frage der Gesetzgebungsmethodik, in Schulze/Schulte-Nölke, Die Schuldrechtsreform als Frage der Gesetzgebungsmethodik, in: Schulze/Schulte-Nölke, die Schuldrechtsreform vor dem Hintergrund des Gemeinschaftsrechts, 2001, 231; Lieb,

Culpa in contrahendo und Dritthaftung, in: Dauner-Lieb/Heidel/Lepa/Ring, Das neue Schulrecht, 2001, § 3 C.

Schrifttum aus der Zeit vor der Schuldrechtsreform: Ballerstedt, Zur Haftung für culpa in contrahendo bei Geschäftsabschluß durch Stellvertreter, AcP 151, 501; Canaris, Geschäfts- und Verschuldensfähigkeit bei Haftung aus c.i.c., NJW 1964, 1987; ders., Täterschaft und Teilnahme bei culpa in contrahendo, Festschrift f. Giger, 1989, 91; Crezelius, Culpa in contrahendo des Vertreters ohne Vertretungsmacht, JuS 1977, 796; Dahm, Vorvertraglicher Drittschutz, JZ 1992, 1167; Fleischer, Konkurrenzprobleme um die culpa in contrahendo: Fahrlässige Irreführung versus arglistige Täuschung, AcP 200, 91; Gehrlein, Haftung nach Abbruch von Verhandlungen über formgebundene Verträge, MDR 1998, 445; Gottwald, Die Haftung für culpa in contrahendo, JuS 1982, 877; Grigoleit, Vorvertragliche Informationshaftung, 1997; Grunewald, Zur Haftung von Fachleuten im Zivilrechtsverkehr, JZ 1982, 627; Herrmann, Die Sachwalterhaftung vermögenssorgender Berufe, JZ 1983, 422; Horn, Culpa in Contrahendo, JuS 1995, 377; Jhering, Culpa in contrahendo, JherJb 4, 1; Küpper, Schadensersatz aus culpa in contrahendo beim gescheiterten Abschluß eines formbedürftigen Vertrages, DB 1990, 2460; Lieb, Culpa in contrahendo und rechtsgeschäftliche Entscheidungsfreiheit, Festschrift f. Medicus, 1999, 337; St. Lorenz, Haftungsausfüllung bei der culpa in contrahendo: Ende der Minderung durch c.i.c.?, NJW 1999, 1001; Medicus, Die culpa in contrahendo zwischen Vertrag und Delikt, Festschrift f. Keller, 1989, 205; ders., Ansprüche auf das Erfüllungsinteresse aus Verschulden bei Vertragsverhandlungen, Festschrift f. Herm. Lange, 1992, 539; Messer, Schadensersatzansprüche aus Verschulden bei Vertragsverhandlungen wegen Verletzung für den Vertragsinhalt wesentlicher vorvertraglicher Pflichten, Festschrift f. Steindorff, 1990, 743; Michalski, Das Rechtsinstitut der culpa in contrahendo (c.i.c.), Jura 1993, 22; Picker, Positive Forderungsverletzung und culpa in contrahendo, AcP 183, 369; Reinicke/Tiedtke, Schadensersatzverpflichtungen aus Verschulden beim Vertragsabschluß nach Abbruch von Vertragsverhandlungen ohne triftigen Grund, ZIP 1989, 1093; Schmitz, Dritthaftung aus culpa in contrahendo, 1980; Hans Stoll, Tatbestände und Funktionen der Haftung für culpa in contrahendo, Festschrift f. v. Caemmerer, 1978, 435; ders., Schädigung durch Vertragsschluss, Festschrift f. Deutsch, 1999, 361; Tiedtke, Der Inhalt des Schadensersatzanspruchs aus Verschulden beim Vertragsabschluß wegen fehlender Aufklärung, JZ 1989, 569; M. Weber, Haftung für in Aussicht gestellten Vertragsabschluß, AcP 192, 390.

Fälle:

a) K, der von V einen Pkw kaufen will, macht mit dem besichtigten Fahrzeug eine Probefahrt. Durch Verschulden des V bleibt der Pkw unterwegs in einer einsamen Gegend liegen. K muss sich mit einer Taxe zurückbringen lassen und hohe Fahrtkosten bezahlen. Ersatzansprüche gegen V?

b) Der Obdachlose K begibt sich in das Warenhaus des V, um sich dort aufzuwärmen. Dort wird er durch ein umstürzendes Regal, das ein Angestellter des V nicht ordnungsgemäß gesichert hat, leicht verletzt. K verlangt von V Schadensersatz.

c) K begibt sich mit seinem minderjährigen Kind M in ein Kaufhaus, um dort „zu stöbern". K rutscht auf dem nicht ordnungsgemäß gereinigten Boden aus und verletzt sich. Muss V Schadensersatz leisten? Wie ist die Rechtslage, wenn M ausrutscht und sich verletzt?

d) V beauftragt den Sachverständigen D mit der Bewertung seines Grundstücks. D geht in seinem Gutachten fahrlässig von einem zu hohen Wert aus. Dadurch verleitet er den K zu einem ungünstigen Kaufabschluss. Rechte des K?

e) V verhandelt als Stellvertreter des K mit dem Eigentümer E über den Kauf von dessen Grundstück. Er veranlasst den E auf Grund falscher Informationen zu einem Verkauf unter Wert, weil er das Grundstück anschließend zu diesem Preis auf Grund eines Vorvertrages mit K von diesem selbst erwerben will.

I. Gesetzliche Regelung

Nach § 311 II kann ein Schuldverhältnis mit Pflichten nach § 241 II (Schutzpflichten) auch schon in einem vorvertraglichen Stadium entstehen. Diese Regelung wurde im Rahmen der Schuldrechtsreform mit Wirkung zum 1. 1. 2002 in das BGB eingefügt. Dadurch wurde aber lediglich eine positive Regelung für ein Rechtsinstitut geschaffen, das schon vorher unter dem Stichwort „culpa in contrahendo" (c. i. c.) als ein zentrales Rechtsinstitut des deutschen Zivilrechts gewohnheitsrechtlich anerkannt war.

So hatte der Gedanke, dass es auch vorvertragliche Pflichten geben kann, für deren Verletzung eine Haftung in Betracht kommt, in zahlreichen Einzelbestimmungen (z. B. §§ 122, 179; §§ 307, 309 a. F.; §§ 523 I, 524 I, 600, 694) eine konkrete Ausgestaltung erfahren. In dem früheren § 11 Nr. 7 AGBG war ausdrücklich eine Klausel in AGB für unwirksam erklärt, in der „für Schäden aus der Verletzung von Pflichten bei den Vertragsverhandlungen" die Haftung für grobe Fahrlässigkeit ausgeschlossen war.

Allerdings ist in § 311 II das Rechtsinstitut der c. i. c. nicht umfassend geregelt. Lediglich die Voraussetzungen für das Entstehen eines vorvertraglichen Schuldverhältnisses sind hier aufgelistet. Über den Inhalt und die Reichweite der hierdurch begründeten Pflichten trifft die Vorschrift nur durch den Verweis auf § 241 II eine Aussage. Daraus ist zu ersehen, dass es sich um ein *Schuldverhältnis ohne primäre Leistungspflichten* handelt, in dem *lediglich Schutzpflichten* bestehen.

II. Bedeutung

2   Das vorvertragliche Schuldverhältnis entsteht zwar gerade ohne Vertrag und gehört insofern zu den gesetzlichen Schuldverhältnissen; es hat aber zum Teil die Wirkungen eines rechtsgeschäftlichen

Schuldverhältnisses. Das ist unter anderem aus der systematischen Stellung des § 311 II im Abschnitt III über „Schuldverhältnisse aus Verträgen" und aus der Überschrift des § 311 „rechtsgeschäftliche und rechtsgeschäftsähnliche Schuldverhältnisse" zu ersehen. Darin liegt auch die Bedeutung des vorvertraglichen Schuldverhältnisses. Es kann in solchen Fällen, in denen allein die Anwendung der §§ 823 ff. über unerlaubte Handlungen nicht zu sachgerechten Ergebnissen führt, Grundlage eines Schadensersatzanspruches wegen Pflichtverletzung nach § 280 I i.V.m. §§ 311 II, 241 II sein.

Im **Fall a** hat K gegen V keine vertraglichen Schadensersatzansprüche, weil es (noch) nicht zu einem Vertragsschluss gekommen ist. Auch nach den §§ 823 ff. kann K die Taxikosten nicht von V ersetzt verlangen, da dieser weder ein absolutes Rechtsgut des K (§ 823 I) noch ein Schutzgesetz (§ 823 II) verletzt hat, noch den K sittenwidrig geschädigt hat (§ 826). Hätten V und K dagegen einen Kaufvertrag vor Antritt der Probefahrt abgeschlossen, käme ein Schadensersatzanspruch wegen Verletzung einer Schutzpflicht in Betracht. Es wäre aber sachwidrig, wenn die Haftung des V wegen Schutzpflichtverletzung davon abhängig wäre, ob der Vertrag (zufällig) vor oder nach der Probefahrt geschlossen wurde. Eine gleiche Lösung beider Fälle wird dadurch erreicht, dass gem. § 311 II die Pflichten des § 241 II zur Rücksicht auf die Rechtsgüter, Rechte und Interessen des anderen Teils auch schon im Stadium vor Vertragsschluss bestehen.

Selbst wenn die schädigende Handlung einen Tatbestand des **3** § 823 erfüllt, sie aber von einer Hilfsperson ausgeführt wird, ist ein Schadensersatzanspruch gegen den Geschäftsherrn nur begründet, wenn diese Person als Verrichtungsgehilfe in Ausübung der Verrichtung den Schaden zugefügt hat und dem Geschäftsherrn nicht der Entlastungsbeweis gelingt (§ 831; BS § 42).

Ist bei der Probefahrt vor Abschluss des Vertrages K durch den Angestellten des V körperlich verletzt worden (§ 823), scheidet ein Schadensersatzanspruch gegen V aus, wenn dieser nachweist, dass ihn bei der Auswahl und Überwachung des Angestellten kein Verschulden trifft (§ 831 I 2; BS § 42 Rdnr. 6 ff.). War aber bereits der Kaufvertrag abgeschlossen, hat V für das Verschulden des Angestellten ohne die Möglichkeit eines Entlastungsbeweises einzustehen (§ 278; § 20 Rdnr. 23 ff., 42). Auch hier hinge also ohne den § 311 II die Haftung des Geschäftsherrn davon ab, ob schon ein Vertrag abgeschlossen war oder nicht.

Die Ergebnisse in den beiden Beispielsfällen wurden schon immer als sachwidrig empfunden, zumal unabhängig vom Zeitpunkt des Vertragsschlusses zwischen den Beteiligten eine Sonderbeziehung besteht, in der die Rechtsgüter, Rechte und Interessen jeder Partei in erhöhtem Maße dem Einfluss der anderen Partei ausgesetzt sind.

III. Voraussetzungen für die Entstehung eines vorvertraglichen Schuldverhältnisses

4   § 311 II regelt, unter welchen Voraussetzungen ein vorvertragliches Schuldverhältnis mit gegenseitigen Schutzpflichten entsteht. Dafür reicht irgendein „sozialer Kontakt" etwa im Sinne einer bloßen räumlichen Nähe nicht aus; es muss sich vielmehr um einen geschäftlichen Kontakt handeln. Ein solcher entsteht nach § 311 II nur in folgenden drei Fällen:

1. Vertragsverhandlungen

5   Nach Nr. 1 entsteht ein vorvertragliches Schuldverhältnis mit der Aufnahme von Vertragsverhandlungen. Dieses Rechtsverhältnis der Vertragsverhandlungen endet, wenn die Verhandlungen endgültig abgebrochen werden oder wenn es in Folge der Verhandlungen zum Vertragsschluss kommt; ab dann besteht ein vertragliches Schuldverhältnis.

Im **Fall a** kann die Tatsache, dass K mit dem von ihm ausgesuchten Fahrzeug eine Probefahrt durchführt, dafür sprechen, dass er sich bereits in Vertragsverhandlungen mit V befindet.

2. Vertragsanbahnung

6   Das in Nr. 2 genannte Schuldverhältnis der Vertragsanbahnung hat geringere Voraussetzungen als dasjenige der Vertragsverhandlungen. Hier reicht es aus, dass ein Unternehmer sein Geschäftslokal dem Kundenverkehr öffnet, um potentiellen Kunden die Möglichkeit der Kontaktaufnahme zum Zwecke des Vertragsschlusses zu geben, und dass ein Interessent zu diesem Zweck das Geschäft betritt. Dadurch setzt er nämlich seine Rechtsgüter, Rechte und

Interessen der Einwirkungsmöglichkeit des Unternehmers in erhöhtem Maße aus.

Diese Voraussetzung liegt etwa vor, wenn jemand ein Kaufhaus in der Absicht betritt, dort etwas zu kaufen (nicht in **Fall b**).

3. Ähnliche geschäftliche Kontakte

Von ähnlichen geschäftlichen Kontakten i. S. v. Nr. 3 kann in   7
einem noch weiter vorgelagerten Stadium gesprochen werden, in dem ein Vertrag zwar noch nicht angebahnt, aber vorbereitet werden soll. Die Nr. 3 bildet einen Auffangtatbestand für solche vertraglichen Schuldverhältnisse, die nicht schon von Nr. 1 und Nr. 2 erfasst werden. Erforderlich ist nur, dass durch die Aufnahme des Kontaktes mit dem Ziel, vielleicht einen Vertrag abzuschließen oder anderweitig geschäftlich mit dem anderen Teil zu verkehren, diesem eine erhöhte Einwirkungsmöglichkeit auf die Rechtsgüter, Rechte und Interessen eröffnet wird.

In **Fall c** ist es unerheblich, ob es später zu einem Kaufvertrag zwischen V und K kommt oder jedenfalls kommen sollte. Der Kunde braucht nämlich nicht einmal eine konkrete Absicht zum Vertragsschluss zu haben. Es reicht für einen geschäftlichen Kontakt vielmehr aus, wenn er sich über das Angebot informieren will, um dann über einen Vertragsschluss zu entscheiden. Eine solche potentielle Rechtsbeziehung ist allerdings erforderlich. Im **Fall b** ist das Betreten eines Kaufhauses allein zum Zwecke des Aufwärmens kein „geschäftlicher" Kontakt. Eine Schadensersatzpflicht des V kommt also nur dann in Betracht, wenn die Voraussetzungen für eine unerlaubte Handlung (§ 823 bei eigener Verletzung einer Verkehrssicherungspflicht [BS § 41 Rdnr. 32 ff.] oder § 831 mit Entlastungsmöglichkeit bei unerlaubter Handlung eines Verrichtungsgehilfen [BS § 42]) vorliegen.

IV. Beteiligte des vorvertraglichen Schuldverhältnisses

1. Potentielle Vertragspartner

Ein vorvertragliches Schuldverhältnis besteht grundsätzlich zwi-   8
schen denjenigen Beteiligten, die bei einem Abschluss des bereits vorbereiteten, angebahnten oder bereits verhandelten Vertrages Vertragspartner geworden wären (z. B. der Betreiber des Kaufhau-

ses und der Kaufinteressent, der im Kaufhaus durch ein umge-
stürztes Regal verletzt wurde).

2. Dritte

9   Schon vor der Neuregelung des vorvertraglichen Schuldverhältnisses in § 311 II war allgemein anerkannt, dass neben dem vertraglichen Schuldverhältnis ein vertragsähnliches Schuldverhältnis
zwischen einem der Beteiligten und einem Dritten, der nicht selbst
Vertragspartei werden soll, entstehen kann. Daraus kann der Dritte
sowohl berechtigt als auch verpflichtet sein. Das ist seit dem 1. 1.
2002 in § 311 III 1 ausdrücklich im Gesetz so geregelt. Damit ist
allerdings noch nicht viel gewonnen; denn die Voraussetzungen für
das vertragsähnliche Schuldverhältnis zu dem Dritten sind nicht
gesetzlich geregelt, sondern müssen den von der Rechtsprechung
aufgestellten Regeln entnommen werden. Im Wesentlichen geht es
um folgende Fallgruppen:

a) Bei Inanspruchnahme besonderen Vertrauens

10   In § 311 III 2 ist exemplarisch der Fall genannt, dass der Dritte
bei der Vertragsanbahnung in besonderem Maße Vertrauen für sich
in Anspruch nimmt und dadurch die Vertragsverhandlungen oder
den Vertragsschluss erheblich beeinflusst (vgl. dazu schon aus der
Zeit vor der Schuldrechtsreform BGHZ 14, 313, 318; 79, 281,
283 ff.; 88, 67, 68 f.).

Beispiel: Der Gebrauchtwagenhändler, der beim Verkauf eines Pkw nur als
Vermittler oder als Vertreter des Eigentümers auftritt, haftet dem Käufer, wenn
dieser wegen der besonderen Fachkenntnisse des Händlers auf dessen Angaben
und Beratung vertraut.

b) Sachwalterhaftung

11   § 311 a III 2 betrifft auch die Fälle der sog. Sachwalterhaftung.
Dabei geht es um die Haftung von Sachverständigen und anderen
Auskunftspersonen, die (ohne Eigeninteresse am Vertragsschluss)
durch ihre Äußerungen entscheidend zum Vertragsschluss beitra-
gen, weil sich ein Verhandlungspartner auf ihre Sachkunde, Ob-
jektivität und Neutralität verlässt (BT-Drucks. 14/6040, S. 163).

Im **Fall d** besteht zwar zwischen dem Grundstückskäufer K und dem Sachverständigen D kein Vertrag, aber gem. § 311 III 2 ein Schuldverhältnis, weil K sich bei dem Vertragsschluss mit V maßgeblich von dem (unzutreffenden) Gutachten des D hat beeinflussen lassen. Auf Grund der schuldhaft falschen Angaben zum Grundstückswert hat D eine Pflichtverletzung begangen, die zu einem Schadensersatzanspruch des K gem. §§ 280 I, 311 III, 241 II führen kann. Das gleiche Ergebnis wird teilweise nicht über die Anwendung des Rechtsinstituts der culpa in contrahendo, sondern nach den Regeln vom Vertrag (zwischen V und D) mit Schutzwirkung für Dritte (K) (dazu § 33) erzielt.

c) Bei Eigeninteresse des Dritten am Vertragsschluss

Seit langem anerkannt ist die Haftung eines Dritten aus c. i. c., **12** wenn er z. B. als Stellvertreter für eine Vertragspartei oder als Makler am Zustandekommen eines Vertrages beteiligt ist und zwar kein besonderes Vertrauen in Anspruch nimmt, aber ein erhebliches Eigeninteresse am Vertragsschluss hat; dieses Eigeninteresse muss über ein bloßes Provisionsinteresse hinausgehen, und der Dritte muss „gleichsam in eigener Sache" tätig werden (BGH ZIP 1988, 1577; NJW 1990, 506).

Im **Fall e** war V bei dem Vertragsschluss mit E zwar nicht Vertragspartei, sondern lediglich Vertreter des K. Er war jedoch an dem ausgehandelten Kaufpreis für das Grundstück genauso interessiert wie der Käufer selbst, weil er auf Grund des Vorvertrages mit dem Käufer zum Abkauf zu dem mit E ausgehandelten Preis berechtigt war.

Dieser Fall der Eigenhaftung des Dritten aus c. i. c. ist zwar nicht von dem nicht abschließenden § 311 III 2 erfasst, aber dem Grunde nach durch § 311 III 1 anerkannt. Die genannten Voraussetzungen für die Einbeziehung des Dritten (gleichsam in eigener Sache tätig) sind von der Rechtsprechung schon vor der Schuldrechtsreform entwickelt worden.

d) Schutzpflichten zu Gunsten Dritter

Bei der Einbeziehung von Dritten auf Gläubigerseite geht es um **13** das Rechtsinstitut der c. i. c. mit Schutzwirkung für Dritte. Der geschützte Dritte braucht nicht geschäftsfähig zu sein.

Im **Fall c** war zwar beim Betreten des Kaufhauses klar, dass nicht das minderjährige Kind M, sondern allenfalls K Partei eines Kaufvertrages werden sollte. Wenn sich aber die Schutzpflichten des V aus dem vorvertraglichen

Schuldverhältnis mit K auch auf M erstreckt haben, kann diesem wegen der erlittenen Verletzung ein Schadensersatzanspruch gegen V zustehen.

Ob der Gesetzgeber die Einbeziehung Dritter in den Schutzbereich eines Vertrages bei der Regelung des § 311 III wirklich im Auge hatte, ist nicht ganz eindeutig; aber der Wortlaut der Vorschrift erfasst diesen Fall. Die tatbestandlichen Voraussetzungen für die Erweiterung des Schutzbereiches eines vorvertraglichen Schuldverhältnisses auf einen Dritten lassen sich der Rechtsprechung zu diesem Rechtsinstitut schon aus der Zeit vor der Schuldrechtsreform entnehmen (Einzelheiten: § 33 Rdnr. 6).

Viertes Kapitel
Inhalt der Schuldverhältnisse

Der Inhalt des einzelnen Schuldverhältnisses ergibt sich aus der getroffenen Vereinbarung oder unmittelbar aus dem Gesetz. Hierauf ist im Folgenden näher einzugehen. Nur wenn der Inhalt des Schuldverhältnisses ermittelt ist, kann die Frage beantwortet werden, ob die Schuld z.B. durch Erfüllung erloschen ist (dazu § 14) oder eine Störung im Schuldverhältnis vorliegt (dazu §§ 21 ff.) und deshalb etwa eine Schadensersatzpflicht des Schuldners (dazu z.B. § 22 Rdnr. 49 ff.) besteht.

§ 6. Bestimmung des Schuldinhalts

Schrifttum: Bötticher, Gestaltungsrecht und Unterwerfung im Privatrecht, 1 1964; Dütz, Rechtsstaatlicher Gerichtsschutz im Privatrecht, 1970, § 28 II; Steindorff, Vorvertrag und Vertragsänderung, BB 1983, 1127.

Fälle:

a) Die Gesellschafter A und B, die ihre Gesellschaft auflösen und das Vermögen unter sich gleichmäßig aufteilen wollen, vereinbaren, dass A die Verteilung vornehmen soll. Was kann B machen, wenn er mit der Verteilung nicht einverstanden ist?

b) Wie, wenn C die Verteilung vornehmen soll? Nach der Verteilung ist B nicht einverstanden und veranlasst C, eine andere Auseinandersetzung vorzunehmen. Muss A sich die neue Aufteilung gefallen lassen?

c) Wie, wenn B geltend macht, A habe den C arglistig über den Wert der Vermögensgegenstände getäuscht und daher sei eine falsche Verteilung vorgenommen worden? Er will die Erklärung des C anfechten. Kann auch C anfechten?

I. Bestimmtheit der Leistung

Bei einem vertraglichen Schuldverhältnis muss der Leistungsinhalt bestimmt oder jedenfalls bestimmbar sein. Denn zu einer unbestimmten Leistung kann der Schuldner nicht verurteilt werden, und eine Zwangsvollstreckung ist nicht möglich.

Häufig sind schuldrechtliche Verpflichtungen nicht in allen Einzelheiten durch die Parteien *bestimmt*, z. B. wenn Regelungen über Art, Gegenstand, Ort oder Zeit der Leistung fehlen. Ein Schuldverhältnis ist aber trotzdem wirksam entstanden, wenn sich der Leistungsinhalt ermitteln lässt, er also *bestimmbar* ist. Dazu sind vielfach im Wege der Auslegung objektiv feststehende Umstände heranzuziehen, etwa beim Kauf der Laden- oder Listenpreis, beim Erwerb von Wertpapieren der Kurswert. Ergänzend greifen gesetzliche Regeln ein (vgl. z. B. §§ 269, 271 I, 311 c, 612 II, 632 II).

> **Beispiel:** Ist ein Pkw zur Reparatur gegeben, so wird in der Regel die Vergütung nicht vorher festgelegt. Es ist aber die übliche Vergütung vereinbart (§ 632 II).

Der Schuldinhalt kann auch dadurch bestimmt sein, dass auf eine andere Schuldverpflichtung Bezug genommen wird (vgl. z. B. bei der Bürgschaft auf die Hauptverbindlichkeit).

II. Bestimmung durch eine Partei
oder einen Dritten

2   Die Parteien können die nähere Bestimmung des Vertragsinhalts aber auch bei Vertragsschluss ausdrücklich offenlassen und vereinbaren, dass die nähere Vertragsgestaltung durch eine Partei (§§ 315 f.; Rdnr. 3 ff.) oder durch einen Dritten (§§ 317 ff.; Rdnr. 10 ff.) erfolgen soll. Eine gesetzlich besonders geregelte nach-trägliche Leistungsbestimmung durch eine Partei liegt bei der Vereinbarung einer Gattungs- (§ 8 Rdnr. 1) oder Wahlschuld (§ 8 Rdnr. 8) vor. In diesen Fällen steht der Leistungsinhalt zwar bei Vertragsabschluss noch nicht vollständig fest; er soll aber nach der Parteivereinbarung vor Erfüllung der Verpflichtung bestimmt werden. Wollen dagegen die Parteien sich erst später über die Bestimmung des Leistungsinhalts einigen, so liegt noch kein Vertrag vor (§ 154).

1. Bestimmung durch eine Partei

a) Bestimmungsberechtigter

Die Bestimmung der Leistung oder einzelner Modalitäten kann **3** sowohl dem Gläubiger als auch dem Schuldner vorbehalten sein (§ 315). Für gegenseitige Verträge gibt das Gesetz eine Auslegungsregel: Ist das Entgelt einer Leistung nicht bestimmt, so ist zur Bestimmung berechtigt, wer das Entgelt zu fordern hat (§ 316).

Es ist aber zu beachten, dass vielfach auch bei mangelnder aus- **4** drücklicher Bestimmung die Gegenleistung durch Auslegung ermittelt werden kann (vgl. Rdnr. 1): dann sind die §§ 315f. nicht anwendbar (BGHZ 94, 98, 101). Ist dagegen die Gegenleistung nach Taxen oder Gebühren unter Festlegung nur von Mindest- bzw. Höchstbeträgen zu ermitteln, kann der Forderungsberechtigte nach §§ 315f. innerhalb dieser Grenzen die Gegenleistung festsetzen.

So kann etwa der Arzt im Rahmen der ärztlichen Gebührenordnung sein Honorar bemessen; eine Anwendung der §§ 612 II, 632 II würde nicht zur Bestimmung der Vergütung ausreichen.

Beispiele für ein Bestimmungsrecht des Gläubigers: die Vereinbarung Preis freibleibend oder „Berichtigung des Preises bei bestimmten Voraussetzungen", Zeitpunkt der Lieferung der Ware (auf Abruf).

Beispiele für ein Bestimmungsrecht des Schuldners: Versprechen des Arbeitgebers, seine Arbeiter versichern zu lassen; Bestimmung der Vermächtnisleistung nach § 2156 (Brox, ErbR Rdnr. 423).

b) Bestimmung durch Willenserklärung

Die Bestimmung erfolgt durch rechtsgestaltende Willenserklä- **5** rung der berechtigten Partei. Die Erklärung ist unwiderruflich wie jede Willenserklärung, die Teil eines Vertrags geworden ist; sie bedarf keiner Form, auch wenn der Vertrag selbst oder das Leistungsversprechen formbedürftig ist.

c) Bestimmung nach billigem Ermessen

Die Bestimmung ist, falls nichts anderes vereinbart ist, nach **6** billigem Ermessen zu treffen (§ 315 I; **Fall a**). Entspricht sie dem nicht, so ist sie für den Vertragspartner nicht verbindlich

(§ 315 III 1). Die Bestimmung muss dann durch Urteil getroffen werden (§ 315 III 2); diese Möglichkeit besteht auch, wenn die Bestimmung verzögert wird. Die Bestimmung erfolgt durch das Gericht selbst, also nicht durch den Vertragspartner auf Anweisung des Gerichts.

Dem Bestimmungsberechtigten steht also ein Ermessensspielraum zu; es ist demnach nicht nur ein einziges „richtiges" Ergebnis denkbar. Erst wenn die Grenzen des billigen Ermessens überschritten sind, ist die Bestimmung durch das Gericht zu ersetzen und nicht schon dann, wenn das Gericht eine andere Festsetzung für richtig hält (BGHZ 41, 280; BGH NJW-RR 1991, 1248).

7   Darüber, ob der Vertragspartner zur Bestimmung verpflichtet ist, besteht Streit (vgl. MünchKomm/Gottwald, § 315 Rdnr. 26 f. m. N.). Diese Frage lässt sich nicht allgemein beantworten. Ob eine solche Verpflichtung besteht, ist im Einzelfall durch Auslegung zu ermitteln, wird aber im Regelfall zu bejahen sein, wenn der Vertragspartner gerade an der Vertragsabwicklung interessiert ist. Die Streitfrage hat Bedeutung für etwaige Verzugsfolgen (§§ 280 I, II, 286; 280 I, III, 281; 295). Durch die Klage nach § 315 III wollte der Gesetzgeber einen einfachen Weg eröffnen, den Vertragsinhalt bestimmen zu lassen (Mot. II, 192); ohne diese Regelung müsste nach dem allgemeinen Prozessrecht auf Vornahme der Bestimmung geklagt und entsprechend vollstreckt werden (vgl. §§ 887, 888 ZPO; ZVR Rdnr. 1065 ff.). Unter besonderen Voraussetzungen kann der Vertragspartner sogar selbst die Fälligkeit herbeiführen (vgl. BGH NJW 1983, 2934).

d) Bestimmung nach freiem Ermessen

8   Haben die Parteien vereinbart, dass die Bestimmung nach freiem Ermessen (nach Belieben) einer Partei erfolgen soll, sind die §§ 315, 316 nicht anwendbar.

Bei der Prüfung, ob die Parteien billiges oder freies Ermessen vereinbart haben, ist nicht allein auf den Wortlaut des Vertrages abzustellen; regelmäßig ist die Vereinbarung eines *billigen* Ermessens anzunehmen (vgl. § 315: im Zweifel); z.B. bei der Klausel „Preis" freibleibend.

Ergibt sich dagegen, dass die Parteien freies Ermessen oder Belieben gewollt haben, so stellt sich stets die Frage, ob dann überhaupt ein wirksamer Vertrag vorliegt (vgl. Erman/Battes, § 315 Rdnr. 5): Darf der *Gläubiger* nach Belieben entscheiden, kann Nichtigkeit wegen § 138 (Knebelung des Schuldners; z.B. Bestimmung des Kaufpreises durch den Verkäufer) gegeben sein; ist der *Schuldner* in der Bestimmung frei, so kann es an einer genügenden Gebundenheit des Schuldners überhaupt fehlen (z.B. Bestimmung des Kaufpreises durch den Käufer).

9   Besteht ein wirksames Bestimmungsrecht nach freiem Ermessen, ist bei Unbilligkeit nicht die Klage nach § 315 III gegeben, da das

Gericht in diesem Fall nicht eine Entscheidung nach billigem Ermessen treffen darf. Die Bestimmung ist erst unverbindlich, wenn ein Verstoß gegen §§ 134, 138 anzunehmen ist. Wird sie verzögert, so sind *bei einer Verpflichtung zur Bestimmung* die normalen Klagemöglichkeiten gegeben (auf Vornahme der Bestimmung, § 888 ZPO, oder auf Schadensersatz). Nach dem Parteiwillen kann im Einzelfall auch eine Unwirksamkeit entsprechend § 319 II (Rdnr. 15) anzunehmen sein, wenn die Parteien die Bestimmung als eine Bedingung (§ 158 I) angesehen haben.

2. Bestimmung durch einen Dritten

Die Parteien können auch vereinbaren, dass ein Dritter – oder **10** mehrere Dritte – den Leistungsinhalt bestimmen (§§ 317 ff.); das geschieht häufig dann, wenn für diese Bestimmung besondere Sachkunde erforderlich ist, gleichzeitig aber auch eine neutrale und vertrauenswürdige Person über die Vertragspflichten entscheiden soll.

a) Inhalt des Bestimmungsrechts

Nach dem Wortlaut des § 317 muss dem Dritten die *Bestimmung* **11** *der Leistung* überlassen sein; darunter fällt auch die Bestimmung nur einer Leistungsmodalität.

Beispiel: A und B schließen einen Kaufvertrag über ein Gemälde mit der Vereinbarung, dass C den Kaufpreis und den Leistungsort bestimmen soll; vgl. auch **Fall b**.

Häufig soll ein Dritter nicht eine fehlende Vertragsbestimmung ergänzen, den bisher unbestimmten Vertrag also gestalten, sondern einen vorhandenen, aber nur vom Unkundigen nicht bestimmbaren Vertragsinhalt feststellen oder Tatsachen festlegen, die erst mittelbar für den Inhalt der Leistung Bedeutung haben (sog. Schiedsgutachter i. e. S.).

So ist der Dritte Schiedsgutachter, wenn im Beispielsfall die Parteien als Kaufpreis den Schätzwert zuzüglich eines Aufschlags vereinbart haben und der Dritte den Schätzpreis ermitteln oder wenn im **Fall b** der Dritte C die Gegenstände bewerten soll.

Auf die Vereinbarung eines Schiedsgutachtens sind die Vorschriften der §§ 317 ff. entsprechend anwendbar, so dass eine scharfe Trennung, die im Einzelfall schwierig sein kann, nicht erforderlich ist.

Davon zu unterscheiden ist aber der *Schiedsrichter* i. S. d. §§ 1025 ff. ZPO. Der Schiedsrichter soll anstelle des Gerichts für die Parteien ein streitiges Rechtsverhältnis verbindlich entscheiden; die §§ 317 ff. sind nicht anwendbar. Für die Abgrenzung ist nicht die Ausdrucksweise der Parteien entscheidend, sondern die von den Parteien gewollte Funktion des Dritten: Der Schiedsgutachter stellt nur Tatbestandselemente fest, so dass die Entscheidung über den Anspruch dem Gericht vorbehalten ist, während der Schiedsrichter das Rechtsverhältnis abschließend zwischen den Parteien entscheidet (BGHZ 6, 335).

b) Bestimmung durch Willenserklärung

12   Die Bestimmung des Dritten erfolgt durch Erklärung gegenüber einem der Vertragsschließenden (§ 318 I); sie ist unwiderruflich **(Fall b).** Eine Anfechtung wegen Irrtums, Drohung oder arglistiger Täuschung ist möglich; das Anfechtungsrecht steht aber nach § 318 II nur den Vertragschließenden zu.

Der Dritte soll nicht anfechten können, weil er an der Anfechtung kein Interesse hat (Prot. I, 471; **Fall c**). Die Anfechtung muss auch in den Fällen des § 123 unverzüglich nach Kenntnis des Anfechtungsgrundes erfolgen (§ 318 II 2).

c) Bestimmung nach billigem Ermessen

13   Der Dritte hat die Bestimmung im Zweifel nach billigem Ermessen zu treffen (§ 317 I). Seine Bestimmung ist für die Parteien unverbindlich, wenn sie *offenbar unbillig* ist. Die Bestimmung erfolgt dann durch Urteil (§ 319 I 2). Die im Vergleich zu § 315 (Unverbindlichkeit schon bei Unbilligkeit) unterschiedliche Regelung bringt zum Ausdruck, dass regelmäßig bei der Bestimmung durch einen Dritten eher die Gewähr der Richtigkeit gegeben ist als bei der Bestimmung durch eine Partei. Es soll nur dann der gerichtliche Spruch an die Stelle der Erklärung des Dritten treten, wenn der Dritte den Maßstab von Treu und Glauben in grober und für den unbefangenen, sachkundigen Beurteiler sofort erkennbarer Weise verletzt hat (st. Rspr.; vgl. BGH NJW 1958, 2067; 1991, 2763).

Eine Bestimmung durch Urteil erfolgt auch dann, wenn der **14**
Dritte die Bestimmung nicht treffen kann oder will oder sie verzögert (§ 319 I 2). Diese Regelung entspricht der üblichen Parteiab-
sicht: Wenn ein Dritter nach billigem Ermessen entscheiden soll,
kommt es nicht so sehr auf die Person des Entscheidenden als
vielmehr auf die Sachlichkeit der Entscheidung an. Deshalb kann
an seiner Stelle das Gericht die Bestimmung treffen (Prot. I, 468 f.
gegen den Entwurf, Mot. II, 193, der Unwirksamkeit annehmen
wollte).

d) Bestimmung nach freiem Belieben

Die Parteien können auch vereinbaren, dass der Dritte nach frei- **15**
em Belieben entscheidet. Dann kommt eine Bestimmung durch
Urteil nicht in Betracht; denn die Parteien legen gerade auf die
Bestimmung des Dritten entscheidendes Gewicht. Trifft der Dritte
die Bestimmung nicht oder verzögert er sie, so ist der Vertrag
unwirksam (§ 319 II).

Der Dritte ist regelmäßig nicht zur Abgabe der Erklärung verpflichtet, es sei
denn, er hat eine entsprechende Verpflichtung übernommen; in diesem Fall
könnte er zur Abgabe der Erklärung nach § 888 ZPO angehalten werden.

Bei offenbarer Unbilligkeit ist die Bestimmung – entgegen
§ 319 I – nicht unverbindlich; nur bei einem Verstoß gegen
§§ 134, 138 ist der Vertrag nichtig.

e) Bestimmung durch mehrere Dritte

Soll die Bestimmung durch mehrere Dritte erfolgen, so ist ihre Überein- **16**
stimmung erforderlich (§ 317 II). Fehlt diese, so sind die Folgen ebenso, als
wenn keine Bestimmung erfolgt wäre (vgl. Rdnr. 15). Bei der Bestimmung
einer Summe (z. B. Kaufpreis) besteht dagegen die Möglichkeit, aus den Sum-
men der verschiedenen Auffassungen eine Durchschnittssumme zu bilden
(§ 317 II); dadurch wird eine Bestimmung auf einfachem Wege erreicht
(Mot. II, 194).

§ 7. Grundsatz von Treu und Glauben

Schrifttum: v. Bar, „Nachwirkende" Vertragspflichten, AcP 179, 452; Ca- **1**
naris, Die Vertrauenshaftung im deutschen Privatrecht, 1971; Gernhuber,

§ 242 BGB – Funktionen und Tatbestände, JuS 1983, 764; Herrmann, Vertragsanpassung, Jura 1988, 505; Horn, Vertragsbindung unter veränderten Umständen, NJW 1985, 1118; Kegel, Verwirkung, Vertrag und Vertrauen, Festschrift f. Pleyer, 1986, 513; Köhler, Unmöglichkeit und Geschäftsgrundlage bei Zweckstörungen im Schuldverhältnis, 1971; Mader, Rechtsmißbrauch und unzulässige Rechtsausübung, 1994; Pawlowski, Verfassungsrechtliche Vorgaben für die Auslegung des § 242 BGB?, JZ 2002, 627; Singer, Das Verbot widersprüchlichen Verhaltens, 1993; Teichmann, Nebenverpflichtungen aus Treu und Glauben, JA 1984, 545, 709; ders., Venire contra factum proprium – Ein Teilaspekt rechtsmißbräuchlichen Handelns, JA 1985, 497; Stauder, Die Verwirkung zivilrechtlicher Rechtspositionen, 1995; R. Weber, Entwicklung und Ausdehnung des § 242 BGB zum königlichen Paragraphen, JuS 1992, 631 Wieacker, Zur rechtstheoretischen Präzisierung des § 242, 1956.

Fälle:

a) S will sein Darlehen von 1000 Euro an G zurückzahlen. In der Wohnung des G stellt sich heraus, dass S 1 Euro zu wenig mitgebracht hat. G lehnt daraufhin unter Hinweis auf § 266 die Annahme des Geldes ab.

b) Wie wäre es, wenn S seine Verbindlichkeit nach einer ausgedehnten Bierreise morgens um 2.00 Uhr bei G tilgen will?

c) V verkauft seine Bäckerei mit Rücksicht auf die günstige Lage zu einem hohen Kaufpreis an K. Kurz darauf eröffnet V im Nebenhaus eine Bäckerei.

d) G verlangt von S vor Ablauf der Verjährungsfrist Zahlung von Schadensersatz und droht gleichzeitig Klage an. S erklärt sich zu Verhandlungen über die Höhe des Anspruchs bereit. Auf den Hinweis des G, er müsse die Forderung jetzt einklagen, da sie in Kürze verjähre (vgl. § 214 I), antwortet S, die Einrede der Verjährung werde er im Prozess nicht erheben. Als die Verhandlungen scheitern, erhebt G Klage. S macht geltend, die Forderung sei inzwischen verjährt.

I. Bedeutung des § 242

1. Treu und Glauben als allgemeiner Rechtsgrundsatz

Nach § 242 ist der Schuldner verpflichtet, die Leistung so zu bewirken, wie Treu und Glauben mit Rücksicht auf die Verkehrssitte es erfordern. Wenn auch die Bestimmung sich ihrem Wortlaut nach nur an den Schuldner wendet und dessen Leistungspflicht näher bestimmt, so ist damit ihr Anwendungsbereich keineswegs erschöpft. Rechtsprechung und Wissenschaft haben vielmehr aus § 242 in Verbindung mit den §§ 133, 157, 826 den allgemeinen Rechtsgedanken entwickelt, dass jeder in Ausübung seiner Rechte und Erfüllung seiner Pflichten nach Treu und Glauben zu handeln, d. h. auf die berechtigten Interessen des anderen Teils Rücksicht zu nehmen hat. Das Gebot zur Rücksichtnahme gilt demnach nicht nur für den Schuldner, sondern ebenso für den Gläubiger.

§ 133 betrifft die Auslegung der einzelnen *Willenserklärung,* § 157 hingegen die Auslegung des zustande gekommenen *Vertrages,* während sich § 242 seinem Wortlaut nach nur auf die *Leistungspflicht des Schuldners* bezieht, gleichgültig, ob sie auf Vertrag oder Gesetz beruht.

Der Grundsatz von Treu und Glauben ist eine Generalklausel. Er beherrscht das gesamte Rechtsleben und gewinnt über das Schuldrecht hinaus überall dort Bedeutung, wo zwischen mehreren Personen eine rechtliche Sonderverbindung besteht. So findet er z. B. auch im Sachenrecht, im öffentlichen Recht und im Verfahrensrecht Anwendung.

2. Abgrenzung und Anwendungsbereich

a) Treu und Glauben und Billigkeit

Die Bedeutung des § 242 würde gründlich verkannt, wenn man **2** in ihm eine allgemeine Billigkeitsnorm erblickte, die es dem Richter gestattete, sich über gesetzliche Wertungen hinwegzusetzen, um zu einem von ihm als billig empfundenen Ergebnis zu gelangen. Würde der Richter den Grundsatz von Treu und Glauben so handhaben, dann verstieße er gegen einen Fundamentalsatz der Verfassung, wonach er an Gesetz und Recht gebunden ist (vgl. Art. 20 III, 97 GG). Außerdem wäre keine Rechtssicherheit mehr gewährleistet, weil die richterlichen Entscheidungen nicht voraussehbar wären.

b) Treu und Glauben und Rechtsfortbildung

Ebenso wenig enthält § 242 eine allgemeine Ermächtigung zu **3** einer richterlichen Rechtsfortbildung aus Billigkeitsgründen. Die Lösung neuer Rechtsprobleme obliegt in erster Linie dem Gesetzgeber. Der Richter ist zwar auch befugt, durch Rechtsfortbildung Lücken des Gesetzes auszufüllen; hierbei ist er aber stets an die Wertungen des Gesetzgebers in bereits vorhandenen Bestimmungen gebunden, die er auf nicht geregelte, aber ähnlich gelagerte Fälle zu übertragen hat. Da § 242 selbst der Konkretisierung durch andere gesetzliche Wertungen bedarf (Rdnr. 5), ist er wenig geeignet, für die Ausfüllung von Gesetzeslücken brauchbare Maßstäbe zu liefern.

Der Grundsatz von Treu und Glauben dient deshalb nicht dazu, selbstständig neue Rechtsinstitute zu schaffen; seine Aufgabe besteht vielmehr vornehmlich darin, bereits vorhandene Rechtssätze oder Rechtsbeziehungen nach ihrem Sinn und Zweck näher auszuformen oder die Grenzen einer formal gegebenen Rechtsstellung aufzuzeigen.

c) Subsidiarität von Treu und Glauben

4   Um bei der Anwendung des § 242 nicht zu vorschnellen Billigkeitsurteilen zu gelangen, muss immer zunächst geprüft werden, ob nicht die (ggf. analog anzuwendenden) spezialgesetzlichen Regelungen nach ihrem Sinn und Zweck eine sachgerechte Lösung des konkreten Falles ermöglichen. In den weitaus meisten Fällen wird das zu bejahen sein und sich deshalb ein Zurückgreifen auf den allgemeinen Grundsatz von Treu und Glauben erübrigen. Nur wenn sich ausnahmsweise herausstellt, dass die (auch analoge) Anwendung des Gesetzes wegen der Besonderheit des konkreten Falles den einen oder anderen Teil in einer offenbar unbilligen, dem Sinn des Rechtsverhältnisses widersprechenden Weise benachteiligt, kann als ultima ratio über § 242 ein Interessenausgleich herbeigeführt werden. Der Grundsatz von Treu und Glauben hat insoweit nur eine subsidiäre Bedeutung

d) Konkretisierung durch gesetzliche Wertungen und Verkehrssitte

5   § 242 enthält keine fertige Regel dafür, was im Einzelfall Treu und Glauben entspricht. Zu ihrer Anwendung bedarf diese Generalklausel vielmehr einer näheren Konkretisierung. Wichtige Anhaltspunkte bieten hierbei gesetzliche Interessenbewertungen, die in anderen Normen ihren Ausdruck gefunden haben. Zu erwähnen sind hier nicht zuletzt die Wertentscheidungen des Grundge-

setzes. Eine weitere Hilfe bei der Ausfüllung dieser Generalklausel bildet die Verkehrssitte, auf die § 242 ausdrücklich verweist. Hierunter ist die im Verkehr tatsächlich herrschende Übung zu verstehen, nach der in einer großen Zahl gleichartiger Fälle verfahren wird. Das wichtigste Beispiel für eine Verkehrssitte bilden die Handelsbräuche der Kaufleute (§ 346 HGB; Brox, HR Rdnr. 13 ff.).

e) Begründung im Einzelfall

Nur wenn man bei der Bestimmung dessen, was der Grundsatz 6 von Treu und Glauben im Einzelfall erfordert, diese verschiedenen rechtlichen Gesichtspunkte beachtet, lassen sich willkürliche Zufallsergebnisse verhindern. Auch die Anwendung des § 242 erfordert also in jedem Einzelfall eine eingehende Begründung, die erkennen lässt, dass und nach welchen rechtlichen Kriterien die gegensätzlichen Interessen der Beteiligten gegeneinander abgewogen werden.

II. Einzelne Anwendungsfälle

Rechtsprechung und Schrifttum haben sich ständig darum be- 7 müht, die bei der Anwendung des § 242 auftretenden Einzelprobleme zu ordnen und zu bestimmten Fallgruppen zusammenzufassen, um bei der Handhabung dieser Generalklausel eine gewisse Rechtssicherheit zu erreichen. Die dabei entwickelten Regeln bieten aber immer nur einen ersten Anhaltspunkt und müssen in jedem einzelnen Fall daraufhin überprüft werden, ob sie der besonderen Interessenlage des konkreten Lebenssachverhalts gerecht werden. Hier sollen, ohne Anspruch auf nur annähernde Vollständigkeit, einige Anwendungsbereiche des Grundsatzes von Treu und Glauben aufgezeigt werden.

1. Bestimmung der Art und Weise der Leistung

Nach seinem unmittelbaren Anwendungsbereich ist § 242 dafür 8 maßgebend, *wie* eine vertragliche oder gesetzliche Verpflichtung zu

erfüllen ist. Auch ohne eine besondere gesetzliche Regelung kann
es dem Schuldner nach Treu und Glauben verwehrt sein, seine
Leistung zu einer bestimmten Zeit oder an einem bestimmten Ort
zu erbringen.

Im **Fall b** ist es mit § 242 nicht vereinbar, dass S dem G das Darlehen
nachts um 2.00 Uhr zurückzahlen will (Leistung zur Unzeit). G kann die
Annahme des Geldes ablehnen, ohne in Annahmeverzug (dazu § 26) zu geraten.

2. Begründung von Pflichten im Schuldverhältnis

9   Der Grundsatz von Treu und Glauben wirkt sich auch bei der
Auslegung aus. Das folgt bereits aus § 157.

Hat beispielsweise K bei V ein Abendkleid gekauft, dann ist V auch ohne
besondere Abrede verpflichtet, das gekaufte Kleid zu verpacken, damit K es
unversehrt nach Hause transportieren kann.

Für eine ergänzende Vertragsauslegung ist dort Raum, wo die
Parteien einen für sie wichtigen gegenwärtigen oder zukünftigen
Umstand bei ihrer Willensbildung nicht berücksichtigt haben, so
dass ihre Vereinbarung lückenhaft ist. Bei der Ausfüllung dieser
Vertragslücke bildet der Grundsatz von Treu und Glauben einen
wichtigen Maßstab. Abzustellen ist nämlich darauf, wie die Partei-
en bei billiger und vernünftiger Berücksichtigung aller Umstände,
vor allem der beiderseitigen Interessen, den offen gebliebenen
Punkt geregelt haben würden.

a) Pflichten im vertraglichen Schuldverhältnis

10   Im Rahmen vertraglicher Beziehungen sind die Parteien nach
Treu und Glauben gehalten, eine sinnvolle Durchführung des
Vertrages zu ermöglichen und den anderen Teil vor vermeidbaren
Schädigungen zu bewahren. Die ergänzende Vertragsauslegung
führt daher häufig zur Begründung vertraglicher Nebenleistungs-
und Schutzpflichten i. S. v. § 241 II (dazu § 2 Rdnr. 8 ff.), die auf
ein Tun oder Unterlassen gerichtet sein können. Zu nennen sind
hier vor allem Obhuts-, Erhaltungs-, Auskunfts- oder Anzeige-
pflichten (s. dazu § 2 Rdnr. 11 ff.). Ob und in welchem Umfang

sich derartige Pflichten ergeben, lässt sich nicht allgemein beantworten; entscheidend sind immer die Besonderheiten des jeweiligen Vertragsverhältnisses und die für seinen Abschluss maßgebenden Erwägungen der Parteien.

Im **Fall c** führt die ergänzende Vertragsauslegung, für die auch Treu und Glauben eine Rolle spielen (vgl. § 157) dazu, dass V die zweite Bäckerei nicht eröffnen darf; denn die Parteien sind bei der Bemessung des Kaufpreises davon ausgegangen, dass dem K der Kundenstamm des V erhalten bleiben sollte.

Die Begründung vertraglicher Pflichten mit Hilfe des Grundsatzes von Treu und Glauben wirkt sich vor allem bei einer Verletzung dieser Pflichten und einem darauf gestützten Schadensersatzanspruch nach § 280 I aus (§ 25 Rdnr. 3 ff.).

b) Pflichten im nachvertraglichen Schuldverhältnis

Auch nach der Beendigung eines Vertragsverhältnisses können 11 sich aus § 242 nachwirkende Pflichten ergeben (sog. culpa post contrahendum). Es handelt sich um vertragliche Nebenleistungspflichten, die darauf gerichtet sind, nach Erfüllung der Hauptpflichten eine Handlung vorzunehmen oder zu unterlassen.

Beispiele: Erteilung wahrheitsgemäßer Auskünfte des früheren Arbeitgebers gegenüber dem jetzigen Arbeitgeber des Arbeitnehmers; Duldung eines Umzugsschildes bei Verlegung der Arztpraxis nach Beendigung des Mietvertrages; Gewährung der Einsichtnahme des Patienten in die Krankenunterlagen (vgl. BGHZ 85, 327, 339).

c) Pflichten im vorvertraglichen Schuldverhältnis

Unter Berufung auf den Grundsatz von Treu und Glauben hat 12 die Rechtsprechung schon lange vor der Schuldrechtsreform bereits für die Zeit der Vertragsverhandlungen das Bestehen bestimmter Sorgfalts- und Aufklärungspflichten angenommen, deren schuldhafte Verletzung eine Schadensersatzpflicht auslöst (culpa in contrahendo; § 25 Rdnr. 11 ff.). Heute hat dieses vorvertragliche Schuldverhältnis zwar in § 311 II eine gesetzliche Grundlage. Bei der Ermittlung der Pflichten kann jedoch nach wie vor auf den Grundsatz von Treu und Glauben zurückgegriffen werden.

3. Abänderung der vertraglichen Leistungspflicht

13   Auf § 242 beruhte auch die Lehre vom *Fehlen oder Wegfall der Geschäftsgrundlage*, die vor allem in der Zeit nach dem ersten Weltkrieg entwickelt worden ist, um bestehende Vertragsverhältnisse den einschneidenden wirtschaftlichen Veränderungen der Inflationszeit anpassen zu können. Seit der Schuldrechtsreform sind die Voraussetzungen und die Rechtsfolgen bei einer Störung der Geschäftsgrundlage in § 313 geregelt (Einzelheiten: § 27). Für die Frage, wie die Anpassung eines Vertrages an die geänderten Umstände erfolgen soll, ist aber trotz dieser Regelung auf den hypothetischen Parteiwillen und damit auch auf den Grundsatz von Treu und Glauben (vgl. § 157) zurückzugreifen.

4. Einwand der unzulässigen Rechtsausübung

14   Aus § 242 ergibt sich über die §§ 226, 826 hinaus der allgemeine Grundsatz, dass jede gegen Treu und Glauben verstoßende Rechtsausübung unzulässig ist. Dieser Grundsatz dient hier dazu, eine an sich gegebene formale Rechtsstellung zu begrenzen, gleichgültig ob es sich etwa um Forderungsrechte, Gestaltungsrechte oder Einreden handelt. Zu beachten ist allerdings, dass § 242 nicht dazu verwendet werden darf, jede als unbillig empfundene Rechtsverfolgung zu verhindern, weil sonst an die Stelle des Rechts mehr oder weniger klare Billigkeitserwägungen treten würden. Der Einwand der unzulässigen Rechtsausübung kann deshalb nur in besonders gelagerten Ausnahmefällen durchgreifen.

Die Rechtsprechung hat auch hier bestimmte Fallgruppen einer unzulässigen Rechtsausübung gebildet. Zu erwähnen sind vor allem:

a) Rechtsmissbrauch

15   Die Ausübung eines Rechts ist unredlich und damit unzulässig, wenn mit ihr nicht die durch Vertrag oder Gesetz geschützten Interessen verwirklicht werden sollen, sondern das Recht *zweckwidrig* verwendet wird.

Im **Fall a** handelt G rechtsmissbräuchlich, wenn er wegen des unbedeutenden Restbetrages von 1 Euro die Annahme der 999 Euro ablehnt.

b) Widersprüchliches Verhalten

Der Berechtigte darf ein Recht nicht geltend machen, wenn er **16** sich dadurch mit seinem früheren Verhalten in Widerspruch setzen würde („venire contra factum proprium").

So kann S im **Fall d** nicht mit Erfolg die Verjährungseinrede erheben. Denn die Berufung des Schuldners auf die Verjährung ist dann treuwidrig und unwirksam, wenn der Gläubiger aus dem gesamten Verhalten des Schuldners für diesen erkennbar das Vertrauen geschöpft hat und auch schöpfen durfte, der Schuldner werde die Verjährungseinrede nicht geltend machen (BGH WM 1991, 739).

c) Verwirkung

Ein Sonderfall des widersprüchlichen Verhaltens ist die Verwir **17** kung. Ein Recht ist verwirkt, d. h. es kann, ohne verjährt zu sein, nicht mehr ausgeübt werden, wenn es der Berechtigte über längere Zeit nicht geltend gemacht hat und sich die jetzige Geltendmachung für den Gegner als unzumutbar erweist (illoyal verspätete Geltendmachung). Ein längerer Zeitablauf allein macht die Rechtsausübung noch nicht unzulässig; anderenfalls würden die gesetzlichen Verjährungsvorschriften durch § 242 jede Bedeutung verlieren. Hinzutreten müssen stets besondere Umstände, welche die verspätete Geltendmachung des Rechts als unredlich erscheinen lassen. Ein Verstoß gegen Treu und Glauben wird vor allem anzunehmen sein, wenn der Gegner aus dem Verhalten des Berechtigten schließen durfte, dass dieser sein Recht nicht mehr ausüben werde, und er sich darauf tatsächlich eingestellt hat.

War beispielsweise der Vermieter V berechtigt, dem Mieter M fristlos zu kündigen, dann kann er dieses Recht nicht mehr ausüben, wenn er in Kenntnis des Kündigungsgrundes mehrere Monate untätig bleibt.

d) Arglistiges Verhalten

Der Gläubiger verstößt gegen Treu und Glauben, wenn er eine **18** Leistung fordert, die er dem Schuldner aus einem anderen Grund alsbald wieder zurückzuerstatten hätte („dolo facit, qui petit, quod statim rediturus est").

Beispiel: M klagt gegen V aus einem Vorvertrag auf Abschluss eines Mietvertrags. Es steht aber schon jetzt fest, daß V den Mietvertrag aus wichtigem Grund kündigen kann. Hier erstrebt M eine Rechtsstellung, die er sogleich wieder aufgeben muss.

§ 8. Gattungsschuld, Wahlschuld und Ersetzungsbefugnis

1   **Schrifttum:** Ernst, Konkretisierung in der Lehre vom Gattungskauf, Gedächtnisschrift f. Knobbe-Keuk, 1997, 49; U. Huber, Zur Konzentration beim Gattungskauf, Festschrift f. Ballerstedt, 1975, 327; Leßmann, Grundprobleme der Gattungsschuld, JA 1982, 280; Medicus, Die konkretisierte Gattungsschuld, JuS 1966, 297; Ziegler, Die Wertlosigkeit der allgemeinen Regeln des BGB über die sog. Wahlschuld (§§ 262–265 BGB), AcP 171 (1971), 193.

Fälle:

a) Der Landwirt L schuldet dem Händler H 50 Ztr. seiner Haferernte. Vereinbarungsgemäß schickt L den Hafer mit der Bahn an H auf dessen Kosten ab. Unterwegs verdirbt das Getreide infolge Unfalls. H verlangt 50 Ztr. Hafer von L.

b) Der Pferdehändler P hat dem Bauern B nach dessen Wahl das Pferd Max oder das Pferd Frieda verkauft. P hatte seine Pferde stets bei B eingestellt. Als Max durch Unachtsamkeit des B stirbt, wählt dieser das andere Pferd. P meint, er brauche nicht mehr zu leisten.

c) Wie, wenn P dem B das Pferd Max verkauft hat, dem B aber vorbehalten ist, das Pferd Frieda zu nehmen?

Sonderfälle eines unbestimmten, aber bestimmbaren Leistungsinhalts sind Gattungs- und Wahlschulden; von der Wahlschuld ist die Ersetzungsbefugnis zu unterscheiden.

I. Gattungsschuld

1. Begriff

Eine Gattungsschuld liegt vor, wenn die geschuldete Leistung nur *nach allgemeinen Merkmalen* (Gattungsmerkmalen) bestimmt ist.

Beispiele: 3 Ztr. Kartoffeln, 1 VW Golf. Wenn K nach Katalog ein Radio bestimmter Marke bei V bestellt, überlässt er ihm die Auswahl des Geräts dieser Marke, mit dessen Lieferung der Kaufvertrag erfüllt wird.

Die Merkmale der Gattung, aus der zu leisten ist, richten sich nach der Parteivereinbarung. Je mehr Merkmale festgelegt sind, desto stärker ist der Umfang der Gattung eingegrenzt.

Soll der Schuldner 100 l Wein liefern, kann er z. B. mit Rhein- oder Moselwein erfüllen. Sind dagegen 100 l Niersteiner Jahrgang 1989 vereinbart, muss der Schuldner Wein dieser Sorte und dieses Jahrgangs liefern.

Eine Gattungsschuld besteht auch dann, wenn die geschuldete Sache nach der Parteivereinbarung aus einer bestimmten Menge entnommen werden soll (Vorratsschuld, *beschränkte Gattungsschuld*).

Beispiel: 50 Ztr. Hafer der diesjährigen Ernte **(Fall a)**; anders dagegen, wenn die gesamte Ernte verkauft wird, da nun keine Auswahl mehr getroffen werden kann.

2. Abgrenzung

Eine *Stückschuld* liegt vor, wenn die geschuldete Sache nach *indi-*   2
viduellen Merkmalen (Sondermerkmalen) konkret bestimmt ist (Speziesschuld).

Beispiele: Dieses Gemälde, dieser gebrauchte VW, das Reitpferd Max. Der Schuldner einer solchen Sache kann nur mit dieser konkreten Sache erfüllen.

Ob eine Gattungs- oder eine Stückschuld vorliegt, hängt von der Parteivereinbarung ab. Dagegen ist die Unterscheidung zwischen vertretbaren und unvertretbaren Sachen nach objektiven Maßstäben (Maß, Zahl und Gewicht, § 91) zu treffen. Vielfach sind vertretbare Sachen Gattungsschulden, unvertretbare Sachen Stückschulden; aber diese Begriffspaare brauchen nicht zusammenzutreffen.

Beispiele: Der bei der Besichtigung gewählte neue VW Golf ist zwar eine vertretbare Sache, aber Stückschuld. Ist A verpflichtet, dem B irgendein Grundstück bestimmter Größe und Beschaffenheit zu verkaufen, dann handelt es sich zwar um eine unvertretbare (weil nicht bewegliche – § 91) Sache, aber doch um eine Gattungsschuld.

3. Rechtliche Bedeutung

3   Der Schuldner einer Gattungsschuld ist nicht verpflichtet, bestimmte Stücke aus der Gattung zu liefern. Er kann vielmehr die zu leistenden Sachen auswählen und braucht nicht die wertvollsten anzubieten. Er ist nach § 243 I nur gehalten, solche *mittlerer Art und Güte* zu leisten (vgl. auch § 360 HGB: Handelsgut mittlerer Art und Güte, Brox, HR Rdnr. 357).

> Eine andere Regelung findet sich z.B. für den Sachdarlehensvertrag in § 607 I 2 (Sachen gleicher Art; BS § 17 Rdnr. 24 f.) und für das Gattungsvermächtnis in § 2155 (Brox, ErbR Rdnr. 421).

4   Hat die gelieferte Sache minderwertige Qualität, dann liegt keine vertragsgemäße Erfüllung vor, und der Gläubiger kann die Leistung zurückweisen; er kann als Käufer aber auch die Leistung annehmen und die Rechte aus §§ 437 ff. geltend machen.

5   Während der Schuldner einer Stückschuld nach § 275 von seiner Verpflichtung zur Leistung wegen Unmöglichkeit schon dann frei wird, wenn sich das Leistungshindernis auf die konkret geschuldete Sache beschränkt (z.B. das verkaufte Bild wird vernichtet; § 22 Rdnr. 3), wird der Schuldner einer Gattungsschuld erst dann frei, wenn die ganze Gattung nicht mehr existiert (z.B.: es gibt keinen Niersteiner 1989 mehr) oder wenn aus ihr bereits durch Konkretisierung eine Stückschuld geworden ist (§ 243 II; Rdnr. 6), deren Erfüllung unmöglich ist.

> Auch wenn z.B. das ganze Lager des Schuldners durch Brand vernichtet wird, bleibt die Leistungspflicht des Schuldners bestehen; er muss sich dann die entsprechenden Stücke der Gattung beschaffen. Besteht dagegen nur eine beschränkte Gattungsschuld **(Fall a),** so wird der Schuldner von der Leistung frei, wenn der gesamte Vorrat, also hier die gesamte Haferernte des L, untergegangen ist.

4. Konkretisierung

6   Der Schuldner, der aus einer Gattung zu leisten verpflichtet ist, hat ein Interesse daran, dass aus der Gattungsschuld eine Stückschuld wird, damit bei einem Untergang § 275 eingreift. Eine Beschränkung seiner Schuld auf die Zahl der zu leistenden Stücke erreicht der Schuldner durch Konkretisierung. Diese Konkretisierung tritt nach § 243 II dann ein, wenn der Schuldner *das zur Leistung seinerseits Erforderliche* getan hat. Was der Schuldner dazu im Einzelnen unternehmen muss, richtet sich nach der getroffenen Vereinbarung. Es kommt also vor allem darauf an, ob der Schuldner verpflichtet ist, die Sache dem Gläubiger zu bringen, an ihn abzuschicken oder nur zum Abholen bereitzustellen (zur Bring-, Schick- und Holschuld: § 12 Rdnr. 12 ff.). Bei der Holschuld ist zur Konkretisierung erforderlich, aber auch ausreichend, dass der Schuldner die für den Gläubiger bestimmten Stücke aus der Gattung ausgesondert und den Gläubiger benachrichtigt hat.

Im **Fall a** lag eine Schickschuld vor. Leistungsort sollte der Wohnort des L bleiben (§ 269 III). Leistungshandlung des L war also neben dem Bereitstellen des Getreides auch das Absenden. Mit diesen Handlungen hat L das seinerseits Erforderliche getan, so dass Konkretisierung eingetreten ist. Durch den Untergang des Getreides ist er von seiner Leistungspflicht frei geworden (§ 275).

Ist die Konkretisierung eingetreten, bindet sie auch den Schuld- **7** ner. Er soll sie nicht wieder rückgängig machen können (Mat. II, 12, 74; Prot. I, 287; vgl. BGH NJW 1982, 873); dadurch soll verhindert werden, dass der Schuldner auf Kosten des Gläubigers spekuliert. Jedoch verstößt der Gläubiger gegen Treu und Glauben, wenn er sich ohne Grund weigert, eine gleichwertige Sache anzunehmen (Erman/Werner, § 243 Rdnr. 13; MünchKomm/ Emmerich, § 243 Rdnr. 39 f.; gegen eine Bindung des Schuldners: Medicus, BürgR., Rdnr. 262 m. N.).

Will der Schuldner die bestellten 50 Ztr. Hafer beim Gläubiger abliefern und trifft er ihn nicht an, so ist zwar die Konkretisierung eingetreten. Der Gläubiger hat jedoch keinen Anspruch auf diesen Hafer, wenn der Schuldner die 50 Ztr. an einen anderen Kunden liefert (§ 242). Auch der Schuldner kann sich dann nicht auf die Konkretisierung berufen.

II. Wahlschuld

1. Begriff

Eine *Wahlschuld* liegt vor, wenn *mehrere verschiedene* Leistungen in **8** der Weise geschuldet werden, dass nur die eine *oder* die andere zu

bewirken ist (§ 262). Im Gegensatz dazu bezieht sich die Gattungsschuld auf eine von mehreren *gleichartigen* Leistungsmöglichkei-
ten.
Die Wahlschuld kann auf Rechtsgeschäft oder Gesetz beruhen.

Beispiele für rechtsgeschäftliche Wahlschuld: B verpflichtet sich, das eine
oder das andere Pferd zu liefern **(Fall b)**; der Erblasser setzt ein Wahlver-
mächtnis aus (§ 2154; Brox, ErbR Rdnr. 422).

Beispiel für gesetzliche Wahlschuld: § 179 I.

2. Wahlrecht

a) Inhaber und Ausübung des Wahlrechts

9   Das Wahlrecht kann dem Gläubiger oder dem Schuldner eingeräumt sein (z. B. durch Vertrag, durch testamentarische Anordnung
oder durch Gesetz). Im Zweifel ist der Schuldner wahlberechtigt
(§ 262). Die Wahl erfolgt durch Erklärung gegenüber dem anderen
Teil (§ 263 I).

b) Rechtsfolgen nach Ausübung des Wahlrechts

10   Mit der Wahl der Leistung gilt diese als von Anfang an allein
geschuldet (§ 263 II).

c) Rechtsfolgen bei Nichtausübung des Wahlrechts

11   Die wahlberechtigte Partei ist nicht zur Wahl verpflichtet. Übt
der Wahlberechtigte sein Wahlrecht nicht aus, so ist zu unterscheiden, ob dem Gläubiger oder dem Schuldner die Wahlmöglichkeit
zusteht:
aa) Verzögert der wahlberechtigte *Gläubiger* die Wahl, so
kann ihm der Schuldner hierfür eine angemessene Frist setzen
(§ 264 II 1). Nach deren fruchtlosem Ablauf geht das Wahlrecht
auf den Schuldner über (§ 264 II 2).

12   bb) Übt der wahlberechtigte *Schuldner* sein Wahlrecht nicht aus,
so verliert er es nicht. Der Gläubiger muss vielmehr auf Bewirkung
der einen oder anderen Leistung nach Wahl des Schuldners klagen.

Klageantrag: Der Beklagte wird verurteilt, nach seiner Wahl an den Kläger das Pferd Max oder das Pferd Frieda zu liefern.

Nimmt der Schuldner die Wahl dann nicht bis zum Beginn der Zwangsvollstreckung vor, kann der Gläubiger die Zwangsvollstreckung auf die eine oder die andere Leistung richten (§ 264 I, 1. Hs.). Solange er die Leistung nicht ganz oder zum Teil erhalten hat, kann der Schuldner das Wahlrecht aber noch dadurch ausüben, dass er durch die Leistung *einer* Sache seine Verbindlichkeit erfüllt (§ 264 I, 2. Hs.).

Hat also der Gläubiger ein dem oben genannten Klageantrag entsprechendes Urteil erlangt, so kann er den Gerichtsvollzieher beauftragen, z.B. das Pferd Max beim Schuldner abzuholen. Dieser bleibt aber weiterhin berechtigt, dem Gerichtsvollzieher das Pferd Frieda zu übergeben. Mit einem bloß wörtlichen Angebot kann der Schuldner aber die Zwangsvollstreckung in das Pferd Max nicht abwenden.

3. Unmöglichkeit

Ist die Wahl noch nicht ausgeübt und ist eine der Leistungen **13** unmöglich, dann beschränkt sich das Schuldverhältnis auf die übrigen Leistungen (§ 265 S. 1). Die Beschränkung auf die noch möglichen Leistungen tritt nur dann nicht ein, wenn der *nicht wahlberechtigte* Teil die Unmöglichkeit *zu vertreten* hat (§ 265 S. 2).

Da im **Fall b** der nicht wahlberechtigte Schuldner P die Unmöglichkeit nicht zu vertreten hat, beschränkt sich das Schuldverhältnis auf das lebende Pferd Frieda (§ 265 S. 1). Davon unabhängig besteht eine Schadensersatzpflicht des B für das gestorbene Pferd. Wäre dagegen das Pferd Max durch Verschulden des P verendet, so hätte B weiterhin sein Wahlrecht (§ 265 S. 2). Er hätte also die Möglichkeit, entweder das Pferd Frieda oder anstelle des eingegangenen Pferdes Max Schadensersatz statt der Leistung zu verlangen.

III. Ersetzungsbefugnis

1. Begriff

Eine Ersetzungsbefugnis (alternative Ermächtigung, facultas al- **14** ternativa) liegt vor, wenn nur eine Leistung geschuldet wird und

an deren Stelle eine andere vom Schuldner erbracht (Ersetzungsbefugnis des Schuldners) oder vom Gläubiger verlangt (Ersetzungsbefugnis des Gläubigers) werden kann. Im Gegensatz zur Wahlschuld
wird also hier von Anfang an nur *eine* Leistung geschuldet; eine
andere kann aber ersatzweise ohne Zustimmung des anderen Teils
verlangt oder an Erfüllungs Statt erbracht werden. Die Vorschriften
über die Wahlschuld finden daher keine Anwendung.

2. Ersetzungsbefugnis des Schuldners

15   Eine Ersetzungsbefugnis des Schuldners kann vertraglich vereinbart werden oder sich aus dem Gesetz ergeben.

Eine vertraglich vereinbarte Ersetzungsbefugnis des Schuldners kann vorliegen, wenn beim Kauf eines Neuwagens verabredet wird, dass der Verkäufer
den Altwagen des Käufers unter Anrechnung auf den Kaufpreis zu einem
bestimmten Betrag in Zahlung nimmt. Dann ist der Käufer nicht verpflichtet,
wohl aber berechtigt, den Altwagen als Teil der Gegenleistung hinzugeben
(BGHZ 46, 338; 89, 128). Eine solche Ersetzungsbefugnis wurde zeitweilig nicht mehr vereinbart. Meist wollte der Autohändler zur Vermeidung der
Umsatzsteuer (volle Besteuerung des Zwischenumsatzes) den Altwagen nicht
erwerben, sondern diesen im Namen oder jedenfalls für Rechnung des Kunden verkaufen. Nachdem jedoch § 25a UStG nur noch die Preisdifferenz der
Umsatzsteuer unterwirft, stehen steuerliche Gründe einer Ersetzungsbefugnis
nicht mehr entgegen (Jauernig/Stürner, §§ 364, 365 Rdnr. 2).
Das Gesetz sieht in zahlreichen Fällen eine Ersetzungsbefugnis des Schuldners vor, z.B. die Berechtigung, statt der Leistung Geld zu zahlen (§§ 251 II 1,
528 I 2).

Da nur die *eine* Leistung geschuldet ist, wird der Schuldner bei
Unmöglichkeit von der Leistung frei (§ 275), auch wenn er die
Ersatzleistung noch erbringen könnte (anders bei Wahlschuld,
§ 265 S. 1; Rdnr. 13).

3. Ersetzungsbefugnis des Gläubigers

16   Besteht eine vertragliche oder gesetzliche Ersetzungsbefugnis des
Gläubigers, kann dieser statt der geschuldeten Leistung eine andere
– meist ebenfalls vorher festgelegte – verlangen **(Fall c)**.

Beispiele: Der Gläubiger kann statt Rückzahlung in Geld Pfandbriefe verlangen. Gesetzliche Fälle: §§ 249 s. 2; 340, 843 III.

Im Unterschied zur Wahlschuld mit einer Wahlberechtigung des Gläubigers kann der Schuldner bei der Ersetzungsbefugnis die geschuldete Leistung anbieten und den Gläubiger damit in Annahmeverzug bringen (anders § 264 II). Wird dem Schuldner die Leistung zufällig unmöglich, so braucht er die Ersatzleistung nicht zu erbringen; denn die Ersetzungsbefugnis ist mit dem Wegfall der geschuldeten Leistung entfallen (Ausnahme bei § 251 I).

Im **Fall c** kann B das Pferd Frieda nicht mehr verlangen, wenn das allein geschuldete Pferd Max eingegangen ist.

§ 9. Geld- und Zinsschuld

Schrifttum: Arend, Zahlungsverbindlichkeiten in fremder Währung, 1989; **1** Canaris, Der Zinsbegriff und seine rechtliche Bedeutung, NJW 1978, 1891; Coester-Waltjen, Überlegungen zur Geldschuld aus Anlaß von Maastricht, Jura 1998, 103; Dürkes, Wertsicherungsklauseln, 10. Aufl., 1992; ders., Wertsicherungsklauseln in den neuen Bundesländern und Ost-Berlin – Anwendbarkeit des § 3 WährG, BB 1992, 1073; Fülbier, Zur Fremdwährung als bewegliche Sache und zur Geldschuld als Sachschuld, NJW 1990, 2797; Gelhaar, Zur Höhe der gesetzlichen Verzugs- und Prozeßzinsen, NJW 1980, 1372, NJW 1981, 859; Hadding/Häuser, Rechtsfragen des bargeldlosen Zahlungsverkehrs, 1984; Horn, Geldwertveränderungen, Privatrecht und Wirtschaftsordnung, 1975; Immenga/Schwintowski, Wertsicherung durch Geldwertschulden, NJW 1983, 2841; Kindler, Gesetzliche Zinsansprüche im Zivil- und Handelsrecht – Plädoyer für einen kreditmarktorientierten Fälligkeitszins, 1996; Kollhosser, Rechtsprobleme der Geldentwertung, JA 1983, 49; Mayer-Reimer, Fremdwährungsverbindlichkeiten, NJW 1985, 2049; v. Maydell, Geldschuld und Geldwert, 1974; Medicus, Privatrechtliche Fragen zur Geldentwertung, DB 1974, 759; ders., Ansprüche auf Geld, JuS 1983, 897; Petershagen, Der neue Basiszinssatz des BGB – eine kleine Lösung in der großen Schuldrechtsreform? NJW 2002, 1455; Reuter, Geldschuld und Geldwert, ZHR 140 (1976), 73; K. Schmidt, Geldrecht, 1983; ders., Geld und Geldschuld im Privatrecht, JuS 1984, 737; v. Stebut, Geld als Zahlungsmittel und Rechtsbegriff, Jura 1982, 561.

Fälle:

a) A hat B für die Anschaffung einer Wohnungseinrichtung ein Darlehen zu 8% in Höhe von 30 000 Euro unkündbar auf fünf Jahre gewährt. Als B den gleichen Betrag nebst Zinsen zurückzahlen will, verlangt A einen höheren Betrag, weil eine Geldentwertung eingetreten sei.

b) Kann B schon vorzeitig den Darlehensvertrag kündigen, weil er ein günstigeres Darlehen bekommen kann?

I. Geldschuld

1. Begriff und Inhalt

Häufigster Gegenstand eines Schuldverhältnisses ist die Verpflichtung zur Geldleistung. Geld ist sowohl Wertmaßstab für Leistungen und Güter als auch gesetzliches Zahlungsmittel. Wird ein bestimmter Geldbetrag geschuldet, so sind dem Gläubiger in gültiger Währung Zahlungsmittel in Höhe des *Nennbetrages* (Nominalbetrag) zu erbringen, und zwar unabhängig davon, welche Kaufkraft dieser Betrag hat („Euro = Euro"; **Fall a**).

2   Neben den Geldschulden, die durch einen bestimmten Nennbetrag festgelegt sind, bestehen in Geld zu erfüllende Verbindlichkeiten, deren Umfang sich nach dem Wert eines Gegenstandes oder eines Vermögens richtet (z. B. Schadensersatz- und Pflichtteilsansprüche; sog. *Wertschulden*). Solange diese Schulden nicht in einem Geldbetrag ausgedrückt sind, werden sie durch Wertschwankungen nicht berührt.

Beispiel: S hat eine Fensterscheibe im Wert von 150 Euro zertrümmert und deshalb Schadensersatz zu leisten (§ 823 I). Als eine neue eingesetzt wird, kostet diese bereits 165 Euro. Diesen Betrag hat S zu entrichten.

3   Da der Gläubiger einer Nennbetragsschuld Gefahr läuft, bei Geldentwertung wirtschaftlich benachteiligt zu werden, vereinbaren die Parteien häufig eine Wertsicherung (z. B. Bemessung des Pachtzinses nach der jeweiligen Höhe eines bestimmten Beamtengehaltes). Wertsicherungsklauseln sind unter den Voraussetzungen des § 3 WährungsG genehmigungspflichtig. Diese Regelung dient dem Schutz der Geldwertstabilität; denn ein übermäßiger Gebrauch von Wertsicherungsklauseln kann leicht als Misstrauen in die Stabilität der Währung verstanden werden und die Währung im In- und Ausland in Misskredit bringen.

Keine genehmigungspflichtige Wertsicherungsklausel stellt z. B. ein *Leistungsvorbehalt* dar, wonach der Berechtigte (§§ 315, 317) unter bestimmten Umständen befugt ist, die geschuldete Leistung neu festzusetzen. Übersicht genehmigungsfreier Wertsicherungsklauseln bei MünchKomm/v. Maydell, § 244 Rdnr. 22 ff.

Dennoch kann vor allem bei langfristigen Geldschulden das **4**
Festhalten am Nominalbetrag wegen der stetigen Geldentwertung
zu ganz ungerechten Ergebnissen führen, wenn nicht die Zahlungsverpflichtung den veränderten Verhältnissen angepasst wird.

Beispiele: Die vereinbarten Entgelte eines langfristigen Liefervertrages de-
cken infolge der Geldentwertung bei weitem nicht die Herstellungskosten des
Lieferanten. Die eingegangene Unterhaltsverpflichtung oder die vereinbarte
Ruhegehaltsverpflichtung reicht nicht mehr aus, um den Lebensbedarf des
Berechtigten in dem von den Parteien gewollten Umfang zu sichern.

Eine Anpassung vertraglicher Geldschulden kann wegen der veränderten Verhältnisse gem. § 313 (Störung der Geschäftsgrundlage)
erreicht werden (§ 23 Rdnr. 10). Es gibt weitere gesetzliche Vorschriften, die diesem Ziel dienen.

Beispiel: Nach § 16 des Gesetzes zur Verbesserung der betrieblichen Altersversorgung hat der Arbeitgeber alle drei Jahre eine Anpassung der laufenden Leistungen der betrieblichen Altersversorgung zu prüfen und hierüber
nach billigem Ermessen zu entscheiden.

2. Abwicklung

Ob die Geldschuld als Sonderfall der Gattungsschuld angesehen **5**
werden muss, ist bestritten (vgl. Larenz, § 12 III FN 16). Unabhängig von der Einordnung der Geldschuld ist Folgendes zu beachten:

a) Konkretisierung

Der Gefahrübergang durch Konkretisierung ist in § 270 abweichend von § 243 II geregelt (§ 8 Rdnr. 6). Danach muss der
Schuldner im Zweifel das Geld auf seine Gefahr dem Gläubiger an
dessen Wohnsitz vermitteln.

b) Art des geschuldeten Geldes

§ 243 I passt nicht für eine Geldschuld; denn es sind hier nicht **6**
Gegenstände „mittlerer Art und Güte" zu leisten. Geschuldet wird
vielmehr Geld in vereinbarter Währung.

aa) Hat der Schuldner danach einen *im Inland zahlbaren* und *in
inländischer Währung ausgedrückten* Geldbetrag zu leisten, so kann er

bestimmen, mit welchen einzelnen Geldscheinen (Zehn-, Hundert-, Fünfhunderteuroschein) er seine Verpflichtung erfüllen will, wenn nur die Gesamtsumme betragsmäßig erreicht wird. Der Gläubiger ist nicht berechtigt, eine andere Stückelung des Gesamtbetrages zu verlangen.

7   bb) Für *in anderer Währung als Euro ausgedrückte, im Inland zahlbare* Geldschulden (*Valutaschulden*) gibt § 244 I dem Schuldner das Recht, auch in Euro zu zahlen, wenn die Parteien nicht ausdrücklich (z.B. durch die Klausel „effektiv") etwas anderes vereinbart haben. Die Umrechnung erfolgt nach dem Kurswert zur Zahlungszeit am Zahlungsort (§ 244 II).

c) Zahlung in Buchgeld

8   Eine Geldschuld wird heute häufig durch Zahlung in *Buchgeld* erfüllt.

Beispiele: Überweisung von einem Konto des Schuldners auf ein Konto des Gläubigers; Übersendung eines Schecks (zum Verrechnungsscheck: Brox, HR Rdnr. 675 ff.); Einzahlung von Geld auf das Konto des Gläubigers.

Das Buchgeld ist jedenfalls dann wie Geld zu behandeln, wenn der Gläubiger (z.B. durch Angabe eines Kontos auf seiner Rechnung) mit der Zahlung von Buchgeld einverstanden ist. Darüber hinaus wird man bei der heutigen Bedeutung des bargeldlosen Zahlungsverkehrs den Schuldner regelmäßig für befugt halten, eine Geldschuld durch Buchgeld zu erfüllen, es sei denn, dass ein abweichender Wille des Gläubigers für den Schuldner erkennbar ist. Sobald die Gutschrift auf dem Konto des Gläubigers erfolgt, ist erfüllt; denn vom Zeitpunkt der Gutschrift (und nicht erst von dem der Anzeige der Gutschrift) an kann der Gläubiger über den gutgeschriebenen Betrag verfügen.

d) Keine Leistungsbefreiung wegen Unmöglichkeit

9   Es ist allgemein anerkannt, dass der Schuldner einer Geldschuld für seine finanzielle Leistungsfähigkeit uneingeschränkt einzustehen hat. Er wird von seiner Leistungsverpflichtung nicht durch Zahlungsunfähigkeit frei („Geld hat man zu haben"). Haben die Par-

teien die Zahlung in bestimmter (in- oder ausländischer) Münzsorte vereinbart, so wird der Schuldner auch dann nicht befreit,
wenn sich diese Geldsorte nicht mehr im Umlauf befindet; er ist
verpflichtet, so zu leisten, als ob eine Münzsorte nicht bestimmt
worden wäre (§ 245). Es liegt hier eine Geldschuld mit der Ne-
benbestimmung über die Art der Leistung vor; kann in dieser
Geldsorte nicht mehr geleistet werden, so fällt nur die Nebenbe-
stimmung fort (Mot. II, 14).

II. Zinsschuld

1. Begriff

Zinsen sind die Vergütung für die Überlassung von Kapital, be- **10**
rechnet nach Bruchteilen des Kapitals und der Dauer der Überlassung.

Daher sind keine Zinsen z. B. Renten, da die Kapitalüberlassung fehlt, oder
Dividenden, weil sie nicht nach festen Bruchteilen eines Kapitals, sondern nach
dem jeweiligen Gewinn bemessen werden.

Das Kapital und damit der Zins bestehen regelmäßig in Geld; es
kommen aber auch andere vertretbare Sachen in Betracht.

2. Entstehung

Zinsschulden können auf *gesetzlicher* Anordnung oder auf *vertrag-* **11**
licher Vereinbarung beruhen.

Beispiele für eine Entstehung gesetzlicher Zinsen: Aufwendungsersatz
(§ 256), Verzug (§ 288), Prozess (§ 291). – Beispiel für vertragliche Zinsen:
verzinsliches Darlehen (§ 488 I 2, II).

Die Zinsschuld setzt stets eine wirksame Kapitalschuld voraus.

Ist die Zinsforderung einmal entstanden, tritt sie selbstständig neben die Kapitalschuld und kann deshalb z. B. selbstständig abgetreten oder gepfändet
werden; sie unterliegt der regelmäßigen Verjährungsfrist des § 195 (beachte
aber § 217: Eine vorherige Verjährung der Kapitalschuld lässt auch die Zinsschuld verjähren).

3. Höhe der Zinsen

a) Rechtsgeschäftlicher Zinssatz

12 Der rechtsgeschäftliche Zinssatz unterliegt regelmäßig keiner Beschränkung (Grenze: § 138; BS § 17 Rdnr. 13 ff.).

Der Darlehensnehmer wird vom Gesetz (§ 489) dadurch geschützt, dass er unter bestimmten Voraussetzungen den Kredit kündigen kann; dann hat er die Möglichkeit, einen neuen, günstigeren Vertrag abzuschließen (Fall b).

b) Gesetzlicher Zinssatz

13 Haben die Parteien keinen bestimmten Zinssatz vereinbart, so gilt der gesetzliche Zinssatz. Dieser beträgt regelmäßig 4% (§ 246), bei Handelsgeschäften von Kaufleuten 5% (§ 352 HGB; Brox, HR Rdnr. 361).

c) Zinseszinsen

14 Die Parteien können nachträglich bestimmen, dass rückständige Zinsen wieder Zinsen bringen sollen. Dagegen ist eine im voraus getroffene Vereinbarung, dass fällige Zinsen verzinslich sein sollen, nichtig (Verbot der Zinseszinsen, § 248 I; vgl. bei gesetzlichen Zinsen § 289 S. 1). Die unterschiedliche Behandlung der vorherigen und nachträglichen Vereinbarung der Zinseszinsen ist geschichtlich zu erklären (vgl. Mot. II, 196 f.). Das Verbot der Zinseszinsen gilt nicht für Sparkassen, Banken, bestimmte Kreditanstalten (§ 248 II) und den Kontokorrentverkehr (§ 355 HGB; Gründe: vgl. Prot. I, 475).

§ 10. Aufwendungsersatz, Wegnahmerecht und Auskunftspflicht

Fälle:

1 a) A verwahrt während des Urlaubs seines Nachbarn B dessen Hund. Später verlangt er von B 50 Euro nebst 4% Zinsen als Ersatz der Fütterungskosten, 30 Euro für verauslagte Medizin und 60 Euro, um damit die ihm zugeschickte Tierarztrechnung bezahlen zu können.

b) M, der in seine Mietwohnung eine Etagenheizung hatte einbauen lassen, will diese bei seinem Auszug mitnehmen. Der Vermieter V will das verhindern.

c) E ist von seiner Tochter T allein beerbt worden. Sein Sohn S möchte von T den Pflichtteil verlangen (vgl. § 2303; Brox, ErbR Rdnr. 518). Er kann ihn aber nicht berechnen, weil er den Nachlass und dessen Wert nicht kennt.

Das Gesetz bestimmt an verschiedenen Stellen, dass der Schuldner Aufwendungen zu ersetzen, die Wegnahme einer Sache zu dulden und Auskünfte zu erteilen hat. §§ 256 ff. enthalten einige allgemeine Vorschriften darüber, wie derartige Pflichten zu erfüllen sind.

I. Aufwendungsersatz

Schrifttum: Bischof, Der Freistellungsanspruch, ZIP 1984, 1444; Müller, Der Anspruch auf Aufwendungsersatz im Rahmen von Schuldverhältnissen, JZ 1968, 769; Rimmelspacher, Die Durchsetzung von Befreiungsansprüchen, JR 1976, 89, 183; K. Schreiber, Aufwendungsersatzansprüche, Jura 1997, 442.

1. Aufwendungen

Die Begriffsbestimmung ist vom Gesetz der Wissenschaft und 2 Rechtsprechung überlassen worden (Mot. II, 541; Prot. II, 369). Man versteht unter Aufwendungen *freiwillige Vermögensopfer.* Die Freiwilligkeit unterscheidet sie vom Schaden, der eine unfreiwillige Einbuße darstellt (§ 29 Rdnr. 1). Auf die freiwillige Übernahme eines Schadensrisikos sind die Regeln über Aufwendungen entsprechend anwendbar (BS § 29 Rdnr. 32).

Sachbezogene Aufwendungen nennt das Gesetz Verwendungen (z. B. in §§ 547, 994 ff.).

2. Aufwendungsersatzanspruch

a) Rechtsgrundlage

Der Aufwendungsersatzanspruch kann *vereinbart* sein oder sich 3 unmittelbar *aus dem Gesetz ergeben.*

Wichtige gesetzliche Bestimmungen: § 670 (Beauftragter), § 693 (Verwahrer; **Fall a**), § 970 (Finder), § 1835 I (Vormund), § 1908 i I 1 i. V. m. § 1835 I (Betreuer), § 2124 II (Vorerbe), § 683 (Geschäftsführer ohne Auftrag), § 539 I,

536 a II (Mieter), § 601 II (Entleiher), § 1049 I (Nießbraucher), §§ 994 ff. (Besitzer). In diesen Fällen erfolgen die Aufwendungen im Interesse eines anderen.

b) Verzinsungspflicht

4   Der aufgewendete Betrag ist von der Zeit der Aufwendung an *zu verzinsen* (§ 256 S. 1).

Im **Fall a** ergibt sich der Anspruch auf Erstattung der Kosten für Futter und Medizin aus § 693. Der Zinsanspruch folgt aus § 256 S. 1, die Zinshöhe aus § 246.

Die Zinspflicht entfällt für die Zeit, für die dem Anspruchsberechtigten ohne Vergütung die Nutzungen oder Früchte des Gegenstandes verbleiben, auf den die Aufwendungen gemacht wurden (vgl. § 256 S. 2). Die Zinspflicht soll nach § 256 S. 1 und 2 immer den treffen, der den Nutzen hat.

Hat etwa der Nießbraucher eines Grundstücks Verwendungen gemacht, zu denen er nicht verpflichtet war, so kann er vom Eigentümer nach § 683 Ersatz verlangen (§ 1049 I). Da er die Nutzungen des Grundstücks hat, kommt eine Verzinsung des Anspruchs nach § 256 S. 2 erst in Betracht, wenn er das Grundstück dem Eigentümer nach Beendigung des Nießbrauchs zurückzugeben hat (§ 1055 I).

c) Freistellungspflicht

5   Wenn die Aufwendung in der Eingehung einer Verbindlichkeit bestand, kann der Ersatzberechtigte *Befreiung von dieser Verbindlichkeit* verlangen (Einzelheiten: § 257).

Im **Fall a** hat A mit dem Tierarzt einen Behandlungsvertrag geschlossen. Er schuldet als Vertragspartei dem Arzt das Entgelt. Hätte er es bereits entrichtet, wäre er in der Lage, von B nach § 693 Ersatz zu verlangen. Da er noch nicht gezahlt hat, kann er von B nicht Zahlung der 60 Euro an sich, wohl aber Zahlung an den Tierarzt (= Befreiung von der Verbindlichkeit) verlangen (§ 257 S. 1).

II. Wegnahmerecht

6   **Schrifttum:** Baur/Wolf, Bereicherungsansprüche bei irrtümlicher Leistung auf fremde Schuld – Das Wegnahmerecht des Nichtbesitzers, JuS 1966, 393.

1. Voraussetzungen

Hat jemand im eigenen Interesse in der Weise Aufwendungen auf eine fremde Sache gemacht, dass er mit ihr eine eigene Sache verbunden hat, so möchte er wenigstens in den Fällen, in denen ihm kein Aufwendungsersatzanspruch zusteht, diese Sache davon wieder trennen dürfen. Dazu hat er ohnehin ein Recht, wenn er noch Eigentümer der verbundenen Sache ist. Hat er aber sein Eigentum durch Verbindung (§§ 946 f.) mit der fremden Sache verloren, weil seine Sache wesentlicher Bestandteil (§§ 93 f.) der fremden Hauptsache geworden ist, so gibt das Gesetz ihm in wichtigen Fällen ein Aneignungsrecht:

§ 459 S. 2 (Wiederverkäufer), § 539 II (Mieter; **Fall b**), § 581 II (Pächter), § 601 II 2 (Entleiher), § 997 (Besitzer), § 1049 II (Nießbraucher), § 1216 S. 2 (Pfandgläubiger), § 2125 II (Vorerbe).

2. Ausübung

Durch Ausübung des Wegnahmerechtes soll dem anderen 7 Teil kein Nachteil entstehen. Deshalb muss der Berechtigte die fremde Sache auf seine Kosten wieder in den vorigen Stand setzen (§ 258 S. 1). Hat er die fremde Sache dem anderen schon wieder zurückgegeben, muss dieser die Wegnahme gestatten (§ 258 S. 2): Der Berechtigte darf also keine Selbsthilfe üben; vielmehr hat er einen klagbaren Anspruch auf Duldung der Wegnahme. Der andere Teil kann aber die Gestattung verweigern (= aufschiebende Einrede), bis der Berechtigte Sicherheit für den Schaden geleistet hat, der mit der Wegnahme verbunden ist (§ 258 S. 2; § 232).

Im **Fall b** hat M ein Wegnahmerecht (§ 539 II; BS § 11 Rdnr. 7). Er muss aber den alten Zustand wiederherstellen, also z. B. die beschädigten Wände verputzen lassen (§ 258 S. 1). Ist er bereits ausgezogen, muss V die Wegnahme dulden; das braucht er aber erst, wenn M für den entstehenden Schaden Sicherheit geleistet hat (§ 258 S. 2), z. B. durch Hinterlegung eines entsprechenden Geldbetrages (§ 232). Hat M kein berechtigtes Interesse an der Wegnahme der eingebauten Heizung, kann V das Wegnahmerecht durch Zahlung einer angemessenen Entschädigung abwenden (§ 552 I).

III. Pflicht zur Auskunft und Rechenschaftslegung

8   **Schrifttum:** Büttner, Durchsetzung von Auskunfts- und Rechnungsle-
gungstiteln, FamRZ 1992, 629; Lüke, Der Informationsanspruch im Zivilrecht, JuS 1986, 2; Schilken, Ansprüche auf Auskunft und Vorlegung von
Sachen im materiellen Recht und im Verfahrensrecht, Jura 1988, 525.

1. Auskunftspflicht

a) Rechtsgrundlage

Oft kann jemand seine Rechte nicht durchsetzen, weil er bestimmte Vorgänge oder Beweismittel nicht kennt. Diese Unkenntnis könnte dadurch behoben werden, dass ihm derjenige, der die
entsprechende Kenntnis hat, diese verschafft. Jedoch ist nicht jeder,
der über eine für einen anderen bedeutsame Tatsache Bescheid
weiß, verpflichtet, ihm darüber Auskunft zu geben.

9   aa) Das Gesetz sieht keine allgemeine Auskunftspflicht vor. Diese
Pflicht kann sich aus Vertrag oder aus Gesetz ergeben.

Vertraglich vereinbarte Auskunftspflichten können Haupt- (z.B. Auskunfts-
vertrag) oder Nebenleistungspflichten (z.B. Pflicht zur Bekanntgabe der Ge-
stehungskosten beim Verkauf zum Gestehungspreis) sein. Ist tatsächlich eine
Auskunft erteilt worden, so darf aber nicht allein daraus auf einen Verpflichtungswillen geschlossen werden (BGH WM 1988, 1828 für die -fehlerhafte-
Gebrauchsanweisung des Herstellers).
Beispiele gesetzlicher Auskunftspflichten: § 666 (Beauftragter), § 681, 2 (Geschäftsführer ohne Auftrag), § 713 (Gesellschafter), § 1379 (Ehegatte), § 2027
(Erbschaftsbesitzer), § 2314 (Erbe; **Fall c**).

10   bb) Außerdem ist aus dem Grundsatz von Treu und Glauben
(§ 242) eine Auskunftspflicht herzuleiten, wenn folgende Voraussetzungen gegeben sind (st. Rspr.; RGZ 108, 7; BGHZ 95, 288):

(1) Zwischen den Parteien muss eine besondere rechtliche Beziehung bestehen.

Beispiele: Vertragliches Rechtsverhältnis, gesetzliches Rechtsverhältnis aus
Aufnahme eines geschäftlichen Kontakts oder aus unerlaubter Handlung.

11   (2) Der die Auskunft Verlangende ist entschuldbar nicht in der
Lage, sich ohne Mitwirkung des anderen Teils die erforderlichen
Informationen zu verschaffen.

Demnach besteht kein Auskunftsanspruch des Warenlieferanten gegen einen späteren Erwerber, wenn der Lieferant von seinem Abnehmer Auskunft erhalten kann (vgl. BGH NJW 1980, 2463) oder wenn er eine frühere Informationsmöglichkeit schuldhaft nicht wahrgenommen hat (vgl. BGH WM 1959, 208; NJW 1990, 1358).

(3) Der in Anspruch Genommene muss unschwer in der Lage **12** sein, die Auskunft zu erteilen.

Der für die Auskunft erforderliche Arbeitsaufwand muss zumutbar sein (vgl. BGHZ 81, 25).

b) Auskunft in Form eines Bestandsverzeichnisses

Wer einen Inbegriff von Sachen herauszugeben oder über den **13** Bestand eines solchen Inbegriffs Auskunft zu erteilen hat, ist verpflichtet, dem Berechtigten ein Bestandsverzeichnis vorzulegen (§ 260 I).

Beispiele: Wer irrtümlich sich für den Erben hält, hat dem wirklichen Erben die Erbschaftsgegenstände herauszugeben (§§ 2018 ff.). Der Erbe muss im Klageantrag die einzelnen Sachen aufführen; denn nur dann weiß später der Gerichtsvollzieher, was er beim Schuldner abzuholen hat. Damit der Erbe dazu in der Lage ist, kann er vom Erbschaftsbesitzer die Vorlage eines Verzeichnisses der Gegenstände verlangen, die zur Erbschaft gehören (§ 260 I; weitergehend § 2027 I; Brox, ErbR Rdnr. 563 ff.). – Im **Fall c** kann S auf Grund seines Auskunftsanspruchs (§ 2314 I; Brox, ErbR Rdnr. 540) von T ein Bestandsverzeichnis (§ 260 I) verlangen und danach die Höhe seines Pflichtteilsanspruchs berechnen.

c) Folgen bei Auskunftsverweigerung

Wird die Auskunftspflicht nicht erfüllt, kann der Gläubiger auf **14** Erfüllung klagen. Bei Erteilung unrichtiger Auskünfte kommen Schadensersatzansprüche wegen Pflichtverletzung nach § 280 I in Betracht (§ 25 Rdnr. 3 ff., 11 ff.).

2. Pflicht zur Rechenschaftslegung

Ein Spezialfall der Auskunftspflicht ist die Pflicht zur Rechen- **15** schaftslegung.

Auch diese Pflicht kann auf Vertrag oder Gesetz beruhen.

Das Gesetz ordnet sie z. B. an in §§ 666; 681 S. 2; 713; 1214 I (Pfandgläubiger), 1840 und 1890 (Vormund), 1908 i I 1 (Betreuer), 2218 (Testamentsvollstrecker).

Über die gesetzlich geregelten Einzelfälle hinaus besteht eine Rechenschaftspflicht überall dort, wo jemand fremde Angelegenheiten besorgt (st. Rspr.; vgl. BGH NJW 1979, 1305 m. N.). Besteht eine Rechenschaftspflicht, dann hat der Verpflichtete dem Berechtigten Einnahmen und Ausgaben geordnet zusammenzustellen und die entsprechenden Belege vorzulegen (§ 259 I).

3. Pflicht zur Abgabe einer eidesstattlichen Versicherung

16   Besteht Grund zu der Annahme, dass das Bestandsverzeichnis oder die Angaben in der Rechnung nicht mit der erforderlichen Sorgfalt gemacht worden sind, kann der Berechtigte die Abgabe einer entsprechenden eidesstattlichen Versicherung verlangen (§ 260 II bzw. § 259 II), sofern es sich nicht um Angelegenheiten von geringer Bedeutung handelt (§ 260 III bzw. § 259 III).

Diese eidesstattliche Versicherung, über die § 261 Einzelheiten bestimmt, ist von der zu unterscheiden, die der Schuldner in der Zwangsvollstreckung zu leisten hat (§ 807 ZPO; ZVR Rdnr. 1125 ff.).

§ 11. Vertragsstrafe

1   **Schrifttum:** Beuthien, Pauschalierter Schadensersatz und Vertragsstrafe, Festschrift f. Larenz, 1973, 495; D. Fischer, Vertragsstrafe und vertragliche Schadenspauschalierung, 1981; Gottwald, Zum Recht der Vertragsstrafe – ein kritischer Blick über den Zaun, Festschrift f. Söllner, 2000, 379; Hess, Die Vertragsstrafe, 1993; Knütel, Verfallbereinigung, nachträglicher Verfall und Unmöglichkeit bei der Vertragsstrafe, AcP 175 (1975), 44; Köhler, Vereinbarung und Verwirkung der Vertragsstrafe, Festschrift f. Gernhuber, 1993, 207; ders., Vertragsstrafe und Schadensersatz, GRUR 1994, 260; Lindacher, Phänomenologie der Vertragsstrafe, 1972; Löffler, Vertragsstrafe und pauschalierter Schadensersatz, 1986; Reinicke/Tiedtke, Der Vorbehalt des Rechts auf die bereits erlangte Vertragsstrafe, DB 1983, 1639; Rieble, Das Ende des Fortsetzungszusammenhangs im Recht der Vertragsstrafe, WM 1995, 828; K. Schmidt, Unselbständige und selbständige Vertragsstrafeversprechen, Festschrift f. Heinrichs, 1998, 529.

Fälle:

a) Der Bauunternehmer U verpflichtet sich gegenüber dem Bauherrn H, das Einfamilienhaus am 1. 10. schlüsselfertig zu übergeben; nach dem Vertrag soll er für jeden Tag der Fristüberschreitung 200 Euro zahlen. Da das Haus erst zehn Tage später bezogen werden kann, muss H mit seiner Familie solange im Hotel wohnen, seine Möbel unterstellen und eine andere Transportfirma bestellen. Insgesamt entsteht ihm ein Schaden von 2500 Euro, den er jedoch nur in Höhe von 1600 Euro nachweisen kann. Was kann H verlangen?

b) U bestreitet, das Haus nicht rechtzeitig fertiggestellt zu haben; hilfsweise macht er geltend, an der Fristüberschreitung treffe ihn kein Verschulden.

c) Im Fall a ist eine tägliche Strafe von 5000 Euro vereinbart. U macht im Prozess geltend, die Strafe sei zu hoch.

I. Bedeutung

Die Parteien eines Vertrages können vereinbaren, dass der Schuldner bei Nichterfüllung, nicht rechtzeitiger Erfüllung oder einer sonstigen Pflichtverletzung eine bestimmte Geldsumme (§ 339) oder eine andere Leistung (§ 342) dem Gläubiger zu erbringen hat. Eine solche Abrede gibt dem Gläubiger ein Druckmittel in die Hand: Der Schuldner wird zur Vermeidung einer Vertragsstrafe besonders bestrebt sein, seine Verpflichtung ordnungsgemäß zu erfüllen. Die Vereinbarung einer Vertragsstrafe bietet dem Gläubiger aber noch einen weiteren Vorteil: Er braucht, wenn der Schuldner eine Vertragspflicht verletzt, den ihm entstandenen Schaden nicht im Einzelnen nachzuweisen, sondern kann in jedem Fall die Vertragsstrafe als Mindestschaden verlangen (vgl. §§ 340 II, 341 II; **Fall a**). Deshalb sind Vereinbarungen von Vertragsstrafen bei Konkurrenzverboten und anderen Unterlassungspflichten besonders häufig. Auch in den Fällen, in denen ein Schadensersatz in Geld nicht gefordert werden kann (z. B. bei immateriellen Schäden; vgl. § 253 II), ist die Vereinbarung einer Geldzahlung als Vertragsstrafe möglich.

In AGB kann dem Verwender für den Fall der Nichtabnahme oder verspäteten Abnahme die Zahlung einer Vertragsstrafe nicht versprochen werden (Einzelheiten: § 309 Nr. 6).

II. Begriff und Abgrenzung

1. Begriff

2   Vertragsstrafe (= Konventionalstrafe) ist eine zwischen Gläubiger und Schuldner vereinbarte bedingte Verbindlichkeit; Bedingung ist die Nichterfüllung oder nicht gehörige Erfüllung einer anderen Verpflichtung (= Hauptverbindlichkeit). Tritt diese Bedingung ein, ist der Schuldner zur Leistung der Vertragsstrafe verpflichtet. Da diese die Hauptverbindlichkeit sichern soll, ist sie von deren Bestehen abhängig (Akzessorietät der Vertragsstrafe).

2. Abgrenzung

3   Die Vertragsstrafe ist von einer Reihe ähnlicher Erscheinungsformen abzugrenzen:

a) Selbstständiges Strafversprechen

Das selbstständige Strafversprechen ist auch ein bedingtes Leistungsversprechen, hängt aber nicht von einer Hauptverbindlichkeit ab: Ohne zu einem Tun verpflichtet zu sein, verspricht jemand einem anderen eine Leistung für den Fall, dass er das (nicht geschuldete) Tun unterlässt. Hier von einer Strafe zu sprechen, ist wenig sinnvoll; denn derjenige, der zu keinem bestimmten Verhalten (Tun oder Unterlassen) verpflichtet ist, begeht kein Unrecht, wenn er sich anders verhält.

Dass ein solches selbstständiges Strafversprechen rechtlich möglich ist, ergibt sich aus § 343 II. Es wird zur Sicherung gesellschaftlicher und anderer rechtlich nicht verpflichtender Zusagen verwandt.

Beispiel: Frau X, die ihrem Mann das Rauchen abgewöhnen will, lässt sich für jede von ihm gerauchte Zigarette 10 Euro versprechen.

b) Vereinsstrafen

4   Vereinsstrafen, die bei einer Verletzung von Mitgliedspflichten auf Grund der Vereinssatzung verhängt werden, sind keine Ver-

tragsstrafen, weil sie auf der Unterwerfung des Mitglieds unter die Satzung und nicht auf einem Vertrag beruhen.

c) Betriebsbußen

Betriebsstrafen, die bei Verstößen gegen die (z.B. zwischen Ar- 5 beitgeber und Betriebsrat vereinbarte) Betriebsordnung (z.B. Rauch- oder Alkoholverbot) – oft durch ein „Betriebsgericht" – verhängt werden, beruhen auf vertraglicher Grundlage (Arbeitsvertrag, Betriebsvereinbarung, Tarifvertrag). Einzelheiten: Brox/ Rüthers, ArbR Rdnr. 105.

d) Reuegeld

Das Reuegeld unterscheidet sich von der Vertragsstrafe dadurch, 6 dass es keine Strafe für Nichterfüllung oder nicht gehörige Erfüllung ist, sondern dazu dient, sich den Rücktritt vom Vertrag zu erkaufen (vgl. § 353; § 18 Rdnr. 34).

Beispiel: K kauft von V ein Bild. Die Parteien vereinbaren, dass K binnen 14 Tagen vom Vertrag gegen Zahlung einer Strafe von 50 Euro zurücktreten kann. Der Rücktritt ist nur wirksam, wenn K spätestens mit der Rücktrittserklärung die 50 Euro zahlt (Einzelheiten: § 353).

e) Draufgabe

Die heute kaum noch vorkommende Draufgabe ist die Leistung 7 eines Vertragspartners zur Bestätigung des Vertragsabschlusses (§ 336 I). Die Draufgabe erbringt also den Beweis, dass der Vertrag zustande gekommen ist; wer etwas anderes behauptet, muss es beweisen. Weitere Auslegungsregeln enthalten die §§ 336–338.

Beispiel: Die Hausfrau gibt der Hausangestellten am Ende der Besprechung über die Einstellung einen Zehneuroschein (Handgeld).

f) Pauschalierter Schadensersatz

Wird ein pauschalierter Schadensersatz vereinbart, so soll damit 8 dem Gläubiger bei einem Schadensersatzanspruch der Nachweis des Schadens erspart werden (vgl. BGHZ 49, 89). Die Vereinbarung dient also nicht wie die Vertragsstrafe als Druckmittel zur Erfüllung der Hauptverbindlichkeit.

Pauschalierungsklauseln in AGB sind nur zulässig, wenn die Pauschale den nach dem gewöhnlichen Lauf der Dinge zu erwartenden Schaden nicht übersteigt und dem Kunden der Nachweis gestattet ist, dass der Schaden nicht entstanden oder wesentlich niedriger als die Pauschale ist (vgl. § 309 Nr. 5).

III. Voraussetzungen

9   Die Verwirkung der Vertragsstrafe setzt neben der entsprechenden Vereinbarung eine gültige Hauptverbindlichkeit voraus (§ 339: seine Verbindlichkeit).

Ist also die Hauptverbindlichkeit aus irgendeinem Grunde nichtig (z.B. §§ 125, 134, 138), so ist auch das Strafversprechen unwirksam. Das gilt selbst dann, wenn die Parteien die Strafabrede vereinbaren, obwohl sie die Unwirksamkeit der Hauptverbindlichkeit kennen (§ 344). Es soll verhindert werden, dass die Erfüllung einer unwirksamen Hauptverpflichtung durch ein (wirksames) Strafversprechen praktisch erzwungen wird.

Im Übrigen muss danach unterschieden werden, ob es sich bei der Hauptverbindlichkeit um ein geschuldetes Tun oder Unterlassen handelt:

1. Positives Tun

10   Ist die Vertragsstrafe für den Fall versprochen, dass die Hauptverbindlichkeit nicht oder in nicht gehöriger Weise erfüllt wird, so ist die Strafe verwirkt, wenn der Schuldner *in Verzug* kommt (§ 339 S. 1; § 342). Schuldnerverzug bedeutet schuldhafte Nichtleistung trotz Fälligkeit und Mahnung (Entbehrlichkeit der Mahnung gem. § 286 II, III). Demnach setzt die Verwirkung der Vertragsstrafe vor allem ein Verschulden des Schuldners voraus, sofern die Parteien nicht etwas anderes vereinbart haben.

Im **Fall b** muss U beweisen, dass er (rechtzeitig) erfüllt hat (§ 345) bzw. ihn kein Verschulden trifft (§ 286 IV). Gelingt ihm das nicht, ist er zur Zahlung der Vertragsstrafe verpflichtet.

2. Unterlassen

11   Wird ein Unterlassen geschuldet, so tritt die Verwirkung mit der Zuwiderhandlung ein (§ 339 S. 2; § 342). Aus dem Wortlaut und

der Entstehungsgeschichte (Mot. II, 278) ergibt sich, dass hier ein Verschulden des Schuldners nicht vorausgesetzt wird (a. A. BGH NJW 1972, 1893). Damit ist allerdings nicht ausgeschlossen, dass die Parteien vereinbaren, die Strafe solle nur bei schuldhafter Zuwiderhandlung verwirkt sein. – Die Beweislast für die Zuwiderhandlung hat der Gläubiger (§ 345 a. E.).

IV. Verhältnis zu Erfüllung und Schadensersatz

Problematisch ist das Verhältnis der Ansprüche auf Erfüllung, **12** Schadensersatz und Vertragsstrafe. Das Gesetz unterscheidet danach, ob die Strafe für den Fall der Nichterfüllung oder der nicht gehörigen Erfüllung versprochen ist:

1. Nichterfüllung

a) Erfüllung oder Vertragsstrafe

Der Gläubiger kann *nicht nebeneinander Erfüllung und Vertragsstrafe* verlangen; er hat nur das Recht, zwischen beiden zu wählen (§ 340 I 1). Erklärt er, dass er die Strafe verlange, dann ist der Erfüllungsanspruch ausgeschlossen (§ 340 I 2). Grund: Das Begehren der Strafe ist ein vereinfachter Weg, Schadensersatz zu fordern; Schadensersatz wegen Nichterfüllung und Erfüllung schließen sich aber gegenseitig aus.

Klagt der Käufer zunächst auf Erfüllung des Kaufvertrages (Lieferung der verkauften Ware), so kann er während des Prozesses die Klage dahin ändern, dass er nunmehr statt der Erfüllung die Zahlung der vereinbarten Strafe verlangt. Denn ein Wechsel vom Erfüllungsanspruch zur Strafe ist möglich; er wird in § 340 nicht ausgeschlossen. Nimmt K aber die Erfüllung an, verliert er damit den Anspruch auf die Vertragsstrafe.

b) Vertragsstrafe als Mindestschaden

Der Gläubiger kann *nicht neben der Vertragsstrafe Ersatz des ganzen* **13** *Schadens* begehren; denn die Strafe ist eine besondere Form des Schadensersatzes.

Der Gläubiger ist in der Lage, die Vertragsstrafe als Mindestbetrag seines Schadens (§ 340 II 1) ohne Schadensnachweis zu verlangen. Ist der Schaden höher als die Vertragsstrafe und will der Gläubiger den die Vertragsstrafe übersteigenden Schaden geltend machen (§ 340 II 2), so muss er insoweit die allgemeinen Voraussetzungen eines Schadensersatzanspruches (z. B. § 280), insbesondere die Höhe des Schadens, behaupten und beweisen.

Besteht das Strafversprechen nicht in einer Geldleistung (z. B. Übereignung eines Bildes), so wird § 340 II durch § 342 ausgeschlossen: Der Gläubiger hat hier nur die Wahl zwischen Schadensersatz und Strafe.

2. Nicht gehörige Erfüllung

14   Eine nicht gehörige Erfüllung liegt vor, wenn der Schuldner *verspätet* oder *schlecht* leistet.

a) Erfüllung neben Vertragsstrafe

Ist für einen solchen Fall eine Vertragsstrafe versprochen, so kann sie *neben der Erfüllung* verlangt werden (§ 341 I). Denn hier tritt die Strafe nicht an die Stelle der Erfüllung; sie soll nur die Ordnungsmäßigkeit der Erfüllung sichern **(Fall a).** Hat der Gläubiger aber die Leistung als Erfüllung angenommen, so steht ihm ein Anspruch auf die Strafe nur zu, wenn er sich das Recht dazu bei der Annahme vorbehalten hat (§ 341 III).

§ 341 III kann nicht durch AGB vollständig abbedungen werden (BGHZ 85, 305).

b) Vertragsstrafe als Mindestschaden

15   Im Verhältnis von Strafe und Schadensersatz gilt das für die Nichterfüllung Gesagte (§§ 341 II, 342; Rdnr. 12 ff.).

Im **Fall a** besteht ein Schadensersatzanspruch von 2500 Euro. Die Vertragsstrafe beträgt 10×200 Euro $= 2000$ Euro. Dieser Betrag kann als Mindestschaden ohne Schadensnachweis verlangt werden. Der weitergehende Schadensersatzanspruch von 500 Euro ist nicht durchsetzbar, weil H nicht in der Lage ist, die Schadenshöhe zu beweisen.

V. Richterliche Strafherabsetzung

Ist die verwirkte Strafe unverhältnismäßig hoch, kann sie auf **16**
Antrag des Schuldners durch Urteil auf den angemessenen Betrag
herabgesetzt werden (§ 343 I 1). Hierbei handelt es sich um einen
seltenen Fall, in dem das Gesetz dem Richter die Befugnis gibt,
gestaltend in einen Vertrag einzugreifen. Da der unerfahrene und
unbesonnene Vertragspartner geschützt werden soll, ist die Bestimmung nicht durch Parteivereinbarung abdingbar. Der Schutz
greift nicht ein, wenn der Schuldner bei Vertragsschluss Kaufmann
war (§ 348 HGB; Brox, HR Rdnr. 365) oder wenn er die Strafe
bereits freiwillig entrichtet hat (§ 343 I 3).

Bei der Beurteilung der Angemessenheit hat der Richter alle
Umstände des Falles, nicht nur das Vermögensinteresse (§ 343 I 2),
zu berücksichtigen und nach pflichtgemäßem Ermessen zu entscheiden.

Im **Fall c** darf § 343 nur angewandt werden, wenn U nicht Kaufmann ist
(§ 348 HGB). Das Strafversprechen eines Kaufmanns kann aber nach § 138
nichtig sein.

Die Herabsetzung gilt auch für das selbstständige Strafversprechen (§ 343 II);
nach der Rechtsprechung soll sie jedoch auf Schadenspauschalierungen nicht
anzuwenden sein (BGH NJW 1970, 29, 32).

§ 12. Art und Weise der Leistung

Schrifttum: v. Caemmerer, Zahlungsort, Festschrift f. Mann, 1977, 3; **1**
Döhmel, Der Leistungsort bei Rückabwicklung von Verträgen, 1997; Hein-
zelmann, Teilleistungen des Schuldners nach § 266 BGB bei bestrittener
Restforderung?, NJW 1967, 534; Herpers, Über den Nachteil des Gläubigers
bei der Legalzession, AcP 166 (1966), 454; Leonhardt, Welche Teilleistungen
sind zulässig?, VersR 1967, 534; Nastelsky, Die Zeit als Bestandteil des Leistungsinhalts, JuS 1962, 289; v. Olshausen, Gläubigerrecht und Schuldnerschutz
bei Forderungsübergang und Regreß, 1988; Rother, Zur Zulässigkeit von
Teilleistungen, NJW 1965, 1749; Schönle, Ort und Zeit bargeldloser Zahlung,
Festschrift f. Werner, 1984, 817; Sinn, Zum Rückgriff bei ungewollter Zahlung fremder Schulden (§ 267 BGB), NJW 1968, 1857; Thomä, Tilgung
fremder Schuld durch irrtümliche Eigenleistung, JZ 1962, 623; Wieacker,
Zum Verhältnis von Leistungshandlung und Leistungserfolg, Festschrift f.
Nipperdey, 1965, 783.

Fälle:

a) Die Hausgehilfin will drei Tage der Arbeit fernbleiben und schickt ihre Schwester. Die Hausfrau weigert sich, die Schwester zu beschäftigen und für die drei Tage den Lohn zu zahlen.

b) S bezahlt an X, der ihm eine Quittung des G vorlegt, die Forderung des G. Später stellt sich heraus, dass die Quittung gefälscht war. Wie, wenn die Quittung echt, jedoch von X dem G gestohlen worden war?

c) S will von den geschuldeten 100 Euro nur 70 Euro bezahlen. G lehnt die Annahme ab und verlangt später Verzugszinsen von 100 Euro.

d) K in Köln bestellt bei V in Hamburg nach Katalog eine Ware Lieferung frei Haus". Da die Ware unterwegs verloren geht, verlangt K nochmalige Lieferung; V lehnt das ab und verlangt den Kaufpreis. Mit Recht? Wo muss V den Kaufpreis einklagen?

e) S will ein Darlehen schon einen Monat vor dem vereinbarten Termin zurückzahlen. G lehnt ab.

Der richtige Schuldner muss dem richtigen Gläubiger die richtige Leistung am richtigen Ort zur richtigen Zeit erbringen. Liegen diese Voraussetzungen vor, erlischt die Pflicht des Schuldners infolge Erfüllung (§ 362 I; § 14 Rdnr. 11 ff.). Fehlt dagegen auch nur eine dieser Voraussetzungen, so kann der Gläubiger die Leistung ablehnen, ohne dadurch in Gläubigerverzug (§§ 293 ff.; (dazu § 26) zu geraten; der Schuldner kommt dann regelmäßig in Schuldnerverzug (§ 286; § 23 Rdnr. 9 ff.).

I. Schuldner

2   Soweit nicht der Schuldner wegen der Besonderheit des Schuldverhältnisses in Person zu leisten hat, kann auch ein Dritter an seiner Stelle die Leistung erbringen und ihn damit von der Verbindlichkeit befreien (§ 267 I 1).

1. Leistung des Schuldners in Person

Ob der Schuldner die Leistung persönlich bewirken muss, ergibt sich aus der getroffenen Vereinbarung oder aus dem Gesetz.

Beispiele: §§ 613 S. 1; 664 I 1; 691, 1; 713. – Im **Fall a** kann die Hausfrau die Ersatzkraft ablehnen (§ 613 S. 1: „im Zweifel in Person zu leisten"); sie kommt damit nicht in Annahmeverzug (vgl. § 26 Rdnr. 5) und braucht für die drei Tage keinen Lohn zu zahlen (vgl. § 615; Brox/Rüthers, ArbR Rdnr. 73).

Es steht dem Gläubiger aber frei, auch bei persönlicher Leistungspflicht des Schuldners die Leistung eines Dritten anzunehmen.

2. Leistung durch einen Dritten

Regelmäßig ist dem Gläubiger die Person des Leistenden gleich- 3
gültig; dann kann auch ein Dritter die Leistung bewirken (§ 267 I 1). Der Dritte muss dabei die Leistung aber mit dem erkennbaren Willen erbringen, die fremde Schuld zu erfüllen (BGH NJW 1986, 251, 2106). Die Einwilligung des Schuldners ist nicht erforderlich. Die Rechtsstellung des Dritten wird in § 267 und § 268 unterschiedlich bewertet.

a) Ablehnungsrecht des Gläubigers

Nach § 267 II kann der Gläubiger die Leistung des Dritten ab- 4
lehnen, wenn der Schuldner widerspricht. Er ist aber nicht gehindert, die Leistung trotzdem anzunehmen. Wenn Gläubiger und Schuldner sich in der Ablehnung also einig sind, kann die Leistung des Dritten abgewehrt werden, ohne dass der Gläubiger in Annahmeverzug gerät.

Leistet der Dritte mit dem Willen, die fremde Schuld zu tilgen, so erlischt die Forderung. Ob er dann gegen den Schuldner einen Ersatzanspruch erhält, richtet sich nach den zwischen ihnen bestehenden Rechtsbeziehungen (z.B. Auftrag, Geschäftsführung ohne Auftrag, Bereicherung).

Wollte der Dritte, weil er sich irrtümlich für den Schuldner hielt, nicht auf die Schuld des wirklichen Schuldners leisten, sondern eine vermeintlich eigene Verbindlichkeit tilgen, erlischt die fremde Schuld nicht. Hier kommt ein Anspruch des Dritten gegen den Gläubiger aus ungerechtfertigter Bereicherung in Betracht (vgl. BS § 37 Rdnr. 1 ff.).

Der Dritte kann die Leistung nur effektiv bewirken, z.B. bei einer Geldschuld nur durch Zahlung, nicht etwa durch Hinterlegung, Aufrechnung (arg. e § 268 II; ganz h.M.; vgl. MünchKomm/Keller, § 267 Rdnr. 13).

b) Ablösungsrecht des Dritten

5   In § 268 verstärkt das Gesetz für bestimmte Fälle, in denen der Dritte ein eigenes Interesse an der Leistung hat, dessen Rechtsstellung.

Steht beispielsweise dem G wegen einer Forderung gegen S an dessen Grundstück die erste Hypothek zu und betreibt er die Zwangsvollstreckung (Zwangsversteigerung des Grundstücks), so muss der Hypothekar (D) der zweiten Hypothek befürchten, dass er seine Hypothek verliert. Will D zur Vermeidung der Zwangsvollstreckung die Schuld des S bezahlen, so könnte S nach § 267 II widersprechen und G die Leistung ablehnen. Um das zu verhindern, gibt § 268 I 1 dem D ein Ablösungsrecht.

Das Ablösungsrecht des Dritten setzt voraus, dass der Gläubiger die Zwangsvollstreckung in einen dem Schuldner gehörenden Gegenstand betreibt und dem Dritten ein dingliches Recht (z.B. Nießbrauch, Hypothek, Pfandrecht) zusteht. Ferner muss der Dritte Gefahr laufen, durch die Vollstreckung ein Recht an dem Gegenstand zu verlieren. Nach § 268 I 2 genügt auch drohender Besitzverlust.

Beispiel: D bewohnt als Mieter das Einfamilienhaus des S. G lässt es zwangsversteigern. D läuft Gefahr, den Besitz zu verlieren, da der Ersteher das Mietverhältnis kündigen kann (§ 57a ZVG; ZVR Rdnr. 947).

6   Unter diesen Voraussetzungen ist die Rechtsstellung des Dritten in dreifacher Hinsicht gegenüber § 267 verbessert: Der Schuldner kann zum einen nicht widersprechen; der Gläubiger muss also immer annehmen. Der Dritte kann zum anderen nicht nur durch Zahlung, sondern auch durch Hinterlegung oder Aufrechnung erfüllen (§ 268 II). Schließlich erlischt die Forderung nicht, wenn der Dritte erfüllt; sie geht vielmehr auf den Dritten über (§ 268 III 1; gesetzlicher Forderungsübergang, § 412; § 34 Rdnr. 1). Dieser Forderungsübergang kann nicht zum Nachteil des Gläubigers geltend gemacht werden (§ 268 III 2).

Beispiel: G hat gegen S eine durch Hypothek gesicherte Forderung von 10 000 Euro. Der Mieter D befriedigt unter den Voraussetzungen des § 268 den G in Höhe von 7000 Euro. Infolgedessen geht die Forderung des G in Höhe von 7000 Euro auf D über (§ 268 III 1); das gleiche gilt für die Hypothek (§§ 412, 401). Die Hypothek des G von 3000 Euro rangiert vor der

Hypothek des D von 7000 Euro (§ 268 III 2). Grund: G soll keinen Schaden dadurch haben, dass ein Dritter teilweise zahlt. Wenn also nach einer späteren Versteigerung 4000 Euro zu verteilen sind, bekommt G 3000 Euro, D nur 1000 Euro.

II. Gläubiger

1. Leistung an den Gläubiger

Regelmäßig hat der Schuldner an den Gläubiger selbst zu leisten; 7 diese Leistung bringt das Schuldverhältnis zum Erlöschen (§ 362 I; § 14 Rdnr. 1 ff.) oder führt bei ihrer Ablehnung zum Gläubigerverzug (§§ 293 ff.; dazu § 26).

2. Leistung an einen Dritten

Die Leistung an einen Nichtgläubiger ist immer dann dem 8 Gläubiger gegenüber wirksam, wenn dieser sich damit einverstanden erklärt hat oder wenn er sie nachträglich genehmigt (§§ 362 II, 185; vgl. BGHZ 87, 156); denn in diesen Fällen ist der Gläubiger nicht schutzwürdig.

Zum Schutz des Schuldners bestimmt das Gesetz an einigen Stellen, dass die Schuld ausnahmsweise auch bei Leistung an einen Dritten erlischt.

– Nach § 370 gilt der Überbringer einer Quittung als ermächtigt, die Leistung zu empfangen. Hier soll der Schuldner in seinem Vertrauen auf die vom Gläubiger ausgestellte Quittung geschützt werden. Das gilt auch dann, wenn die Quittung dem Gläubiger gestohlen worden ist (**Fall b,** 2. Frage). Anders liegt es dagegen, wenn die Quittung gefälscht war; denn dann hat der Gläubiger den Rechtsschein nicht veranlasst (**Fall b,** 1. Frage). Der Schuldner verdient ebenfalls keinen Schutz, wenn ihm Umstände bekannt sind, die der Annahme einer solchen Ermächtigung entgegenstehen (§ 370 a. E.).
– Gem. § 407 I muss nach Abtretung einer Forderung der neue Gläubiger die Leistung des Schuldners an den alten Gläubiger gegen sich gelten lassen, es sei denn, dass der Schuldner bei der Leistung die Abtretung kennt (Näheres: § 34 Rdnr. 23).
– Leistet der Schuldner nicht an den Erben seines Gläubigers, sondern an einen Dritten, dem zu Unrecht ein Erbschein ausgestellt wurde, so erlischt die Forderung auch mit Wirkung gegen den wirklichen Erben (§ 2367; Brox, ErbR Rdnr. 591).

III. Leistung

1. Teilleistung

9   Nach § 266 ist der Schuldner zur Teilleistung nicht berechtigt. Diese Bestimmung will Belästigungen des Gläubigers vermeiden. Er kann Teilleistungen ablehnen, ohne dadurch in Annahmeverzug zu kommen. Das Angebot von Teilleistungen verhindert nicht einen Schuldnerverzug hinsichtlich der ganzen Leistung **(Fall c)**.

Teilleistungen sind zulässig, wenn sie vereinbart wurden (z. B. Ratenzahlungskäufe) oder das Gesetz sie gestattet (z. B. Art. 39 II WG, Brox, HR Rdnr. 583; Art. 34 II ScheckG; § 757 ZPO; § 187 InsO).

§ 266 ist eine Schutzvorschrift zu Gunsten des Gläubigers. Aus ihr ist also nicht zu folgern, dass der Gläubiger keine Teilleistung verlangen kann. So wird häufig nur ein Teilbetrag eingeklagt, um Gerichts- und Anwaltskosten zu sparen.

Der Ablehnung einer Teilleistung kann im Einzelfall der Grundsatz von Treu und Glauben (§ 242) entgegenstehen (z. B.: Der Schuldner zahlt, und es fehlt nur ein ganz geringfügiger Betrag; § 7 Rdnr. 15).

2. Falschleistung

10   Nur durch die richtige Leistung wird der Schuldner frei. Liefert er etwas anderes als vereinbart wurde, so erlischt das Schuldverhältnis nur, wenn der Gläubiger damit einverstanden ist (§ 364 I). Zur Leistung an Erfüllungs Statt und erfüllungshalber siehe § 14 Rdnr. 6 ff.

IV. Leistungsort

1. Bedeutung und Begriff

11   Nur die Leistung am *richtigen* Ort befreit den Schuldner von seiner Verbindlichkeit. Leistung am falschen Ort berechtigt den Gläubiger zur Ablehnung; er kommt nicht in Annahmeverzug, der Schuldner jedoch in Schuldnerverzug.

Leistungsort – im Gesetz auch Erfüllungsort genannt (z.B. in §§ 447, 448, 644 II) – ist der Ort, an dem die Leistungs*handlung* erbracht werden muss. Davon zu unterscheiden ist der *Erfolgsort*, d.h. der Ort, an dem der Leistungs*erfolg* eintritt. Beide können zusammentreffen (so Holschuld, Bringschuld), aber auch auseinanderfallen (so Schickschuld).

a) Holschuld

Der Gläubiger muss die Leistung beim Schuldner holen; dieser braucht die Leistung nur zur Abholung durch den Gläubiger bereitzuhalten. Leistungs- und Erfolgsort sind am Wohnsitz des Schuldners (§ 269 I, II; gesetzlicher Regelfall). **12**

b) Bringschuld

Der Schuldner muss dem Gläubiger die Leistung bringen. Leistungs- und Erfolgsort sind am Wohnsitz des Gläubigers (Ausnahmefall). **13**

c) Schickschuld

Der Schuldner muss dem Gläubiger die Leistung schicken. Leistungs- und Erfolgsort fallen auseinander. Der Leistungsort ist am Wohnsitz des Schuldners; dort muss dieser tätig werden. Der Erfolgsort ist am Wohnsitz des Gläubigers; dort tritt der Leistungserfolg ein (Hauptbeispiele: Geldschuld, § 270, dazu § 9 Rdnr. 5; Versendungskauf, § 447; BS § 3 Rdnr. 19 ff.). **14**

2. Bestimmung des Leistungsortes

a) Regelfall

Sofern keine zwingende Gesetzesbestimmung (z.B. § 261) eingreift, richtet sich der Leistungsort in erster Linie nach der *Parteivereinbarung*; in zweiter Linie ist er „aus den *Umständen*, insbesondere aus der *Natur des Schuldverhältnisses*" zu entnehmen; ansonsten ist am *Wohnsitz des Schuldners* zur Zeit der Entstehung des Schuldverhältnisses zu leisten (§ 269 I). **15**

Oft ergibt die Auslegung unter Berücksichtigung der Verkehrssitte eine stillschweigende Parteivereinbarung über den Leistungsort. So sind z.B. die

Verpflichtungen aus einem Kauf im Lebensmittelgeschäft regelmäßig im Laden zu erfüllen. Geschuldete Reparaturarbeiten an einem Gebäude sind dort auszuführen. Eine Vereinbarung über den Leistungsort kommt aber nicht dadurch zu Stande, dass etwa der Verkäufer nach Vertragsschluss dem Käufer eine Rechnung mit dem Vermerk übersendet: Erfüllungsort ist Köln; darin kann nur ein Angebot auf Vertragsabänderung erblickt werden, das einer Annahme durch den Vertragspartner bedarf.

16   Kommt es für den Leistungsort auf den Wohnsitz des Schuldners, bei Schulden aus dem Gewerbebetrieb nach § 269 II auf den Ort der gewerblichen Niederlassung des Schuldners an, so handelt es sich um Holschulden. Das führt dazu, dass bei einem Vertrag, aus dem beide Vertragsparteien verpflichtet sind (z. B. beim gegenseitigen Vertrag), für die Schulden der beiden Vertragspartner verschiedene Leistungsorte gegeben sind.

Aus der Vereinbarung, dass der Schuldner die Kosten der Versendung übernimmt (z. B. „Lieferung frei Haus"; **Fall d**), kann allein nicht geschlossen werden, dass eine Bringschuld bestehen soll (§ 269 III). Im Zweifel ist also auch hier der Wohnsitz des Schuldners der Leistungsort; der Schuldner ist zum Versenden verpflichtet (Schickschuld) und hat die Versandkosten zu tragen. Im **Fall d** reist also die Ware auf Gefahr des K (§§ 269 III, 447). V ist von der Leistung frei und behält den Anspruch auf den Kaufpreis. Mangels anderer Vereinbarung ist Köln der Leistungsort der Kaufpreisschuld; dort muss V ihn einklagen (§ 29 ZPO).

b) Leistungsort bei Geldschulden

17   Geldschulden sind, sofern nichts anderes vereinbart ist, Schickschulden (§ 270 I, II, IV): Der Wohnsitz (bzw. Ort der gewerbl. Niederlassung) des Schuldners ist Leistungsort; doch ist der Schuldner zur Versendung auf seine Kosten verpflichtet. Die Besonderheit dieser Schickschuld besteht darin, dass das Geld auf Gefahr des Schuldners reist (§ 270 I). Wenn also das Geld beim Gläubiger nicht ankommt, muss der Schuldner noch einmal leisten (Ausnahme von § 243 II; § 8 Rdnr. 6). Trifft das Geld dagegen trotz rechtzeitigen Absendens (rechtzeitigen Überweisens oder Einzahlens bei der Post oder einer Bank) *verspätet* beim Gläubiger ein, so hat der Schuldner dafür nicht einzustehen; denn mit dem rechtzeitigen Abschicken hat er alles getan, was von ihm verlangt werden kann. § 270 I belastet den Schuldner nur mit der Gefahr des Verlustes, nicht der Verzögerung.

Durch eine Änderung des Wohnsitzes (der Niederlassung) des Gläubigers nach Entstehung des Schuldverhältnisses soll der Schuldner nicht belastet werden. Deshalb trägt der Gläubiger die dadurch entstehenden Mehrkosten der Übersendung; bei Erhöhung der Gefahr geht diese (ganz) vom Schuldner auf den Gläubiger über (§ 270 III).

V. Leistungszeit

1. Begriff und Bedeutung

Unter Leistungszeit versteht man einmal den Zeitpunkt, in dem **18** der Schuldner die Leistung erbringen *darf*, und zum anderen den Zeitpunkt der Fälligkeit, in dem also der Schuldner spätestens leisten *muss*.

Darf der Schuldner schon leisten, so kommt der Gläubiger bei Nichtannahme in Gläubigerverzug (§§ 293 ff.; dazu § 26). Erst wenn der Schuldner leisten muss, kann der Gläubiger die Leistung verlangen; leistet der Schuldner trotz Fälligkeit und Mahnung schuldhaft nicht, so kommt er in Schuldnerverzug (§ 286; dazu § 23 Rdnr. 9 ff.); das gilt nach § 286 III auch dann, wenn der Schuldner einer Geldforderung 30 Tage nach Fälligkeit und Zugang einer Rechnung (oder einer gleichwertigen Zahlungsaufforderung) nicht zahlt.

Eine Zeitbestimmung hat im Zweifel den *Sinn,* dass der Gläu- **19** biger die Leistung zwar nicht vor dem Zeitpunkt fordern, der Schuldner sie aber vorher bewirken kann (§ 271 II).

Ist im **Fall e** ein zinsloses Darlehen gewährt worden, so besteht normalerweise kein berechtigtes Interesse des Gläubigers daran, dass er das Geld erst zu dem vereinbarten Termin zurückbekommt, zumal der Schuldner nicht zum Abzug von Zwischenzinsen berechtigt ist (§ 272).

Allerdings kann die Zeitbestimmung auch im Interesse des Gläubigers getroffen worden sein. Dann gilt die Regel des § 271 II, dass der Schuldner die Leistung vorher bewirken kann, nicht.

Handelt es sich im **Fall e** um ein verzinsliches Darlehen, so darf der Schuldner es nicht vorher zurückzahlen, da der Gläubiger einen Zinsverlust erleiden würde. Nur unter engen Voraussetzungen besteht ein außerordentliches Kündigungsrecht des Darlehensnehmers (§ 490 II 1, 2; BS § 17 Rdnr. 32); selbst dann muss er aber eine sog. Vorfälligkeitsentschädigung an den Darlehensgeber zahlen (§ 490 II 3).

Die Zeitbestimmung kann ausschließlich im Gläubigerinteresse liegen: Er soll die Leistung schon vorher fordern dürfen, aber vorher nicht anzunehmen brauchen.

Beispiel: Der Hinterleger kann die hinterlegte Sache jederzeit vom Verwahrer zurückfordern, auch wenn für die Aufbewahrung eine Zeit bestimmt ist (§ 695).

20   Gehört die Zeitbestimmung derart zum Inhalt der Leistung, dass bei ihrer Nichteinhaltung Unmöglichkeit der Leistung gegeben ist, liegt ein Fixgeschäft vor (dazu § 23 Rdnr. 63).

2. Bestimmung der Leistungszeit

21   Die Leistungszeit ergibt sich aus der *Parteivereinbarung* und den *Umständen* des jeweiligen Rechtsverhältnisses; mangels anderer Anhaltspunkte kann der Gläubiger die Leistung *sofort* verlangen und der Schuldner sie sofort bewirken (§ 271 I).

Oft wird bei Darlehensverträgen vereinbart, dass die Rückzahlung eine bestimmte Zeit nach erfolgter Kündigung (z. B. nach einem Monat) erfolgen muss. Hier ist die Leistungszeit zunächst unbestimmt; sie wird mit dem Zugang der Kündigungserklärung beim Vertragspartner bestimmt.

§ 13. Leistungsverweigerungsrechte des Schuldners

1   **Schrifttum:** Dörner, Zurückbehaltungsrecht des Abschleppunternehmers bei drittveranlasstem Tätigwerden, DAR 1980, 102; Dütz, Das Zurückbehaltungsrecht des § 273 Abs. 1 BGB bei Erbauseinandersetzungen, NJW 1967, 1105; Ernst, Die Einrede des nicht erfüllten Vertrages, 2000; Jahr, Die Einrede des Bürgerlichen Rechts, JuS 1964, 293; Joachim, Zum Leistungsverweigerungsrecht des Mieters, DB 1986, 2649; G. Kaiser, Rechtsfragen bei der Anwendung der §§ 320 und 322 BGB, BauR 1982, 205; Keller, Das Zurückbehaltungsrecht nach § 273 BGB, JuS 1982, 665 ff.; Krapp, Das Leistungsverweigerungsrecht des Bestellers nach §§ 320 ff. BGB, BauR 1983, 318; Münzberg, Die Einreden des Zurückbehaltungsrechts und des nicht erfüllen Vertrags im Prozess, NJW 1961, 540; Oesterle, Die Leistung Zug um Zug, 1980;

H. Roth, Die Einrede des Bürgerlichen Rechts, 1988; Schneider, Die Rechts-
wirkungen der Einrede des nicht erfüllten Vertrages im Werkvertragsrecht, DB
1969, 115; Würtenberger, Zurückbehaltungsrechte und Schadensersatzansprüche beim Abschleppen verbotswidrig parkender Kraftfahrzeuge, DAR 1983,
155.

Fälle:

a) Der Auftraggeber A klagt gegen den Beauftragten B aus § 667 auf Herausgabe des Bildes, das B für A besorgt hat. B möchte aber von A die Kosten
(20 Euro) ersetzt haben, die ihm bei der Beschaffung des Bildes entstanden sind
(§ 670). Was soll er im Prozess tun? Wie lautet das Urteil? Wie wird daraus
vollstreckt?

b) Da G sich weigert, eine Quittung zu erteilen, hält S das geschuldete Geld
zurück. G meint, S stünde kein Zurückbehaltungsrecht zu, da der Anspruch
auf die Quittung (§ 368) erst entstehe, wenn S gezahlt habe.

c) A und B haben in einer Gastwirtschaft ihre Mäntel vertauscht. A verlangt
von B seinen Mantel heraus, ist aber nicht bereit, den fremden Mantel an B
zurückzugeben.

d) K klagt gegen V auf Übereignung des verkauften Bildes. V macht geltend, K habe den Kaufpreis von 500 Euro noch nicht gezahlt, was K bestreitet.
Wie urteilt der Richter?

e) Wie, wenn sich im Fall d ergibt, dass 400 Euro gezahlt worden sind?

Steht dem Schuldner seinerseits ein Anspruch gegen den Gläubiger zu, dann hat der Schuldner ein berechtigtes Interesse daran,
seine Leistung solange zurückzuhalten, bis er auch wegen seiner
Forderung befriedigt wird. Deshalb gibt ihm das Gesetz in bestimmten Fällen ein Leistungsverweigerungsrecht.

I. Zurückbehaltungsrecht

1. Begriff und Bedeutung

Nach § 273 I hat der Schuldner, dem aus demselben rechtlichen **2**
Verhältnis ein fälliger Gegenanspruch zusteht, das Recht, seine
Leistung zu verweigern, bis die ihm gebührende Leistung bewirkt
wird.

Dieses Zurückbehaltungsrecht folgt aus dem Grundsatz von
Treu und Glauben (§ 242). Sind Forderung und Gegenforderung

gleichartig (z.B. G kann 100 Euro und S 20 Euro fordern), hilft schon die Aufrechnung (§§ 387 ff.; dazu § 16), so dass der Schuldner nur noch den Restanspruch (80 Euro) zu erfüllen hat. Diese Möglichkeit scheidet aber bei nicht gleichartigen Forderungen (**Fall a:** Geld gegen Bild) aus. Deshalb räumt § 273 dem Schuldner unter bestimmten Voraussetzungen eine Einrede ein. Diese gibt ihm für seine eigene Forderung eine Sicherung und ist gleichzeitig ein mittelbares Zwangsmittel zur Durchsetzung seiner Forderung (Mot. II, 42).

2. Voraussetzungen

a) Gegenseitigkeit der Ansprüche

3   Jede der beiden Personen muss einen Anspruch gegen die andere haben (Gegenseitigkeit). Dabei spielt es keine Rolle, ob die Ansprüche sich aus Vertrag oder Gesetz ergeben und ob sie schuldrechtlicher oder dinglicher Art sind. § 273 gilt jedoch nicht für die im Austauschverhältnis stehenden Leistungen beim gegenseitigen Vertrag (dazu § 3 Rdnr. 2).

Im **Fall a** ist das Zurückbehaltungsrecht nicht nur gegeben, wenn A einen schuldrechtlichen Anspruch (§ 667) geltend macht, sondern auch dann, wenn er als Eigentümer aus § 985 klagt.

b) Fälligkeit des Gegenanspruches

4   Der Anspruch des Schuldners muss fällig sein (§ 273 I). Andernfalls könnte der Gläubiger seinen Anspruch nur durchsetzen, wenn er den Gegenanspruch bereits vor Fälligkeit erfüllte.

Es genügt für die Fälligkeit des Gegenanspruchs jedoch, dass er mit Erfüllung des Anspruchs fällig wird (BGHZ 73, 319; 116, 244; **Fall b**). – Ist der Gegenanspruch zwar fällig, aber inzwischen schon verjährt, so wird dadurch ein Zurückbehaltungsrecht nicht ausgeschlossen; Voraussetzung ist jedoch, dass die Verjährung noch nicht eingetreten war, als der Anspruch des Gläubigers entstand (Analogie zu § 390 S. 2; BGHZ 48, 116).

Fälligkeit ist nicht erforderlich beim Zurückbehaltungsrecht wegen Verwendungsersatzes nach § 1000 und beim kaufmännischen Notzurückbehaltungsrecht nach § 370 HGB (Brox, HR Rdnr. 313 ff.).

c) Konnexität der Ansprüche

Der Anspruch des Gläubigers und der Gegenanspruch des **5**
Schuldners müssen auf demselben rechtlichen Verhältnis beruhen
(§ 273 I). Dadurch soll ein Zurückbehaltungsrecht wegen eines
Gegenanspruchs ausgeschlossen werden, der mit dem Anspruch
nichts zu tun hat. Andererseits ist dasselbe rechtliche Verhältnis
nicht nur dann zu bejahen, wenn es sich um Ansprüche aus ein
und demselben Vertrag (wie im **Fall a**) handelt. Vielmehr lässt die
Rechtsprechung es genügen, wenn ein natürlicher und wirtschaftlicher Zusammenhang zwischen den Ansprüchen besteht (*einheitli-
ches Lebensverhältnis;* vgl. BGHZ 92, 196; 115, 103).

Haben Verkäufer und Käufer den Kaufvertrag erfüllt und stellt sich dann
dessen Nichtigkeit heraus, müssen die Kaufsache zurückübereignet und der
Kaufpreis zurückgezahlt werden (§ 812); jede Partei hat ein Zurückbehaltungsrecht. – Im **Fall c** besteht ein einheitlicher Lebensvorgang, so dass B die
Herausgabe des fremden Mantels bis zur Herausgabe des eigenen verweigern
kann. – Auch bei laufender Geschäftsbeziehung bejaht man eine Konnexität,
selbst wenn die Ansprüche aus verschiedenen Verträgen herrühren.

§ 273 II sieht bei Herausgabeansprüchen eine Konnexität als ge- **6**
geben an, wenn dem Schuldner ein fälliger Gegenanspruch wegen
Verwendungen auf den Gegenstand oder wegen eines durch den
Gegenstand verursachten Schadens zusteht.

So kann der Finder eines entlaufenen Hundes gegenüber dem Herausgabe-
anspruch des Eigentümers ein Zurückbehaltungsrecht wegen der Fütterungskosten (§ 970) geltend machen.

Hat der Herausgabepflichtige jedoch den Gegenstand durch eine
vorsätzlich begangene unerlaubte Handlung (z. B. Diebstahl) erlangt, so entspricht es nicht der Billigkeit, wenn er wegen eines Gegenanspruchs ein Leistungsverweigerungsrecht hätte (§ 273 II a. E.).

Das kaufmännische Zurückbehaltungsrecht setzt keine Konnexität voraus (§ 369 HGB; Brox, HR Rdnr. 316).

3. Ausschluss des Zurückbehaltungsrechts

Das Zurückbehaltungsrecht kann *vertraglich* oder *durch Gesetz* **7**
ausgeschlossen sein (§ 273 I: „sofern nicht aus dem Schuldverhältnisse sich ein anderes ergibt").

Beispiel: für gesetzlichen Ausschluss: Dem Bevollmächtigten steht nach Erlöschen der Vollmacht kein Zurückbehaltungsrecht an der Vollmachtsurkunde zu (§ 175); damit soll ein Missbrauch der Urkunde verhindert werden.

In AGB kann das Zurückbehaltungsrecht des Vertragspartners weder ausgeschlossen noch eingeschränkt werden (vgl. § 309 Nr. 2 b).

8   Sofern die Ausübung des Zurückbehaltungsrechts einen der Aufrechnung gleichkommenden Erfolg hat, ist sie dann ausgeschlossen, wenn die Aufrechnung unzulässig wäre (Larenz, § 16, 5; z.B. § 394, § 16 Rdnr. 16).

9   Da das Zurückbehaltungsrecht einen Sicherungszweck verfolgt, kann der Gläubiger die Ausübung des Rechts durch Sicherheitsleistung abwenden (§ 273 III 1), wobei das Gesetz eine Bürgschaft nicht als genügende Sicherheit ansieht (§ 273 III 2). Über § 273 III 1 hinaus muss das Zurückbehaltungsrecht entsprechend seinem Sinn (Sicherungszweck) überall dort ausgeschlossen sein, wo die Gegenforderung des Schuldners schon gesichert ist (z.B. durch Hypothek). Im Einzelfall kann die Berufung auf ein Zurückbehaltungsrecht auch gegen Treu und Glauben verstoßen (BGHZ 92, 194).

4. Wirkungen

10   Das Zurückbehaltungsrecht gibt dem Schuldner nur eine aufschiebende *Einrede* (§ 274 I), nicht wie das kaufmännische Zurückbehaltungsrecht ein Befriedigungsrecht (§ 371 HGB; Brox, HR Rdnr. 325).

Der Richter darf das Zurückbehaltungsrecht also nur dann berücksichtigen, wenn der Schuldner sich darauf beruft (§ 274 I: Geltendmachung). Im **Fall a** muss der Schuldner gegenüber dem Klageanspruch auf Herausgabe des Bildes vorbringen, er habe aus dem Auftrag noch 20 Euro zu bekommen, weshalb er das Bild zurückbehalte. Macht er die Einrede nicht geltend, so wird er ohne Einschränkung zur Herausgabe des Bildes verurteilt, selbst wenn sich aus dem Vorbringen des Klägers ergibt, dass dieser noch 20 Euro schuldet.

11   Erhebt der Schuldner im Prozess die Einrede, so führt das nicht zur Abweisung der Klage, sondern nur zur „*Zug-um-Zug*"-Verurteilung (§ 274 I).

Im **Fall a** lautet das Urteil: „Der Beklagte wird verurteilt, das Bild ... an den Kläger herauszugeben Zug um Zug gegen Zahlung von 20 Euro ...." Aus diesem Urteil kann der Gläubiger vollstrecken, wenn er dem Schuldner gleichzeitig die 20 Euro anbietet. Ist der Schuldner mit der Annahme des Geldes im Verzug (§§ 293 ff.), entfällt sein Recht auf Zug-um-Zug-Leistung (§ 274 II. Vgl. auch §§ 726 II, 756 ZPO; ZVR Rdnr. 171 ff.).

II. Einrede des nicht erfüllten Vertrages

Für den gegenseitigen Vertrag (§ 3 Rdnr. 2) enthält das Gesetz **12** in §§ 320 bis 322 ein besonderes Leistungsverweigerungsrecht. Wegen der engen Abhängigkeit von Leistung und Gegenleistung soll gewährleistet sein, dass kein Vertragspartner die Leistung erbringen muss, ohne gleichzeitig die Gegenleistung zu erhalten. Der wesentliche Unterschied zum Zurückbehaltungsrecht des § 273 besteht darin, dass hier der Gläubiger nicht berechtigt ist, das Leistungsverweigerungsrecht des Schuldners durch Sicherheitsleistung abzuwenden (§ 320 I 3).

1. Voraussetzungen

a) Gegenseitiger Vertrag

Es muss ein gegenseitiger Vertrag bestehen (§ 320 I 1). Fehlt es **13** bereits daran (z.B. Auftrag; **Fall a**), sind nicht §§ 320 ff., möglicherweise ist aber § 273 anwendbar.

b) Leistungen im Gegenseitigkeitsverhältnis

Die geschuldeten Leistungen müssen im Gegenseitigkeitsverhält- **14** nis zueinander stehen (§ 320 I 1). Das ist nur dann gegeben, wenn nach dem Parteiwillen die Leistung des einen das Entgelt für die Gegenleistung des anderen sein soll (synallagmatische Verknüpfung von Leistung und Gegenleistung; **Fall d**).

Beispiel: Der Mietvertrag ist ein gegenseitiger Vertrag. Im Gegenseitigkeitsverhältnis stehen die Pflicht zur Gebrauchsüberlassung und die zur Mietzinszahlung, nicht aber etwa die Pflicht zum Ersatz von Aufwendungen und die zur Rückgabe der Mietsache am Ende der Mietzeit.

c) Fälligkeit der Gegenforderung

Die Gegenforderung muss fällig sein; ihre Verjährung schließt **15** dagegen das Recht des Schuldners nicht aus (vgl. Rdnr. 4).

Ist die Gegenforderung schon teilweise erfüllt worden, so kann der Schuldner wegen des noch ausstehenden Teils regelmäßig seine Leistung in vollem Umfang zurückhalten (arg. e § 320 II; **Fall e**).

2. Ausschluss

a) Vorleistungspflicht des Schuldners

16   Bei Vorleistungspflicht des Schuldners ist dessen Recht aus § 320 ausgeschlossen (§ 320 I 1 a. E.).

Eine solche Pflicht kann vereinbart sein (z. B. beim Ratenzahlungskauf, bei Klauseln wie „zahlbar nach Erhalt der Ware", „Kasse gegen Faktura"). Damit hat der Vorleistungspflichtige auf die Einrede nach § 320 verzichtet. Das Gesetz geht bei einigen Vertragstypen von der Vorleistungspflicht eines Vertragspartners aus (z. B. Vermieter, § 579; Dienstpflichtiger, § 614; Werkunternehmer, § 641).

Der Vorleistungspflichtige muss jedoch dann geschützt werden, wenn sich die Vermögensverhältnisse des anderen Vertragspartners nach Vertragsschluss wesentlich verschlechtern und dadurch sein Gegenanspruch gefährdet wird. Die Vorschrift des § 321 sichert ihn dadurch, dass sie ihm trotz seiner Vorleistungspflicht ein Leistungsverweigerungsrecht gibt, bis die Gegenleistung bewirkt oder für sie Sicherheit (auch durch Bürgschaft) geleistet wird.

b) Treu und Glauben

17   Die Gegenleistung kann dann nicht verweigert werden, wenn die Verweigerung gegen Treu und Glauben verstieße. Das kommt bei verhältnismäßiger Geringfügigkeit des rückständigen Teils der Leistung (§ 320 II) in Betracht. Aber auch dann, wenn ein Vertragspartner die Leistung des anderen endgültig ablehnt, scheidet § 320 aus. Bei berechtigter Ablehnung muss er vielmehr eine endgültige Regelung des Vertragsverhältnisses herbeiführen, indem er etwa wegen einer Pflichtverletzung vom Vertrag zurücktritt oder Schadensersatz statt der Leistung verlangt.

In AGB kann das Recht des Vertragspartners des Verwenders aus § 320 nicht wirksam ausgeschlossen oder eingeschränkt werden (§ 309 Nr. 2 a).

3. Wirkungen

a) Im Prozess

18   Nur wenn der Schuldner sich im Prozess auf das Leistungsverweigerungsrecht beruft, darf und muss der Richter es berücksichtigen. Das Gesetz hat nämlich das Recht aus § 320 als *Einrede* ausgestaltet. Wird sie erhoben, führt sie zur Verurteilung Zug um Zug (§ 322 I). Vgl. die Regelung beim Zurückbehaltungsrecht (Rdnr. 11); für die Zwangsvollstreckung verweist § 322 III auf § 274 II.

Im **Fall d** kommt es darauf an, ob K beweisen kann, dass er den Kaufpreis schon gezahlt hat. Gelingt ihm der Beweis (z. B. durch Quittung), wird V zur Übereignung verurteilt. Gelingt er ihm nicht, erfolgt Zug-um-Zug-Verurteilung.

Bei Vorleistungspflicht eines Vertragspartners kann dieser, sofern **19** der andere Teil im Annahmeverzug (§§ 293 ff.) ist, auf Leistung nach Empfang der Gegenleistung klagen (§ 322 II; vgl. dazu BGH ZIP 2002, 576). Die Vollstreckung aus dem Urteil erfolgt hier ebenfalls nach § 274 II; denn § 322 III gilt auch für § 322 II.

b) Materiell-rechtlich

Materiell-rechtlich kommt der Schuldner solange nicht in **20** Schuldnerverzug (§§ 284 ff.; § 23 Rdnr. 9 ff.), als das Leistungsverweigerungsrecht besteht; der Schuldner braucht es also nicht geltend zu machen (h. M.; vgl. Palandt/Heinrichs, § 320 Rdnr. 12). Das folgert man mit Recht aus der engen Verknüpfung von Leistung und Gegenleistung. Dem steht auch nicht entgegen, dass das Gesetz aus prozessualen Gründen im Rechtsstreit das Erheben der Einrede verlangt. Verzug tritt also erst ein, wenn der Gläubiger mahnt und dabei zur Erbringung der eigenen Leistung bereit und imstande ist (RGZ 126, 280; vgl. auch BGH NJW 1966, 200).

§ 273 setzt dagegen ein Geltendmachen zur Vermeidung des Schuldnerverzugs voraus; denn nur so wird der Gläubiger in die Lage versetzt, das Recht durch Sicherheitsleistung abzuwenden. Diese Möglichkeit hat er bei der Einrede nach § 320 nicht (§ 320 I 3).

Fünftes Kapitel
Erlöschen der Schuldverhältnisse

Beim Erlöschen der Schuldverhältnisse ist zu unterscheiden, ob das Schuldverhältnis als Ganzes, also mit allen Rechten und Pflichten, oder ob nur eine einzelne Pflicht erlischt. Erlöschensgrund für das ganze Schuldverhältnis ist beispielsweise die Kündigung (dazu § 17 Rdnr. 15 ff.). Eine einzelne Schuld erlischt etwa durch Erfüllung (dazu § 14), Hinterlegung (dazu § 15), Aufrechnung (dazu § 16) und Erlass (dazu § 17 Rdnr. 1). Eine Besonderheit ergibt sich beim Rücktritt (dazu § 18): Es erlöschen zwar auch einzelne Rechte und Pflichten, aber nicht alle Rechtsbeziehungen zwischen den Parteien.

§ 14. Erfüllung

1 **Schrifttum:** Braun, Rechtliche Folgen einer Überweisung bei unzureichender Information des Empfängers, ZIP 1996, 617; Bülow, Grundfragen der Erfüllung und ihrer Surrogate, JuS 1991, 529; Fabienke, Erfüllung im bargeldlosen Zahlungsverkehr, JR 1999, 47; Gernhuber, Die Erfüllung und ihre Surrogate sowie das Erlöschen der Schuldverhältnisse aus anderen Gründen, 2. Aufl., 1994; Grimme, Rechnung und Quittung bei der Abwicklung von Schuldverhältnissen, JR 1988, 177; Harder, Die Leistung an Erfüllungs Statt, 1976; Muscheler/Bloch, Erfüllung und Erfüllungssurrogate, JuS 2000, 729; Schreiber, Leistungen an Erfüllungs Statt und erfüllungshalber, Jura 1996, 328; Taupitz, Vertragserfüllung durch Leistung an den Vertreter des Gläubigers, JuS 1992, 449; van Venrooy, Erfüllung gegenüber dem minderjährigen Gläubiger, BB 1980, 1017.

Fälle:

a) Der geisteskranke A ist dem B vertraglich zum Tapezieren eines Zimmers verpflichtet. Obwohl er das Zimmer tadellos tapeziert, will B nicht den vereinbarten Preis zahlen, weil der geschäftsunfähige A den Vertrag nicht erfüllen könne.

b) S überredet G, anstelle der aus Darlehen geschuldeten 500 Euro ein Fernsehgerät anzunehmen. Später stellt sich heraus, dass das Gerät gestohlen bzw. defekt ist. Deswegen verlangt G nun wieder Zahlung von 500 Euro.

c) S schuldet einen Restkaufpreis von 4000 Euro nebst 1000 Euro Zinsen und Kosten. Er zahlt 1000 Euro und bestimmt unter Hinweis auf § 366 I, dass damit die Kaufpreisforderung teilweise getilgt sein soll. G lehnt die Annahme des Geldes ab. Rechtsfolge?

I. Voraussetzungen der Erfüllung

1. Bewirken der geschuldeten Leistung

Erfüllung ist das Bewirken der geschuldeten Leistung (§ 362 I).

a) Eintritt des Leistungserfolges

Für die Erfüllung reicht es nicht aus, dass der Schuldner seinerseits alles dazu Erforderliche getan hat. Nicht auf diese Leistungshandlung (z.B. Abschicken der Kaufsache an den Käufer), sondern auf den Eintritt des Leistungserfolges (z.B. Eigentum und Besitz des Käufers an der Kaufsache) kommt es entscheidend an. Nur dadurch wird das Interesse des Gläubigers verwirklicht.

Hat also der Schuldner alles zur geschuldeten Übereignung der Sache getan, nimmt der Gläubiger aber nicht an, wird die Schuld nicht getilgt. Das Gesetz berücksichtigt in einem solchen Falle die besonderen Interessen des Schuldners durch die Regeln über den Gläubigerverzug (dazu § 26).

b) Richtige Leistungsbewirkung

Die Erfüllungswirkung tritt regelmäßig nur ein, wenn der richtige Schuldner dem richtigen Gläubiger die richtige Leistung am richtigen Ort erbringt. Dazu und zu den Ausnahmen: § 12 Rdnr. 1 ff.   **2**

c) Erfüllungsvertrag oder reale Leistungsbewirkung

Fraglich ist, ob zur Erfüllung ein besonderer Erfüllungsvertrag erforderlich ist. Da das Gesetz die Beantwortung der Frage nach der *Rechtsnatur* der Erfüllung der Wissenschaft überlassen hat (Mot. II, 81), herrscht hier auch heute noch Streit.   **3** aa) Die (ältere) *Vertragstheorie* setzt in jedem Falle außer einer tatsächlichen Bewirkung der Leistung noch einen Erfüllungsvertrag, also eine Einigung darüber voraus, dass die Leistung als Erfüllung erfolge.

Demnach soll zur Erfüllung nicht nur dann ein Rechtsgeschäft erforderlich sein, wenn die Verpflichtung des Schuldners zu einem Rechtsgeschäft (z. B. Übereignung der verkauften Sache) besteht, sondern sogar dann, wenn nur eine tatsächliche Handlung (z. B. Erfüllung eines Dienst- oder Werkvertrages; **Fall a**) oder ein Unterlassen (z. B. des Betretens eines Grundstücks) geschuldet wird.

4   bb) Die heute herrschende *Theorie der realen Leistungsbewirkung* (Larenz, § 18 I 5; MünchKomm/Heinrichs, § 362 Rdnr. 9, 12; Staudinger/Olzen, Vorbem. zu §§ 362ff. Rdnr. 10, 14; BGH NJW 1991, 1294; 1992, 2698) stellt stets nur auf die Herbeiführung des Leistungserfolges durch die Leistungshandlung ab, die in erkennbarer Weise der geschuldeten entspricht.

Diese Ansicht steht im Einklang mit dem Wortlaut des § 362 I, der keinen Anhalt dafür bietet, dass eine Willenseinigung erforderlich ist. Aus § 366 I (Rdnr. 11) folgt vielmehr, dass eine Willenseinigung für die Erfüllungswirkung nicht geboten ist. Es ist auch nicht einzusehen, weshalb bei einer rein tatsächlichen Handlung oder einem Unterlassen zur Erfüllung eine Willenseinigung und damit die Geschäftsfähigkeit des Schuldners zu verlangen ist.

5   cc) Nach der *Theorie der finalen Leistungsbewirkung* muss zur realen Leistungsbewirkung noch eine Zweckbestimmung des Leistenden hinzukommen.

Zur Begründung wird u. a. darauf hingewiesen, dass es im Recht der ungerechtfertigten Bereicherung entscheidend auf den mit der Leistung verfolgten Zweck ankomme (vgl. BS § 37 Rdnr. 6ff.) und der Schuldner durch eine Zweckbestimmung Zweifel an dem Zweck der Leistung beseitigen könne. Aber daraus folgt nur, dass der Schuldner den Zweck der Leistung bestimmen kann; die Erfüllung tritt auch ohne eine solche Zweckbestimmung des Schuldners ein, was auch aus § 366 II herzuleiten ist.

2. Leistung an Erfüllungs Statt

6   Erbringt der Schuldner eine andere als die geschuldete Leistung, so erlischt das Schuldverhältnis nur dann, wenn der Gläubiger sie als Erfüllung annimmt (Leistung an Erfüllungs Statt; § 364 I).

a) Mängelhaftung bei Leistung an Erfüllungs Statt

Ist die an Erfüllungs Statt gegebene Sache oder Forderung mit einem Sach- oder Rechtsmangel behaftet, so hat der Gläubiger die Rechte, die ein Käufer hätte (§ 365; **Fall b**). Er kann also in erster Linie Nacherfüllung verlangen. Nach erfolgloser Bestimmung einer Frist kann er mindern, zurücktreten oder Schadensersatz verlangen (§ 437; Einzelheiten: BS § 4 Rdnr. 40 ff.). Tritt er zurück, dann hat er nach h. M. lediglich einen Anspruch auf Wiederbegründung der ursprünglichen – nach § 364 I erloschenen Forderung.

Die Mängelhaftung des Kaufrechts soll nach dem Wortlaut des § 365 und der Entstehungsgeschichte (Mot. II, 83) selbst dann eingreifen, wenn die ursprüngliche Forderung z. B. auf einem Schenkungsversprechen beruht, bei dem die Mängelhaftung eingeschränkt ist (vgl. §§ 523 f.). Diese gesetzliche Wertung, die de lege ferenda bei einseitig verpflichtenden Verträgen abzulehnen ist, muss beachtet werden (so Staudinger/Kaduk, 12. Aufl., § 365 Rdnr. 10 m. N.; anders: Staudinger/Olzen, 13. Bearb., § 365 Rdnr. 10 ff.). Es ist aber möglich, die nicht zwingende Regelung des § 365 abzubedingen.

b) Abgrenzung von der Leistung erfüllungshalber

Von der Leistung an Erfüllungs Statt (§ 364 I) ist die Leistung 7 erfüllungshalber zu unterscheiden. Im ersten Falle bewirkt die Annahme einer anderen als der geschuldeten Leistung das Erlöschen des Schuldverhältnisses. Bei der Leistung erfüllungshalber soll trotz der Leistung das Schuldverhältnis mit etwaigen Sicherheiten bestehen bleiben. Der Gläubiger soll durch Verwertung des ihm erfüllungshalber geleisteten Gegenstandes befriedigt werden; erst dann erlischt die Schuld.

Ob Leistung an Erfüllungs Statt oder Leistung erfüllungshalber 8 gewollt ist, muss durch Auslegung der Parteivereinbarung ermittelt werden. Wird statt der bestimmten geschuldeten Sache eine davon nur wenig unterschiedliche vom Schuldner geleistet und vom Gläubiger angenommen (z. B. statt des geschuldeten Fahrrades ein anderes von etwa gleichem Wert), so spricht das für Leistung an Erfüllungs Statt. Soll der Gläubiger einer Geldforderung die vom Schuldner gelieferte Sache vereinbarungsgemäß verkaufen, um dadurch zu seinem Geld zu kommen, ist erfüllungshalber geleistet worden.

9 Für einen Fall gibt das Gesetz eine Auslegungsregel: Übernimmt der Schuldner zum Zwecke der Befriedigung des Gläubigers diesem gegenüber eine neue Verbindlichkeit, so ist im Zweifel nicht anzunehmen, dass er die Verbindlichkeit an Erfüllungs Statt übernimmt (§ 364 II).

Hauptbeispiel: Der Schuldner einer Geldforderung (z. B. aus Kaufvertrag) gibt dem Gläubiger einen Wechsel (z. B. Dreimonatsakzept). Hier ist im Zweifel nicht anzunehmen (vgl. § 364 II), dass der Gläubiger damit seine Kaufpreisforderung aufgeben will; er nimmt den Wechsel erfüllungshalber entgegen (Brox, HR Rdnr. 508 ff.). Nunmehr hat er ausser der Kaufpreisforderung noch eine Wechselforderung; allerdings kann er nur einmal Erfüllung verlangen. Durch die Hereinnahme des Wechsels hat der Gläubiger sich verpflichtet, zuerst Befriedigung aus dem Wechsel zu suchen; erst wenn das fehlgeschlagen ist, kann er auf die Kaufpreisforderung zurückgreifen, die also praktisch zu einer zweitrangigen Forderung geworden ist. Ist die Wechselforderung erst in drei Monaten fällig, so hat der Gläubiger mit der Hinnahme des Wechsels sich mit einer entsprechenden Stundung der schon fälligen Kaufpreisforderung einverstanden erklärt. Trotz dieser Nachteile ist der Gläubiger in der Praxis oft mit der Wechselhingabe einverstanden, weil er die Möglichkeit hat, die Wechselforderung schon vor Fälligkeit etwa an eine Bank zu verkaufen und zu übertragen. Außerdem kann er die Wechselforderung im Prozess leichter durchsetzen (§§ 602 ff. ZPO; Brox, HR Rdnr. 718 ff.).

II. Wirkungen der Erfüllung

1. Tilgung der Schuld

10 Durch die Erfüllung erlischt die Schuld (§ 362 I).

Lehnt der Gläubiger die Annahme der Leistung ab, weil sie nicht die geschuldete oder weil sie unvollständig sei, dann muss nach allgemeinen Regeln der Schuldner beweisen, dass es die richtige Leistung ist. Hat der Gläubiger hingegen die Leistung als Erfüllung angenommen, spricht das für eine ordnungsgemäße Erfüllung. Deshalb kehrt § 363 die Beweislast um: Der Gläubiger ist in diesem Fall für eine Falsch- oder unvollständige Leistung beweispflichtig.

2. Wirkung bei Forderungsmehrheit

11 Ist der Schuldner aus mehreren Schuldverhältnissen zu gleichartigen Leistungen an denselben Gläubiger verpflichtet und reicht das

Geleistete nicht zur Tilgung sämtlicher Schulden aus, so fragt sich, welche Schuld getilgt wird. Maßgebend ist in erster Linie die Bestimmung durch den Schuldner (§ 366 I); auf ein Einverständnis des Gläubigers kommt es nicht an.

Nur wenn der Schuldner keine Bestimmung trifft, stellt das Gesetz eine Rangfolge auf (lies § 366 II: fällig – weniger sicher – lästiger – älter – verhältnismäßig). Diese Reihenfolge beruht auf dem vom Gesetzgeber vermuteten vernünftigen Willen der Parteien. Sie findet deshalb keine Anwendung, wenn sie diesem Willen offensichtlich widerspricht (BGH NJW 1969, 1846; JZ 1978, 313).

Handelt es sich dagegen nur um *eine* Forderung, die aus Hauptleistung, **12** Zinsen und Kosten besteht, so scheidet eine Bestimmung durch den Schuldner aus (**Fall c**). Vielmehr regelt § 367 I die Reihenfolge (Kosten – Zinsen – Hauptforderung). Im **Fall c** kann also der Gläubiger wegen der Bestimmung durch den Schuldner die Annahme ablehnen (§ 367 II), ohne in Annahmeverzug zu kommen. Nimmt er dagegen ohne jeden Vorbehalt an, wird man davon ausgehen können, dass § 367 vertraglich abbedungen ist. Eine von § 367 I abweichende Regelung enthält § 497 III 1 für den Verbraucherdarlehensvertrag (BS § 17 Rdnr. 59).

3. Verpflichtungen des Gläubigers

a) Erteilung einer Quittung

Der Gläubiger hat auf Verlangen des Schuldners eine *Quittung* **13** zu erteilen (§ 368 S. 1), damit der Schuldner notfalls die Erfüllung beweisen kann.

Bei einem rechtlichen Interesse des Schuldners an einer besonderen Form der Quittung (z.B. löschungsfähige Quittung für Grundbucheintragungen, vgl. §§ 1144, 1167, § 29 GBO) muss die Quittung auf Verlangen des Schuldners in dieser Form erteilt werden (§ 368 S. 2). – Die Kosten der Quittung hat regelmäßig der Schuldner zu tragen und vorzuschießen (Einzelheiten: § 369). – Zum Schutz des Schuldners bei Leistung an den Überbringer einer echten Quittung: § 370; dazu § 12 Rdnr. 8.

b) Rückgabe eines Schuldscheines

Der Gläubiger ist verpflichtet, einen etwa ausgestellten Schuld- **14** schein über die Forderung an den Schuldner zurückzugeben (Einzelheiten: § 371). Grund: Da der Besitz des Schuldscheins ein Indiz für das Bestehen der Schuld ist, soll der Gläubiger nach Erlöschen der Schuld nicht mehr im Besitz bleiben.

§ 15. Hinterlegung

1   **Schrifttum:** Bülow/Mecke/Schmidt, Hinterlegungsordnung, 3. Aufl., 1993; Gernhuber, Die Erfüllung und ihre Surrogate sowie das Erlöschen der Schuldverhältnisse aus anderen Gründen, 2. Aufl., 1994.

Fälle:

a) G nimmt die von S geschuldete, wertvolle Siamkatze nicht an. S, der in Urlaub fahren will, denkt an Hinterlegung.

b) G verlangt Zahlung der geschuldeten 300 Euro von S. Dieser meint, die Schuld sei durch Hinterlegung getilgt, zumal er dem G gegenüber auf sein Rücknahmerecht verzichtet habe.

c) Wie kann S im Fall a sich der Katze entledigen, ohne dass G von ihm noch etwas zu fordern berechtigt ist?

I. Voraussetzungen und Verfahren

1. Voraussetzungen

Der Schuldner kann nach §§ 372 ff. einen geschuldeten Gegenstand für den Gläubiger bei einer öffentlichen Stelle (Hinterlegungsstelle) hinterlegen, wenn ein Hinterlegungsgrund besteht und die Sache hinterlegungsfähig ist.

Der Schuldner ist zur Hinterlegung berechtigt, aber nicht verpflichtet. Eine Pflicht zur Hinterlegung kann sich aber ausnahmsweise aus Vereinbarung oder Gesetz (z. B. § 432 I 2) ergeben.

a) Hinterlegungsgrund

2   Ein Hinterlegungsgrund ist gegeben, wenn der Gläubiger im *Annahmeverzug* ist (§ 372 S. 1) oder wenn der Schuldner aus einem anderen *in der Person des Gläubigers liegenden Grund* oder infolge einer nicht auf Fahrlässigkeit beruhenden *Ungewissheit über die Person des Gläubigers* seine Verbindlichkeit nicht oder nicht mit Sicherheit erfüllen kann (§ 372 S. 2).

Beispiele: Der Gläubiger ist nicht auffindbar oder geschäftsunfähig. Der Schuldner weiß, dass die Forderung mehrfach abgetreten ist, und ist sich ohne Fahrlässigkeit nicht sicher, wem sie jetzt zusteht. Es genügt, wenn der Schuldner begründete, objektiv verständliche Zweifel über die Person des Gläubigers hat (vgl. BGHZ 7, 302; 27, 241). – Die Parteien können durch eine entsprechende Vereinbarung die Hinterlegungsbefugnis erweitern (vgl. BGH VersR 1993, 108).

b) Hinterlegungsfähige Sache

Hinterlegungsfähig sind nur *Geld, Wertpapiere* und sonstige *Urkunden* sowie *Kostbarkeiten* (§ 372 S. 1).   3

Beispiele: für Kostbarkeiten: Ring, Kette, Uhr, Edelstein. Immer muss sich die Sache aber für eine Hinterlegung eignen; das ist bei Tieren nicht der Fall **(Fall a).** In Betracht kommt bei Nichteignung möglicherweise ein Selbsthilfeverkauf (§ 383; Rdnr. 11; Spezialregel beim Handelskauf: § 373 HGB; Brox, HR Rdnr. 368 ff.).

2. Verfahren

Die §§ 372 ff. regeln nur die privatrechtliche Seite der Hinterlegung, nämlich die Voraussetzungen und die Wirkungen.   4

Das Verfahren richtet sich im Wesentlichen nach der Hinterlegungsordnung von 1937 (Schönfelder, Deutsche Gesetze, Nr. 121).

Hinterlegungsstelle ist das Amtsgericht (§ 1 HO), das hier im Rahmen der Justizverwaltung tätig wird. Wenn es auf Antrag des Schuldners die Annahme anordnet (§ 6 HO), erlässt es einen Verwaltungsakt. Geld geht mit der Hinterlegung in das Eigentum des Justizfiskus über (§ 7 I HO). Bei Wertpapieren und sonstigen Urkunden sowie Kostbarkeiten bleibt der Hinterleger Eigentümer (vgl. § 9 HO). Es entsteht ein öffentlich-rechtliches Verwahrungsverhältnis zu Gunsten des Gläubigers. Dieser kann die Herausgabe beantragen (Einzelheiten: §§ 12 ff. HO). Das Recht des Gläubigers erlischt regelmäßig mit Ablauf von 30 Jahren nach Empfang der Hinterlegungsanzeige (Einzelheiten: § 382).

Hat der Schuldner wegen Ungewissheit über die Person des Gläubigers   5
hinterlegt und beanspruchen mehrere Personen (Prätendenten) den hinterlegten Gegenstand, so ist die Berechtigung im Prozess zwischen den Prätendenten zu klären. Der wahre Gläubiger hat gegen die übrigen Prätendenten einen Anspruch aus § 812 I 1 (2. Fall) auf Aufgabe der „Sperrstellung", d. h. auf Einwilligung in die Auszahlung (vgl. § 13 II Nr. 1 HO; BGHZ 35, 169).

6   Braucht der Gläubiger zum Nachweis der Empfangsberechtigung eine Erklärung des Schuldners, kann er sie vom Schuldner verlangen (§ 380). Wenn der Schuldner nur gegen Leistung des Gläubigers zu leisten verpflichtet ist, kann er das Recht des Gläubigers zum Empfang von der Bewirkung der Gegenleistung abhängig machen (§ 373).

Der Schuldner hat bei der Hinterlegungsstelle des *Leistungsorts* zu hinterlegen; er ist auch verpflichtet, dem Gläubiger die Hinterlegung unverzüglich *anzuzeigen*, sofern das nicht untunlich ist. Erfüllt er diese Verpflichtungen nicht, muss er dem Gläubiger den daraus entstehenden Schaden ersetzen (§ 374). Da die Hinterlegung aus Gründen erfolgt, die in der Person des Gläubigers liegen, muss dieser im Verhältnis zum Schuldner regelmäßig die Kosten der Hinterlegung tragen (§ 381).

II. Wirkungen

7   Mit der Hinterlegung (bzw. mit der Aufgabe bei der Post; § 375) treten unterschiedliche Wirkungen ein, je nachdem, ob der Schuldner noch ein Rücknahmerecht hat oder nicht.

1. Rücknahmerecht des Schuldners

Solange der Schuldner noch das Recht hat, die hinterlegte Sache zurückzunehmen (§ 376 I), wird durch die Hinterlegung die *Schuld nicht getilgt* (arg. e § 378); er kann aber den Gläubiger auf die hinterlegte Sache verweisen (§ 379 I; verzögernde Einrede, die also im Rechtsstreit vom Schuldner vorgebracht werden muss). Der Gläubiger trägt die Vergütungsgefahr (§ 379 II). Wenn die Sache bei der Hinterlegungsstelle untergeht, wird der Schuldner nicht nur von seiner Leistungspflicht frei (§ 275), sondern er behält auch den Anspruch auf die Gegenleistung (z. B. Kaufpreis; Ausnahme von § 326). Der Schuldner braucht auch keine Zinsen zu zahlen oder Ersatz für nicht gezogene Nutzungen zu leisten (§ 379 II). Nimmt er jedoch die hinterlegte Sache zurück, gilt die Hinterlegung als nicht erfolgt (§ 379 III); die Folgen der Hinterlegung werden dadurch also mit rückwirkender Kraft beseitigt (z. B. keine Gefahrtragung durch den Gläubiger, Zinszahlungspflicht des Schuldners).

Das Rücknahmerecht des Schuldners als Gestaltungsrecht ist nicht pfändbar **8**
und kann während des Insolvenzverfahrens über das Vermögen des Schuldners
nicht ohne Zustimmung des Gläubigers ausgeübt werden (§ 377).
Grund: Der Gläubiger hat bereits ein Recht erworben, das nicht durch andere Gläubiger des Schuldners beeinträchtigt werden soll.

2. Ausschluss des Rücknahmerechts

a) Fälle

Sein Rücknahmerecht verliert der Schuldner in drei Fällen **9**
(§ 376 II): wenn er auf das Rücknahmerecht gegenüber der Hinterlegungsstelle verzichtet, wenn der Gläubiger gegenüber der
Hinterlegungsstelle die Annahme erklärt oder wenn der Hinterlegungsstelle ein rechtskräftiges Urteil vorgelegt wird, das die Hinterlegung für rechtmäßig erklärt.

b) Wirkung

Ist das Rücknahmerecht des Schuldners ausgeschlossen, dann **10**
wirkt die Hinterlegung wie die Erfüllung schuldbefreiend (§ 378;
Erfüllungssurrogat).

Der Gläubiger wird hierdurch aber noch nicht Eigentümer der
hinterlegten Sache. In der Anzeige der Hinterlegung an den Gläubiger (§ 374 II) ist regelmäßig ein Übereignungsangebot des Schuldners (§§ 929, 931) zu erblicken. Dieses wird durch die Annahmeerklärung des Gläubigers gegenüber der Hinterlegungsstelle, die
Empfangsbotin des Schuldners ist, angenommen.

Im **Fall b** ist der Verzicht nicht gegenüber der Hinterlegungsstelle erklärt. S
hat also noch das Rücknahmerecht. Die Schuld ist nicht erloschen; S kann G
aber auf den hinterlegten Betrag verweisen (§ 379 I).

III. Selbsthilfeverkauf

Ist die geschuldete *Sache nicht hinterlegungsfähig* (vgl. § 372), **11**
kommt für den Schuldner ein Selbsthilfeverkauf (§§ 383 ff.) in
Betracht. Der dabei erzielte Erlös kann dann hinterlegt werden
(§ 383 I 1; **Fall c**).

1. Voraussetzungen

a) Hinterlegungsvoraussetzungen

Zunächst müssen (außer der Hinterlegungsfähigkeit der geschuldeten Sache) gem. § 383 I die Voraussetzungen vorliegen, die zur Hinterlegung berechtigen würden.

Der Selbsthilfeverkauf ist also ebenso wie die Hinterlegung in drei Fällen zulässig: Annahmeverzug des Gläubigers, Unmöglichkeit der Erfüllung aus einem anderen in der Person des Gläubigers liegenden Grunde oder Unmöglichkeit wegen entschuldbarer Ungewissheit über die Person des Gläubigers (§ 383 I). In den beiden letztgenannten Fällen muss jedoch der Verderb der Sache zu besorgen oder die Aufbewahrung mit unverhältnismäßigen Kosten verbunden sein (§ 383 I 2).

b) Androhung der Versteigerung

12   Außerdem ist eine Androhung der Versteigerung erforderlich (§ 384 I). Sie darf nur unterbleiben, wenn die Sache dem Verderb ausgesetzt und mit dem Aufschub der Versteigerung Gefahr verbunden ist (§ 384 I) oder wenn sie untunlich ist (§ 384 III).

2. Durchführung

13   Zwei Wege sieht das Gesetz vor:

Die *öffentliche Versteigerung* erfolgt regelmäßig am Leistungsort durch einen Gerichtsvollzieher, einen anderen zu Versteigerungen befugten Beamten oder einen öffentlich angestellten Versteigerer (lies: §§ 383 I, II, III, 156, 450 f.).

Der Schuldner muss den Gläubiger von der Versteigerung unverzüglich benachrichtigen, sofern das nicht untunlich ist (§ 384 II, III). Verletzt er diese Pflicht, macht er sich schadensersatzpflichtig (§ 384 II).

Hat die Sache einen Börsen- oder Marktpreis, kommt auch ein *freihändiger Verkauf* zum laufenden Preis durch eine dazu befugte Person in Betracht (§ 385).

3. Wirkungen

14   Sind beim Selbsthilfeverkauf die genannten zwingenden Vorschriften beachtet, dann treten mit der Hinterlegung des Erlöses die Wirkungen ein, die bei der Hinterlegung einer hinterlegungsfähi-

gen Sache dargestellt worden sind (§§ 383 I 1, 378 f.; Rdnr. 10). Der Gläubiger wird nicht damit gehört, die Versteigerung habe zu wenig erbracht. Er hat auch die Kosten der Versteigerung bzw. des freihändigen Verkaufs zu tragen, sofern nicht der Schuldner den hinterlegten Erlös zurücknimmt (§ 386). Bei unrechtmäßigem Selbsthilfeverkauf bleibt das Schuldverhältnis bestehen.

§ 16. Aufrechnung

Schrifttum: Buß, Prozeßaufrechnung und materielles Recht, JuS 1994, **1** 147; P. Bydlinski, Die Aufrechnung mit verjährten Forderungen: Wirklich kein Änderungsbedarf?, AcP 196 (1996), 276; Canaris, Die Aufrechnung mit verjährten Rückzahlungsansprüchen aus nichtigen Ratenkreditverträgen, ZIP 1987, 1; Coester-Waltjen, Die Aufrechnung im Prozeß, Jura 1990, 27; Deutsch, Einschränkung des Aufrechnungsverbots bei vorsätzlich begangener unerlaubter Handlung, NJW 1981, 735; Gernhuber, Die Erfüllung und ihre Surrogate sowie das Erlöschen der Schuldverhältnisse aus anderen Gründen, 2. Aufl., 1994; Habermeier, Grundfragen der Aufrechnung, JuS 1997, 1057; Kollhosser, Drittaufrechnung und Aufrechnung in Treuhandfällen, Festschrift f. Lukes, 1989, 721; Musielak, Die Aufrechnung des Beklagten im Zivilprozeß, JuS 1994, 817; v. Olshausen, Einrede- und Aufrechnungsbefugnisse bei verjährten Sachmängelansprüchen, JZ 2002, 385; Schreiber, Grundprobleme der Prozeßaufrechnung, JA 1980, 344; Tiedtke, Zur Aufrechnung mit verjährten Schadensersatzforderungen gegen den Anspruch des Verkäufers auf Zahlung des Kaufpreises, JZ 1988, 233; Trupp, Zum Problem der Aufrechnung mit einer verjährten Forderung, JR 1991, 497; R. Weber, Die Aufrechnung, JuS Lernbogen 9/1999, L 65; Zimmermann, Die Aufrechnung – Eine rechtsvergleichende Skizze zum Europäischen Vertragsrecht, Festschrift f. Medicus, 1999, 707.

Fälle:

a) A hat eine Kaufpreisforderung von 500 Euro gegen B, und dieser hat eine Forderung auf Rückzahlung eines Darlehens von 500 Euro gegen A. B will beide „aus der Welt schaffen".

b) Wie ist die Rechtslage, wenn im Fall a die Kaufpreisforderung verjährt ist?

c) Der minderjährige B rechnet auf. Später genehmigen die Eltern das. Ist die Aufrechnung wirksam?

d) Im Fall a verlangt A die bis zur Aufrechnungserklärung des B angefallenen Zinsen.

e) X, der dringend 5000 Euro braucht, beauftragt Y, für ihn Schmuck zu verkaufen. Y tut das, rechnet dann mit einer ihm gegen X zustehenden Forderung auf und händigt dem X den dann noch verbleibenden Restbetrag von 20 Euro aus.

f) Der Arbeitgeber zahlt dem Arbeitnehmer keinen Lohn, weil er mit einer Gegenforderung gegen die Lohnforderung aufgerechnet hat. Wie ist es, wenn der Arbeitnehmer Vorschüsse in entsprechender Höhe erhalten hat?

I. Begriff und Zweck

1. Begriff

Aufrechnung ist die Tilgung zweier einander gegenüberstehender Forderungen durch eine empfangsbedürftige Willenserklärung.

Im **Fall a** kann B (wie auch A) durch einseitige Erklärung gegenüber dem anderen bewirken, dass die Forderungen erlöschen.

Voraussetzung ist eine bestimmte Aufrechnungslage (lies: § 387; Rdnr. 4 ff.). Stehen sich zwei Forderungen aufrechenbar gegenüber, so erlöschen sie nicht automatisch; damit sie erlöschen (§ 389), bedarf es einer Aufrechnungserklärung des einen Teils gegenüber dem anderen (§ 388; Rdnr. 10 f.).

Diese (einseitig erklärte) Aufrechnung ist von der im BGB nicht besonders geregelten, aber rechtlich möglichen (§ 311 I) Vereinbarung einer Verrechnung der beiderseitigen Forderungen (Aufrechnungsvertrag) zu unterscheiden.

2. Zweck

a) Tilgungserleichterung

2   Die Aufrechnung als Erfüllungssurrogat entspricht einem praktischen Bedürfnis. Durch sie kann das Hin und Her der Leistungen vermieden werden.

Im **Fall a** müsste ohne Aufrechnungsmöglichkeit B dem A die 500 Euro (aus Kaufvertrag) und A dem B die 500 Euro (aus Darlehen) schicken.

b) Privatvollstreckung

3   Solange jemand aufrechnen kann, braucht er keine Sorge zu haben, dass sein Schuldner nicht leisten kann. Durch Aufrechnung kann er seine eigene Forderung „beitreiben".

Im **Fall a** kann B ruhig zusehen, wie A zahlungsunfähig wird; er kann immer noch – sogar im Insolvenzverfahren über das Vermögen des A (vgl. §§ 94 ff. InsO) – aufrechnen. Ohne Aufrechnungsmöglichkeit müsste B sich gegen A einen Vollstreckungstitel (z. B. Urteil, Vollstreckungsbescheid) beschaffen und aus ihm die Zwangsvollstreckung (z. B. Pfändung durch Gerichtsvollzieher oder durch Pfändungs- und Überweisungsbeschluss) betreiben. Das alles kann er sich durch eine Aufrechnung ersparen.

II. Aufrechnungslage

Eine Aufrechnung ist nur dann möglich, wenn folgende vier **4** Voraussetzungen erfüllt sind:

1. Gegenseitigkeit der Forderungen

Die Forderungen müssen zwischen denselben Personen bestehen: Jeder der Beteiligten muss zugleich Gläubiger und Schuldner des anderen sein (§ 387).

Meist wird die Forderung des Aufrechnungsgegners, gegen die der andere aufrechnet, als *Hauptforderung (Passivforderung)* und die Forderung, mit der dieser aufrechnet, als *Gegenforderung (Aktivforderung)* bezeichnet.

Der Schuldner kann also nicht mit einer Gegenforderung aufrechnen, die ihm gegenüber einem Dritten zusteht; allerdings ist eine abweichende Vereinbarung zwischen mehreren Gläubigern und Schuldnern möglich (BGHZ 94, 132, 135).

Im **Fall a** könnte B nicht aufrechnen, wenn sein Schuldner nicht A, sondern etwa dessen Vater wäre.

Eine Ausnahme von dem Erfordernis der Gegenseitigkeit enthält § 406 (§ 34 Rdnr. 29 f.).

Ein Dritter, der nicht Schuldner des Aufrechnungsgegners ist, kann nicht aufrechnen (Ausnahme: § 268 II; § 12 Rdnr. 6).

2. Gleichartigkeit der Forderungen

Haupt- und Gegenforderung müssen ihrem Gegenstande nach **5** gleichartig sein (§ 387). Damit kommen für die Aufrechnung nur

Gattungsschulden in Betracht (Hauptfall: Geld gegen Geld; aber auch z. B. Kartoffeln bestimmter Sorte gegen Kartoffeln derselben Sorte).

Im **Fall a** könnte B nicht aufrechnen, wenn seine Gegenforderung etwa auf Lieferung von Kartoffeln im Wert von 500 Euro gehen würde. Nicht gleichartig sind Zahlungs- und Schuldbefreiungsanspruch (st. Rspr.; BGHZ 47, 157). Bei Ungleichartigkeit kommt ein Zurückbehaltungsrecht (§ 13 Rdnr. 2 ff.) in Betracht.

6   Gleichartigkeit setzt *nicht* voraus:
      – Gleiche Höhe der Forderungen.

Im **Fall a** könnte B auch aufrechnen, wenn er nur eine Gegenforderung in Höhe von 400 Euro hätte. Dann bliebe die Hauptforderung des A in Höhe von 100 Euro bestehen (§ 389).

      – Konnexität (rechtlicher Zusammenhang) der Forderungen.

Anders als beim Zurückbehaltungsrecht (§ 273: „aus demselben rechtlichen Verhältnis"; § 13 Rdnr. 5 f.) können (wie im **Fall a**) die Forderungen aus ganz verschiedenen Rechtsverhältnissen stammen, so dass kein Zusammenhang besteht.

      – Identität des Leistungs- oder Ablieferungsortes (§ 391 I).

3. Wirksamkeit der Forderungen

7   Beide Forderungen müssen bestehen. Ist etwa eine Forderung (z. B. wegen Formmangels, Sittenwidrigkeit) nicht entstanden, dann ist eine Aufrechnung nicht möglich.
      Die Hauptforderung braucht aber nicht erzwingbar zu sein (arg. e § 390).

Im **Fall b** braucht B die Kaufpreisforderung des A nicht zu erfüllen, wenn er die Verjährungseinrede geltend macht. Aber er kann sie erfüllen; deshalb kann er auch aufrechnen.

8   Die Gegenforderung muss nicht nur bestehen, sondern darüber hinaus auch erzwingbar und einredefrei sein (§ 390).

Im **Fall a** könnte B nicht aufrechnen, wenn seine Forderung verjährt wäre. Wäre nämlich die Aufrechnung möglich, dann würde er damit seine verjährte Forderung „einziehen", ohne dass A sich auf die Verjährungseinrede berufen könnte.

Ausnahme: § 215. Die Verjährung der Gegenforderung schließt die Aufrechnung nicht aus, wenn sie in dem Zeitpunkt noch nicht verjährt war, in dem sie erstmals gegen die Hauptforderung aufgerechnet werden konnte. Hier stellt das Gesetz also nicht auf den Zeitpunkt der Aufrechnungserklärung, sondern auf den der Aufrechnungslage ab.

4. Fälligkeit der Gegenforderung

Die *Gegenforderung* muss *fällig* sein. Könnte der Gläubiger einer **9** noch nicht fälligen Forderung aufrechnen, so würde damit seine Forderung schon zu einer Zeit erfüllt, zu der sie noch nicht erfüllt zu werden braucht.

Die *Hauptforderung* braucht noch *nicht fällig* zu sein, muss aber erfüllbar sein. Kann nämlich der Schuldner schon vor Fälligkeit erfüllen (§ 271 II), so muss er auch in der Lage sein, seine Schuld vor Fälligkeit durch Aufrechnung mit einer Gegenforderung zu tilgen.

III. Aufrechnungserklärung

Die Wirkung der Aufrechnung tritt nur ein, wenn bei bestehen- **10** der Aufrechnungslage eine Aufrechnungserklärung gegenüber dem anderen Teil abgegeben wird (§ 388 S. 1). Dabei handelt es sich um eine *empfangsbedürftige Willenserklärung*. Durch sie wird die Rechtslage gestaltet (die Forderungen erlöschen). Der Aufrechnende verfügt über seine Forderung.

Deshalb setzt die Erklärung volle Geschäftsfähigkeit voraus. Sie bringt dem Minderjährigen nicht lediglich rechtlichen Vorteil (§ 107); denn er verliert seine Gegenforderung. Als einseitiges Rechtsgeschäft ist sie daher ohne Einwilligung des gesetzlichen Vertreters unwirksam (§ 111); auch die Genehmigung des gesetzlichen Vertreters kann sie nicht wirksam machen **(Fall c)**.

Die Aufrechnungserklärung kann nicht unter einer *Bedingung* **11** oder einer *Zeitbestimmung* abgegeben werden (§ 388 S. 2). Grund:

Die Aufrechnung soll vor allem im Interesse des Erklärungsempfängers klare Verhältnisse schaffen; er soll wissen, woran er ist.

Dennoch ist eine *Eventualaufrechnung im Prozess* zulässig. **Beispiel:** Der Kläger verlangt Verurteilung des Beklagten zur Zahlung von 500 Euro aus einem Kaufvertrag. Der Beklagte beantragt Klageabweisung und trägt vor, ein Kaufvertrag sei überhaupt nicht zustande gekommen, jedenfalls sei die Kaufpreisforderung verjährt. Hilfsweise rechnet er mit einer Gegenforderung aus unerlaubter Handlung (Verkehrsunfall) auf. Damit will der Beklagte die Klageabweisung primär wegen Nichtvorliegens eines Vertrages oder wegen Verjährung erreichen. Erst wenn das nicht möglich ist, will er seine Gegenforderung „opfern", um nicht verurteilt zu werden.

Hier rechnet der Beklagte zwar nur für den Fall auf, dass das Gericht die Klage sonst für begründet hält. § 388 S. 2 steht gleichwohl nicht entgegen, da es sich um eine zulässige sog. Rechtsbedingung handelt. Die Möglichkeit einer Hilfsaufrechnung im Prozess ist auch vom Gesetzgeber anerkannt (vgl. Mot. II, 108; Prot. I, 224; ferner § 19 III GKG [Schönfelder Nr. 115]).

IV. Wirkung der Aufrechnung

1. Rückwirkendes Erlöschen der Forderungen

12   Soweit sich die Forderungen decken, erlöschen sie in dem Zeitpunkt, in dem sie zur Aufrechnung geeignet einander gegenübergestanden haben (§ 389). Damit stellt das Gesetz nicht auf den Zeitpunkt der Erklärung, sondern auf den der Aufrechnungslage (als sich die beiden Forderungen erstmals aufrechenbar gegenüberstanden) ab. Diese Rückwirkung folgt auch einer wirtschaftlichen Betrachtungsweise (damals konnten die Forderungen schon „verrechnet" werden).

Deshalb können von der Aufrechnungslage an keine Zinsen mehr verlangt werden **(Fall d);** von da ab ist ein Verzug nicht mehr möglich. Spätere Änderungen sind unerheblich (z. B. spätere Abtretung, § 406; spätere Verjährung der Gegenforderung, § 215; spätere Beschlagnahme der Hauptforderung, § 392).

Hat dagegen jemand in Unkenntnis der Aufrechnungsmöglichkeit etwa gezahlt, kann er das Geleistete nicht entsprechend § 813 zurückverlangen (Mot. II, 109, 832; RGZ 120, 280; 144, 93; jetzt h. M., vgl. Larenz § 18 VI FN 75 m. N.); denn er hat keine Nichtschuld gezahlt, da erst die Aufrechnungserklärung zum Erlöschen der Forderung führt.

2. Mehrheit von Forderungen

Hat der Aufrechnende oder der Aufrechnungsgegner mehrere **13** Forderungen, so kann der Aufrechnende bestimmen, welche Forderungen gegeneinander aufgerechnet werden sollen (§ 396 I 1; vgl. für die Erfüllung § 366; dazu § 14 Rdnr. 11).

Wird eine solche Bestimmung zusammen mit der Aufrechnungserklärung nicht getroffen oder widerspricht der Aufrechnungsgegner unverzüglich, so ist § 366 II entsprechend anzuwenden (§ 396 I 2).

Besteht die Hauptforderung aus Hauptleistung, Zinsen und Kosten, sind nach § 396 II die Vorschriften des § 367 (§ 13 Rdnr. 12) entsprechend anwendbar.

Hat jemand nur einen Teilbetrag eingeklagt (z. B. weil er Kosten sparen will oder weil er wegen des Restbetrages mit einer Aufrechnung durch den Schuldner rechnet), kann er nicht verhindern, dass der Beklagte gerade gegen den eingeklagten Teilbetrag aufrechnet (st. Rspr.; BGHZ 56, 314). Dem Kläger geschieht dadurch kein Unrecht; er hätte seinerseits vor Klageerhebung aufrechnen und den dann verbleibenden Restbetrag einklagen sollen. Hat er das nicht getan, so bleibt für ihn nach Aufrechnung durch den Beklagten die Möglichkeit, den noch verbleibenden Betrag im Prozess „nachzuschieben" (§ 264 Nr. 2 ZPO), um eine Klageabweisung zu vermeiden.

V. Ausschluss der Aufrechnung

1. Ausschluss durch Parteivereinbarung

Gläubiger und Schuldner können den Ausschluss der Aufrech- **14** nung vereinbaren (§ 311 I, Vertragsfreiheit).

Bei Vereinbarung der Leistung zu einer bestimmten Zeit an einem bestimmten Ort ist nach § 391 II im Zweifel ein Aufrechnungsausschluss anzunehmen; denn dann muss man davon ausgehen, dass der Gläubiger auf tatsächliche Leistung Wert legt. Der Schuldner, der etwas anderes behauptet, muss es beweisen („im Zweifel").

Ob ein Aufrechnungsausschluss gewollt ist, muss durch Auslegung der Vereinbarung ermittelt werden. In den Vertragsklauseln „effektiv" oder „netto Kasse gegen Rechnung und Verladepapiere" ist ein solcher Ausschluss zu sehen (BGHZ 14, 61). Er kann auch stillschweigend vereinbart sein. Das wird oft beim Auftrag **(Fall e)** oder einem Treuhandverhältnis anzunehmen sein. Die Rechtsprechung schließt hier eine Aufrechnung nach Treu und Glauben (§ 242) aus (BGHZ 14, 342).

Eine Bestimmung in AGB, durch die dem Vertragspartner des Verwenders die Befugnis zur Aufrechnung mit einer unbestrittenen oder rechtskräftig festgestellten Forderung genommen wird, ist unwirksam (§ 309); das gilt auch im kaufmännischen Verkehr (§ 307; BGHZ 92, 316, noch zu § 9 AGBG).

Da ein vertragliches Aufrechnungsverbot bei einem nachträglichen Vermögensverfall der einen Partei zu einem endgültigen Forderungsverlust der anderen Partei führt, verstößt eine Partei regelmäßig gegen Treu und Glauben, wenn sie sich trotz eigener Zahlungsunfähigkeit auf das Aufrechnungsverbot beruft (BGH NJW 1975, 442; 1984, 357; WM 1991, 733).

2. Ausschluss durch das Gesetz

a) Deliktische Hauptforderung

15 Stammt die Hauptforderung aus einer *vorsätzlich begangenen unerlaubten Handlung*, so kann der Schuldner dieser Forderung dagegen nicht aufrechnen (§ 393). Wer vorsätzlich eine unerlaubte Handlung begangen hat, soll nicht in den Genuss der Aufrechnungsmöglichkeit kommen; er soll tatsächlich Schadensersatz leisten.

Nach h. M. ist die Aufrechnung gegen eine Hauptforderung aus vorsätzlicher unerlaubter Handlung selbst dann ausgeschlossen, wenn auch die Gegenforderung auf einer vorsätzlich begangenen unerlaubten Handlung beruht (RGZ 123, 7). Hiervon ist jedoch bei gegenseitig begangenen vorsätzlichen unerlaubten Handlungen, die – wie etwa bei einer Prügelei – auf einem einheitlichen Lebenssachverhalt beruhen, eine Ausnahme zu machen (Deutsch, NJW 1981, 735).

b) Unpfändbare Hauptforderung

16 Gegen eine unpfändbare Hauptforderung kann nicht aufgerechnet werden (§ 394 S. 1); welche Forderungen unpfändbar sind, ergibt sich aus §§ 850 ff. ZPO.

Hauptbeispiele: Pfändung von Lohn- und Unterhaltsforderungen. Sinn der Pfändungsverbote ist es, dem Gläubiger einer solchen Forderung und seiner Familie das Existenzminimum zu erhalten. Deshalb ist insoweit auch die Aufrechnung als Privatvollstreckung unzulässig. Dagegen kann gegen eine an sich unpfändbare Unterhaltsforderung mit einer Schadensersatzforderung aufgerechnet werden, die aus einer im Rahmen des Unterhaltsverhältnisses begangenen vorsätzlichen unerlaubten Handlung stammt (z. B.: Der Unterhaltsberechtigte hat in der Absicht, den Unterhaltspflichtigen zu schädigen, diesen nicht über sein gestiegenes Einkommen unterrichtet). Hier steht dem Aufrechnungsverbot des § 394 der Einwand der Arglist entgegen. Allerdings muss dem Unterhaltsberechtigten das Existenzminimum verbleiben (BGHZ 123, 49).

Im **Fall f** ist die Aufrechnung des Arbeitgebers nur insoweit wirksam, als sie den pfändungsfreien Teil des Lohnes betrifft. Hat der Arbeitgeber Lohnvorschüsse gezahlt, so bedarf es insoweit keiner Aufrechnung; denn mit den Vorschüssen hat er bereits die Lohnforderung (vorzeitig) erfüllt.

c) Beschlagnahmte Hauptforderung

Ist die Hauptforderung beschlagnahmt (gepfändet), so kann **17** der Schuldner gegen sie nicht aufrechnen (lies: § 392). Durch die Beschlagnahme ist es dem Schuldner verboten, die Forderung zu erfüllen; also muss auch eine Aufrechnung ausscheiden. Der Schuldner wird aber geschützt, d. h. er kann aufrechnen, wenn die Forderungen sich schon vor der Beschlagnahme aufrechenbar gegenüberstanden (genauer: § 392 a. E.).

d) Öffentlich-rechtliche Hauptforderung

Gegen eine Hauptforderung des Bundes, eines Landes, einer Gemeinde oder **18** eines Kommunalverbandes ist die Aufrechnung ausgeschlossen, wenn es sich nicht um dieselbe Kasse handelt (§ 395). Der Fiskus wird hier lediglich aus bürokratischen Gründen privilegiert.

§ 17. Sonstige Erlöschensgründe

Schrifttum: Gernhuber, Die Erfüllung und ihre Surrogate, sowie das Erlö- **1** schen der Schuldverhältnisse aus anderen Gründen, 2. Aufl. 1994; Kohler, Die anfängliche Einheit von Gläubiger und Schuldner, JZ 1983, 13; Kollhosser/ Jansen, Konfusion, JA 1988, 305; von Randow, Die Erlaßfalle, ZIP 1995, 445.

Fälle:

a) G schreibt an S, er verzichte hiermit auf den noch offenstehenden Rest des Kaufpreises. S antwortet, er halte es für unter seiner Würde, sich von G etwas schenken zu lassen. Später verlangt G Zahlung; S beruft sich auf den Verzicht.

b) A und B schließen in der Annahme, dass B seine Kaufpreisschuld gegenüber A erfüllt habe, einen Vertrag, in dem es u. a. heißt: „A erkennt an, dass seine Forderung gegen B aus dem Kaufvertrag vom 1. 2. nicht mehr besteht". Später stellt sich heraus, dass die Forderung doch noch bestand. Rechte des A?

c) G hat gegen S eine Forderung von 500 Euro. G stirbt und wird von S allein beerbt. Nach Anordnung der Nachlassverwaltung fordert der Nachlassverwalter von S Zahlung der 500 Euro. S meint, die Forderung sei erloschen.

I. Erlass

Erlass ist ein *Vertrag*, durch den die Forderung des Gläubigers gegen den Schuldner aufgehoben wird (§ 397 I). Der Gläubiger kann also *nicht einseitig* auf seinen schuldrechtlichen Anspruch verzichten **(Fall a)**. Allerdings wird man in dem Schweigen des Schuldners auf ein entsprechendes Erlassangebot des Gläubigers oft eine konkludente Annahmeerklärung erblicken können, da der Erlass den Schuldner nur begünstigt. Jedoch sind an die Annahme eines konkludent erklärten Verzichts strenge Anforderungen zu stellen; wenn der Gläubiger eine Teilleistung annimmt, so lässt sich daraus allein nicht herleiten, er sehe darin zugleich die Erklärung des Schuldners, weitere Leistungen nicht mehr erbringen zu wollen, und sei damit einverstanden (BGH ZIP 1995, 1195).

Der Erlassvertrag ist ein Verfügungsvertrag; durch ihn wird nämlich das Recht des Gläubigers aufgehoben. Er ist ein abstrakter Vertrag, also losgelöst vom zugrunde liegenden Geschäft (oft Schenkungsvertrag). Ist dieses nichtig, so wird davon die Gültigkeit des Erlasses nicht berührt; der Gläubiger hat einen Bereicherungsanspruch auf Wiederbegründung der Forderung. Allerdings können die Parteien die Wirksamkeit des Erlassvertrages von der Wirksamkeit des Kausalgeschäfts abhängig machen.

Mit Abschluss des Erlassvertrages erlischt die Forderung (§ 397 I). Wollen die Vertragsparteien das ganze Schuldverhältnis aufheben, so handelt es sich um einen Aufhebungsvertrag.

II. Negatives Schuldanerkenntnis

2   Die Forderung erlischt auch, wenn der Gläubiger durch Vertrag mit dem Schuldner anerkennt, dass die Forderung nicht bestehe (§ 397 II). Bei diesem negativen Schuldanerkenntnis handelt es sich ebenfalls um einen vertraglichen Forderungsverzicht; es bedarf im Gegensatz zum positiven Schuldanerkenntnis (§ 781) keiner Form. *Zwei Fallgestaltungen* sind zu unterscheiden:

– Der Gläubiger schließt den Vertrag in der Absicht, die Schuld endgültig aufzuheben. Dies ist dann anzunehmen, wenn er zumindest mit der Möglichkeit rechnet, die Schuld bestehe. Es handelt sich hier um einen Erlass in der Form des negativen Schuldanerkenntnisses.

Da dieses Schuldanerkenntnis ein abstrakter Verfügungsvertrag ist, kommt ein Bereicherungsanspruch (§ 812 II, I) des Gläubigers unter den gleichen Voraussetzungen wie beim Erlass in Betracht.

– Die Parteien gehen vom Nichtbestehen der Schuld aus und wollen dies lediglich feststellen. Besteht hier die Schuld entgegen den Vorstellungen der Parteien, erlischt sie zwar; der Gläubiger hat aber einen Bereicherungsanspruch nach § 812 II, I auf Wiederbegründung der Forderung (**Fall b**).

III. Abänderungsvertrag

Durch Vertrag zwischen Gläubiger und Schuldner kann ein **3** Schuldverhältnis abgeändert werden. Das ergibt sich aus dem Grundsatz der Vertragsfreiheit (§ 311 I). Die Abänderung kann eine Hauptleistungspflicht (z. B. Herabsetzung des Kaufpreises, Mieterhöhung) oder eine Nebenleistungspflicht (z. B. Verkürzung bzw. Verlängerung einer bestimmten Anzeigefrist) betreffen. Wird eine Forderung herabgesetzt, liegt insoweit ein teilweiser Erlass (Rdnr. 1), also eine Verfügung, vor. Wird eine bereits bestehende Forderung erweitert (z. B. Erhöhung des Kaufpreises) oder eine neue Forderung (z. B. Vereinbarung einer Verzinsung) begründet, ist diese Inhaltsänderung ein Verpflichtungsgeschäft.

Da die Schuld nur abgeändert wird, bleiben die für sie bestellten Sicherungsrechte erhalten, und der Schuldner kann weiterhin alle gegen die alte Schuld bestehenden Einwendungen und Einreden geltend machen.

IV. Schuldersetzung

Wird das Schuldverhältnis durch Vertrag nicht abgeändert, son- **4** dern aufgehoben und durch ein neues ersetzt, so liegt eine Schuldersetzung (Schuldumwandlung, Novation) vor. Deren Zulässigkeit ergibt sich aus der Vertragsfreiheit (§ 311 I).

Beispiel: K schuldet aus einem Kaufvertrag dem V den Kaufpreis. Beide vereinbaren unter Aufhebung des Kaufvertrages, dass K den Kaufpreis künftig als Darlehen schulden soll (sog. Vereinbarungsdarlehen; dazu BS § 17 Rdnr. 11 ff.).

Da das alte Schuldverhältnis durch das neue völlig ersetzt ist, erlöschen die Sicherungsrechte für die alte Schuld. Ebenso sind Einwendungen aus dem alten Schuldverhältnis nicht mehr zulässig.

Im Beispielsfall verliert V ein etwa für die Kaufpreisforderung bestelltes Pfandrecht. Gegenüber der Darlehensforderung des V kann K sich nicht mehr auf den Mangel der Kaufsache berufen.

5   Ob die Parteien eine Schuldumwandlung gemeint haben, ist durch Auslegung der Vereinbarung zu ermitteln. Weil der Gläubiger nicht ohne weiteres bestehende Sicherheiten aufgeben und der Schuldner nicht ohne Grund Einwendungen und Einreden verlieren will, werden die Parteien regelmäßig keine Schuldersetzung, sondern einen Abänderungsvertrag (Rdnr. 3) wollen.

6   Wichtigster Fall der Schuldumwandlung: Im Kontokorrentverkehr gehen die Einzelforderungen der Parteien unter, wenn der Kaufmann am Jahresende den Saldo festgestellt und der Kunde ihn bestätigt hat. Damit der Gläubiger seine Sicherungen nicht verliert, werden von vornherein Vereinbarungen getroffen, dass seine Rechte auch für künftige Forderungen gelten sollen (vgl. auch § 356 HGB; Brox, HR Rdnr. 347 f.). Ist bei der Berechnung des Saldos ein Fehler zu Ungunsten einer Partei unterlaufen, hat diese einen Anspruch aus § 812 II, I.

V. Konfusion

7   Konfusion ist das Zusammenfallen von Forderung und Schuld in ein und derselben Person. Regelmäßig erlischt die Forderung.

Beispiele: Der Gläubiger beerbt den Schuldner oder der Schuldner den Gläubiger **(Fall c).** Dem Schuldner wird die Forderung abgetreten. Zwei Aktiengesellschaften werden verschmolzen; die eine hat eine Forderung gegen die andere.

Die Forderung erlischt jedoch dann nicht, wenn Rechte anderer im Spiel sind.

Beispiele: An der Forderung besteht ein Pfandrecht eines Dritten. Wenn nach dem Erbfall eine Nachlassverwaltung angeordnet oder das Nachlassinsolvenzverfahren eröffnet wird, werden damit – vor allem im Interesse der Nachlassgläubiger – das Eigenvermögen des Erben und der Nachlass rückwirkend auf den Erbfall rechtlich getrennt (§ 1976); im **Fall c** kann also der Nachlassverwalter von S Zahlung verlangen (dazu Brox, ErbR Rdnr. 647).

VI. Unmöglichkeit, Zweckerreichung, Zweckfortfall

1. Abgrenzung

Wenn der geschuldete Leistungserfolg nicht mehr einzutreten **8** vermag, so kann das auf einem der folgenden Gründe beruhen:

a) Unmöglichkeit

Die Leistungshandlung des Schuldners ist nicht (mehr) erbringbar (Unerbringlichkeit der Leistung).

Beispiel: Der Verkäufer kann dem Käufer das verkaufte Bild nicht übereignen und übergeben, weil dieses verbrannt, gestohlen worden ist.

b) Zweckerreichung

Die Leistungshandlung des Schuldners ist zwar möglich, kann **9** aber den Leistungserfolg nicht herbeiführen, weil dieser bereits ohne Zutun des Schuldners eingetreten ist.

Beispiel: Bevor der bestellte Hochseeschlepper eintrifft, kommt das auf eine Sandbank gelaufene Schiff wieder frei.

Von der Unmöglichkeit unterscheidet sich die Zweckerreichung dadurch, dass bei ihr der Schuldner zur Leistungshandlung bereit und in der Lage ist; nur wird die Erfüllung der Verpflichtung durch den Schuldner sinnlos, weil der vertraglich festgelegte Schuldzweck auf andere Weise eingetreten ist. Im Gegensatz zu der Unmöglichkeit wird bei der Zweckerreichung das Gläubigerinteresse befriedigt.

Zweckerreichung liegt *nicht* schon dann vor, wenn der vom Gläubiger mit dem Vertrag letztlich verfolgte weitere Zweck auf andere Weise erreicht wird, sondern nur dann, wenn der geschuldete Leistungserfolg eingetreten ist.

Beispiel: Bevor der Handelsvertreter K, der zur Ausübung seines Berufes einen Pkw benötigt, den von V gekauften Wagen ausgehändigt erhält, wird ihm von seinem Onkel ein Pkw geschenkt. Damit ist zwar das Interesse des K an einem Pkw befriedigt. Ein Fall der Zweckerreichung ist nicht gegeben, da V den Leistungserfolg (Übereignung und Übergabe des gekauften Pkw) herbeiführen kann.

c) Zweckfortfall

10   Der Schuldner könnte die Leistungshandlung erbringen, aber das Objekt ist weggefallen, an dem die geschuldete Leistung erbracht werden soll.

Beispiel: Bei Eintreffen des Schleppers ist das Schiff gesunken.

2. Rechtliche Behandlung

11   Die *Unmöglichkeit* ist im Gesetz eingehend geregelt (§ 22 Rdnr. 3 ff.).

Die *Zweckerreichung* und der *Zweckfortfall* sind vom Gesetzgeber nicht gesehen worden. Die Interessenlage gleicht der bei der Unmöglichkeit. Denn es macht für die Verpflichtung zur Leistung keinen Unterschied, ob z.B. die Operation unterbleibt, weil der Patient gestorben ist (Unmöglichkeit) oder weil er auf andere Weise gesund geworden ist (Zweckerreichung). Deshalb ist im Falle der Zweckerreichung und des Zweckfortfalls § 275 entsprechend anzuwenden, so dass der Schuldner von seiner Leistungspflicht frei wird.

Der Gläubiger würde dann entsprechend § 326 I von der Gegenleistungspflicht frei. Das wäre in manchen Fällen unbillig, vor allem dann, wenn der Schuldner schon Vorbereitungs- oder gar Ausführungshandlungen vorgenommen hat. Sieht man diese als Teilleistungen an, so bleibt der Gegenleistungsanspruch in der entsprechenden Höhe (Berechnung nach § 441 III) erhalten (§ 326 I 1, 2. Halbs.; dazu § 22 Rdnr. 33). Im Übrigen sind zur

Ausfüllung der Gesetzeslücke außer § 326 I auch § 326 II oder
§ 645 I (BS § 23 Rdnr. 11 ff.) zu berücksichtigen.

Im Beispielsfall muss der Reeder dem unnütz anfahrenden Schlepper einen
entsprechenden Teil der Vergütung und Auslagenersatz leisten. Das lässt sich
aus § 645 I entnehmen; der dort behandelten Mangelhaftigkeit des Stoffes
muss das Nichtvorhandensein des Stoffes gleichstehen (str.; Kohler, a. a. O.,
38 ff.).

VII. Fristablauf oder Kündigung bei Dauerschuldverhältnissen

Schrifttum: Oetker, Das Dauerschuldverhältnis und seine Beendigung,   **12**
1994.

Dauerschuldverhältnisse können – wenn sie für eine bestimmte
Zeit vereinbart sind – durch Fristablauf, außerdem durch ordentliche oder durch außerordentliche Kündigung beendet werden. Sie
sind dadurch gekennzeichnet, dass sie nicht auf einen einmaligen
Leistungsaustausch, sondern auf länger andauernde oder wiederholte Leistungen zugeschnitten sind. Der Gesamtumfang der Leistungen hängt von der zeitlichen Dauer des Rechtsverhältnisses ab.

Beispiele: Miet-, Pacht-, Leih-, Dienst- (Arbeits-), Verwahrungs-, Gesellschaftsverhältnis; Factoring, Franchising, Rechtsverhältnisse auf Grund eines
Automatenaufstellungs-, Bierlieferungs-, Verlags- oder Versicherungsvertrages.

1. Fristablauf

Befristete Dauerschuldverhältnisse enden bei einer kalendermä-   **13**
ßigen Frist mit Ablauf der vereinbarten Zeit. Das ist etwa für das
Mietverhältnis in § 542 II und für das Arbeitsverhältnis in § 15 I
TzBfG ausdrücklich so geregelt, gilt aber auch für andere befristete
Dauerschuldverhältnisse. Diese Wirkung tritt allerdings nur ein,
wenn das befristete Rechtsverhältnis nicht schon vor Fristablauf
durch Aufhebungsvertrag oder durch wirksame außerordentliche
Kündigung (Rdnr. 19 ff.) beendet wurde und wenn es nicht trotz
Fristablaufs von den Parteien verlängert wurde (vgl. für das Miet-
verhältnis § 542 II; für das Arbeitsverhältnis § 15 V TzBfG).

14   Ferner setzt die Beendigung durch Fristablauf voraus, dass die Befristungsvereinbarung wirksam ist. Insoweit können Formvorschriften zu beachten sein (vgl. § 550 S. 1 für das Mietverhältnis und § 14 IV TzBfG für das Arbeitsverhältnis). Vor allem darf durch eine Befristung nicht ein gegebenenfalls bestehender gesetzlicher Kündigungsschutz umgangen werden, der bei einer Kündigung des jeweiligen Rechtsverhältnisses gelten würde. Deshalb ist etwa die Vereinbarung eines befristeten Mietvertrages nur unter den Voraussetzungen des § 575 und diejenige eines befristeten Arbeitsvertrages nur unter den Voraussetzungen des § 14 TzBfG zulässig. Bei einem Verstoß dagegen gilt das Rechtsverhältnis als auf unbestimmte Zeit abgeschlossen (§ 575 I 2 für das Mietverhältnis; § 16 I 1 TzBfG für das Arbeitsverhältnis), so dass der Ablauf der unwirksam vereinbarten Frist nicht zur Beendigung des Rechtsverhältnisses führt.

2. Ordentliche Kündigung

a) Voraussetzungen

15   Die *ordentliche Kündigung* kann entweder gesetzlich vorgesehen (z. B. §§ 542 I, 568, 573 ff. für das Mietverhältnis; §§ 620 II, 621 ff. für das Dienst-[Arbeits-]verhältnis) oder vertraglich vereinbart sein. Aus diesen Regelungen oder Vereinbarungen ergeben sich dann die Voraussetzungen für die Kündigung, insbesondere ob die Kündigung einer Form bedarf (z. B. §§ 568 I, 623) und welche Kündigungsfristen zu beachten sind (z. B. §§ 573 c, 622, 624). Im Einzelfall ist immer zu prüfen, ob die ordentliche Kündigung nicht durch spezielle gesetzliche Regelungen ausgeschlossen ist.

Beispiele: Die ordentliche Kündigung eines Arbeitsvertrages ist gem. § 9 MuSchG für Schwangere und Mütter bis zum Ablauf von vier Wochen nach der Entbindung sowie gem. § 15 KSchG für Betriebsratsmitglieder ausgeschlossen. Für andere Arbeitnehmer gelten Kündigungsbeschränkungen insbesondere nach dem KSchG.

16   Die Möglichkeit der ordentlichen Kündigung kann auch vertraglich abbedungen werden. So ist die Vereinbarung eines befristeten Dauerschuldverhältnisses in der Regel dahin auszulegen, dass nach dem Parteiwillen während der Dauer der Frist eine ordentliche Kündigung nicht möglich sein soll (vgl. für den befristeten Arbeitsvertrag § 15 III TzBfG).

b) Rechtsfolgen

Eine Kündigung führt nicht nur zum Erlöschen einzelner **17** Pflichten, sondern zur *Beendigung des Dauerschuldverhältnisses insgesamt*. Sie wirkt anders als eine Anfechtung (§ 142 I) nicht ex tunc, sondern nur *ex nunc*. Maßgeblicher Beendigungszeitpunkt ist bei einer ordentlichen Kündigung der Ablauf der Kündigungsfrist.

Die Kündigung führt *nicht zu einer Rückabwicklung* der in der **18** Vergangenheit bereits ausgetauschten Leistungen. Die §§ 812 ff. finden keine Anwendung, weil wegen der ex-nunc-Wirkung für den Leistungsaustausch in der Vergangenheit ein Rechtsgrund besteht; lediglich Vorleistungen auf den nach Wirksamwerden der Kündigung entfallenden Zeitraum sind bereicherungsrechtlich rückabzuwickeln. Anders als beim Rücktritt entsteht auch kein Rückabwicklungsschuldverhältnis; die §§ 346 ff. (§ 18 Rdnr. 15 ff.) finden keine Anwendung. Es entstehen lediglich in der Zukunft keine Hauptleistungspflichten mehr. Im Einzelfall können allerdings Nebenleistungs- und Schutzpflichten auch noch nach Beendigung des Rechtsverhältnisses bestehen.

Beispiele: Nach der durch Kündigung herbeigeführten Beendigung eines Arbeitsverhältnisses (§ 620 II) brauchen der Arbeitnehmer nicht mehr zur Arbeit zu erscheinen und der Arbeitgeber keine Vergütung mehr zu zahlen. Der Arbeitnehmer kann allerdings – wenn es vereinbart ist – einem nachvertraglichen Wettbewerbsverbot unterliegen. Umgekehrt kann der Arbeitgeber zu Leistungen auf Grund einer vereinbarten betrieblichen Altersversorgung verpflichtet sein. – Der Vermieter kann nach Beendigung des Mietverhältnisses durch Kündigung (§ 542 I) die Herausgabe der Mietsache verlangen (§ 546 I) und braucht dem Mieter den Gebrauch der Mietsache nicht mehr zu gewähren. Dafür ist der Mieter nicht mehr zur Entrichtung einer Miete verpflichtet. Der Vermieter kann aber z.B. verpflichtet sein, noch eine Nebenkostenabrechnung zu erstellen oder eine vorübergehende Zeit einen Umzugshinweis am Briefkasten zu dulden.

3. Außerordentliche Kündigung

a) Voraussetzungen

19 Die *außerordentliche Kündigung* eines Dauerschuldverhältnisses ist entweder auf Grund von Spezialvorschriften für das jeweilige Rechtsverhältnis oder unter den Voraussetzungen des § 314 möglich. Sie kann nicht durch Parteivereinbarung ausgeschlossen werden.

aa) *Spezialregelungen* für die außerordentliche Kündigung gibt es insbesondere für das Gelddarlehen (§ 490), das Mietverhältnis (§§ 543, 569), das Dienst-(Arbeits-)verhältnis (§ 626) und für Gesellschaftsverhältnis (§ 723).

20 bb) Diejenigen Dauerschuldverhältnisse, deren außerordentliche Kündigung nicht spezialgesetzlich geregelt ist, können nach dem seit 1. 1. 2002 geltenden *§ 314* von jedem Vertragsteil aus wichtigem Grund ohne Einhaltung einer Kündigungsfrist gekündigt werden. Das betrifft z.B. den Franchising-, den Automatenaufstellungs-, den Bierlieferungs-, den Wärmelieferungs- und den Verlagsvertrag.

21 (1) Ein *wichtiger Grund* liegt gem. § 314 I 2 vor, wenn dem kündigenden Teil unter Berücksichtigung aller Umstände des Einzelfalles und unter Abwägung der beiderseitigen Interessen die Fortsetzung des Vertragsverhältnisses bis zur vereinbarten Beendigung (bei einem befristeten Dauerschuldverhältnis) oder bis zum Ablauf einer Kündigungsfrist (bei einer ordentlichen Kündigung) nicht zugemutet werden kann.

Diese Voraussetzung entspricht derjenigen des § 626 I bei der außerordentlichen Kündigung von Arbeitsverhältnissen. Dazu gibt es bereits eine langjährige, sich immer weiter fortentwickelnde Rechtsprechung der Arbeitsgerichtsbarkeit, auf die auch bei der Auslegung des § 314 zurückgegriffen werden kann. Auch die Prüfung des wichtigen Grundes sollte zweistufig erfolgen, wie es bei § 626 üblich ist: In einem ersten Schritt ist zu prüfen, ob Umstände vorliegen, die „an sich geeignet" sind, eine außerordentliche Kündigung zu rechtfertigen. Falls das zu bejahen ist, wird in einem zweiten Schritt eine Interessenabwägung unter Berücksichtigung aller Umstände des Einzelfalles vorgenommen.

22 Typische **Beispiele** sind Straftaten gegen den anderen Vertragspartner, auch wenn sie (wie z.B. Beleidigungen, Körperverlet-

zungen) mit dem Leistungsaustausch nichts zu tun haben. Ferner
kommen schwerwiegende Pflichtverletzungen eines Vertragspartners wie z. B. die beharrliche Leistungsverweigerung als wichtiger
Grund in Betracht. In diesem Fall muss in der Regel vor Ausspruch der Kündigung erfolglos eine Frist zur Abhilfe gesetzt oder
eine Abmahnung ausgesprochen werden (§ 314 II 1). Eine solche
Frist ist gem. § 314 II 2 wie beim Rücktritt (§ 22 Rdnr. 62 f.) in
den Fällen des § 323 II entbehrlich, also z. B. dann, wenn der andere Vertragsteil seine Gegenleistung ernsthaft und endgültig verweigert (§ 323 II Nr. 1).

Eine Störung der Geschäftsgrundlage berechtigt gem. § 313 III dann zur au- **23**
ßerordentlichen Kündigung, wenn eine Vertragsanpassung nicht möglich oder
nicht zumutbar ist (zum Verhältnis zwischen Störung der Geschäftsgrundlage
und außerordentlicher Kündigung siehe § 27 Rdnr. 21).

(2) Der Berechtigte kann die außerordentliche Kündigung gem. **24**
§ 314 III nur innerhalb einer angemessenen Frist erklären, nachdem er vom Kündigungsgrund Kenntnis erlangt hat. Nach Ablauf
dieser *Kündigungserklärungsfrist* ohne Ausspruch der Kündigung ist
davon auszugehen, dass dem Kündigungsberechtigten eine Fortsetzung des Rechtsverhältnisses bis zum Ablauf der bei einer ordentlichen Kündigung zu beachtenden Frist doch zumutbar ist.

Anders als bei § 626 II, in dem für die außerordentliche Kündigung eines
Arbeitsverhältnisses eine Kündigungserklärungsfrist von zwei Wochen bestimmt ist, hat der Gesetzgeber in § 314 angesichts der Verschiedenheit
der davon betroffenen Dauerschuldverhältnisse bewusst auf die Festlegung
einer einheitlichen Kündigungserklärungsfrist verzichtet (BT-Drucks. 14/6040,
S. 178).

b) Rechtsfolgen

Auch die außerordentliche Kündigung beendet das Dauer- **25**
schuldverhältnis mit Wirkung für die Zukunft. Wenn sie als frist-
lose Kündigung erklärt wird, tritt diese Wirkung sofort ein. Entgegen dem insoweit zu engen Wortlaut des § 314 kann eine
außerordentliche Kündigung allerdings auch mit einer sozialen
Auslauffrist ausgesprochen werden. Das ist möglicherweise sogar
geboten, wenn die ordentliche Kündigung kraft Gesetzes oder kraft
Vereinbarung ausgeschlossen ist und die außerordentliche Kündi-

gung nur an die Stelle einer sonst denkbaren ordentlichen Kündigung tritt (AnwKom/Krebs, § 314 Rdnr. 26). In diesem Fall endet das Rechtsverhältnis erst nach Ablauf dieser Auslauffrist.

§ 18. Rücktritt

1   **Schrifttum:** Hager, Das Rücktrittsrecht, in: Dauner-Lieb/Heidel/Lepa/ Ring (Hrsg.), Das neue Schuldrecht, 2002, § 5; ders., Das geplante Recht des Rücktritts und des Widerrufs, in: Ernst/Zimmermann (Hrsg.), Zivilrechtswissenschaft und Schuldrechtsreform, 2001, S. 429; Kaiser, Die Rechtsfolgen des Rücktritts in der Schuldrechtsreform, JZ 2001, 1057; Kohler, Das Rücktrittsrecht in der Reform, JZ 2001, 325; St. Lorenz, Die Lösung vom Vertrag, insbesondere Rücktritt und Widerruf, in: Schulze/Schulte-Nölke (Hrsg.), Die Schuldrechtsreform vor dem Hintergrund des Gemeinschaftsrechts, 2001, S. 329; Schwab, Schuldrechtsmodernisierung 2001/2002 – Die Rückabwicklung von Verträgen nach §§ 346 ff. BGB n. F., JuS 2002, 630.

Fälle:

a) Antiquitätenhändler A tauscht ein Bild gegen einen Schrank des B. Er lässt den Schrank durch seinen stets zuverlässigen Gehilfen C abholen, der dabei eine teure Vase im Büro des B beschädigt. Später macht A von dem vertraglich vorbehaltenen Rücktrittsrecht Gebrauch und verlangt Rückgabe des Bildes gegen Herausgabe des Schrankes. B will das Bild nur gegen Ersatz der Vase zurückgeben.

b) K erwirbt bei V ein Fernsehgerät. Er möchte von seinem vertraglich vereinbarten Rücktrittsrecht Gebrauch machen, nachdem er das Gerät fallengelassen hat, wodurch es zerstört wurde. V hält das für ausgeschlossen. Zumindest habe K den Schaden zu ersetzen.

c) V verkauft an K eine Katze. Nach wirksamem Rücktritt verlangt er auch die inzwischen geworfenen Jungen heraus.

d) K tritt wirksam vom Kaufvertrag über seinen neuen Pkw zurück. V begehrt Ersatz für die vorübergehende Benutzung des Pkw durch K und für die schon durch die Zulassung eingetretene Wertminderung (jetzt nur noch Gebrauchtwagen).

I. Begriff, Wirkung und Abgrenzung

1. Begriff und gesetzliche Regelung

Rücktritt bedeutet die Rückgängigmachung eines Schuldverhältnisses durch eine empfangsbedürftige Willenserklärung. Das

Rücktrittsrecht ist ein Gestaltungsrecht. Die Voraussetzungen für ein Rücktrittsrecht ergeben sich aus der vertraglichen Vereinbarung oder aus zahlreichen Vorschriften auch außerhalb des Allgemeinen Schuldrechts (Rdnr. 10). Die Ausübung und die Rechtsfolgen des Rücktritts sind für alle Rücktrittsfälle einheitlich in den §§ 346 ff. geregelt (Rdnr. 11 f., 15 ff.).

2. Wirkung auf das Schuldverhältnis

Der Rücktritt bringt nicht etwa das Schuldverhältnis als Ganzes **2** rückwirkend (ex tunc) zum Erlöschen, wie das früher z. T. angenommen wurde, sondern verwandelt es für die Zukunft (ex nunc) in ein Rückgewährschuldverhältnis. Dessen Inhalt richtet sich nach §§ 346 ff. (Rdnr. 17 ff.).

Aus dem Fortbestand des Schuldverhältnisses ergeben sich wichtige Konsequenzen. Namentlich bleibt ein Anspruch aus §§ 280 I, 241 II wegen Verletzung von Schutzpflichten vom Rücktritt unberührt **(Fall a)**. Durch den Rücktritt vom Vertrag erlöschen auch vorher entstandene Ansprüche auf Ersatz des Verzugsschadens (§§ 280 I, II und 286) nicht (BGHZ 88, 46). Ebenso können Sicherheiten, die für Primärleistungsverpflichtungen gegeben sind, auch für die Rückgewährverpflichtung erhalten bleiben: Es kommt darauf an, dass die Sicherheiten *nach dem Willen* der Parteien auch für solche Verpflichtungen bestellt sind. Auch das Recht, bei einem gegenseitigen Vertrag Schadensersatz (statt der Leistung) zu verlangen, wird durch den Rücktritt vom Vertrag nicht ausgeschlossen (§ 325; dazu Rdnr. § 23 Rdnr. 72).

3. Abgrenzung

Vom Rücktritt sind zu unterscheiden: **3**

a) Anfechtung

Die Anfechtung setzt einen Anfechtungsgrund (§§ 119 ff.) sowie eine Anfechtungserklärung (§ 143) voraus. Anders als der Rücktritt (Rdnr. 2) vernichtet sie die angefochtene Willenserklärung und damit das Rechtsgeschäft mit rückwirkender Kraft (§ 142 I). Die Rückabwicklung erfolgt nicht nach §§ 346 ff., sondern nach §§ 812 ff.

b) Widerruf und Rückgabe

4 Das BGB kennt eine Reihe von Widerrufsrechten, die sich teilweise wesentlich voneinander unterscheiden (vgl. etwa §§ 109 I, 130 I 2, 168 S. 2, 3, 530, 671). Der praktisch besonders bedeutsame Widerruf bei Verbraucherverträgen (§ 355, dazu § 19 Rdnr. 21 ff.) ist als besondere Form des Rücktritts ausgestaltet (vgl. § 357). Er ermöglicht dem Verbraucher, ein zunächst wirksames Schuldverhältnis durch empfangsbedürftige Gestaltungserklärung rückabzuwickeln. Gleiches gilt für ein an seiner Stelle eingeräumtes Rückgaberecht (§ 356, dazu § 19 Rdnr. 29 ff.).

c) Kündigung

5 Die Kündigung ist eine empfangsbedürftige Willenserklärung, die das Schuldverhältnis für die Zukunft auflöst; im Gegensatz zum Rücktritt erfolgt hier keine Rückabwicklung. Dementsprechend dient die Kündigung primär – aber nicht ausschließlich (vgl. § 649 für den Werkvertrag und § 671 für den Auftrag) – der Beendigung von Dauerschuldverhältnissen (Rdnr. 12; z.B. Mietverhältnis: §§ 542 f., 568 ff.; Arbeitsverhältnis: §§ 620 ff.; Gesellschaft: §§ 723 ff.), weil bei ihnen die Rückabwicklung der gegenseitigen Leistungen nur schwer durchführbar ist (vgl. auch § 313 III 2; § 27 Rdnr. 12).

d) Auflösende Bedingung

6 Ist eine auflösende Bedingung vereinbart, so wird das Rechtsgeschäft mit ihrem Eintritt ohne weitere Erklärung für die Zukunft aufgelöst (§ 158 II). Eine Rückbeziehung der Bedingung muss besonders vereinbart sein (§ 159).

II. Voraussetzungen

1. Rücktrittsrecht

7 Die Berechtigung zum Rücktritt kann sich aus Vertrag oder Gesetz ergeben. Die §§ 346 ff. gelten seit der Schuldrechtsreform grundsätzlich für beide Rücktrittsrechte gleichermaßen.

a) Das vertragliche Rücktrittsrecht

Das vertragliche Rücktrittsrecht wird von den Parteien vereinbart, um dem Berechtigten die Möglichkeit zu geben, sich von
dem Geschäft zu lösen. Ein solcher Rücktrittsvorbehalt kann ausdrücklich oder auch konkludent getroffen werden.

Wird etwa in einem Vertrag vereinbart, dass der Schuldner bei
Nichterfüllung seine Rechte aus dem Vertrag verlieren soll (Ver-
wirkungsklausel), so ist damit eine Rücktrittsvereinbarung getroffen (§ 354).

Soll dagegen der Schuldner nur einzelne Rechte verlieren, so kann darin die
Vereinbarung einer Vertragsstrafe zu erblicken sein (§ 339; dazu § 11).

Zwei weitere Fälle, in denen das Gesetz bis zum 31. 12. 2001 eine Verein-   **8**
barung als Rücktrittsvorbehalt auffasste, sind im Zuge der Schuldrechtsreform
entfallen. § 361 a. F. betraf das relative Fixgeschäft. Er ist in § 323 II Nr. 2
(gesetzliches Rücktrittsrecht ohne Notwendigkeit einer Fristsetzung) aufgegan-
gen (§ 23 Rdnr. 63). Die Auslegungsregel des § 455 a. F., wonach bei einem
Kauf unter Eigentumsvorbehalt der Verkäufer im Zweifel zum Rücktritt
berechtigt war, wenn der Käufer mit der Zahlung in Verzug kam, ist ersatzlos
entfallen. Eine wesentliche Änderung der Rechtslage ist damit aber für den
Vorbehaltskäufer nicht verbunden, weil er seit der Schuldrechtsreform gem.
§ 323 I kraft Gesetzes zurücktreten kann, wenn er dem Käufer erfolglos eine
Zahlungsfrist gesetzt hat.

Das vertragliche Rücktrittsrecht kann, muss aber nicht an einen   **9**
besonderen Rücktrittsgrund geknüpft werden.

Die in AGB enthaltene Vereinbarung eines Rechts des Verwenders, sich
ohne sachlich gerechtfertigten und im Vertrag angegebenen Grund von seiner
Leistungspflicht zu lösen (= Rücktrittsvorbehalt), ist allerdings grundsätzlich
unwirksam (§ 308 Nr. 3). Auch im kaufmännischen Verkehr wird der Verwender seine Bindung an den Vertrag nicht in sein freies Belieben stellen
können (§ 307).

b) Das gesetzliche Rücktrittsrecht

Ihre größte praktische Bedeutung gewinnen die §§ 346 ff. im   **10**
Rahmen des gesetzlichen Rücktrittsrechts. Auf dieses sind sie seit
der Schuldrechtsreform unmittelbar und modifiziert anwendbar.
Gesetzliche Rücktrittsrechte finden sich u. a. in den §§ 313 III,
323, 324, 326 V, 503 II. Nachdem das Mängelgewährleistungsrecht
in das allgemeine Leistungsstörungsrecht integriert wurde (BS § 4

Rdnr. 3), spielt der Rücktritt nunmehr auch dort eine bedeutende Rolle (§§ 437 Nr. 2, 634 Nr. 3; BS § 4 Rdnr. 49 und § 24 Rdnr. 23 ff.). Darüber hinaus finden die (das gesetzliche Rücktrittsrecht betreffenden Vorschriften der) §§ 346 ff. entsprechende Anwendung auf das verbraucherschützende Widerrufs- und Rückgaberecht (§ 357 I 1, dazu § 19 Rdnr. 34 ff.).

2. Rücktrittserklärung

11   Das Rücktrittsrecht wird durch Willenserklärung gegenüber dem Vertragspartner ausgeübt (§ 349). Die Rücktrittserklärung setzt also Geschäftsfähigkeit voraus (beachte § 111). Der Rücktritt ist bedingungsfeindlich; denn der Rücktrittsgegner hat ein berechtigtes Interesse an eindeutigen Verhältnissen. Daher ist eine Bedingung nur dann zulässig, wenn dadurch für den Erklärungsempfänger keine unzumutbare Ungewissheit über den neuen Rechtsstand eintritt (BGHZ 97, 263); das ist insbesondere der Fall, wenn der Eintritt der Bedingung vom Willen des Rücktrittsgegners abhängt.

Beispiel: A tritt unter der Bedingung zurück, dass sein Vertragspartner B nicht bis zum Jahresende den Kaufpreis zahlt.

12   Sind bei einem Vertrag auf der einen oder anderen Seite mehrere beteiligt, so kann das Rücktrittsrecht nur von allen und gegen alle ausgeübt werden (§ 351 S. 1).

III. Ausschluss des Rücktritts

1. Kein Ausschluss bei Unmöglichkeit der Rückgewähr

13   Seit der Schuldrechtsreform kann der Berechtigte vorbehaltlich einer anderweitigen vertraglichen Abrede auch dann zurücktreten, wenn er zur Rückgewähr außerstande ist (**Fall b**). Das gilt bis zur Grenze des Rechtsmissbrauchs (§ 242) sogar bei vorsätzlicher Herbeiführung der Unmöglichkeit (BT-Drucks. 14/6040, S. 195). Der Berechtigte kann allerdings – wie der Rücktrittsgegner auch – zum Wertersatz verpflichtet sein (Rdnr. 21 ff.).

Die bis zum 31. 12. 2001 geltenden §§ 350 bis 353 a. F. enthielten eine Reihe von Tatbeständen, bei deren Vorliegen das Rücktrittsrecht ausgeschlossen war, nämlich beim Untergang, bei der Verarbeitung und Umbildung sowie bei der Veräußerung und Belastung des Gegenstandes, den der Berechtigte empfangen hat. Dabei war außerdem danach zu unterscheiden, ob ein Fall des vertraglichen oder des gesetzlichen Rücktritts vorlag (27. Aufl., Rdnr. 201 ff.). Im Zuge der Schuldrechtsreform wurden die genannten Vorschriften gestrichen. Statt dessen wurden die §§ 346 II, III, 347 über die Verpflichtung zum Wertersatz eingefügt (Rdnr. 21 ff.).

2. Verfristung des Rücktritts

Das Gesetz hat keine Ausschlussfristen für die Erklärung des **14** Rücktritts vorgesehen. Die Parteien können eine solche Frist aber vereinbaren. § 350 S. 1 gibt dem Rücktrittsgegner beim vertraglichen (nicht auch beim gesetzlichen) Rücktrittsrecht darüber hinaus die Möglichkeit, durch einseitige Erklärung dem Rücktrittsberechtigten für die Ausübung des Rücktrittsrechts eine angemessene Frist zu setzen. Mit der Versäumung der Frist erlischt das Rücktrittsrecht (§ 350 S. 2).

IV. Rechtsfolgen

Die Wirkungen des Rücktritts werden in den §§ 346 bis 348 **15** geregelt. Mehrfach wird auf diese Vorschriften auch dann verwiesen, wenn die Notwendigkeit der Rückabwicklung auf anderen Umständen als dem Rücktritt eines Beteiligten beruht (Rechtsfolgenverweisung, vgl. §§ 281 V, 326 IV, 439 IV, 635 IV).

1. Erlöschen nicht erfüllter Leistungspflichten

Soweit die Vertragspflichten noch nicht erfüllt sind, brauchen **16** Leistungen nicht mehr erbracht zu werden. Es besteht nicht nur ein Einrederecht; vielmehr erlöschen die Leistungspflichten. Der Gesetzgeber hielt diese Folge für selbstverständlich und eine ausdrückliche Regelung für entbehrlich (BT-Drucks. 14/6040, S. 194).

2. Rückgewähr empfangener Leistungen und Herausgabe tatsächlich gezogener Nutzungen

17   Der Rücktritt verpflichtet die Beteiligten, empfangene Leistungen zurückzugewähren und gezogene Nutzungen herauszugeben.

a) Rückgewähr empfangener Leistungen

Soweit die Vertragspartner bereits ihre Vertragspflichten erfüllt haben, sind die empfangenen Leistungen zurückzugewähren (§ 346 I). Mit der Ausübung des Rücktrittsrechts tritt also keine dingliche Rechtsänderung ein, sondern es besteht ein Schuldverhältnis mit der Verpflichtung zur Rückgewähr.

Die Vertragsparteien bleiben also Eigentümer der an sie übereigneten Gegenstände. Sie sind nur schuldrechtlich zur Rückübereignung verpflichtet.

b) Herausgabe gezogener Nutzungen

18   Außerdem sind die tatsächlich gezogenen Nutzungen herauszugeben (§ 346 I). Unter Nutzungen sind nach § 100 Früchte (§ 99) und Gebrauchsvorteile zu verstehen.

Im **Fall c** kann V auch die Jungen als unmittelbare Sachfrüchte (§ 99 I) herausverlangen, obwohl B gem. § 953 deren Eigentümer geworden ist. Zur Herausgabe der Gebrauchsvorteile im **Fall d** siehe Rdnr. 21.
Eine Bestimmung in AGB, wonach der Verwender im Fall des Rücktritts eine *unangemessen hohe* Vergütung für die Nutzung oder den Gebrauch einer Sache (eines Rechts) oder für erbrachte Leistungen verlangen kann, ist unwirksam (§ 308 Nr. 7a).

c) Folgen bei Verletzung der Rückgewähr- oder Herausgabepflicht

19   Wenn der Schuldner der Rückgewähr- oder Herausgabepflicht aus § 346 I diese Pflicht verletzt, kann der Gläubiger nach Maßgabe der §§ 280 bis 283 Schadensersatz verlangen. Das wird in § 346 IV ausdrücklich klargestellt. Diese Schadensersatzpflicht setzt voraus, dass ein durch Rücktritt begründetes Rückgewährschuldverhältnis besteht; sie greift deshalb erst ab der Rücktrittserklärung ein. Führt nach diesem Zeitpunkt der Rückgewährschuldner durch sein Verschulden die Unmöglichkeit der Rückgabe oder Nutzungsherausgabe herbei, haftet er gem. §§ 280 I, III, 283 auf Scha-

densersatz statt der Leistung, ohne sich auf den Wegfall der Bereicherung (§ 818 III) oder der Wertersatzpflicht (§ 346 III) berufen
zu können. Verzögert er die Rückgewähr oder Herausgabe, muss
er gem. §§ 280 I, III, 281 ebenfalls Schadensersatz statt der Leistung und unter den Voraussetzungen der §§ 280 I, II, 286 Ersatz
des Verzögerungsschadens leisten.

Vor der Rücktrittserklärung besteht auch noch keine Rückgewähr- oder **20**
Herausgabepflicht, die verletzt werden könnte. Wird zu dieser Zeit die Ursache dafür gesetzt, dass die später entstehende Pflicht nicht erfüllt werden kann,
führt das nicht zu einer Schadensersatz-, sondern nur zu einer Wertersatzpflicht
nach § 346 II, die gem. § 346 III entfallen kann.

3. Wertersatz statt unmöglicher Rückgewähr

Nicht immer kann der Schuldner das Erlangte gegenständlich **21**
zurückgewähren. Dann kommt eine Wertersatzpflicht in Betracht.
Hier sind zwei Fälle zu unterscheiden.

a) Ursprünglich nicht rückgewährfähige Leistung oder Nutzung

Hat der Rückgewährschuldner eine Leistung empfangen oder
eine Nutzung gezogen, die ihrer Natur nach nicht zurückgewährt
oder herausgegeben werden kann (z.B. Dienstleistung), so hat
er dafür gem. § 346 II 1 Nr. 1 Wertersatz zu leisten. Der Ersatz
für gezogene Nutzungen richtet sich jedenfalls dann nach dieser
Norm, wenn die Einräumung der Nutzungsmöglichkeit Gegenstand des rückabzuwickelnden Vertrages war (z.B. beim Mietvertrag). Wurden die Nutzungen dagegen auf Grund eines anderen
Vertrages gezogen (z.B. der Käufer nutzt die gekaufte Sache), wird
die Verpflichtung zum Nutzungsersatz überwiegend nicht auf
§ 346 II Nr. 1 gestützt, sondern unmittelbar aus § 346 I hergeleitet
(AnwKom/Hager, § 346 Rdnr. 30; Lorenz/Riehm, Rdnr. 422).

Im **Fall d** hat K den Pkw gebraucht und damit Nutzungen in Form von
Gebrauchsvorteilen (§ 100) gezogen. Diese hat er nach überwiegender Ansicht
gem. § 346 I zu ersetzen. Wenn man den § 346 I aber in solchen Fällen nicht
anwendet, weil die Herausgabe von Gebrauchsvorteilen (im Gegensatz zu
Nutzungen in Form von Früchten) in Natur nicht möglich ist, muss für sie
nach § 346 II Nr. 1 Wertersatz geleistet werden.

b) Unmöglichkeit der Herausgabe und Verschlechterung des Erlangten

22   Wertersatz ist auch dann geschuldet, wenn das Erlangte zwar seiner Natur nach rückgabefähig ist, aber aus einem anderen Grund nicht oder nicht in seiner ursprünglichen Form zurückgewährt oder herausgegeben werden kann (§ 346 II Nr. 2 und 3).

Im Grundsatz ändert damit der Rücktritt nichts an der Verteilung der Gefahr des zufälligen Untergangs bzw. der zufälligen Verschlechterung, die etwa beim Kauf i.d.R. mit der Übergabe der Sache auf den Empfänger übergeht (§ 446 S. 1). Bei diesem bleibt die Gefahr auch nach Erklärung des Rücktritts und Entstehung des Rückgewährschuldverhältnisses; denn er wird zwar von seiner Pflicht zur Rückgabe in natura, nicht aber von einer Wertersatzpflicht befreit. Die Ausnahmen finden sich dann in § 346 III.

23   aa) Nach § 346 II 1 Nr. 2 hat der Schuldner Wertersatz zu leisten, wenn er den empfangenen *Gegenstand verbraucht, veräußert, belastet, verarbeitet oder* (nicht nur unwesentlich) *umgestaltet* hat und ihn deshalb nicht (in der ursprünglichen Form) zurückgeben kann. Das gilt aber nicht, wenn sich der zum Rücktritt berechtigende Mangel erst im Rahmen der Verarbeitung oder Umgestaltung des Gegenstandes gezeigt hat (§ 346 III 1 Nr. 1).

Man wird § 346 III 1 Nr. 1 analog anzuwenden haben, wenn sich der Mangel erst anlässlich des Verbrauchs zeigt (AnwKom/Hager, § 346 Rdnr. 43).

24   Ist die *Wertersatzpflicht* nach § 346 III 1 Nr. 1 ausgeschlossen, muss der Schuldner zumindest eine verbleibende Bereicherung herausgeben (§ 346 III 2, Rechtsfolgenverweisung auf die §§ 818ff.).

25   bb) Gem. § 346 II 1 Nr. 3 hat der Schuldner auch dann Wertersatz zu leisten, wenn der empfangene Gegenstand *untergegangen* ist oder wenn er sich – über die Abnutzung durch eine bestimmungsgemäße Ingebrauchnahme hinaus – *verschlechtert* hat.

Im **Fall b** muss K Wertersatz für das Fernsehgerät leisten, sofern kein Fall des § 346 III 1 Nr. 3 (Beachtung der eigenüblichen Sorgfalt) vorliegt (dazu § 20 Rdnr. 19). Im **Fall d** kann V dagegen keinen Ersatz für die durch allein die Zulassung entstandene Wertminderung verlangen, da diese durch die bestimmungsgemäße Ingebrauchnahme entstanden ist.

Man wird die Norm auf sonstige Fälle der Unmöglichkeit der Rückgewähr analog anzuwenden haben, sofern sie wie etwa bei Diebstahl oder Verlust der zurückzugewährenden oder herauszugebenden Sache auch von Nr. 2 nicht erfasst sind (AnwKom/Hager, § 346 Rdnr. 37).

Die *Wertersatzpflicht nach § 346 II 1 Nr. 3 entfällt* jedoch, wenn **26** der Gläubiger selbst die Verschlechterung oder den Untergang zu vertreten hat oder der Schaden bei ihm gleichfalls eingetreten wäre (§ 346 III 1 Nr. 2).

Dem Vertretenmüssen des Gläubigers steht der Fall gleich, in dem die Verschlechterung oder der Untergang auf einem Mangel der Kaufsache beruht. Der Fall, dass der Schaden auch beim Gläubiger eingetreten wäre, ist etwa bei einem Unwetterschaden am Haus oder Grundstück gegeben.

Die Wertersatzpflicht nach § 346 II 1 Nr. 3 entfällt ferner **27** dann, wenn der Rückgewährschuldner im Falle eines gesetzlichen Rücktrittsrechts die eigenübliche Sorgfalt (§ 277, dazu § 20 Rdnr. 19) beachtet hat und der Schaden gleichwohl eingetreten ist (§ 346 III 1 Nr. 3).

Der Grund für die Ausnahme von der Wertersatzpflicht besteht darin, dass das gesetzliche Rücktrittsrecht i. d. R. durch eine Pflichtverletzung des Rücktrittsgegners ausgelöst wird (Ausnahme: § 313 III) und der Rücktrittsberechtigte darauf vertraute, endgültig Eigentümer der Sache geworden zu sein und mit ihr nach Belieben verfahren zu können (§ 903). Zwar ist dieses Vertrauen nur bis zur Kenntnis des Rücktrittsberechtigten vom Rücktrittsgrund schutzwürdig; denn danach muss er sich auf eine Rückgewährpflicht einstellen. Deshalb hätte es durchaus nahegelegen, ihm auch die Privilegierung bei der Wertersatzpflicht nach § 346 III 1 Nr. 3 nur bis zu dieser Kenntniserlangung zu gewähren. Gegen eine entsprechende teleologische Korrektur der Vorschrift (so AnwKom/BGB-Hager, § 346 Rdnr. 49 f.) spricht allerdings, dass der Gesetzgeber die Privilegierung des Rücktrittsberechtigten bewusst nicht bis zur Kenntniserlangung vom Rücktrittsgrund begrenzt und eine Schadensersatzpflicht erst ab der Rücktrittserklärung vorgesehen hat (Rdnr. 19 f.). Für den Zeitraum zwischen Kenntniserlangung vom Rücktrittsgrund und Rücktrittserklärung wird man mit einer Pflicht zum sorgfältigem Umgang mit der Sache helfen können (so BT-Drucks. 14/7052, S. 194), deren Verletzung schadensersatzpflichtig macht (§ 280 I).

Selbst wenn die Wertersatzpflicht entfällt, ist eine verbleibende **28** Bereicherung auch hier herauszugeben (§ 346 III 2, Rdnr. 24).

c) Berechnung des Wertersatzes

Nach § 346 II 2 ist eine im Vertrag bestimmte Gegenleistung bei **29** der Berechnung des Wertersatzes zu Grunde zu legen.

Durch diese Anknüpfung an die Preisvereinbarung bleibt beim Wertersatz dem Rücktrittsgegner trotz des Rücktritts ein etwaiger Gewinn erhalten. Rechtspolitisch ist das ein zweifelhaftes Ergebnis.

Beispiel: K erwirbt von V ein Bild im Wert von 1000 Euro für 1500 Euro. Nach Ausübung des vereinbarten Rücktrittsrechts wird dem K das Bild gestohlen. Er kann gem. § 346 I von V die gezahlten 1500 Euro zurückverlangen und muss umgekehrt gem. § 346 II in Höhe dieses vereinbarten Betrages auch Wertersatz leisten, so dass rechnerisch nichts rückabzuwickeln ist. Wirtschaftlich wird also nicht der Zustand vor Vertragsschluss hergestellt; vielmehr bleibt trotz des Rücktritts das Ergebnis des Vertrages bestehen, weil die Differenz zwischen Wert des Bildes und vereinbartem Kaufpreis bei V verbleibt. Anders wäre es, wenn K das Bild noch zurückgeben könnte; dann stünde seiner Rückgewährpflicht (Bild im Wert von 1000 Euro) eine Rückzahlungsforderung in Höhe von 1500 Euro gegenüber, und er würde wirtschaftlich so gestellt, als sei der Vertrag gar nicht geschlossen worden. Die verschiedene Lösung beider Fälle überzeugt nicht, entspricht aber dem Gesetz.

30 Fehlt es an einer solchen Abrede (selten), sind die objektiven Verhältnisse maßgebend. Der niedrigere objektive Wert und nicht die vereinbarte Gegenleistung ist auch dann maßgebend, wenn er gerade auf dem zum Rücktritt berechtigenden Mangel der Leistung beruht. Damit ist statt des vereinbarten Wertes der entsprechend §§ 441 III, 638 III geminderte Wert zu ersetzen.

Beispiel: Das für 1500 Euro gekaufte Bild, das mangelfrei einen objektiven Wert von 1000 Euro hat, ist wegen einer Beschädigung nur 500 Euro wert. Der Wertersatz, den der rücktretende Käufer bei Unmöglichkeit der Herausgabe leisten muss, beträgt 1500 Euro × $\dfrac{500\ \text{Euro}}{1000\ \text{Euro}}$ = 750 Euro.

4. Ersatz für nicht gezogene Nutzungen und für Verwendungen

a) Ersatz für nicht gezogene Nutzungen

31 Die tatsächlich gezogenen Nutzungen hat der Rückgewährschuldner schon nach § 346 I herauszugeben (Rdnr. 18). Für nicht gezogene Nutzungen hat er gem. § 347 I 1 insoweit Ersatz zu leisten, als er sie nach den Regeln einer ordnungsgemäßen Wirtschaft hätte ziehen können.

Als **Beispiele** sind etwa denkbar: Brachliegenlassen einer landwirtschaftlichen Nutzfläche, Nichteintreibung fälliger Miete, Verzicht auf die mögliche

Verzinsung einer Geldsumme (also keine Mindestnutzungsentschädigung in Höhe des gesetzlichen Zinssatzes mehr, vgl. § 347 S. 3 a. F.).

Auch insoweit hat der kraft Gesetzes zum Rücktritt Berechtigte nur für die eigenübliche Sorgfalt einzustehen (§ 347 I 2).

b) Verwendungsersatz

Nach dem bisher Gesagten hat der Schuldner den Gegenstand **32** sowie etwaige Nutzungen in natura oder dem Werte nach zurückzugewähren. Hat er Verwendungen auf die Sache gemacht, die zur Erhaltung der Sache erforderlich waren (notwendige Verwendungen), würde der Gläubiger dadurch sachwidrig bereichert. Deshalb gewährt § 347 II 1 dem Schuldner einen Anspruch auf Ersatz seiner notwendigen Verwendungen, wenn er den Gegenstand zurückgibt oder Wertersatz für ihn leistet. Gleiches gilt, wenn er deshalb von der Wertersatzpflicht befreit ist, weil sich der zum Rücktritt berechtigende Mangel erst während der Verarbeitung oder Umgestaltung des Gegenstandes gezeigt hat (§ 346 III 1 Nr. 1), weil der Gläubiger die Verschlechterung oder den Untergang selbst zu vertreten hat oder weil der Schaden bei ihm gleichfalls eingetreten wäre (§ 346 III 1 Nr. 2). Auch in diesem Fall wäre es sachwidrig, wenn die notwendigen Verwendungen dem Gläubiger ersatzlos zugute kämen.

Andere, nämlich nicht notwendige Aufwendungen hat der Gläubiger insoweit zu ersetzen, als er durch sie bereichert ist (§ 347 II 2). Dazu zählen die nützlichen (d. h. werterhöhenden) Verwendungen.

Eine Bestimmung in AGB, wonach der Verwender einen *unangemessen hohen* Ersatz von Aufwendungen verlangen kann, ist unwirksam (§ 308 Nr. 7 b).

5. Erfüllung Zug um Zug

Die sich aus dem Rücktritt ergebenden Verpflichtungen der **33** Parteien sind Zug um Zug zu erfüllen (§§ 348, 320, 322). Davon werden sowohl die Rück- und Herausgabeansprüche (§ 346 I) als auch etwaige Ersatzansprüche (§§ 346 II, III; 347) erfasst.

Keine Ansprüche „aus dem Rücktritt" sind dagegen solche aus §§ 280 I, 241 II wegen Verletzung von Schutzpflichten. Sie ergeben sich aus der Schutzpflichtverletzung und nicht aus dem Rücktritt. Im **Fall a** kann B die

Rückgabe des Bildes deshalb nicht unter Berufung auf § 348 verweigern. Ihm steht aber ein Zurückbehaltungsrecht nach § 273 (dazu § 13 Rdnr. 2 ff.) zu.

V. Unwirksamkeit des Rücktritts

1. Reugeldvereinbarung

34   Wird der Rücktritt vertraglich gegen Zahlung eines Reugeldes vorbehalten, so ist er nach § 353 unwirksam, wenn das Reugeld nicht vor oder bei der Erklärung entrichtet wird und der Gegner deshalb die Erklärung zurückweist oder wenn das Reugeld nicht unverzüglich nach der Zurückweisung gezahlt wird.

2. Aufrechnungsmöglichkeit

35   Erfolgt der Rücktritt wegen Nichterfüllung einer Verbindlichkeit des anderen Teils (§ 323 I), so wird er nach § 352 unwirksam, wenn der andere Teil vor dem Rücktritt eine Aufrechnungsmöglichkeit hatte und er unverzüglich nach dem Rücktritt die Aufrechnung erklärt.

Dadurch entfällt nämlich rückwirkend die nicht erfüllte Verbindlichkeit (§ 389, § 16 Rdnr. 12) und damit die Grundlage des Rücktritts.

VI. Abdingbarkeit der §§ 346 ff.

36   Die §§ 346 ff. sind grundsätzlich dispositiv. Sie können daher durch Vereinbarung der Parteien abbedungen werden. Ob eine solche Vereinbarung vorliegt, ist durch Auslegung zu ermitteln.

Die grundsätzliche Abdingbarkeit kann allerdings durch eine spezielle gesetzliche Anordnung ausgeschlossen sein. Wenn etwa bei einem Teilzahlungsgeschäft (§ 499 II) zwischen einem Unternehmer und einem Verbraucher vereinbart wird, dass bei Rücktritt des Unternehmers wegen Zahlungsverzuges (§ 503 II) die bis dahin bereits geleisteten Zahlungen verfallen, liegt darin eine Abweichung von der Rückgewährpflicht nach § 346 zum Nachteil des Verbrauchers. Sie ist gem. § 506 S. 1 unwirksam, weil § 503 II zu den nach § 506 unabdingbaren Vorschriften gehört und für das dort genannte Rücktrittsrecht die §§ 346 ff. gelten.

6. Kapitel

§ 19. Verbraucherschutz bei besonderen Vertriebsformen

Schrifttum: Artz, Schuldrechtsmodernisierung 2001/2002 – Integration **1** der Nebengesetze in das BGB, JuS 2002, 528; ders., Die Neuregelung des Widerrufsrechts bei Verbraucherverträgen, BKR 2002, 603; Berger, Die Neuregelung des verbraucherrechtlichen Widerrufsrechts in § 361a BGB, Jura 2001, 289; Boente/Riehm, Besondere Vertriebsformen im BGB, Jura 2002, 222; Bülow, Widerruf und Anwendung der Vorschriften über den Rücktritt, WM 2000, 2361; Bülow/Artz, Fernabsatzverträge und Strukturen eines Verbraucherprivatrechts im BGB, NJW 2000, 2049; Bürger, Das Fernabsatzrecht und seine Anwendbarkeit auf Rechtsanwälte, NJW 2002, 465; Fischer, Das verbraucherschützende Widerrufsrecht und die Schuldrechtsreform, DB 2002, 253; Fuchs, Das Fernabsatzgesetz im neuen System des Verbraucherschutzes, ZIP 2000, 1273; ders., Zur Dispositibilität gesetzlicher Widerrufsrechte im Privatrecht, AcP 196 (1996), 313; Grigoleit, Besondere Vertriebsformen im BGB, NJW 2002, 1151; Härting, Fernabsatz – Änderungen durch die Schuldrechtsmodernisierung, MDR 2002, 61; Hoffmann, Haustürwiderruf bei Realkrediten und verbundenes Grundstücksgeschäft, ZIP 2002, 1066; Kamanabrou, Die Umsetzung der Fernabsatzrichtlinie, WM 2000, 1417; v. Koppenfels, Das Widerrufsrecht bei Verbraucherverträgen im BGB – eine Untersuchung des § 355 Abs. 1 BGB – RegE, WM 2001, 1360; Kulke, Haustürwiderrufsrecht und Realkreditvertrag, ZBB 2002, 33; Lorenz, Im BGB viel Neues: Die Umsetzung der Fernabsatzrichtlinie, JuS 2000, 833; Mankowski, Zur Neuregelung der Widerrufsfrist bei Fehlen einer Belehrung im Verbraucherschutzrecht, JZ 2001, 745; ders., Schwebende Wirksamkeit unter § 361a BGB, WM 2001, 802 (Teil 1) und 833 (Teil 2); Meub, Fernabsatz und E-Commerce nach neuem Recht, BB 2002, 359; Natzel, Schutz des Arbeitnehmers als Verbraucher?, NZA 2002, 595; Riehm, Das Gesetz über Fernabsatzverträge und andere Fragen des Verbraucherrechts, Jura 2000, 505; Ring, in: Dauner-Lieb/Heidel/Lepa/Ring, Das neue Schuldrecht 2002, § 12; Rott, Widerruf und Rückabwicklung nach der Umsetzung der Fernabsatzrichtlinie und dem Entwurf eines Schuldrechtsmodernisierungsgesetzes, VuR 2001, 78; Schmidt-Räntsch, Gesetzliche Neuregelung des Widerrufsrechts bei Verbraucherverträgen, ZIP 2002, 1100; Staudinger, Der Widerruf bei Haustürgeschäften: eine unendliche Geschichte?, NJW 2002, 653; Tonner, Das neue Fernabsatzgesetz – oder: System statt „Flickenteppich", BB 2000, 1413; Vowinckel, Unanwendbarkeit des § 312 n. F. (Widerrufsrecht bei Haustürgeschäften) auf die

Bürgschaft, DB 2002, 1362; Wilhelm, Änderung der Schuldrechtsreform aufgrund der Haustürgeschäfterichtlinie und die Sprache des Gesetzgebers, DB 2002, 1307.

Fälle:

a) Vertreter V spricht K im Zug zur Arbeit an und verleitet sie zum Kauf von Kosmetika im Wert von 70 Euro. Später bereut K und hinterlässt auf dem Anrufbeantworter des V die Nachricht, dass sie den Vertrag widerrufe. Wirksam?

b) K erwirbt an ihrer Haustür von Vertreter V Staubsaugerbeutel. Später bemerkt sie, dass sie noch einen großen Vorrat hat, und sie schickt die Ware zurück an V. Das Paket geht unterwegs verloren. Wirksamer Widerruf?

c) O erwirbt auf einer Kaffeefahrt Geschirr im Wert von 30 Euro für 60 Euro. Nachdem das Geschirr zu Boden gefallen ist, erklärt O den Widerruf. Verkäufer V hält das für unwirksam. Jedenfalls rechne er mit einer Gegenforderung in Höhe von 60 Euro für das zerstörte Geschirr auf.

d) K möchte einen Rasenmäher erwerben. Deshalb bestellt er den Vertreter V zu sich nach Hause, wo es zum Kaufvertrag kommt. Zwecks Finanzierung des Kaufpreises von 500 Euro schließt er gleichzeitig einen Darlehensvertrag mit B, der Hausbank des Verkäufers, für die V als Abschlussgehilfe tätig ist. Später bereut K und möchte den Rasenmäher nicht mehr haben. B, die inzwischen an den Verkäufer gezahlt hat, besteht auf Rückzahlung des Darlehens durch K. Was kann K tun?

e) Welche rechtlichen Konsequenzen hat es, wenn im Fall d der V den K unaufgefordert aufgesucht hat?

I. Überblick über den Verbraucherschutz im BGB

Wenn ein Vertrag zwischen einem Verbraucher (§ 13) und einem Unternehmer (§ 14) abgeschlossen wird, ist der Verbraucher im Zweifel die unterlegene Vertragspartei. Er wird deshalb durch zahlreiche Vorschriften besonders geschützt.

Zum Teil bezieht sich der Verbraucherschutz auf einzelne Vertragstypen. Insoweit ist er im Zusammenhang mit dem jeweiligen Vertragsrecht im Besonderen Schuldrecht geregelt. Zu erwähnen sind die verbraucherschützenden Regelungen beim Verbrauchsgüterkauf (§§ 474 ff.; dazu BS § 17 Rdnr. 1 ff.), beim Teilzeit-Wohnrechtevertrag (§§ 481 ff.; dazu BS § 7 Rdnr. 67 ff.), beim Verbraucherdarlehensvertrag (§§ 491 ff.; dazu BS § 17 Rdnr. 36 ff.) sowie bei Finanzierungshilfen (§§ 499 ff.; dazu BS § 18 Rdnr. 1 ff.) und Ratenlieferungsverträgen (§ 505; dazu BS § 18 Rdnr. 15 ff.).

Soweit der Verbraucherschutz alle oder doch mehrere Vertragstypen betrifft, ist er im Allgemeinen Schuldrecht geregelt. Dazu
gehört § 310 III, wonach die AGB-Kontrolle zum Schutz des am
Vertrag beteiligten Verbrauchers einen erweiterten Anwendungsbereich hat (dazu § 4 Rdnr. 62 ff.). Ferner enthalten die §§ 312 ff.
verbraucherschützende Regeln für „besondere Vertriebsformen".

II. Besondere Vertriebsformen

Zu den besonderen Vertriebsformen gehören die Haustürge- **2**
schäfte, die Fernabsatzverträge sowie die im elektronischen Geschäftsverkehr abgeschlossenen sog. E-commerce-Verträge. Die
Gemeinsamkeit dieser besonderen Vertriebsformen besteht darin,
dass die Verträge auf unübliche Weise, unter unüblichen Umständen oder an einem unüblichen Ort abgeschlossen oder angebahnt
werden. Deshalb sind die §§ 312 ff. auch im Zusammenhang mit
der Begründung von Schuldverhältnissen aus Verträgen geregelt.
Sie bezwecken, den Verbraucher vor Gefahren zu schützen, die
sich aus der ungewöhnlichen Situation bei Vertragsschluss ergeben
können.

1. Haustürgeschäfte

§ 312 regelt den Verbraucherschutz bei Haustürgeschäften, so- **3**
weit dieser Schutz nicht durch spezielle Regelungen sichergestellt
ist (vgl. § 312 a). Durch § 312 wurde im Rahmen der Schuldrechtsreform das bis zum 31. 12. 2001 geltende HausTWG (dazu
BS, 26. Aufl., Rdnr. 122 a ff.) in das BGB integriert.

a) Verbraucherschutz durch Widerrufsrecht

Der Verbraucher ist bei Haustürgeschäften deshalb schutzwürdig, weil er an der Haustür oder den genannten Orten von einem
Werber leicht überrascht oder gar überrumpelt und zum Abschluss
eines Vertrages überredet werden kann, den er eigentlich gar nicht
abschließen wollte und den er später bedauert. Deshalb räumt
§ 312 ihm unter bestimmten Voraussetzungen ein Widerrufsrecht

ein, durch das der Verbraucher sich nachträglich wieder vom Vertrag lösen kann. Das ist eine Ausnahme von dem Grundsatz „pacta sunt servanda". Einzelheiten zur Ausübung und zu den Rechtsfolgen des Widerrufs siehe Rdnr. 23 ff.

b) Voraussetzungen und Ausschluss des Widerrufsrechts

4   aa) Das Widerrufsrecht *setzt voraus*, dass der Verbraucher unter besonderen Umständen zur Abgabe einer Willenserklärung bestimmt worden ist, die auf den Abschluss eines Vertrages über eine entgeltliche Leistung gerichtet ist (§ 312 I).

Um den Abschluss eines Vertrages handelt es sich auch bei der Ersetzung eines bisherigen Vertrages durch einen neuen Vertrag (BGH NJW 1999, 575 f.).

5   (1) Die Willenserklärung des Verbrauchers muss auf einer Überraschung oder Überrumpelung beruhen. Das Gesetz zählt insoweit folgende Tatbestände auf: Der Verbraucher ist zur Erklärung bestimmt worden durch mündliche Verhandlungen an seinem *Arbeitsplatz oder* im Bereich einer (nicht notwendig seiner) *Privatwohnung* (§ 312 I 1 Nr. 1; **Fall b, d**), anlässlich einer vom Vertragspartner oder in seinem Interesse durchgeführten *Freizeitveranstaltung* (§ 312 I 1 Nr. 2; **Fall c**), im Anschluss an ein überraschendes Ansprechen in *Verkehrsmitteln* (**Fall a**) oder im Bereich öffentlich zugänglicher *Verkehrswege* (§ 312 I 1 Nr. 3).

Beispiele: Partyverkäufe, Heimvorführungen, Kaffeefahrten. Zum Bereich der Privatwohnung gehören die Haus- oder Etagentür, der Garten, das Treppenhaus. Eine Bestimmung im Bereich einer Privatwohnung liegt allerdings nicht vor, wenn der Kunde die Wohnung des Vertragspartners aufsucht und dort der Vertrag geschlossen wird; dann befindet er sich nämlich nicht in einer anderen Situation als beim Besuch eines Geschäftslokals (BGH ZIP 2000, 1057 f.). Der Arbeitsplatz umfasst auch das Werksgelände, insbesondere die Werkskantine und das Werkstor. Obwohl die Aufzählung in § 312 I 1 abschließend gemeint ist, muss nach dem Schutzzweck des Gesetzes ein überraschendes Anbieten etwa auf dem Sportplatz oder innerhalb von Heimen oder Anstalten ebenfalls zu einem Widerrufsrecht führen. Diese ausdehnende Auslegung lässt sich auch auf das Umgehungsverbot des § 312f S. 2 stützen. Letztlich können alle Willenserklärungen unter diese Vorschrift fallen, die außerhalb von Geschäftsräumen (mit-)verursacht worden sind (vgl. BT-Drucks. 8/130, S. 4 noch zum früheren HausTWG).

Wenn für den Verbraucher ein Vertreter handelt, muss die Verhandlungssituation des § 312 I 1 in der Person des Vertreters gegeben sein (BGH NJW 2000, 2268 u. 2270). Das folgt aus dem Rechtsgedanken des § 166 I.

(2) Die Willenserklärung des Verbrauchers muss das Angebot **6** oder die Annahme *zum Abschluss eines Vertrages über eine entgeltliche Leistung* sein. Ein gegenseitiger Vertrag i. S. d. §§ 320 ff. ist nicht erforderlich.

Beispiele für Verträge über eine entgeltliche Leistung: Miet-, Pacht-, Maklervertrag, aber auch Kreditvermittlungsvertrag sowie Eintritt in einen Verein mit Beitragspflicht. Im Bürgschaftsvertrag übernimmt der Bürge zwar nur einseitig eine Verbindlichkeit; das Bedürfnis, ihn vor Überrumpelung zu schützen, ist aber wenigstens genauso groß wie in den Fällen, in denen einem Verbraucher für seine Leistung irgendein Entgelt versprochen oder geleistet wird. Deshalb kann auch ein Bürgschaftsvertrag unter § 312 fallen (so BGH NJW 1993, 1594; 1998, 2356 [noch zum früheren HausTWG]; vgl. ferner Hasselbach, JuS 1999, 329; Kulke, JR 1999, 485).

bb) Das Widerrufsrecht ist *ausgeschlossen*, wenn der Verbraucher **7** nicht schutzbedürftig ist. § 312 nennt folgende Fälle:

(1) Die Vertragsverhandlungen am Arbeitsplatz oder in der Privatwohnung werden *auf vorhergehende Bestellung des Verbrauchers* geführt (Nr. 1; **Fall d**). Hier fehlt der Überraschungseffekt.

Eine vorhergehende Bestellung i. S. d. § 312 III Nr. 1 liegt jedoch nicht vor, wenn der Vertreter den Verbraucher zu einer Einladung provoziert hat. Das ist etwa der Fall, wenn er den Verbraucher anruft und unter Hinweis auf eine unwiederbringliche Gelegenheit auf einen Besuch drängt (vgl. BGH WM 1989, 1083; Teske, ZIP 1989, 356). Eine Einladung ist auch dann provoziert, wenn der Verbraucher vorher auf einer Werbeantwortkarte um Zusendung von Prospekten gebeten und dabei seine „Telefonnummer zwecks Rückruf" angegeben hat; denn § 312 III Nr. 1 setzt eine Einladung zur Führung von Vertragsverhandlungen voraus (BGHZ 109, 127, 128; vgl. auch BGHZ 110, 308, 311). Die Ausnahmevorschrift greift auch nicht ein, wenn der Verbraucher einen Vertreter aus einem ganz bestimmten Grund (z. B. Vereinbarung von Schreibarbeiten zur Erzielung eines Nebenverdienstes) bestellt und der Vertreter den Verbraucher mit dem Angebot zum Abschluss eines anderen Vertrages (z. B. Kauf einer Schreibmaschine) überrascht.

(2) Bei Abschluss der Verhandlungen wird die *Leistung sofort er-* **8** *bracht und bezahlt, wobei das Entgelt 40 Euro nicht übersteigt* (Nr. 2). Der Verbraucher kann zwar hier überrascht oder überrumpelt worden sein; jedoch werden diese Geschäfte als *Bagatellgeschäfte* angesehen, die den Verbraucher nur geringfügig belasten.

9   (3) Die Willenserklärung ist *von einem Notar beurkundet* worden (Nr. 3). Hier war eine vorherige Belehrung des Notars erforderlich (vgl. § 17 BeurkG), so dass der Verbraucher hinreichend geschützt ist.

10   (4) Für den *Abschluss von Versicherungsverträgen* besteht das Widerrufsrecht ebenfalls nicht (§ 312 III). Allerdings besteht für solche Verträge ein Widerrufsrecht nach § 8 IV VVG, sofern der Versicherungsvertrag für eine längere Dauer als ein Jahr abgeschlossen wurde.

2. Fernabsatzverträge

11   Die §§ 312b bis 312d enthalten Regelungen zum Schutz des Verbrauchers bei Fernabsatzverträgen. Durch diese Vorschriften wurde im Rahmen der Schuldrechtsreform das bis zum 31. 12. 2001 geltende FernAbsG (dazu BS, 26. Aufl., Rdnr. 122 ff.) in das BGB integriert.

a) Verbraucherschutz durch Information und Widerrufsrecht

Die Besonderheit von Fernabsatzverträgen besteht darin, dass es bei Vertragsschluss nicht zu einer physischen Begegnung zwischen Unternehmer und Verbraucher kommt. Der Verbraucher hat keine Möglichkeit, die Ware vor Vertragsschluss zu sehen und zu prüfen. Grundlage seiner Vertragsentscheidung sind lediglich die Informationen, die ihm vom Unternehmer auf technischem Wege übermittelt worden sind. Deshalb sind dem Unternehmer durch § 312c verschiedene *Informationspflichten* vor Vertragsschluss auferlegt worden. Die Einzelheiten der Informationspflichten ergeben sich aus der Info-V, auf die § 312c I 1 Nr. 1 verweist.

Danach hat der Unternehmer den Verbraucher vor Abschluss eines Fernabsatzvertrages unter anderem zu informieren über seine Identität und Anschrift, über wesentliche Merkmale der Ware, den Preis, gegebenenfalls zusätzlich anfallende Liefer- und Versandkosten, über ein gegebenenfalls bestehendes Widerrufsrecht (dazu § 312 d), über die Anschrift für Beanstandungen, über Kundendienst, Gewährleistungs- und Garantiebedingungen. Die Information hat in Textform (§ 126 b) zu erfolgen (§ 312 c III).

12   Bei einem Verstoß des Unternehmers gegen seine Informationspflichten kommt eine Schadensersatzhaftung des Unternehmers nach § 311 II i. V. m. § 280 I wegen Verletzung vorvertraglicher Pflichten in Betracht. Bei nicht hinreichender Information über das Widerrufsrecht nach § 312 d beginnt die Widerrufsfrist nicht zu laufen.

Außerdem räumt das Gesetz in § 312d I (Ausnahmen: Abs. 4) **13** dem Verbraucher auch bei Fernabsatzverträgen ein *Widerrufsrecht* ein. Für dieses gelten die §§ 355ff. (dazu Rdnr. 23ff.) sowie § 312d II, III.

b) Voraussetzungen der Informationspflichten und des Widerrufsrechts

Die verbraucherschützenden Regeln der §§ 312b bis 312d gel- **14** ten nur für *Fernabsatzverträge*. Das sind Verträge über die Lieferung von Waren oder Erbringung von Dienstleistungen, die zwischen einem Verbraucher (§ 13) und einem Unternehmer (§ 14) unter ausschließlicher Verwendung von Fernkommunikationsmitteln geschlossen werden, es sei denn, dass der Vertragsschluss nicht im Rahmen eines für den Fernabsatz organisierten Vertriebs- oder Dienstleistungssystems erfolgt (§ 312b I).

Geschäfte, die nur zufällig durch den Einsatz von Fernkommunikationsmitteln zustande kommen, werden also nicht erfasst. Der Unternehmer muss vielmehr personell und sachlich so ausgestattet sein, dass er regelmäßig im Fernabsatz zu tätigende Geschäfte bewältigen kann.

Als *Fernkommunikationsmittel* gelten gem. § 312b II solche Kom- **15** munikationsmittel, die zur Anbahnung oder zum Abschluss eines Vertrages zwischen einem Verbraucher und einem Unternehmer ohne gleichzeitige körperliche Anwesenheit der Vertragsparteien eingesetzt werden können.

Beispielhaft sind im Gesetz Briefe, Kataloge, Telefonanrufe, Telekopien, E-Mails sowie Rundfunk-, Tele- und Mediendienste genannt. Die Regelung erfasst daher sowohl die klassischen Fernabsatzgeschäfte (z.B. Katalogbestellungen) als auch einen Großteil des sog. elektronischen Geschäftsverkehrs und gilt für Teleshopping ebenso wie für Videotext, das Internet und andere Online-Medien.
Vom Anwendungsbereich der §§ 312bff. ausgenommen sind insbesondere Finanzdienstleistungen, Bau- und Immobilienverträge sowie Warenautomaten (Einzelheiten: § 312b III).

3. Verträge im elektronischen Geschäftsverkehr

Schließlich enthält § 312e Regelungen zum Schutz des Kunden, **16** der mit einem Unternehmer einen Vertrag im elektronischen Geschäftsverkehr abschließt. Hier besteht die Gefahr von Eingabefehlern und das Bedürfnis des Kunden, vor Abgabe einer endgültigen Bestellung noch Berichtigungen vornehmen zu können. Deshalb muss der Unternehmer dem Kunden angemessene, wirksame und zugängliche *technische Mittel* zur Verfügung stellen, mit deren Hilfe der Kunde Eingabefehler vor Abgabe seiner Bestellung erkennen und berichtigen kann (§ 312e I 1 Nr. 1). Ferner hat er dem Kunden bestimmte *Informationen zum Vertragsschluss,* die in § 3 der Info-V geregelt sind (z.B. technische Schritte, die zum Vertragsschluss führen), klar und verständlich mitzuteilen (§ 312e I 1 Nr. 3). Den *Zugang* der Bestellung hat er dem Kunden unverzüglich auf elektronischem Wege zu *bestätigen* (§ 312e I 1 Nr. 4). Schließlich muss er dem Kunden die Möglichkeit verschaffen, die *Vertragsbestimmungen* einschließlich der Allgemeinen Geschäftsbedingungen bei Vertragsschluss abzurufen und *in wiedergabefähiger Form zu speichern* (§ 312e I 1 Nr. 4).

17   Ein Verstoß des Unternehmers gegen diese Pflichten aus § 312e führt zwar nicht zur Nichtigkeit des Vertrages. Er kann jedoch eine Schadensersatzpflicht des Unternehmers aus § 311 II i.V.m. § 280 I begründen und im Übrigen dazu führen, dass der Kunde den Vertrag wegen Erklärungsirrtums nach § 119 I anfechten kann.

18   Allein der Vertragsabschluss im elektronischen Geschäftsverkehr begründet für den Kunden *kein Widerrufsrecht.* Es kann aber bestehen, wenn gleichzeitig die Voraussetzungen für ein Fernabsatzgeschäft nach § 312d vorliegen.

§ 312e spricht bewusst nicht vom Verbraucher, sondern vom Kunden, der zwar Verbraucher sein kann, aber nicht muss. Deshalb hat § 312e auch nicht ausschließlich verbraucherschützenden Charakter.

III. Das Widerrufsrecht des Verbrauchers

1. Begriff und Bedeutung

19   Das Widerrufsrecht gibt einem Verbraucher (§ 13) unter bestimmten Voraussetzungen die Möglichkeit, sich ohne Grund aus einem Vertrag mit einem Unternehmer (§ 14) zu lösen.

Das Widerrufsrecht bezweckt den Schutz des Verbrauchers vor vertraglichen Bindungen, die er eventuell übereilt und ohne Abwägung der für- und widersprechenden Gesichtspunkte oder – bei kompliziert gestalteten Vertragsgegenständen (z. B. Verbraucherdarlehensverträge) – ohne den notwendigen Überblick zu haben, eingegangen ist.

Vor dem Jahre 2000 war das Widerrufsrecht in besonderen Verbraucher- **20** schutzgesetzen (§ 3 FernAbsG a. F., § 1, 2 HTWG a. F., § 7 VerbrKrG a. F., § 5 TzWrG a. F.) geregelt. In Folge des „Gesetzes über Fernabsatzverträge und andere Fragen des Verbraucherschutzes" vom 27. 6. 2000 (BGBl. I 897) wurden dann die §§ 361 a und 361 b a. F. zur einheitlichen Ausgestaltung des Widerrufsrechtes für alle verbraucherschutzrechtlichen Regelungen in das BGB eingefügt. Diese Vorschriften wurden mit dem Schuldrechtsmodernisierungsgesetz neu gefasst, durch zusätzliche Vorschriften ergänzt und als §§ 355 bis 359 in das BGB eingeordnet.

Nach § 355 I 1 ist der Verbraucher nach Ausübung seines Wi- **21** derrufsrechts an seine Vertragserklärung nicht mehr gebunden. Die widerrufliche Willenserklärung des Verbrauchers und der abgeschlossene Vertrag sind zunächst *schwebend wirksam.* Sie können durch Widerruf endgültig unwirksam werden. Mithin stehen den Parteien mit Vertragsabschluss beiderseitige Erfüllungsansprüche zu. Endgültige Wirksamkeit erlangt die Willenserklärung des Verbrauchers und damit auch der Vertrag jedoch erst mit dem Erlöschen des Widerrufsrechts.

2. Voraussetzungen des Widerrufsrechts

Das Widerrufsrecht nach § 355 bei Verbraucherverträgen be- **22** steht nur, wenn einem Verbraucher (§ 13) durch Gesetz ein Widerrufsrecht nach § 355 eingeräumt wird. Solche Regelungen enthalten z. B. § 312 I 1 (für Haustürgeschäfte), 312 d I 1 (für Fernabsatzverträge), § 485 (für Teilzeit-Wohnrechteverträge), § 495 (für Verbraucherdarlehensverträge). Auf Grund der Vertragsfreiheit kann jedoch auch für nicht kraft Gesetzes unter § 355 fallende Verträge ein Widerrufsrecht nach dieser Vorschrift vereinbart werden (Palandt/Heinrichs, Ergänzungsband 2002, Einf. vor § 355 Rdnr. 3).

3. Ausübung des Widerrufsrechts

a) Widerrufserklärung

23   Aus der Widerrufserklärung muss sich ergeben, dass der Verbraucher den Vertrag nicht mehr gelten lassen will, wobei das Wort „Widerruf" nicht verwendet werden muss (BGH NJW 1993, 128; NJW 1996, 1964, 1965). Eine Begründung braucht dagegen nicht zu erfolgen. Daneben muss erkennbar sein, wer Widerrufender ist.

Die Widerrufserklärung muss gem. § 355 I 2 in *Textform* (§ 126 b) oder *durch Rücksendung der Waren* erfolgen. Bei einer Rücksendung muss der Unternehmer aber erkennen können, auf welchen Vertrag sich die konkludente Erklärung bezieht.

Diesen Formerfordernissen genügt eine mündliche Erklärung selbst dann nicht, wenn sie – wie im **Fall a** – auf einem Anrufbeantworter gespeichert zur Verfügung steht, denn das ist keine zur dauerhaften Wiedergabe in Schriftzeichen geeignete Weise.

Als empfangsbedürftige Willenserklärung wird der Widerruf nach § 130 I erst wirksam, wenn er dem Unternehmer zugegangen ist. Wegen der Gefahrtragung des Unternehmers (vgl. § 357 II 2) wird der konkludent ausgeübte Widerruf im Falle der Rücksendung der Sache allerdings auch dann wirksam, wenn die Sache während des Transportes verloren geht (Palandt/Heinrichs, Ergänzungsband 2002, § 355 Rdnr. 10; **Fall b**).

b) Widerrufsfrist

24   aa) Gemäß § 355 I 2 beträgt die Widerrufsfrist *zwei Wochen*. Sie kann durch Vertrag zu Gunsten des Verbrauchers verlängert werden. Eine Verkürzung ist jedoch nicht möglich (Palandt/Heinrichs, Ergänzungsband 2002, § 355 Rdnr. 2, 11). Es handelt sich folglich um halbzwingendes Recht.

25   bb) Der Lauf der Widerrufsfrist beginnt erst, *wenn* dem Verbraucher eine von ihm gesondert zu unterschreibende *Belehrung* über das Widerrufsrecht in Textform (§ 126 b) *mitgeteilt worden* (§ 355 II 1) oder bei einem schriftlich abzuschließenden Vertrag (vgl. z. B. § 492 III) zur Verfügung gestellt worden ist (§ 355 II 3). Bei Fernabsatz- und Teilzeit-Wohnrechteverträgen setzt der Beginn der Widerrufsfrist gem. §§ 312d II und 485 IV ferner voraus, dass der Unternehmer dem Verbraucher die gem. § 312c II (Rdnr. 11) und § 482 (BS § 7 Rdnr. 69) erforderlichen Informationen zur Verfügung gestellt hat. Die Fristberechnung erfolgt nach den §§ 187 I, 188 II, 193.

Die Widerrufsbelehrung muss die in § 355 II 1 genannten Angaben enthalten, sowie klarstellen, auf welchen konkreten Verbrauchervertrag sie sich bezieht. Sie unterliegt daneben auch dem sog. *Deutlichkeitsgebot,* d.h. sie muss inhaltlich und drucktechnisch deutlich gestaltet sein, sich beispielsweise durch Farbe, größere Letter oder Fettdruck in nicht zu übersehender Weise aus dem übrigen Text herausheben (BGH NJW-RR 1990, 368, 370; NJW 1996, 1964, 1965). Die Widerrufsbelehrung muss grundsätzlich gesondert unterschrieben oder mit einer qualifizierten elektronischen Signatur (§ 2 Nr. 3 SigG) versehen werden (§ 355 II 2). Sie darf zwar auf dem selben Schriftstück wie der Vertrag untergebracht werden (OLG Stuttgart, NJW-RR 1990, 1273). Damit jedoch erkennbar bleibt, dass sich die Unterschrift bzw. Signatur des Verbrauchers allein auf die Widerrufsbelehrung bezieht, ist eine räumliche Trennung von dem Vertragsrecht erforderlich.

cc) Um dem Verbraucher beide Wochen als Überlegungsfrist zu lassen, genügt zur Fristwahrung die *rechtzeitige Absendung* des Widerrufs (§ 355 I 2). Es kommt also nicht auf den Zeitpunkt des Zuganges an. **26**

dd) Für den Fall, dass bei Fernabsatz- und Teilzeit-Wohnrechteverträgen der Unternehmer dem Verbraucher nicht die gem. §§ 312c II, 482 erforderlichen Informationen zur Verfügung gestellt hat, bleibt das Widerrufsrecht allerdings nicht auf unbegrenzte Zeit bestehen. Es *erlischt spätestens 6 Monate nach Vertragsschluss* (§ 355 III 1). Bei der Lieferung von Waren beginnt die Frist jedoch nicht vor dem Tag ihres Eingangs beim Empfänger (§ 355 III 2). **27**

Nach der im Rahmen der Schuldrechtsreform beschlossenen Fassung des § 355 III galt die Höchstfrist von sechs Monaten auch dann, wenn der Verbraucher über sein Widerrufsrecht nicht ordnungsgemäß belehrt wurde. Diese Regelung war jedoch – soweit es um das Widerrufsrecht bei Haustürgeschäften ging – europarechtswidrig (EuGH NJW 2002, 281). Deshalb hat der Deutsche Bundestag am 7. 6. 2002 beschlossen, dem § 355 III einen neuen **28**

Satz 3 anzuhängen (dazu Schmidt-Räntsch, ZIP 2002, 1100, 1103 f.). Danach gilt für das Widerrufsrecht des nicht ordnungsgemäß belehrten Verbrauchers die Höchstfrist von sechs Monaten nicht.

4. Beschränkung des Widerrufsrechts durch ein Rückgaberecht

a) Voraussetzungen

29   Unter bestimmten Voraussetzungen kann im Interesse des Unternehmers der Widerruf vertraglich auf ein *Rückgaberecht* beschränkt werden (§ 356). Dieses unterscheidet sich vom Widerrufsrecht dadurch, dass es *nur* durch Rücksendung der Ware oder ausnahmsweise durch Rücknahmeverlangen ausgeübt werden kann.

30   aa) Eine Ersetzung des Widerrufsrechts kommt nur in Betracht, soweit dies *ausdrücklich durch Gesetz zugelassen* ist (§ 356 I 1). Eine solche Rückgabemöglichkeit ist bei den besonderen Vertriebsformen zudem für Fernabsatzverträge (§ 312 d I 2) und Haustürgeschäfte (§ 312 I 2) vorgesehen. Sie findet sich ferner bei Teilzahlungsgeschäften (§ 503 I).

31   bb) Ferner muss der Vertrag auf Grund eines Verkaufsprospekts (z. B. [Internet-]Kataloge, Postwurfsendungen, Disketten) geschlossen sein (§ 356 I 1). In diesem – in der Regel als invitatio ad offerendum zu verstehenden – Prospekt muss eine deutlich gestaltete Belehrung über das Rückgaberecht enthalten sein (§ 356 I 2 Nr. 1). Zudem muss gewährleistet sein, dass der Verbraucher den Verkaufsprospekt in Abwesenheit des Unternehmers eingehend zur Kenntnis nehmen kann (§ 356 I 2 Nr. 2). Es ist jedoch nicht erforderlich, dass der Verbraucher vom Prospekt tatsächlich Kenntnis nimmt und ihn richtig versteht.

32   cc) Das Rückgaberecht muss durch vertragliche Vereinbarung zwischen dem Unternehmer und dem Verbraucher anstelle des Widerrufsrechts nach § 355 in den Vertrag einbezogen worden sein. Dies geschieht in der Regel durch AGB, so dass § 305 II zu beachten ist. Die Beschränkung des Widerrufsrechts auf das Rückgaberecht muss gegenüber dem Verbraucher jedoch in Textform (§ 126 b) erfolgen (§ 356 I 2 Nr. 3). Geschieht dies nicht, bleibt es beim Widerrufsrecht. Der Vertrag bleibt aber im Übrigen gem. § 306 I wirksam.

b) Ausübung

Die Ausübung des Rückgaberechts muss gem. § 356 II 1 durch **33** *Rücksendung der Ware* auf Kosten und Gefahr des Unternehmers (vgl. § 357 II 2) erfolgen. Ist allerdings eine Versendung der Ware als Paket (z. B. wegen des Gewichts oder der Größe) nicht möglich, kann das Rückgaberecht ausnahmsweise durch ein in Textform zu äußerndes sog. *Rücknahmeverlangen* ausgeübt werden (§ 355 II 1). Erklärt der Verbraucher trotz Versendungsmöglichkeit der Ware durch Paket ein Rücknahmeverlangen, bleibt er an den Vertrag gebunden.

Das Rückgaberecht ist innerhalb der Widerrufsfrist von zwei Wochen aus-zuüben (§ 356 II 2 i. V. m. § 355 I 2). Dabei ist zu berücksichtigen, dass diese Frist gem. § 356 II 1 bei Waren nicht vor Erhalt der Sache beginnt. Zur Frist-wahrung genügt auch hier die rechtzeitige Absendung (§ 356 II 2 i. V. m. § 355 I 2).

5. Rechtsfolgen des Widerrufs und der Rückgabe

Die Rechtsfolgen des Widerrufs nach § 355 und der Rückgabe **34** nach § 356 BGB ergeben sich aus § 357. Diese Folgen können durch Vertrag nur zu Gunsten des Verbrauchers geändert werden.

a) Rückabwicklung nach den §§ 346 ff.

Durch den Widerruf oder die Rückgabe der Sache wird die auf den Abschluss des Verbrauchervertrages gerichtete Willenserklä-rung des Verbrauchers vernichtet. Die gegenseitigen Erfüllungs-pflichten erlöschen also. Der zunächst schwebend wirksame, nun aber unwirksam gewordene Verbrauchervertrag wandelt sich ex nunc in ein Abwicklungsverhältnis (sog. Rückgewährschuldver-hältnis) um. Auf dieses finden gem. § 357 I 1 die Vorschriften über den gesetzlichen Rücktritt, d. h. die §§ 346 ff., entsprechende An-wendung. Daher sind die beiderseitigen Leistungen nach §§ 346 ff. zurückzugewähren (vgl. § 18 Rdnr. 17 ff.).

b) Besonderheiten nach § 357

35   § 357 sieht gegenüber dem allgemeinen Rücktrittsrecht folgende Besonderheiten vor:

aa) Nach § 357 I 2 kommt der Unternehmer mit seiner Pflicht zur Rückzahlung des Entgelts (§ 346 I) ohne Mahnung 30 Tage nach Zugang der Widerrufserklärung bzw. der Rückgabe des Verbrauchers automatisch in *Verzug;* denn von diesem Zeitpunkt an läuft gem. § 357 I 2 für den Unternehmer die Frist des § 286 III. Mithin wird die im Regelfall erforderliche Zahlungsaufforderung durch den Widerruf ersetzt.

Zudem wird durch § 357 I 2 der Anwendungsbereich des § 286 III erweitert; denn bei dem Anspruch des Verbrauchers auf Rückgewähr seiner Zahlungen handelt es sich nicht um eine „Entgeltforderung" i. S. v. § 286 III für eine Leistung (dazu Krause, Jura 2002, 217, 220). Würde man den § 357 I 2 nicht in diesem Sinne verstehen, hätte die Vorschrift keinen Anwendungsbereich.

36   bb) Wenn der Verbraucher nach Ausübung des Widerrufsrechts die bereits erhaltenen Sachen an den Unternehmer zurücksendet (§ 357 II 1), trägt dieser die *Gefahr der Rücksendung* (§ 357 II 2). Folglich wird der Verbraucher auch bei Untergang oder Verschlechterung der Sachen von seiner Rückgewährpflicht frei **(Fall b).** Außerdem fallen dem Unternehmer die Kosten der Rücksendung zur Last (§ 357 II 2).

Es besteht jedoch für den Unternehmer die Möglichkeit, bei einer Bestellung bis zu einem (Brutto-)Betrag von 40 Euro dem Verbraucher die regelmäßigen Kosten der Rücksendung vertraglich (z.B. durch AGB) aufzuerlegen (§ 357 II 3). Dabei ist allerdings zu beachten, dass diese Möglichkeit nur gegeben ist, wenn ein Widerrufsrecht besteht, d. h. nicht bei Vereinbarung eines Rückgaberechtes i. S. v. § 356.

Wurde dem Verbraucher aber eine mangelhafte Sache oder ein aliud geliefert, ist er weder zur Rücksendung noch zur Kostentragung verpflichtet (vgl. § 357 II 3).

37   cc) Abweichend von § 346 II Nr. 3 muss der Verbraucher gemäß § 357 III 1 dem Unternehmer auch eine *durch die bestimmungsgemäße Ingebrauchnahme entstandene Wertminderung* ersetzen. Darin liegt eine Abweichung von § 361a II 4 a. F. Diese kann unter Umständen in Folge des „gebraucht statt neu" erheblich sein.

Beispiel: Kraftfahrzeuge erleiden allein durch die Erstzulassung einen Wertverlust von etwa 20% (BT-Drucks. 14/6040, S. 199).

Damit den Verbraucher dieses Haftungsrisiko nicht unvorberei- **38** tet trifft, muss er die genannte Wertminderung nur dann ersetzen, wenn der Unternehmer ihn bei Vertragsschluss in Textform (§ 126 b) auf diese Rechtsfolge hingewiesen und zudem eine Möglichkeit zur Vermeidung der drohenden Wertminderung aufgezeigt hat.

Beispiel: Beim Kauf eines Pkw im Internet muss der Verbraucher zum einen darauf hingewiesen werden, dass er den mit der Zulassung des Pkw verbundenen Wertverlust von 20% im Falle des Widerrufs und der Rückabwicklung des Vertrags zu tragen hat. Zum anderen soll der Unternehmer nach der wenig lebensnahen Vorstellung des Gesetzgebers (BT-Drucks. 14/6040, S. 200) dem Verbraucher aufzuzeigen haben, dass dieser die Wertminderung z.B. dadurch vermeiden kann, dass er zunächst eine Probefahrt auf einem Privatgelände durchführt und den Pkw erst zulässt, wenn er von seinem Widerrufsrecht keinen Gebrauch machen will.

Der Wertminderungsanspruch ist jedoch gem. § 357 III 2 aus- **39** geschlossen, wenn die Wertminderung „ausschließlich auf die Prüfung der Sache zurückzuführen" ist. Dem Verbrauchers soll also nicht das Recht genommen werden, sich die Waren anzusehen und sie begutachten zu können.

Beispiele: Der Verbraucher muss den Wertverlust, den ein Kleidungsstück dadurch erleidet, dass es ausgepackt und anprobiert wird, oder der bei einem Buch eintritt, das bloß aufgeschlagen und kurz durchgeblättert wird, nicht ersetzen (BT-Drucks. 14/6040, S. 200).

dd) Während der Rücktrittsberechtigte bei zufälliger oder trotz **40** Wahrung der eigenüblichen Sorgfalt eingetretener Verschlechterung oder dem Untergang der Sachen gemäß § 346 III 1 Nr. 3 nicht zum Wertersatz verpflichtet ist, findet diese Privilegierung gemäß § 357 III 3 auf den Widerrufsberechtigten keine Anwendung. Letzterer muss also in diesen Fällen *verschuldensunabhängig* gemäß § 357 I 1 i.V.m. § 346 II 1 Nr. 3 *Wertersatz leisten.* Voraussetzung dafür ist aber, dass der Verbraucher über sein Widerrufsrecht ordnungsgemäß belehrt worden ist oder hiervon anderweitig Kenntnis erlangt hat. Andernfalls haftet er nur für Vorsatz und grobe Fahrlässigkeit.

Obwohl im **Fall c** das Geschirr zerstört ist, steht dem O gemäß § 312 I Nr. 2 i. V. m. § 355 ein Widerrufsrecht zu. Sein Anspruch auf Rückzahlung des Kaufpreises i. H. v. 60 Euro aus §§ 357, 346 I ist jedoch durch die von V erklärte Aufrechnung (§ 389) i. H. v. 30 Euro erloschen; dem V steht nämlich seinerseits gegen O gemäß §§ 357 I, 346 II 1 Nr. 3 ein Anspruch auf Ersetzung des *objektiven Wertes* (bei der Wertermittlung muss nämlich das vereinbarte Entgelt [60 Euro] um die Gewinnspanne gekürzt werden, vgl. Palandt-Heinrichs, Ergänzungsband 2002, § 357 Rdnr. 14) zu.

c) Ausschluss weitergehender Ansprüche

41   Weitergehende Ansprüche des Unternehmers gegen den Verbraucher, etwa aus § 280, § 823 oder § 812, sind gem. § 357 IV ausgeschlossen. Etwas anderes gilt allenfalls – auf Grund einer teleologischen Reduktion – bei Ansprüchen aus § 826 (AnwKom/Ring, § 357 Rdnr. 47; Palandt/Heinrichs, Ergänzungsband 2002, § 357 Rdnr. 13).

6. Widerrufs- und Einwendungsdurchgriff

a) Widerrufsdurchgriff

42   Die Möglichkeit, sich ohne Grund von einem Vertrag lösen zu können, kann für den Verbraucher bei sog. *verbundenen Geschäften* unterlaufen werden. Solche Geschäfte liegen vor, wenn ein (Verbraucher-)Vertrag über die Lieferung einer Ware (z. B. Ratenkauf) oder die Erbringung einer anderen Leistung (z. B. Werk-, Dienst- oder Reisevertrag) und ein Verbraucherdarlehensvertrag (§ 491) so verbunden sind, dass das Darlehen der Finanzierung dieses Vertrags dient und beide Verträge eine wirtschaftliche Einheit bilden (§ 358 III 1).

Letzteres ist insbesondere der Fall, wenn der Unternehmer selbst die Gegenleistung des Verbrauchers finanziert, also auch Vertragspartner des Darlehensvertrages ist oder – im Fall der Finanzierung durch einen Dritten – wenn sich der Darlehensgeber zum Vertragsschluss der Mitwirkung des Unternehmers bedient (§ 358 III 2). Beim finanzierten Erwerb eines Grundstücks liegt die wirtschaftliche Einheit nur unter engeren Voraussetzungen vor (§ 358 III 3).

Ein **Beispiel** für ein verbundenes Geschäft bildet das im **Fall d** dargestellte Geschäft, bei dem ein Käufer – meist durch Vermittlung des Verkäufers – mit einem Kreditgeber einen Darlehensvertrag abschließt, um den Kaufpreis finanzieren zu können. In der Regel wird dann die Darlehensvaluta an den Verkäufer direkt ausbezahlt und die Kaufsache zur Sicherung des Ratenrückzahlungsanspruches an die Bank übereignet.

Ist in solchen Fällen der eine Vertrag nicht widerrufbar (weil **43** z.B. kein Haustürgeschäft vorliegt, **Fall d**), besteht die Gefahr, dass der Verbraucher das für den anderen Vertrag bestehende Widerrufsrecht praktisch nicht ausüben kann, da seine Zahlungspflicht aus dem unwiderruflichen Vertrag ja weiterhin bestehen würde. Um den Verbraucher vor diesen Risiken zu schützen, erweitert § 358 I, II bei verbundenen Verträgen die Wirkung des für den einen Vertrag bestehenden Widerrufsrechts des Verbrauchers auf den jeweils anderen Vertrag. Auf die Folgen des Widerrufsdurchgriffs ist der Verbraucher in der Widerrufsbelehrung nach § 355 II hinzuweisen (§ 358 V).

aa) Dabei regelt *§ 358 I* den Widerrufsdurchgriff bei Widerruf **44** des finanzierten Verbrauchervertrages (z.B. Kaufvertrag). Ist ein solcher Vertrag gem. §§ 312, 312d oder 485 widerrufbar, erstreckt sich der Widerruf gem. § 358 I auch auf den verbundenen Verbraucherdarlehensvertrag. Damit wird sichergestellt, dass beim finanzierten Verbrauchervertrag nicht nur dieser, sondern zugleich auch der Darlehensvertrag rückabgewickelt werden kann. Letzterer gilt daher als widerrufen, ohne dass insoweit vom Verbraucher ein Widerruf erklärt werden bzw. ihm überhaupt ein Widerrufsrecht zustehen muss. Hierdurch wird ein sog. Rückabwicklungsgleichlauf erreicht.

bb) Demgegenüber ist in *§ 358 II 1* der umgekehrte Fall gere- **45** gelt. Ein Widerruf des Darlehensvertrages gem. § 495 I i.V.m. § 355 bewirkt, dass auch der verbundene Verbrauchervertrag (z.B. Kaufvertrag) unwirksam wird.

Im **Fall d** kann K den Darlehensvertrag widerrufen (§ 495 I). Gem. § 358 II 1 ist er dann auch an den isoliert nicht widerrufbaren Kaufvertrag mit V nicht mehr gebunden.

Grundsätzlich gilt auch der Widerrufsdurchgriff des § 358 II unabhängig vom Bestehen eines Widerrufsrechtes für den Verbrauchervertrag. Kann der

Verbraucher jedoch den finanzierten Verbrauchervertrag widerrufen, entfällt gem. § 358 II 2 das Widerrufsrecht für den Verbraucherdarlehensvertrag nach § 495, und § 358 I findet alleinige Anwendung. Dies bedeutet, dass das Widerrufsrecht bzgl. des Verbrauchervertrages Vorrang vor dem Widerrufsrecht bzgl. des Verbraucherdarlehensvertrages hat. Für den Verbraucher sind damit jedoch keine Nachteile verbunden. Widerruft er fälschlicherweise den Darlehensvertrag, obwohl er nach § 358 II 2 eigentlich den Verbrauchervertrag hätte widerrufen müssen, gilt dies gem. § 358 II 3 als Widerruf des verbundenen (Verbraucher-)Vertrages gem. § 358 I.

Im **Fall e** sind sowohl der Kaufvertrag selbst nach §§ 312 I Nr. 1, 355 als auch der Darlehensvertrag nach §§ 495, 355 widerrufbar. Beide Verträge sind jedoch verbundene Verträge i. S. v. § 358 III. Demzufolge entfällt gem. § 358 II 2 das Widerrufsrecht für den Darlehensvertrag. Da K gegenüber B aber frist- und formgerecht den Widerruf des Darlehensvertrages erklärt hat, gilt nach § 358 II 3 als Widerruf des Kaufvertrages gegenüber V. Die Fiktion des § 358 II 3 bewirkt zudem, dass durch den fristgemäßen Widerruf gegenüber B, auch die Widerrufsfrist bzgl. des Kaufvertrages – selbst wenn diese inzwischen abgelaufen ist – eingehalten ist.

46   cc) *Rechtsfolge des Widerrufs bei verbundenen Geschäften* ist, dass auch der mit dem widerrufenen Vertrag verbundene Vertrag nach § 358 IV i. V. m. §§ 357, 346 ff. rückabzuwickeln ist. Für den Fall, dass das Darlehen dem Unternehmer des verbundenen Vertrages bereits zugeflossen ist, braucht sich der Verbraucher allerdings nur mit dem Darlehensgeber auseinanderzusetzen, da dieser gem. § 358 IV 3 im Verhältnis zum Verbraucher in die Rechte und Pflichten des Unternehmers aus dem verbundenen Vertrag eintritt. Deshalb ist er jetzt Schuldner des Rückzahlungsanspruchs (Kaufpreis).

Aus diesem Grund ist im **Fall d** der K zwar verpflichtet, das Darlehen an B zurückzuerstatten, da dieser Anspruch des K (in der Rolle des Käufers) gegen B (in der Rolle des Verkäufers) auf Rückzahlung des Kaufpreises kraft Gesetzes saldiert wird (MünchKomm/Habersack, § 9 VerbrKrG Rdnr. 67).

b) Einwendungsdurchgriff

47   Der Verbraucher wird nicht nur durch den Widerrufsdurchgriff (§ 358), sondern auch durch einen sog. Einwendungsdurchgriff (§ 359) geschützt. Soweit der Verbraucher aus dem verbundenen Vertrag Einwendungen gegenüber dem Unternehmer hat, kann er die Rückzahlung des Darlehens gemäß § 359 S. 1 verweigern. Hat der Verbraucher jedoch bei einem Kauf- oder Werkvertrag nach §§ 437 Nr. 1 oder 634 Nr. 1 einen Anspruch auf Nacherfüllung, so kann er gemäß § 359 S. 3 die Rückzahlung des Darlehens erst verweigern, wenn die Nacherfüllung fehlgeschlagen ist.

Ausgeschlossen ist der Einwendungsdurchgriff nach § 359 S. 2 in Bagatellfällen (finanziertes Entgelt bis zu 200 Euro) sowie dann, wenn die Einwendung auf einer erst nach Abschluss des Darlehensvertrages zwischen Unternehmer und Verbraucher vereinbarten Vertragsänderung beruht; denn damit braucht der Darlehensgeber bei Vertragsschluss nicht zu rechnen.

Siebtes Kapitel

§ 20. Verantwortlichkeit des Schuldners

1   **Schrifttum:** Deutsch, Der Begriff der Fahrlässigkeit im Zivilrecht, Jura 1987, 505; ders., Die Fahrlässigkeit als Außerachtlassung der äußeren und der inneren Sorgfalt, JZ 1988, 993; J. Hager, Das Mitverschulden von Hilfspersonen und gesetzlichen Vertretern des Geschädigten, NJW 1989, 1640; Kaiser/Rieble, Haftet der Schuldner für das Ausbleiben seines Erfüllungsgehilfen?, NJW 1990, 218; Kamanabrou, Grenzen der Haftung für Schutzpflichtverletzungen Dritter, NJW 2001, 1187; Kramer, Das Prinzip der objektiven Zurechnung im Delikts- und Vertragsrecht, AcP 171, 422; Kupisch, Die Haftung für Erfüllungsgehilfen (§ 278 BGB), JuS 1983, 817; Leßmann, Haftung für schädigendes Drittverhalten, JA 1980, 193; Schapp, Probleme bei der Reform des Leistungsstörungsrechts, JZ 1983, 637; Schreiber, Die Haftung für Hilfspersonen, Jura 1987, 647; Walker, Die eingeschränkte Haftung des Arbeitnehmers unter Berücksichtigung der Schuldrechtsreform, JuS 2002, 736; Weimar, Haftet der Schuldner für Gelegenheitshandlungen seines Erfüllungsgehilfen?, JR 1982, 95.

Fälle:

a) B fährt den von A geliehenen Pkw im Vollrausch vor einen Baum. Er will keinen Schadensersatz leisten, weil er verschuldensunfähig gewesen sei.

b) B fährt mit dem geliehenen Pkw über eine Holzbrücke, obwohl er nicht sicher ist, ob sie den Wagen trägt; er vertraut aber darauf, dass sie schon halten werde. Der Wagen wird durch Einsturz der Brücke zerstört. B meint, er habe nur fahrlässig gehandelt.

c) Dachdeckermeister U lässt die am Haus des B übernommene Dachreparatur von seinem Gesellen G ausführen. Dieser beschädigt mit seiner Leiter die Bodenlampe, lässt einen Dachziegel auf die Straße fallen, wodurch ein Passant verletzt wird, dichtet das Dach schlecht ab und nimmt schließlich auf dem Boden hängende Wäsche des B mit. Ist U schadensersatzpflichtig?

d) K ist an einem bestimmten Kunstwerk interessiert. Der Kunsthändler V verspricht, es zu beschaffen und zu liefern. Er kann den Eigentümer aber nicht zum Verkauf bewegen. K hatte inzwischen einen lukrativen Weiterverkauf getätigt, der mangels Belieferung durch V nicht vollzogen werden kann. Er verlangt den entgangenen Gewinn von V ersetzt.

Im deutschen Zivilrecht gilt anders als im anglo–amerikanischen das Verschuldensprinzip. Danach haftet der Schuldner (insbesondere auf Schadensersatz) nur im Falle des Verschuldens. Der Schuldner kann sowohl für eigenes (§§ 276, 277) als auch für fremdes Verschulden (§ 278) verantwortlich sein. Nur ausnahmsweise haftet er auch ohne Verschulden (sog. Garantiehaftung, vgl. § 276 I 1, 2. Hs.).

I. Haftung für eigenes Verschulden

Nach § 276 I 1, 1. Hs. hat der Schuldner regelmäßig Vorsatz **2** und Fahrlässigkeit zu vertreten. Beides wird unter dem Begriff des Verschuldens zusammengefasst (Mot. I, 281). Ein Verschuldensvorwurf kann aber nur auf eine pflichtwidrige Handlung des Schuldners bezogen und nur dem gemacht werden, der auch schuldfähig ist. Verschulden setzt daher Pflichtwidrigkeit, Verschuldensfähigkeit (= Deliktsfähigkeit) und eine der Schuldformen (Vorsatz oder Fahrlässigkeit) voraus.

1. Pflichtwidrigkeit

Die Pflichtwidrigkeit der Handlung (Tun und Unterlassen) des **3** Schuldners ergibt sich in der Regel aus dem objektiven Verstoß gegen eine Pflicht aus dem Schuldverhältnis. Einer Erörterung bedarf dieser Punkt nur dann, wenn entweder schon das Vorliegen einer Handlung des Schuldners problematisch ist oder wenn der Sachverhalt Anhaltspunkte dafür bietet, dass für das Verhalten des Schuldners ein Rechtfertigungsgrund gegeben ist (vgl. zur Rechtswidrigkeit § 28 Rdnr. 4).

Beispiel: Der geschuldete Dali wird durch Brand in Folge eines Blitzschlags zerstört. Hier kann der Schuldner seine Pflicht zur Verschaffung der Sache zwar nicht mehr erfüllen. Er kann dafür aber mangels Handlung nicht verantwortlich sein. – Der ihm zur Verwahrung gegebene Hund greift den Verwahrer derart an, dass nur ein Schuss des V auf den Hund dessen Angriff auf V und damit eine Gefahr von V abwehrt. Das Verhalten des V ist nicht pflichtwidrig (§ 228). Dass V hier absichtlich handelt, spielt keine Rolle.

2. Verschuldensfähigkeit

Die Verschuldensfähigkeit richtet sich nach den §§ 827, 828, die **4** § 276 I 2 für entsprechend anwendbar erklärt.

Unmittelbar gelten diese Vorschriften nur für die Delikts- und nicht für die Schuldfähigkeit schlechthin.

a) Verschuldensunfähige Personen

Verschuldensunfähig sind alle Personen vor Vollendung des siebenten Lebensjahres (§ 828 I). Nicht verantwortlich ist auch, wer im Zustand der Bewusstlosigkeit oder in einem die freie Willensbestimmung ausschließenden Zustand krankhafter Störung der Geistestätigkeit gehandelt hat (§ 827 S. 1).

Hiervon macht das Gesetz jedoch eine Ausnahme und nimmt Verschulden in Form von Fahrlässigkeit an, wenn der Schuldner diesen Zustand vorübergehend dadurch herbeigeführt hat, dass er sich schuldhaft durch geistige Getränke oder ähnliche Mittel berauscht hat (§ 827 S. 2; **Fall a**).

b) Beschränkt verschuldensfähige Personen

5   Beschränkt verschuldensfähig sind alle Personen, die das siebente, nicht aber das 18. Lebensjahr vollendet haben. Das Gesetz macht die Verantwortlichkeit für einen Schaden davon abhängig, ob der Betreffende bei der Begehung der Pflichtverletzung die zur Erkenntnis der Verantwortlichkeit erforderliche Einsicht hatte (§ 828 III).

Eine Ausnahme gilt nach dem am 1. 8. 2002 neu eingefügten § 828 II. Danach ist ein Kind, das das siebente, aber nicht das zehnte Lebensjahr vollendet hat, für den Schaden, den es einem anderen bei Unfällen im motorisierten Straßen- oder Bahnverkehr nicht vorsätzlich zufügt, nicht verantwortlich.

c) Verschuldensfähige Personen

6   Verschuldensfähig sind alle übrigen Personen.

3. Schuldform

a) Vorsatz

7   Das Gesetz definiert den Begriff des Vorsatzes nicht. Nach der Rechtsprechung und der überwiegenden Meinung im Schrifttum umfasst der Vorsatz das *Wissen und Wollen des Erfolges und das Bewusstsein der Rechtswidrigkeit.*

aa) Beim Vorsatz i. S. d. § 276 lassen sich nach der Schwere des Schuldvorwurfs zwei *Arten* unterscheiden:

(1) *Direkter Vorsatz (dolus directus)* liegt vor, wenn der Handelnde 8
den Erfolg als notwendige Folge seines Handelns voraussieht und
trotzdem handelt.

(2) *Bedingter Vorsatz (dolus eventualis)* ist gegeben, wenn der Täter 9
sich den Erfolg nur als möglich vorstellt und ihn für den Fall seines
Eintritts in Kauf nimmt (so die heute herrschende Willenstheorie).

Nach der Vorstellungstheorie reicht bereits die Vorstellung von der Möglichkeit des Erfolgseintritts für den bedingten Vorsatz aus. Dem kann jedoch
nicht gefolgt werden, da nur unter Berücksichtigung des Willenselements eine
Abgrenzung von der bewussten Fahrlässigkeit möglich ist. Denn wer die Vorstellung hat, der Erfolg könne möglicherweise eintreten, kann ihn gleichwohl
missbilligen und nur in leichtsinnigem Vertrauen auf einen guten Ausgang
seines Tuns trotzdem – und zwar bewusst fahrlässig – handeln. Die Vorstellungstheorie müsste auch in diesem Fall ein vorsätzliches Handeln bejahen, was
nicht sachgemäß ist.
Im **Fall b** liegt nach der Vorstellungstheorie Vorsatz, nach der Willensthe-
rie Fahrlässigkeit vor. In beiden Fällen haftet B wegen schuldhafter Beschädigung des Wagens auf Schadensersatz (§ 280).

Der bedingte Vorsatz ist von der bewussten Fahrlässigkeit abzu- 10
grenzen. In beiden Fällen sieht der Handelnde den Erfolg als möglich voraus. Beim bedingten Vorsatz will er auf jeden Fall handeln,
selbst wenn die als möglich erkannte Folge eintritt (Er sagt sich:
Na, wenn schon!). Bei der bewussten Fahrlässigkeit hingegen würde er von der Handlung absehen, wenn er wüsste, dass die als
möglich erkannte Folge eintritt (Er sagt sich: Es wird schon gut
gehen.). Diese Abgrenzung ist zwar für das Zivilrecht nicht sehr
bedeutsam, weil der Schuldner nach § 276 I 1 für Vorsatz und
Fahrlässigkeit gleichermaßen einstehen muss. Die Unterscheidung
kann aber dann ausschlaggebend sein, wenn ein Haftungsausschluss
vereinbart ist; die Haftung für Vorsatz kann nicht ausgeschlossen
werden (§ 276 III).

Haben im **Fall b** A und B die Haftung für Schäden am Wagen ausgeschlossen, haftet B nur noch für eine vorsätzliche Beschädigung.

bb) Das *Bewusstsein der Rechtswidrigkeit* gehört ebenfalls zum 11
Vorsatz (Vorsatztheorie); erforderlich ist das Wissen des Täters,
dass er mit seiner Handlung gegen eine vertragliche oder gesetzliche Pflicht verstößt (vgl. BGH NJW 1985, 135; Fikentscher,

Rdnr. 506). Das ist streitig geworden, weil man versucht hat, die für das Strafrecht entwickelte Schuldtheorie ins Zivilrecht einzuführen. Danach bedeutet Vorsatz nur Wissen und Wollen der Tatbestandsverwirklichung; er gehört zum Tatbestand, wogegen das Bewusstsein der Rechtswidrigkeit vom Vorsatz zu trennen und als selbstständiges Element zur Schuld zu zählen ist.

12 Vernichtet der Täter bewusst eine fremde Sache in der irrigen Rechtsauffassung, dazu befugt zu sein, dann hat er nach der Schuldtheorie eine vorsätzliche Sachbeschädigung begangen (§ 303 StGB). Ob er deswegen bestraft werden kann, hängt davon ab, ob sein Rechtsirrtum vermeidbar war (vgl. § 17 StGB). Gehört jedoch das Bewusstsein der Rechtswidrigkeit zum Vorsatz (Vorsatztheorie), dann scheidet eine Bestrafung wegen Sachbeschädigung von vornherein aus, da es am Vorsatz fehlt und eine fahrlässige Sachbeschädigung nicht unter Strafe gestellt ist. Zivilrechtlich ist der Täter zum Schadensersatz verpflichtet, wenn sein Rechtsirrtum fahrlässig ist. Nach der Schuldtheorie liegt wegen Vermeidbarkeit des Irrtums eine vorsätzliche und schuldhafte, nach der Vorsatztheorie eine fahrlässige Sachbeschädigung vor; es besteht also für das Ergebnis kein Unterschied, wenn sowohl Vorsatz als auch Fahrlässigkeit dieselbe Schadensersatzverpflichtung auslösen.

13 Die Schuldtheorie mag im Strafrecht grundsätzlich ihre Berechtigung haben. Der Gesetzgeber des BGB hat jedoch in § 276 den Vorsatz als Schuldform angesehen (arg. § 278); er ist also von der Vorsatztheorie ausgegangen. Demnach setzt Vorsatz nicht nur das Wissen und Wollen der Tatumstände, sondern auch das Bewusstsein der Pflichtwidrigkeit voraus (vgl. BGHZ 118, 201, 208). Im Übrigen ist für das Zivilrecht der Theorienstreit von untergeordneter Bedeutung, weil hier der Schuldner regelmäßig auch für einen fahrlässig herbeigeführten Erfolg einzustehen hat.

Hat Frau F die minderjährige Nachbarstochter T wegen Lärmens in der Annahme, ihr stünde ein Züchtigungsrecht zu, verprügelt und erleidet T einen Körperschaden, so kommt nach richtiger Ansicht ein Schadensersatzanspruch der T nicht wegen vorsätzlicher, sondern wegen fahrlässiger Verletzung des Körpers (§ 823 I) in Betracht.

b) Fahrlässigkeit

14 aa) Unter Fahrlässigkeit versteht das Gesetz die *Außerachtlassung der im Verkehr erforderlichen Sorgfalt* (§ 276 II). Dabei handelt es sich um einen objektiven, typisierten Maßstab. Anders als im Strafrecht

kommt es für diesen Schuldvorwurf nicht auf die persönlichen Fähigkeiten, sondern darauf an, dass der Schuldner sich so sorgfältig verhält, wie das jeweilige Schuldverhältnis es zur Vermeidung von Schäden anderer verlangt. Denn der Rechtsverkehr muss sich ohne Rücksicht auf das persönliche Leistungsvermögen des Schuldners darauf verlassen können, dass jeder über die zur ordnungsgemäßen Erfüllung seiner Verpflichtungen notwendigen Fähigkeiten verfügt.

Beispiele: Ein Chirurg, der persönlich nicht die Geschicklichkeit besitzt, eine bestimmte Operation nach den Regeln der ärztlichen Kunst durchzuführen, handelt zivilrechtlich fahrlässig, wenn ihm ein Kunstfehler unterläuft. – Für den Kaufmann bestimmt § 347 HGB (Brox, HR Rdnr. 362 f.) ausdrücklich, dass er für die Sorgfalt eines ordentlichen Kaufmanns einzustehen hat.
Überdurchschnittliche persönliche Fähigkeiten (z. B. eines Piloten) sind dagegen auch im Zivilrecht beachtlich.

bb) Grundsätzlich hat der Schuldner für jede noch so geringe **15** Fahrlässigkeit einzustehen (§ 276 I 1, 1. Hs.). Deshalb spielt die Abgrenzung zwischen verschiedenen Fahrlässigkeitsgraden (leichte, mittlere, grobe Fahrlässigkeit) in der Regel keine Rolle.

c) Abweichende Regelung

Der Grundsatz, dass der Schuldner jede Form von Vorsatz und **16** Fahrlässigkeit zu vertreten hat, gilt nicht, wenn eine mildere Haftung (zur strengeren Haftung siehe Rdnr. 44 ff.) bestimmt oder aus dem sonstigen Inhalt des Schuldverhältnisses zu entnehmen ist (§ 276 I 1, 2. Hs.).

aa) Eine *abweichende Bestimmung* kann sich aus einem Vertrag **17** oder einer gesetzlichen Regelung ergeben.

(1) Durch *vertragliche Vereinbarung* kann die Haftung für Fahrlässigkeit (nicht dagegen diejenige für Vorsatz, § 276 III) ausgeschlossen oder eingeschränkt werden.

In AGB kann jedoch die Haftung für fahrlässig herbeigeführte Schäden aus der Verletzung des Lebens, des Körpers oder der Gesundheit grundsätzlich nicht zu Gunsten des Verwenders ausgeschlossen oder begrenzt werden (§ 309 Nr. 7a). Gleiches gilt für die grob fahrlässige Verursachung sonstiger Schäden (§ 309 Nr. 7b). Zu Ausnahmen siehe § 309 Nr. 7, 2. Hs. Zulässig ist dagegen eine Haftungsfreizeichnung für Sachschäden, die mit einfacher Fahrlässigkeit verursacht werden. Ob eine solche Vereinbarung sich auch auf die Erfüllungsgehilfen der begünstigten Partei erstreckt, so dass diese nicht persönlich wegen unerlaubter Handlung haften, ist durch Auslegung zu ermitteln (BGH NJW 1962, 388).

18   (2) In verschiedenen Fällen bestimmt das *Gesetz* eine mildere Haftung i. S. d. § 276 I 1, 2. Hs. und sieht eine Haftung nur für grobe Fahrlässigkeit oder für die Verletzung eigenüblicher Sorgfalt vor (selbstverständlich wird auch hier für Vorsatz gehaftet).

(a) *Grobe Fahrlässigkeit* liegt vor, wenn die im Verkehr erforderliche Sorgfalt im besonders schwerem Maße verletzt ist, mit anderen Worten, dass nicht beachtet ist, was jedem hätte einleuchten müssen. Die Beschränkung der Haftung auf grobe Fahrlässigkeit ist im Gesetz vor allem für solche Fälle vorgesehen, in denen jemand entweder unentgeltlich oder überwiegend im Interesse eines anderen tätig wird.

Beispiel: Schenker (§ 521), Verleiher (§ 599), Notgeschäftsführer (§ 680), Finder (§ 968); – siehe auch Haftung im Gläubigerverzug (§ 300; dazu § 26 Rdnr. 12).

19   (b) Haftet der Schuldner *nur* für diejenige Sorgfalt, die er in *eigenen Angelegenheiten* anzuwenden pflegt *(diligentia quam in suis),* kommt es nicht auf eine objektive Sorgfaltspflichtverletzung an; vielmehr ist Maßstab für den Schuldvorwurf, das individuelle Normalverhalten des Schuldners. Die Berücksichtigung der persönlichen Eigenheiten des Schuldners führt aber nicht dazu, dass er von der Haftung für grobe Fahrlässigkeit befreit ist (§ 277). Die Gründe für die Haftungserleichterung sind sehr verschieden.

Beispiele: Gesellschafter (§ 708), Ehegatte (§ 1359), Eltern (§ 1664). In diesen Fällen besteht ein besonderes Vertrauensverhältnis zwischen dem Schädiger und dem Geschädigten. Der unentgeltliche Verwahrer (§ 690) soll die im Interesse des anderen verwahrten Sachen nicht sorgfältiger behandeln müssen als seine eigenen. Der Vorerbe (§ 2131) ist Eigentümer der Nachlassgegenstände.

20   bb) Ferner kann sich eine Abweichung von dem Grundsatz, dass der Schuldner für jede Form der Fahrlässigkeit haftet, auch „aus dem sonstigen *Inhalt des Schuldverhältnisses*" ergeben. Diese Möglichkeit wurde erst durch die Schuldrechtsreform zum 1. 1. 2002 neu eingefügt. Ob sie neben der anderweitigen Bestimmung i. S. v. § 276 I 1 eine eigenständige Bedeutung hat, ist zweifelhaft. Jedenfalls dürfen unter Berufung auf den Inhalt des Schuldverhältnisses nicht andere gesetzliche Wertungen unterlaufen werden.

Beispiel: Das Gesetz sieht für mehrere unentgeltliche Schuldverhältnisse eine beschränkte Haftung nur bei Vorsatz und grober Fahrlässigkeit (Haftung des Schenkers gem. § 521, des Verleihers gem. § 599) oder nur bei der Verletzung der eigenüblichen Sorgfalt (Haftung des unentgeltlichen Verwahrers gem. § 690) vor. Eine solche Haftungseinschränkung darf dagegen nicht beim Auftragnehmer unter Berufung auf seine ebenfalls unentgeltliche Tätigkeit (§ 662) angewendet werden; denn in diesem Fall hat der Gesetzgeber bewusst keine Haftungsbeschränkung vorgesehen.

Nach der Vorstellung des Gesetzgebers lässt sich etwa das **21** *Rechtsinstitut der eingeschränkten Haftung des Arbeitnehmers* aus dem Inhalt des Schuldverhältnisses ableiten. Danach haftet ein Arbeitnehmer für einen Schaden, den er seinem Arbeitgeber bei Durchführung einer betrieblich veranlassten Tätigkeit zugefügt hat, nur in folgendem Umfang: Seine Haftung ist regelmäßig ganz ausgeschlossen, wenn der Schaden auf leichter Fahrlässigkeit beruht. Bei normaler Fahrlässigkeit tritt eine angemessene Teilung des Schadens und damit eine teilweise Haftungsbefreiung des Arbeitnehmers ein. Dagegen führt grobe Fahrlässigkeit grundsätzlich zur vollen Schadensersatzpflicht des Arbeitnehmers. Bei einem Missverhältnis zwischen Vergütung und Schaden ist allerdings (außer bei sog. gröbster Fahrlässigkeit) auch hier eine (teilweise) Haftungseinschränkung möglich. Bei Vorsatz haftet der Arbeitnehmer immer in voller Höhe. Zu Einzelheiten siehe *Walker,* JuS 2002, 736.

Für diese allgemein anerkannte Haftungsbeschränkung ist allerdings allein der Rückgriff auf den Inhalt des Schuldverhältnisses (Arbeitsverhältnis) nicht ausreichend (AnwKom/Dauner-Lieb, § 276 Rdnr. 28). Es bedarf noch der Begründung, warum sich die Haftungseinschränkung aus dem Inhalt des Arbeitsverhältnisses ergibt. Bis zur Schuldrechtsreform wurde die eingeschränkte Arbeitnehmerhaftung mit einer analogen Anwendung des § 254 begründet: Dem Verschulden des Arbeitnehmers wurde das vom Arbeitgeber zu tragende Risiko einer Schadensverursachung bei von ihm veranlassten betrieblichen Tätigkeiten als Schadenszurechnungsgrund gegenübergestellt. Das Ergebnis dieser Abwägung analog § 254 führt zu der genannten Haftungsabstufung je nach der

Schwere des Verschuldens. Daran sollte durch die Schuldrechtsreform nichts geändert werden (BT-Drucks. 14/6587, S. 48 zu Nr. 21). Durch § 276 I 1 (Inhalt des Schuldverhältnisses) wurde die auf § 254 analog gestützte Einschränkung der Arbeitnehmerhaftung lediglich gesetzlich abgesichert.

II. Haftung für fremdes Verschulden

1. Bedeutung des § 278

23   Im Rahmen eines Schuldverhältnisses haftet der Schuldner nach § 278 für ein Verschulden seines gesetzlichen Vertreters und seines Erfüllungsgehilfen. Praktisch bedeutsam ist vor allem die Haftung für Erfüllungsgehilfen. Das sind solche Personen, deren sich der Schuldner zur Erfüllung seiner Verbindlichkeiten bedient. Die Rechtsstellung des Gläubigers würde erheblich geschmälert, wenn der Schuldner nicht für das Verschulden dieser Person einstehen müsste. Denn der Gläubiger hat gegen die Hilfsperson keinen vertraglichen Anspruch und ein etwaiger Anspruch gegen sie aus unerlaubter Handlung ist möglicherweise nicht realisierbar. Andererseits ist zu berücksichtigen, dass der Schuldner sich zur Erfüllung seiner Verbindlichkeit einer Hilfsperson bedienen darf; er kann diese Person auswählen, anleiten und überwachen. Deshalb ist es berechtigt, dass der Schuldner dem Gläubiger für das Verschulden seiner Hilfsperson so haftet, als ob ihn selbst ein Verschulden träfe.

24   Da ein Verschuldensvorwurf immer nur an ein pflichtwidriges Verhalten anknüpfen kann (Rdnr. 2f.), wird über § 278 dem Schuldner nicht nur das Verschulden, sondern genau genommen das schuldhafte pflichtwidrige Verhalten der Hilfsperson zugerechnet.

2. Voraussetzungen

a) Schuldverhältnis

25   Eine Haftung für das Verschulden der genannten Personen trifft nur im Rahmen eines schon bestehenden Schuldverhältnisses ein

(„zur Erfüllung einer Verbindlichkeit"). Dazu gehören auch ein vorvertragliches Schuldverhältnis i. S. d. § 311 II mit den Pflichten aus § 241 II (§ 5 Rdnr. 1 f.) sowie bereits bestehende gesetzliche Schuldverhältnisse. Es reicht jedoch nicht aus, wenn durch die Handlung erst ein (gesetzliches) Schuldverhältnis entsteht.

Im **Fall c** braucht U für die Verletzung des Passanten nicht aus einem bestehenden Schuldverhältnis i. v. m. § 278 einzustehen. In Betracht kommt allenfalls eine Haftung nach § 831.

b) Hilfsperson i. S. d. § 278

Hilfsperson i. S. d. § 278 sind der gesetzliche Vertreter und der **26** Erfüllungsgehilfe.

aa) *Gesetzliche Vertreter* sind vor allem die Vertreter natürlicher Personen (Eltern, Vormund, Betreuer, Pfleger). Nach seinem Sinn und Zweck ist § 278 auch auf Testamentsvollstrecker, Insolvenzverwalter und ähnliche Personen anzuwenden, die zwar nicht gesetzliche Vertreter im engeren Sinne sind, aber ebenso wie sie auf Grund ihres Amtes unmittelbar Rechte und Pflichten für einen anderen begründen können (*Palandt/Heinrichs,* § 278 Rdnr. 5; h. M.).

Ob unter § 278 auch der Vorstand und die satzungsmäßig bestimmten Ver- **27** treter juristischer Personen (§§ 26, 86, 89) fallen, ist streitig, weil die juristische Person für sie schon nach § 31 einzustehen hat. Die Frage hat kaum praktische Bedeutung, weil § 278 und § 31 regelmäßig zum gleichen Ergebnis führen. Sie dürfte aber angesichts der Fassung des § 26 II 1, wonach diese Organe „die Stellung eines gesetzlichen Vertreters" haben, zu bejahen sein (ebenso *Erman/Battes,* § 278 Rdnr. 9; a. A. etwa MünchKomm/*Grundmann,* § 278 Rdnr. 10).

bb) *Erfüllungsgehilfen* sind die Personen, deren sich der Schuldner **28** zur Erfüllung seiner Verbindlichkeiten *bedient.* Erforderlich und ausreichend ist es, dass der Schuldner den Dritten zur Erfüllung seiner Verbindlichkeit herangezogen hat. Hieraus ergibt sich einmal, dass der Dritte mit Willen des Schuldners für ihn tätig geworden sein muss; der Dritte braucht hingegen nicht zu wissen, dass er eine Verpflichtung des Schuldners erfüllt. Andererseits verlangt § 278 nicht, dass zwischen Schuldner und Gehilfen ein Schuldverhältnis besteht, wenn das auch regelmäßig der Fall sein wird.

Ebenso wenig braucht der Gehilfe in einem sozialen Abhängigkeitsverhältnis zum Schuldner zu stehen; auch ein selbstständiger Unternehmer kann also Erfüllungsgehilfe sein.

Beispiel: Beauftragt der Vermieter (V) den Installateur (U) mit einer Reparatur in der Wohnung des Mieters (M), dann ist U hinsichtlich der mietvertraglichen Obhutspflicht des V gegenüber M Erfüllungsgehilfe des V. Verursacht U durch unsachgemäße Arbeit in der Mietwohnung eine Überschwemmung, bei welcher der Teppich des M zerstört wird, dann hat V hierfür nach § 278 einzustehen. Auch Subunternehmer des Erfüllungsgehilfen können Erfüllungsgehilfen des Auftraggebers sein.

29   Der Schuldner ist nicht nur für seine (unmittelbaren) Erfüllungsgehilfen, sondern auch für deren Gehilfen verantwortlich, wenn sie in seinem Einverständnis mit der Erfüllung der Schuldnerverbindlichkeit betraut sind (mittelbare Erfüllungsgehilfen).

Hat im genannten **Beispiel** nicht U, sondern Geselle G bei der Reparatur den Schaden verursacht, dann muss V wegen § 278 auch dafür einstehen.

30   Zu den Erfüllungsgehilfen gehören auch die Personen, die mit der Führung von Vertragsverhandlungen betraut sind (BGH NJW 1974, 1505 f.; vgl. auch BGH NJW 1991, 2557); denn diese sog. Verhandlungsgehilfen sind Gehilfen bei der Erfüllung vorvertraglicher Verpflichtungen (dazu schon Rdnr. 25).

c) Zur Erfüllung einer Verbindlichkeit

31   Die Hilfsperson muss in Erfüllung einer Verbindlichkeit des Schuldners gegenüber dem Gläubiger tätig geworden sein. Zu den *Verbindlichkeiten* gehören nicht nur die Hauptleistungspflichten, sondern ebenso die Nebenleistungs- und Schutzpflichten, die sich aus dem Schuldverhältnis ergeben.

Im **Fall c** stellt die mangelhafte Reparatur die Verletzung einer Hauptleistungspflicht und die Beschädigung der Bodenlampe die Verletzung einer Schutzpflicht dar (§ 241 II).

32   Nach noch h.M. (RGZ 63, 341, 343; vgl. BGHZ 23, 323; 31, 366) muss die schädigende Handlung in einem sachlichen Zusammenhang mit der der Hilfsperson übertragenden Tätigkeit stehen. Daher soll eine Haftung nach § 278 für solche Schäden ausschei-

den, welche die Hilfsperson nur „bei Gelegenheit" ihrer Tätigkeit
dem Gläubiger zufügt. Hier geht es namentlich um die Haftung für
Straftaten (Wäschediebstahl im **Fall c**). Für die Einbeziehung auch
solcher Schädigungen spricht jedoch, dass zu den Pflichten aus dem
Schuldverhältnis auch die allgemeine Verpflichtung des Schuldners
gehört, nicht schädigend auf die Rechtsgüter des Gläubigers einzuwirken (vgl. § 241 II). Bedient sich der Schuldner einer Hilfsperson, muss er sich grundsätzlich so behandeln lassen, als ob er
deren Handlung selbst vorgenommen hätte. Andererseits soll der
Gläubiger durch § 278 aber nicht von dem allgemeinen Lebensrisiko befreit werden, Opfer einer schädigenden Handlung zu werden.
Mit einer im Vordringen befindlichen Ansicht (vgl. etwa *Medicus,*
SR I, Rdnr. 333; *Palandt/Heinrichs,* § 278 Rdnr. 19; *Soergel/M.*
Wolf, § 278 Rdnr. 37 ff.) ist daher danach zu differenzieren, ob der
Hilfsperson die Schädigung durch die übertragene Tätigkeit we-
sentlich erleichtert wurde. § 278 ist also zu bejahen, wenn die
Hilfsperson nur deshalb die Möglichkeit zum Diebstahl erhält, weil
der Gläubiger sie gerade wegen des bestehenden Schuldverhältnis-
ses in seinem Bereich „wirken" lässt (**Fall c**).

Gegenbeispiel: G entwendet im **Fall c** das im unverschlossenen Hof ge-
parkte Fahrzeug des B.

d) Verschulden der Hilfsperson

Nach § 278 hat der Schuldner ein Verschulden seines gesetz- **33**
lichen Vertreters oder Erfüllungsgehilfen wie eigenes zu vertreten. Ein Verschulden der Hilfsperson kann es aber im technischen
Sinne nicht geben, weil das eine Pflichtverletzung voraussetzt
(Rdnr. 2 f.), die Hilfsperson dem Gläubiger aber nichts schuldet.
Nach Sinn und Zweck des § 278 (Rdnr. 23) ist vielmehr danach
zu fragen, ob die Handlung der Hilfsperson, hätte sie der Schuldner
selbst vorgenommen, als pflichtwidrig und schuldhaft anzusehen
wäre (*Medicus,* SR I, Rdnr. 334).

aa) Daher kommt es entgegen verbreiteter Auffassung (etwa **34**
Staudinger/Löwisch, § 278 Rdnr. 53) nicht auf die *Verschuldensfähig-*
keit (§§ 827 f., Rdnr. 4 f.) der Hilfsperson, sondern allein auf die des
Schuldners an (*Esser/Schmidt,* § 27 I 3 c). Das Risiko eines Defekts

des Werkzeugs muss derjenige tragen, der es eingesetzt hat. Das ist
der Schuldner und nicht der Gläubiger.

Ist dagegen der Schuldner selbst deliktsunfähig und handelt für ihn sein gesetzlicher Vertreter, so ist dessen Verschulden dem Schuldner zuzurechnen
(*Soergel/M. Wolf,* § 278 Rdnr. 57).

35   bb) Auch die *maßgebliche Schuldform* bestimmt sich nach der Person des Schuldners.

Ist **z. B.** seine Haftung vertraglich und gesetzlich auf Vorsatz oder grobe Fahrlässigkeit beschränkt, dann braucht er für einfache Fahrlässigkeit seines Gehilfen nicht einzustehen. Entsprechendes gilt, wenn er nur die Sorgfalt schuldet, die er in eigenen Angelegenheiten anzuwenden pflegt. Hier
greift eine Haftung des Schuldners nur ein, wenn der Erfüllungsgehilfe un-
sorgfältiger handelt, als es der Schuldner in eigenen Angelegenheiten zu tun
pflegt.

36   Eine Besonderheit besteht aber insofern, als der Schuldner die
Haftung für vorsätzliches Verhalten seiner Hilfsperson im Voraus
vertraglich ausschließen kann (§§ 278 S. 2; 276 I 1, 2. Hs.), was
ihm für seine eigene Person durch § 276 III versagt ist.

Durch AGB kann die Haftung für Hilfspersonen nur in dem selben Umfang
eingeschränkt werden, wie die Haftung für eigenes Verschulden (§ 309 Nr. 7).
Auch wenn die Haftung für Vorsatz der Hilfsperson ausgeschlossen ist, bleibt
dennoch zu prüfen, ob der Schuldner nicht für eigenes Verschulden bei der
Auswahl der Hilfsperson einstehen muss.

37   cc) Der im Rahmen der Fahrlässigkeitsprüfung maßgebliche
Sorgfaltsmaßstab bestimmt sich ebenfalls nach der Person des Schuldners.

Beispiel: Setzt der Schuldner einen Lehrling ein, haftet er gleichwohl für
die Einhaltung derjenigen Sorgfalt, die von ihm als Meister erwartet werden
kann **(Fall c).**

3. Substitution

38   Für eine Haftung nach § 278 ist dort kein Raum, wo der
Schuldner berechtigt ist, seine Leistungspflicht vollständig auf einen
Dritten zu übertragen, so dass dieser an seine Stelle tritt und damit
selbstständig die Pflicht zu erfüllen hat (sog. Substitution). Ein
gesetzliches Beispiel dafür bietet die Übertragung des Auftrags

(§ 664 I 2). Hier hat der Schuldner nicht dafür einzustehen, dass der Dritte den übernommenen Auftrag ordnungsgemäß erfüllt; seine Verantwortlichkeit erstreckt sich nur darauf, den Dritten sorgfältig auszuwählen (culpa in eligendo). Für eine Verletzung dieser Pflicht ist er nach § 276 (Haftung für eigenes Verschulden) und nicht nach § 278 (Haftung für fremdes Verschulden) verantwortlich.

4. Unterschiede zwischen § 278 und § 831

Eine Haftung für die von einem anderen verursachten Schäden **39** sieht auch § 831 vor. Nach dieser Vorschrift haftet derjenige, der einen anderen zu einer Verrichtung bestellt hat, für den Schaden, den der Verrichtungsgehilfe in Ausführung der Verrichtung einem Dritten widerrechtlich zufügt (BS § 42 Rdnr. 3ff.). Zwischen § 278 und § 831 bestehen jedoch wesentliche Unterschiede:

– § 278 setzt im Gegensatz zu § 831 ein bereits *bestehendes Schuldverhältnis* voraus.

– § 278 ist *keine selbstständige Anspruchsgrundlage,* sondern Zurech- **40** nungsnorm. Es muss hier also immer zuerst geprüft werden, ob im Rahmen eines bestehenden Schuldverhältnisses eine Verbindlichkeit verletzt ist; für die Frage, ob der Schuldner diese Pflichtverletzung zu vertreten hat, ist § 278 heranzuziehen. § 831 ist dagegen neben den §§ 823 ff. *selbstständige Anspruchsnorm* aus unerlaubter Handlung.

– Die Haftung über § 278 ist eine *Haftung für fremdes schuldhaftes* **41** *Verhalten* (der Hilfsperson); auf ein Verschulden des Schuldners kommt es nicht an. § 831 begründet demgegenüber eine *Haftung für eigenes (vermutetes) Verschulden* des Geschäftsherrn bei der Auswahl und der Beaufsichtigung des Verrichtungsgehilfen. Ein Verschulden des Verrichtungsgehilfen ist nicht erforderlich; es genügt, dass er rechtswidrig einen der Tatbestände der §§ 823 ff. erfüllt hat.

– Im Fall des § 831 kann sich der Schuldner von seiner Haftung **42** durch den Nachweis befreien, dass ihn bei der Auswahl und Beaufsichtigung des Verrichtungsgehilfen kein Verschulden trifft

(§ 831 I 2; *Exkulpationsmöglichkeit*). Bei § 278 besteht demgegenüber für den Schuldner *keine Entlastungsmöglichkeit,* weil es auf sein Verschulden nicht ankommt.

– Da sich der Geschäftsherr meistens nach § 831 I 2 entlasten kann, hat die Rechtsprechung im Interesse des Geschädigten versucht, auf verschiedenen Wegen den Anwendungsbereich des § 278 zu erweitern. Zu erwähnen sind hier vor allem die im Zuge der Schuldrechtsreform kodifizierte Haftung auf Grund vorvertraglicher Pflichtverletzung (§§ 280 I, 311 II; c.i.c.; dazu § 5 Rdnr. 2 und § 25 Rdnr. 11 ff.) und auf Grund eines Schuldverhältnisses mit Schutzwirkung für Dritte (dazu § 33 Rdnr. 13 ff.).

43 – Da bei § 831 die Haftung des Schuldners für die rechtswidrige Handlung des *Verrichtungsgehilfen* darauf beruht, dass er den Gehilfen nicht sorgfältig ausgesucht und überwacht hat, muss dieser bis zu einem gewissen Grad den Weisungen des Schuldners unterworfen sein (soziales Abhängigkeitsverhältnis). Der Begriff des *Erfüllungsgehilfen* i.S. des § 278 setzt demgegenüber kein solches Abhängigkeitsverhältnis voraus.

III. Haftung ohne Verschulden

44   Der Schuldner hat gem. § 276 I 1, 1. Hs. Vorsatz und Fahrlässigkeit zu vertreten; er haftet also nur im Falle des Verschuldens. Das gilt aber nur, wenn eine strengere (oder mildere, dazu Rdnr. 16 ff.) Haftung weder bestimmt noch aus dem sonstigen Inhalt des Schuldverhältnisses zu entnehmen ist (§ 276 I 1, 2. Hs.). Eine strengere Haftung bedeutet, dass es auf ein Verschulden nicht ankommt.

1. Anderweitige Bestimmung

a) Kraft Vereinbarung

45   Eine Haftung ohne Verschulden kann zunächst durch (ausdrückliche oder konkludente) Vereinbarung bestimmt werden.

Das ist in AGB aber wegen § 307 II Nr. 1 nicht möglich (vgl. BGHZ 119, 168 noch zum AGBG).

b) Kraft Gesetzes   **46**

Auch das Gesetz kennt Fälle einer Verantwortlichkeit ohne Verschulden.

Beispiele: Haftung für zufällige Leistungsstörungen während des Schuldnerverzuges (§ 287 S. 2, § 23 Rdnr. 74), Haftung des Vermieters für anfängliche Mängel der Mietsache (§ 536a I, BS § 11 Rdnr. 15); des Tierhalters (§ 833 S. 1; BS § 42 Rdnr. 18, § 46 Rdnr. 53), des Kfz-Halters (§ 7 I StVG; BS 46 Rdnr. 3 ff.). Zu weiteren Fallgruppen der Gefährdungshaftung siehe BS § 46 Rdnr. 19 ff.

2. Inhalt des Schuldverhältnisses

Aus dem Inhalt des Schuldverhältnisses soll sich nach dem   **47** Wortlaut des § 276 I 1 eine Haftung ohne Verschulden insbesondere dann ergeben, wenn zwar keine Vereinbarung zum Verschulden getroffen wurde, aber eine Partei eine Garantie oder das Beschaffungsrisiko übernommen hat. Diese beiden Fälle, die nicht abschließend sind, könnte man allerdings auch als abweichende vertragliche Bestimmung einordnen. Deshalb ist es zweifelhaft, ob der Inhalt des Schuldverhältnisses überhaupt einen nennenswerten eigenen Anwendungsbereich hat.

a) Garantie

Da der Schuldner im Falle einer Garantie auch dann auf Scha-   **48** densersatz haftet, wenn ihn ein Fahrlässigkeitsvorwurf nicht trifft, sind an deren (insbesondere stillschweigende) Übernahme strenge Anforderungen zu stellen. Sie liegt nur vor, wenn der Schuldner dem Gläubiger zusagt, für die mit dem Eintritt oder dem Ausbleiben eines bestimmten Umstandes verbundenen Folgen in jedem Fall (d.h. ohne Verschulden) einzustehen. Ob eine solche Garantie übernommen wird und wie weit diese reicht, ist durch Auslegung (§§ 133, 157) zu ermitteln. Allgemeine Anpreisungen („garantiert erstklassig") sind jedenfalls nicht ausreichend.

Mit der Garantie wollte der Gesetzgeber insbesondere die Fälle   **49** einer Eigenschaftszusicherung bei den auf Sachen bezogenen Verträgen erfassen. Sie wird damit etwa für den Miet-, den Werk- und insbesondere den Kaufvertrag relevant. Zu Einzelheiten siehe BS § 4 Rdnr. 115 ff.

Nach § 463 a. F. haftete der Käufer im Falle einer Eigenschaftszusicherung auch ohne Verschulden auf Schadensersatz. Diese Vorschrift wurde im Rahmen der Schuldrechtsreform gestrichen. Seit dem 1. 1. 2002 ergibt sich bei der Verletzung der Verkäuferpflicht aus § 433 I 2 zur Lieferung einer mangelfreien Sache ein Anspruch auf Schadensersatz (§§ 280 I, 437 Nr. 3), sofern der Verkäufer diese Pflichtverletzung zu vertreten hat. Das Vertretenmüssen ist aber gem. § 276 I 1, 2. Halbs. auch im Falle einer Garantie (Eigenschaftszusicherung) zu bejahen. Insofern hat sich trotz Wegfalls des § 463 a. F. durch die Schuldrechtsreform in der Sache nichts geändert.

Beispiel: Der stark übergewichtige K möchte bei V ein Sitzmöbel erwerben. Seine Bedenken hinsichtlich der Stabilität zerstreut V mit dem Hinweis, seine Möbel hätten schon weit gewichtigere Personen getragen. Er könne sich hundertprozentig auf die Sicherheit verlassen. Als K das Möbelstück nach Lieferung einweiht, hält dieses wegen eines Materialfehlers der Belastung nicht stand. K verletzt sich schwer. Hier hat V den dadurch entstandenen Schaden nach § 280 I i. V. m. § 437 Nr. 3 auch ohne Verschulden zu ersetzen.

b) Übernahme eines Beschaffungsrisikos

50   Auch aus der Übernahme eines Beschaffungsrisikos kann sich eine vom Verschulden unabhängige Verantwortlichkeit des Schuldners ergeben. Wenn der Schuldner es nämlich übernimmt, bestimmte Beschaffungshindernisse zu überwinden, lädt er sich damit eine verschuldensunabhängige Einstandspflicht auf. Ob und inwieweit das der Fall ist, ist ebenfalls im Einzelfall durch Auslegung (§§ 133, 157) zu ermitteln.

Von der Übernahme des Beschaffungsrisikos ist das Bestehen einer Beschaffungsmöglichkeit zu unterscheiden. Solange diese gegeben ist, liegt kein Fall der Unmöglichkeit nach § 275 I vor, so dass der Primäranspruch nicht untergeht (vgl. § 22 Rdnr. 3). Auf die Übernahme des Beschaffungsrisikos kommt es insofern nicht an. Diese ist nur für die Frage von Bedeutung, ob der Schuldner das Leistungshindernis (wenn es eintritt) auch zu vertreten hat und deshalb auf Schadensersatz haftet.

51   Die Übernahme eines Beschaffungsrisikos wird typischerweise bei Gattungsschulden (§ 8 Rdnr. 1 ff.) anzunehmen sein. Sie kommt aber auch bei Stückschulden (§ 8 Rdnr. 2) in Betracht.

Im **Fall d** hat V dem K den entgangenen Gewinn aus der Weiterveräußerung auch ohne Verschulden zu ersetzen (§§ 280 I, III, 283, 437 Nr. 3).

52   Der Schuldner will regelmäßig aber nicht solche Risiken übernehmen, die in keinem Zusammenhang mit der Art der Beschaffungsschuld stehen.

Beispiel: Der Schuldner verpflichtet sich, eine bestimmte Sache bis zu einem bestimmten Termin zu beschaffen. Fällt er in Folge eines Verkehrsunfalles vorübergehend ins Koma, haftet er trotz der Übernahme des Beschaffungsrisikos nicht verschuldensunabhängig auf Ersatz des Verzögerungsschadens (§ 280 I, II i. V. m. § 286).

Achtes Kapitel. Störungen im Schuldverhältnis

§ 21. Überblick über die Störungen im Schuldverhältnis

I. Begriff der Störung im Schuldverhältnis

1   Das vertragliche oder gesetzliche Schuldverhältnis ist auf die Erfüllung der Leistungspflichten (§ 2 Rdnr. 5 ff.) und die Beobachtung der Sorgfalts-, Treue-, Loyalitäts-, Fürsorge und sonstigen Pflichten, die hier unter dem Begriff der Schutzpflichten zusammengefasst werden (vgl. § 2 Rdnr. 11 ff.), gerichtet. Nicht immer wird ein Schuldverhältnis jedoch ordnungsgemäß abgewickelt. Sein Zweck kann durch ein Verhalten des Schuldners oder des Gläubigers sowie durch andere Umstände ganz oder teilweise (auch qualitativ), endgültig oder vorübergehend vereitelt werden. Man fasst solche Fälle von Störungen im Schuldverhältnis unter dem – freilich zu engen – Begriff der Leistungsstörung zusammen. Ihnen ist gemeinsam, dass es nicht zur ordnungsgemäßen Erfüllung von (Leistungs- oder Schutz-)Pflichten aus dem Schuldverhältnis kommt (Nichterfüllung im weiteren Sinne im Gegensatz zur Nichterfüllung im engeren Sinne als das ganz oder teilweise Ausbleiben der Leistung).

2   Gelegentlich wird statt von Nichterfüllung von Pflichtverletzung gesprochen. Damit wird aber herkömmlich ein pflichtwidriges Verhalten des Schuldners (dazu § 20 Rdnr. 2) bezeichnet. Daneben gibt es jedoch auch andere Störungen im Schuldverhältnis (z. B. die geschuldete Sache geht durch Zufall unter). Soweit der Begriff der Pflichtverletzung dagegen abweichend vom herkömmlichen Sprachgebrauch rein objektiv (d. h. unter Abstraktion von jedwedem subjektivem Vorwurf als das Zurückbleiben hinter dem Pflichtenprogramm des Schuldverhältnisses) verstanden wird (BT-Drucks. 14/6040, S. 92, 134), ist ein sachlicher Unterschied zu dem der Nichterfüllung nicht gegeben.

II. Typen der Störungen im Schuldverhältnis

Störungen im Schuldverhältnis kommen in verschiedenen Er- **3**
scheinungsweisen vor. So kann die Leistung überhaupt ausbleiben.
Das Ausbleiben kann endgültig (Unmöglichkeit der Leistung) oder
vorübergehend (Leistungsverzögerung oder Verzug seitens des
Schuldners oder Annahmeverzug des Gläubigers) sein. Ferner besteht die Möglichkeit, dass der Schuldner zwar leistet, aber nicht
ordnungsgemäß (Schlechtleistung). Schließlich kann eine Störung
im Schuldverhältnis auch in der Verletzung einer Schutzpflicht
(§ 241 II) bestehen.

Beispiele: Die zu liefernde Vase wird vor der Lieferung vernichtet
(Unmöglichkeit). Das vertraglich am 1.2. geschuldete Fahrzeug wird erst am
15.2. geliefert (Verzug). Der Gläubiger holt sein Portrait nicht wie vereinbart
ab (Annahmeverzug des Gläubigers). Der geschuldete Maßanzug ist zwei
Nummern zu groß (Schlechterfüllung). Der Malermeister beschädigt während
der Arbeiten die Haustür des Kunden (Verletzung einer Schutzpflicht).

In einem weiteren Sinne zählen hierzu auch die Fälle, in denen **4**
die Geschäftsgrundlage des Schuldverhältnisses selbst gestört ist,
weil sich die dem Vertragsschluss zu Grunde liegenden Umstände
nachträglich geändert oder die von den Parteien vorausgesetzten
Umstände tatsächlich gar nicht vorgelegen haben.

III. Gesetzliche Grundlagen

Das Leistungsstörungsrecht regelt die Voraussetzungen und die **5**
Rechtsfolgen von Leistungsstörungen. Es ist im Zuge der Schuldrechtsmodernisierung grundlegend umgestaltet worden. Bis zum
31. 12. 2001 waren die Unmöglichkeit (§§ 275, 280 ff., 307 f.,
323 ff. a. F.), der Schuldnerverzug (§§ 284 ff., 326 a. F.), der Gläubigerverzug (§§ 293 ff.) sowie die Sachmängelhaftung (z. B. beim
Kauf §§ 459 ff. a. F.) eigenständig, die pVV, die c. i. c. und der
Wegfall der Geschäftsgrundlage dagegen gar nicht geregelt.

Das seit 1. 1. 2002 geltende Recht versucht, die verschiede- **6**
nen Typen von Leistungsstörungen umfassend und möglichst in

gemeinsamen Vorschriften zu regeln. Diese sind in erster Linie nach Rechtsfolgen geordnet. So bestehen jetzt allgemeine Vorschriften zum Schadens- und Aufwendungsersatzanspruch (§§ 280, 284) sowie zum Rücktritt (§§ 323 ff., 346 ff.). Daneben gibt es besondere Vorschriften für die Unmöglichkeit (§§ 283, 326), den Schuldnerverzug (§§ 286 ff.) und den Gläubigerverzug (§§ 293 ff.) sowie zur Störung der Geschäftsgrundlage (§ 313). Im Besonderen Schuldrecht trifft das Gesetz darüber hinaus ergänzende Regelungen zu den Mängelrechten (z. B. §§ 437 ff. für den Kaufvertrag [BS § 4 Rdnr. 40 ff.], §§ 536 ff. für den Mietvertrag [BS § 11 Rdnr. 11 ff.], §§ 633 ff. für den Werkvertrag [BS § 24 Rdnr. 6 ff.]).

IV. Darstellung der Störungen im Schuldverhältnis

7   Die folgende Darstellung des Leistungsstörungsrechts orientiert sich entgegen der Gesetzessystematik bewusst nicht an den verschiedenen Rechtsfolgen, sondern an den Typen der Störungen im Schuldverhältnis. Das entspricht der Fragestellung bei der Bearbeitung eines juristischen Falles. Dabei ist zwar regelmäßig nach einer oder mehreren bestimmten Rechtsfolgen gefragt. Aber die Prüfung dieser Rechtsfolgen orientiert sich immer an dem vorgegebenen Lebenssachverhalt wie z. B. einer Nichtleistung, einer verspäteten Leistung, einer Schlechtleistung oder einer Schutzpflichtverletzung.

§ 22. Unmöglichkeit der Leistung

1   **Schrifttum:** Altmeppen, Untaugliche Regeln zum Vertrauensschaden und Erfüllungsinteresse im Schuldrechtsmodernisierungsentwurf, DB 2001, 1399 u. 1821 ff.; Canaris, Zur Bedeutung der Kategorie der „Unmöglichkeit" für das Recht der Leistungsstörungen, in: Schulze/Schulte-Nölke, Die Schuldrechtsreform vor dem Hintergrund des Gemeinschaftsrechts, 2001, 43; ders., Untaugliche Regeln zum Vertrauensschaden und Erfüllungsinteresse im Schuldrechtsmodernisierungsentwurf, DB 2001, 1815; ders., Die Reform des Rechts der Leistungsstörungen, JZ 2001, 499; Fischer, Der Ausschluss der Leistungs-

pflicht im Fall der Unmöglichkeit im Entwurf des Schuldrechtsmodernisierungsgesetzes (§ 275 RegE), DB 2001, 1923; Grigoleit, Neuregelung des Ausgleichs „frustrierter" Aufwendungen (§ 284 BGB): Das ausgefallene Musical, ZGS 2002, 122; Grunewald, Vorschläge für eine Neuregelung der anfänglichen Unmöglichkeit und des anfänglichen Unvermögens, JZ 2001, 433 ff.; Huber, Die Unmöglichkeit der Leistung im Diskussionsentwurf eines Schuldrechtsmodernisierungsgesetzes, ZIP 2000, 2137; Mattheus, Schuldrechtsmodernisierung 2001/2002 – Die Neuerungen des allgemeinen Leistungsstörungsrechts, JuS 2002, 209; v. Olshausen, Voraussetzungen und Verjährung des Anspruchs auf ein stellvertretendes commodum bei Sachmängeln, ZGS 2002, 194; Schwarze, Unmöglichkeit, Unvermögen und ähnliche Leistungshindernisse im neuen Leistungsstörungsrecht, Jura 2002, 73; Teichmann, Strukturveränderungen im Recht der Leistungsstörungen nach dem Regierungsentwurf eines Schuldrechtsmodernisierungsgesetzes, BB 2001, 1485; Wilhelm/Deeg, Nachträgliche Unmöglichkeit und nachträgliches Unvermögen, JZ 2001, 223; v. Wilmowsky, Pflichtverletzungen im Schuldverhältnis, JuS Beil. Zu Heft 1/2002; Zimmer, Das neue Recht der Leistungsstörungen, NJW 2002, 1.

Fälle:

a) S verpflichtet sich im Kaufvertrag gegenüber G, ihm ein bestimmtes Originalgemälde zu übereignen. Nach Vertragsschluss wird das Bild durch einen Brand vernichtet. G verlangt von S 200 Euro, die er an einen bei Vertragsschluss eingeschalteten Sachverständigen gezahlt hat, sowie weitere 500 Euro, da er das Bild mit einem Gewinn in dieser Höhe hätte verkaufen können.

b) Wie ist die Rechtslage, wenn der Prokurist des S das Bild nach Vertragsschluss an X verkauft und übereignet?

c) Wie, wenn das Bild schon bei Vertragsschluss durch Brand vernichtet war?

d) Wie, wenn das Bild schon vor Vertragsschluss vom Prokuristen des S an X veräußert worden ist?

Wenn der Schuldner aus den in § 275 genannten Gründen überhaupt nicht leistet, insbesondere weil ihm die Leistung nicht möglich ist, stellt sich zunächst die Frage, welche Auswirkungen die Unmöglichkeit auf die Leistungspflicht des Schuldners und auf die Gegenleistungspflicht des Gläubigers hat. Außerdem ist zu untersuchen, ob und unter welchen Voraussetzungen der Gläubiger statt der unmöglichen Leistung Schadensersatz oder Ersatz vergeblicher Aufwendungen verlangen kann. Schließlich ist es bei vertraglichen Schuldverhältnissen (bei gegenseitigen Verträgen) von Interesse, ob der Gläubiger sich wegen der Unmöglichkeit durch Rücktritt vom Vertrag lösen kann.

A. Auswirkungen auf die primären Leistungspflichten

2   Leistungsstörungen haben grundsätzlich keinen unmittelbaren Einfluss auf die primären Leistungspflichten (§ 2 Rdnr. 5 ff.). Der Erfüllungsanspruch des Gläubigers bleibt so lange bestehen, bis er einen Rechtsbehelf geltend macht, der die Erfüllung durch den Schuldner ausschließt (insbesondere Rücktritt und Schadensersatz statt der Leistung). Nur wenn die Erbringung einer Leistung nicht möglich ist, kann eine entsprechende Pflicht des Schuldners nicht bestehen (§ 275 I: impossibilium nulla est obligatio, Rdnr. 3). Kann der Schuldner die Leistung nur unter einem grob unverhältnismäßigen Aufwand erbringen oder ist ihm die Erfüllung einer persönlich zu erbringenden Leistung unzumutbar, kann er die Leistung verweigern (§ 275 II und III, Rdnr. 18 ff., 22 ff.). In allen drei Fällen müssen der Verbleib eines etwaigen Surrogats (§ 285, Rdnr. 25 ff.) sowie – beim gegenseitigen Vertrag – die Auswirkungen auf die vertragliche Gegenleistungspflicht geklärt werden (§ 326, Rdnr. 29 ff.).

I. Ausschluss der Leistungspflicht bei Unmöglichkeit (§ 275 I)

3   Gemäß § 275 I ist der Anspruch auf die Leistung ausgeschlossen, soweit sie für den Schuldner oder für jedermann unmöglich ist. Der Gläubiger kann also die Leistung in Natur nicht verlangen. Es handelt sich dabei um eine von Amts wegen zu beachtende Einwendung.

Unmöglichkeit i. S. d. § 275 I liegt nur dann vor, wenn die Leistung unter keinen Umständen erbracht werden kann. Damit wird abweichend von der Rechtslage vor der Schuldrechtsreform nur noch die „echte", „wirkliche" Unmöglichkeit erfasst. Ist die Leistung wenigstens theoretisch möglich, scheidet § 275 I aus. In diesen Fällen kann sich aber aus § 275 II oder III eine Einrede gegen den Leistungsanspruch ergeben. Mit § 275 I können nunmehr alle Arten der Unmöglichkeit erfasst werden.

1. Objektive und subjektive Unmöglichkeit

§ 275 I regelt zunächst sowohl die objektive („für jedermann") **4**
als auch die subjektive Unmöglichkeit („für den Schuldner").

a) Objektive Unmöglichkeit

Objektive Unmöglichkeit liegt vor, wenn die Leistung von keinem Menschen erbracht werden kann.

aa) Sie ist gegeben, wenn der Schuldner aus naturgesetzlichen (physischen) Gründen außerstande ist, die Leistung zu erbringen, weil die geschuldete Sache nicht mehr existiert (**Fälle a und c:** Vernichtung des Bildes). Aber auch rechtliche Gründe können die Leistung unmöglich machen, wenn z. B. die Veräußerung des Gegenstandes oder die Erfüllung der Arbeitspflicht gesetzlich verboten ist (sog. rechtliche Unmöglichkeit).

Bei einer Gattungsschuld (§ 8 Rdnr. 1 ff.) liegt objektive Unmöglichkeit erst **5** bei Untergang der gesamten Gattung vor, es sei denn, der Verkäufer hat die Gattungsschuld durch Konkretisierung in eine Stückschuld verwandelt (§ 243 II, dazu § 8 Rdnr. 6) oder die Leistungsgefahr ist gem. § 300 II wegen Annahmeverzugs des Gläubigers auf diesen übergegangen. Entsprechendes gilt für die Vorratsschuld als beschränkte Gattungsschuld (§ 8 Rdnr. 1).

bb) Regelmäßig führt die verspätete Erfüllung nicht zur Unmöglichkeit; sie löst nur die Folgen des Schuldnerverzugs (dazu § 23 Rdnr. 30 ff., 50 ff., 56, 70 ff., 73 ff.) aus. Nach der Art der vereinbarten Leistung kann aber eine bestimmte Leistungszeit so wesentlich sein, dass die Leistung nur zum vereinbarten Zeitpunkt erbringbar ist und später nicht nachgeholt werden kann. Hier tritt bei Nichteinhaltung der Zeit Unmöglichkeit ein (absolutes Fixgeschäft).

Beispiele: Die Pflicht zur Ermöglichung einer Video-Aufnahme des Karnevalszuges eines bestimmten Jahres kann nur zur Zeit des Umzuges am Rosenmontag erfüllt werden. Ist der Arbeitnehmer in einen Produktionsprozess eingegliedert (z. B. Fließbandmontage), kann er die versäumte Schicht nicht nachholen. Als absolutes Fixgeschäft wird auch die Vereinbarung einer Taxifahrt für eine bestimmte Uhrzeit eingeordnet, um einen bestimmten Zug oder Flug zu erreichen (Palandt/Heinrichs, § 271 Rdnr. 16). Das gilt allerdings nur, wenn eine verspätete Fahrt keinen Sinn mehr hat. Kommt dagegen auch ein späterer Zug oder Flug in Betracht, so dass das Gläubigerinteresse auch durch eine verspätete Taxifahrt befriedigt werden kann, liegt keine Unmöglichkeit, sondern Verzug vor. Der Taxibesteller kann dann an seinem Erfüllungsanspruch festhalten und zusätzlich unter den Voraussetzungen der §§ 280 I, II, 286 Ersatz des Verspätungsschadens verlangen.

b) Subjektive Unmöglichkeit

7 Subjektive Unmöglichkeit liegt vor, wenn die Leistung zwar von einem Dritten, aber – aus tatsächlichen oder rechtlichen Gründen – nicht vom Schuldner erbracht werden kann (sog. Unvermögen).

aa) Auch hier greift § 275 I nur ein, wenn der Schuldner das Leistungshindernis nicht einmal theoretisch beseitigen kann. Demnach liegt kein Unvermögen vor, wenn der Schuldner seine Leistungsfähigkeit – etwa durch Beschaffung oder Wiederbeschaffung – herstellen kann.

Beispiele: Das geschuldete Buch wurde gestohlen, und die Suche nach dem Dieb ist aussichtslos. Dann kann der Schuldner es zwar noch übereignen (§ 931), aber nicht mehr übergeben. Da dazu aber der Dieb in der Lage ist, liegt keine objektive, sondern subjektive Unmöglichkeit vor. Selbst daran fehlt es, wenn der Dieb bekannt ist und der Schuldner es sich wieder verschaffen kann (bis dahin nur vorübergehende Unmöglichkeit). – Das geschuldete Bild gehört nicht mehr dem Schuldner; es kann also vom Schuldner nicht mehr übereignet werden. Eine objektive Unmöglichkeit liegt nicht vor, weil der Eigentümer zur Übereignung in der Lage ist **(Fälle b und d)**. Wenn der Eigentümer bereit ist, das Bild an den Schuldner zu veräußern, ist auch keine subjektive Unmöglichkeit gegeben.

8 bb) Das nur finanzielle Unvermögen zu leisten oder seine Leistungsfähigkeit herzustellen, befreit den Schuldner nicht von seiner Leistungspflicht. Es gilt die Regel *„Geld hat man zu haben"*. Zahlungsunfähigkeit führt daher nicht zum Unvermögen. Zum Vertretenmüssen siehe § 20.

9 cc) Bei höchstpersönlichen Leistungspflichten begründet ein Umstand, der den Schuldner außerstande setzt, die Leistung zu erbringen, zugleich objektive Unmöglichkeit.

Beispiel: Der Arbeitnehmer ist arbeitsunfähig krank. Der Arbeitnehmer verfügt nicht über die zur Erfüllung seiner Arbeitspflicht erforderliche Erlaubnis (Fahr- oder Arbeitserlaubnis). Hier kann auch ein anderer die Leistung nicht erbringen (vgl. § 613 S. 1).

2. Anfängliche und nachträgliche Unmöglichkeit

Nach der Formulierung des Gesetzes („unmöglich ist") spielt es **10** keine Rolle (mehr), wann das Leistungshindernis eingetreten ist.

a) Anfängliche (= ursprüngliche) Unmöglichkeit

Anfängliche oder ursprüngliche Unmöglichkeit liegt vor, wenn die Unmöglichkeit schon bei der Entstehung des Schuldverhältnisses gegeben ist.

Beispiel: Bereits bei Vertragsschluss war das geschuldete Bild vernichtet oder schon an einen nicht herausgabebereiten Dritten übereignet (**Fälle a und b**).

Nach § 306 a. F. war ein auf eine objektiv unmögliche Leistung **11** gerichteter Vertrag nichtig. Demzufolge konnte der Gläubiger nur Ersatz des negativen Interesses verlangen (§ 307 a. F.). Die Regelung wurde im Zuge der Schuldrechtsreform aufgehoben. § 311 a I stellt seitdem ausdrücklich klar, dass es der Wirksamkeit eines Vertrages nicht entgegensteht, dass der Schuldner nach § 275 I – III nicht zu leisten braucht und das Leistunghindernis schon bei Vertragsschluss vorliegt.

In diesem Fall entsteht also ein Vertrag ohne primäre Leistungspflicht. Der Vertrag ist allerdings Grundlage insbesondere für den Anspruch auf Schadensersatz statt der Leistung nach § 311 a II (Rdnr. 64 ff.). Außerdem können Ansprüche auf das Surrogat (Rdnr. 25 ff.), auf Aufwendungsersatz (Rdnr. 71 f.) und – bei lediglich vorübergehender Unmöglichkeit – sogar auf die primäre Leistung bestehen (Rdnr. 16).

b) Nachträgliche Unmöglichkeit

Nachträgliche Unmöglichkeit liegt vor, wenn die Unmöglich- **12** keit erst nach der Entstehung des Schuldverhältnisses eingetreten ist.

Beispiel: Das geschuldete Bild wird nach Vertragsschluss vernichtet oder an einen nicht herausgabebereiten Dritten übereignet (**Fälle c und d**).

3. Teilweise und vollständige Unmöglichkeit

Die Primärleistungspflicht ist gem. § 275 I ausgeschlossen, *soweit* **13** die Leistung unmöglich ist. Damit erfasst die Norm sowohl die vollständige als auch die teilweise Unmöglichkeit. Voraussetzung ist freilich die Teilbarkeit der Leistung. Folge der teilweisen Unmöglichkeit ist grundsätzlich das Freiwerden von der Primärleistungspflicht hinsichtlich des unmöglichen Leistungsteiles.

Beispiel: Von der geschuldeten antiken Sitzgruppe wird ein Sessel durch Brand zerstört. Dann beschränkt sich die Leistungspflicht auf den Rest – der Gläubiger kann aber zum Rücktritt vom ganzen Vertrag berechtigt sein (§§ 326 V, 323 V Rdnr. 81 ff.).

14   Im Falle der neuen Kategorie der *qualitativen Unmöglichkeit* (vgl. Lorenz/Riehm, Rdnr. 302) wird die Teilunmöglichkeit jedoch ausnahmsweise der vollständigen Unmöglichkeit gleichgestellt. Qualitative Unmöglichkeit liegt vor, wenn ein Mangel einer Kaufsache nicht behoben werden kann. In diesem Fall ist der Kaufvertrag zwar wirksam (§ 311a; Rdnr. 64), der Verkäufer wird aber von seiner Pflicht zur Lieferung einer mangelfreien Sache und zur Nacherfüllung gem. § 275 I frei (vgl. § 437 Nr. 2, 3; siehe auch BS § 4 Rdnr. 43, 56, 97). Gleiches gilt beim Werkvertrag (vgl. § 634 Nr. 3, 4; siehe auch BS § 24 Rdnr. 16, 37).

4. Zu vertretende und nicht zu vertretende Unmöglichkeit

15   Nach § 275 I spielt es für den Untergang der Primärleistungspflicht schließlich auch keine Rolle, ob der Schuldner die Unmöglichkeit i. S. d. §§ 276 ff. zu vertreten hat.

Das ist auch sachgerecht; denn selbst wenn der Schuldner z. B. die geschuldete Kaufsache vorsätzlich zerstört hat, kann er sie doch nicht mehr liefern.

5. Vorübergehende und dauernde Unmöglichkeit

a) Vorübergehende Unmöglichkeit

16   Für die vorübergehende Unmöglichkeit gibt es keine besondere Regelung. Der Gesetzgeber hat die rechtliche Behandlung der vorübergehenden Unmöglichkeit der Rechtsprechung und der Wissenschaft überlassen (BT-Drucks. 14/6857, S. 11; 14/7052, S. 185).

Da es aber sachwidrig wäre, den Schuldner zu einer Leistung zu verurteilen, die im Moment selbst theoretisch nicht vollstreckbar ist, wird man jedenfalls § 275 im Hinblick auf die Primärleistungspflicht anzuwenden haben. Die Durchsetzung der Leistungspflicht ist dann gehemmt, solange das Leistungshindernis besteht. Eine Klage ist in solchen Fällen als vorübergehend unbegründet abzuweisen, sofern nicht ausnahmsweise die Voraussetzungen einer Klage auf künftige Leistungen (§ 259 ZPO) vorliegen.

Beispiel: Die Fabrik des Schuldners, aus deren Produktion die Lieferung erfolgen sollte, ist durch einen Brand für zwei Monate außer Betrieb gesetzt.

Der Gläubiger wird dadurch nicht unzumutbar belastet. Auch seine Gegenleistungspflicht ist gem. § 326 I 1 suspendiert (Rdnr. 30 ff.).

b) Übergang zur dauernden Unmöglichkeit

Im Einzelfall ist jedoch zu prüfen, ob die vorübergehende Un- **17** möglichkeit nicht der dauernden gleichzustellen ist. Das ist der Fall, wenn die Erreichung des Vertragszwecks durch die vorübergehende Unmöglichkeit in Frage gestellt wird und deshalb dem einen oder anderen Vertragspartner nach dem Grundsatz von Treu und Glauben unter billiger Abwägung der Belange beider Vertragsteile die Einhaltung des Vertrages nicht zugemutet werden kann (BGHZ 47, 48, 50 ff.; 83, 197, 200 f.). Für die Beurteilung kommt es maßgeblich auf den Zeitpunkt des Eintrittes des Leistungshindernisses an.

Beispiel: Steht der Erfüllung der Leistungspflicht der Ausbruch eines Krieges entgegen, kann regelmäßig weder dem Schuldner noch dem Gläubiger zugemutet werden, sich bis zu dessen unabsehbaren Ende leistungsbereit zu halten.

II. Ausschluss der Leistungspflicht bei grob unverhältnismäßigem Aufwand (§ 275 II)

1. Leistungsaufwand und Gläubigerinteresse

Während die Leistungspflicht gem. § 275 I automatisch erlischt, **18** gewährt § 275 II (wie übrigens auch Abs. 3) dem Schuldner eine

Einrede, wenn die Leistung einen Aufwand erfordert, der in einem groben Missverhältnis zu dem (wirtschaftlichen oder ideellen) Leistungsinteresse des Gläubigers steht.

2. Verhältnismäßigkeitsprüfung

19   Um den Grundsatz der Vertragsbindung nicht aufzuweichen, muss § 275 II auf wirkliche Extremfälle beschränkt bleiben. Das Missverhältnis muss ein geradezu untragbares Ausmaß erreichen. Bei der erforderlichen Verhältnismäßigkeitsprüfung im Einzelfall sind nach § 275 II 1 und 2 neben den Geboten von Treu und Glauben namentlich ein etwaiges Vertretenmüssen des Schuldners sowie der Inhalt des Schuldverhältnisses zu berücksichtigen.

Hat der Schuldner das Hindernis zu vertreten, so ist es sachgerecht, wenn er erhöhte Anstrengungen zu seiner Überwindung erbringen muss, was freilich nicht heißt, dass er andernfalls überhaupt keine Anstrengungen schuldet. Ergibt sich bereits im Wege der Vertragsauslegung, dass der Schuldner nur sehr geringe oder aber überdurchschnittliche Anstrengungen schuldet, müssen sich die Parteien daran festhalten lassen.

20   § 275 II soll die Fälle erfassen, bei denen der Leistung ein – objektives – Hindernis entgegensteht, dessen Beseitigung zwar theoretisch möglich ist, aber von keinem vernünftigen Gläubiger ernsthaft erwartet werden kann.

Bei § 275 II wird der berühmte Ring auf dem Grunde des Sees als das Schulbeispiel der bislang so genannten *faktischen Unmöglichkeit* eingeordnet. Gleiches gilt, wenn ein Dritter Eigentümer der geschuldeten Sache ist und diese nur zu einem utopischen Preis an den Schuldner veräußern will. – Etwas anderes kann jedoch gelten, wenn der Schuldner sich zur Beseitigung des Hindernisses verpflichtet (z. B. Kauf eines berühmten Gemäldes vom derzeitigen Eigentümer; Bergung einer Sache aus einem gesunkenen Schiff) oder wenn er das Leistungshindernis schuldhaft herbeigeführt hat.

3. Abgrenzung zu wirtschaftlicher Unmöglichkeit

21   Nicht unter § 275 II fällt dagegen ausweislich der Gesetzesbegründung (BT-Drucks. 14/6040, S. 130) der Tatbestand der bislang sogenannten *wirtschaftlichen Unmöglichkeit,* bei dem die Erbringung der Leistung zwar weniger problematisch als bei der faktischen Unmöglichkeit, aber immer noch mit so erheblichen

Aufwendungen verbunden ist, dass sie dem Schuldner unzumutbar ist. Man spricht hier von überobligationsmäßigen Schwierigkeiten, die außerhalb der Opfergrenze liegen. Hier ist das Äquivalenzverhältnis von Leistung und Gegenleistung gestört. Die Fälle sind daher (wie schon vor der Neufassung des Leistungsstörungsrechts) nach den Grundsätzen der Störung der Geschäftsgrundlage (§ 313; siehe dazu § 27) zu behandeln. Zu begründen ist diese Abgrenzung damit, dass nach § 275 II 1 lediglich das Verhältnis zwischen dem zur Leistung erforderlichen Aufwand und dem Leistungsinteresse des Gläubigers maßgeblich ist, während die Interessen des Schuldners, die bei der wirtschaftlichen Unmöglichkeit bedeutsam sind, nicht in die Abwägung eingehen (BT-Drucks. 14/6040, S. 130). Sind die Parteien bei Vertragsschluss von einer falschen Voraussetzung (z. B. einem falschen Börsenkurs) ausgegangen oder haben die Verhältnisse sich später wesentlich geändert (z. B. wesentliche Steuererhöhung), so kann die Leistungsverpflichtung der richtigen oder geänderten Geschäftsgrundlage angepasst werden, womit die starre Rechtsfolge des § 275 II vermieden wird.

Die allgemeine Regelung des § 275 II wird für das Kauf- und Werkvertragsrecht ergänzt durch die Sonderregelungen der §§ 439 III und 635 III.

III. Ausschluss der Leistungspflicht bei Unzumutbarkeit höchstpersönlicher Leistungen (§ 275 III)

Der Schuldner kann gem. § 275 III eine in Person zu erbringende Leistung ferner dann durch Erhebung einer Einrede verweigern, wenn sie ihm unter Abwägung des seiner Leistung entgegenstehenden Hindernisses mit dem Leistungsinteresse des Gläubigers nicht zugemutet werden kann.

Die Vorschrift enthält eine Sonderregelung für persönlich zu erbringende Leistungspflichten und trifft daher in erster Linie Dienst- und Arbeitsverträge (vgl. § 613 S. 1). In diesen Fällen sollen – anders als bei § 275 II – nicht nur objektive, sondern auch persönliche Umstände und Interessen des Schuldners schon zum Ausschluss der Leistungspflicht führen können und nicht erst im

Rahmen der Störung der Geschäftsgrundlage (§ 313, dazu § 27) Berücksichtigung finden. Ein solcher Ausschluss kommt jedoch auch hier nur in Extremfällen in Betracht (vgl. Rdnr. 19). § 275 III dürfte ebenso wie § 275 II (Rdnr. 20) ausscheiden, wenn der Schuldner sich in Kenntnis des Leistungshindernisses zur Leistung verpflichtet hat.

23   Beispielhaft ist der Fall der bislang sogenannten *moralischen Unmöglichkeit*. Davon spricht man dann, wenn dem Schuldner wegen einer Zwangslage aus nicht wirtschaftlichen Gründen das Erbringen der Leistung nicht zuzumuten ist.

> **Beispiele:** Die Ehefrau des Sängers liegt im Sterben. Der ausländische Arbeitnehmer wird zum Wehrdienst in sein Heimatland einberufen und muss bei Nichtbefolgung mit der Todesstrafe rechnen. – Dagegen soll die Verweigerung der Leistung, deren Erfüllung den Schuldner in Gewissenskonflikte stürzen würde, als Störung der Geschäftsgrundlage (§ 313, siehe dazu § 27) zu behandeln sein (BT-Drucks. 14/6040, S. 130). Diese Differenzierung überzeugt nicht. Richtiger erscheint es, auch die Verweigerung der Arbeitsleistung aus Gewissensgründen unter § 275 III zu fassen (vgl. Lorenz/Riehm, Rdnr. 311).

24   § 275 III soll ferner notwendige Arztbesuche, die notwendige Versorgung von schwer erkrankten Angehörigen, sowie die Ladung zu Behörden und Gerichtsterminen erfassen.

IV. Der Anspruch auf das Surrogat (§ 285 I)

25   Wenn der Schuldner schon nach § 275 von seiner Leistungspflicht befreit wird, so soll er andererseits jedoch nicht das behalten dürfen, was er anstelle des geschuldeten Gegenstandes erlangt (sog. *stellvertretendes commodum*). Deshalb bestimmt § 285 I, dass der Gläubiger Herausgabe des als Ersatz Empfangenen oder Abtretung des Ersatzanspruchs verlangen kann, wenn der Schuldner die Leistung nach § 275 I – III nicht zu erbringen braucht.

26   Dabei handelt es sich um einen Anspruch auf das Surrogat, nicht dagegen um einen Schadensersatzanspruch. Der Gläubiger hat also nicht einen Schaden darzutun, § 285 I setzt nur voraus, dass der Umstand, der die Leistung unmöglich gemacht hat, auch das Surrogat adäquat verursacht hat (§ 285 I: „in Folge des Umstandes").

Beispiel: An die Stelle des durch Brand zerstörten Bildes tritt der Schadensersatzanspruch gegen den Brandstifter oder der Anspruch gegen die Versicherungsgesellschaft aus dem Versicherungsvertrag. Der Schuldner hat den Anspruch an den Gläubiger abzutreten oder das Erlangte (z. B. die Versicherungssumme) dem Gläubiger herauszugeben.

Sinn des § 285 I ist es, Vermögenswerte demjenigen zuzuführen, 27 dem sie wirtschaftlich zustehen (RGZ 120, 347). Deshalb gehört zum stellvertretenden commodum nicht nur das, was der Schuldner anstelle der zerstörten oder gestohlenen Sache erlangt (commodum ex re), sondern auch das, was der Schuldner durch ein Rechtsgeschäft als Entgelt erzielt (commodum ex negotiatione; vgl. BGHZ 46, 264; BGH NJW 1983, 930).

Beispiel: Die geschuldete Sache ist bereits an einen nicht herausgabebereiten Dritten verkauft und übereignet. Der dabei erzielte Kaufpreis ist nach § 285 I dem Gläubiger herauszugeben, auch wenn ein besonderer Gewinn erzielt worden ist.

Macht der Schuldner von seinem Recht aus § 285 I Gebrauch, 28 mindert sich sein Schaden, den er gem. §§ 280, 283 ersetzt verlangen kann (dazu Rdnr. 50 ff.), um den Wert des Surrogats (§ 285 II).

V. Befreiung von der Gegenleistungspflicht (§ 326)

Die bisherigen Erörterungen über den Ausschluss der Pflicht zur 29 *Leistung* gemäß § 275 I–III gelten grundsätzlich auch für die gegenseitigen Verträge (§ 3 Rdnr. 2). Jedoch geht es bei diesen Verträgen nicht nur um die Frage, wie sich die Unmöglichkeit auf die Leistungspflicht des Schuldners (z. B. übereignete Kaufsache) auswirkt, sondern auch um die Folgen für den Anspruch auf die *Gegenleistung* (z. B. Kaufpreiszahlung).

1. Untergang der Pflicht zur Gegenleistung (§ 326 I)

Beim gegenseitigen Vertrag verspricht der Gläubiger seine Ge- 30 genleistung nur deshalb, weil auch der Schuldner sich zu einer Leistung verpflichtet. Wird der Schuldner gem. § 275 I–III von der

Leistungspflicht frei, kann auch der Gläubiger nicht länger verpflichtet bleiben. Daher entfällt gem. § 326 I 1 der Anspruch auf die Gegenleistung. Der Gläubiger braucht also auch seine *Gegenleistung nicht zu erbringen*. Er trägt demnach die Leistungsgefahr, der Schuldner dagegen die Gegenleistungs-(Preis-)gefahr.

Beispiel: Der verkaufte Pkw ist durch Hochwasser zerstört. Der Käufer hat keinen Anspruch gegen den Verkäufer; er braucht den Kaufpreis nicht zu zahlen. − Ist der Pkw bereits an den Käufer übereignet und übergeben worden (vgl. § 433 I 1) und wird er dann zerstört, sind die §§ 275, 326 nicht anwendbar; denn der Verkäufer hat seine Verpflichtungen aus dem Kaufvertrag erfüllt. Der Käufer muss den Kaufpreis zahlen; er trägt als Eigentümer die Gefahr des zufälligen Untergangs („casum sentit dominus").

§ 326 I 1 hat folgende *Voraussetzungen*:

a) Gegenseitiger Vertrag

31 Es muss ein gegenseitiger Vertrag vorliegen. Nicht erfasst sind damit neben den gesetzlichen Schuldverhältnissen insbesondere die nur einseitig oder unvollkommen zweiseitig verpflichtenden Verträge (dazu § 3 Rdnr. 3 f.) wie Schenkung (§ 516), Bürgschaft (§ 765), Leihe (§ 598) und Auftrag (§ 662).

Der Vertrag muss wirksam sein; andernfalls erwachsen aus ihm ohnehin keine Leistungspflichten. Der Wirksamkeit steht eine anfängliche objektive Unmöglichkeit nicht entgegen (§ 311 a I, Rdnr. 11).

b) Leistungsbefreiung gem. § 275 I–III

32 Der Schuldner braucht gem. § 275 I–III nicht zu leisten. Das ist der Fall, wenn die Leistung unmöglich ist (§ 275 I, Rdnr. 3 ff.) oder ihm ein Leistungsverweigerungsrecht gem. § 275 II oder III zusteht und er davon auch Gebrauch gemacht, d. h. die Einrede erhoben hat (Rdnr. 18 ff., 22 ff.).

Anders als nach § 323 a. F. spielt es für § 326 I 1 keine Rolle mehr, ob der Schuldner das ihn befreiende Leistungshindernis zu vertreten hat.

33 Wird der Schuldner nur *teilweise* von der Leistungspflicht befreit, ist § 326 I 1 ebenfalls anwendbar. Der Anspruch auf die Gegenleistung mindert sich, wie sich der Kaufpreis bei einer mangelhaften Kaufsache mindert (§§ 326 I 1, 2. Halbsatz, 441 Abs. 3).

Beispiel: Von dem verkauften Lastzug ist der Anhänger durch Hochwasser zerstört. Der Verkäufer muss den noch vorhandenen Motorwagen liefern. Betrug der Kaufpreis für den Anhänger 1/3 des Kaufpreises, braucht der Käufer nur 2/3 des vereinbarten Kaufpreises zu zahlen. Zum Rücktrittsrecht Rdnr. 84.

Ist die Leistungspflicht des Schuldners nur *vorübergehend* suspendiert, ist auch der Anspruch auf die Gegenleistung nur gehemmt (Rdnr. 16). **34**

c) Ausnahme bei nicht behebbarer Schlechtleistung

Gem. § 326 I 2 gilt § 326 I 1 nicht, wenn der Schuldner im **35** Falle der nicht vertragsgemäßen Leistung die Nacherfüllung gem. § 275 I – III nicht zu erbringen braucht. Damit ist der Fall des nicht behebbaren Leistungsmangels angesprochen.

Beispiele: V verkauft dem K ein Grundstück. Vor der Auflassung räumt er D eine Dienstbarkeit ein, der sie sich nicht mehr abkaufen lassen will (§ 435). A kauft von B ein Gemälde. Nach Lieferung stellt er fest, dass es inzwischen irreparabel beschädigt wurde (§ 434 I).
Die Erfüllung des sich aus §§ 437 Nr. 1, 439 ergebenden Nacherfüllungsanspruchs ist, da es sich jeweils um Unikate handelt, die mit einem nicht behebbaren Rechts- oder Sachmangel behaftet sind, weder in Form der Mangelbeseitigung noch der Nachlieferung möglich. Der Nacherfüllungsanspruch ist daher gem. § 275 I ausgeschlossen.

Der Gesetzgeber hat mit § 326 I 2 klargestellt, dass die Schlecht- **36** leistung keine (qualitative) Teilleistung i. S. d. § 326 I 1, 2. Halbsatz ist. Dadurch wird verhindert, dass sich der Kaufpreis kraft Gesetzes mindert und der Käufer daneben noch zum Rücktritt berechtigt ist. Beides widerspräche nämlich der Wertung des § 441. Der Käufer kann entweder die Kaufsache behalten und den Kaufpreis gem. §§ 437 Nr. 2, 441 durch rechtsgestaltende Erklärung mindern oder gem. §§ 437 Nr. 2, 326 V, 323 V 2 vom Kaufvertrag zurücktreten. Entsprechendes gilt für den Besteller beim Werkvertrag (§§ 634 Nr. 3 i. V. m. §§ 636, 326 V, 323 V 2 bzw. § 638).

2. Ausnahmen

Von dem Grundsatz, dass mit der Leistungspflicht auch die Ge- **37** genleistungspflicht entfällt, gibt es verschiedene Ausnahmen.

a) Verantwortlichkeit des Gläubigers

Ist der Gläubiger für den Umstand, auf Grund dessen der Schuldner nach § 275 I–III nicht zu leisten braucht, *allein oder weit überwiegend verantwortlich,* so behält dieser den Anspruch auf die Gegenleistung (§ 326 II 1, 1. Fall). Der Gläubiger hat also die *Gegenleistung zu erbringen,* weil das Gesetz zum Schutz des Schuldners davon ausgeht, dass die Leistung als erfüllt gilt (vgl. Mot. II, 208). Ähnlich wie § 254 erlegt auch § 326 II dem Gläubiger die Obliegenheit (vgl. § 2 Rdnr. 16, § 31 Rdnr. 37) auf, der Leistung des Schuldners kein Hindernis entgegenzustellen.

38   aa) Das Gesetz sagt nicht, wofür der Gläubiger „verantwortlich" ist. Der Begriff geht über eine bloße Kausalität hinaus. Er wurde ohne Begründung an die Stelle des nach § 324 a. F. maßgeblichen Vertretenmüssens des Gläubigers gesetzt. Der Gesetzgeber beabsichtigte also offenbar keine Änderung der Rechtslage. Daher sind nach wie vor die §§ 276, 278 entsprechend anwendbar, zumal § 276 I nunmehr ebenfalls von „Verantwortlichkeit" (wenn auch der des Schuldners) spricht.

39   Was der Gläubiger zu verantworten hat, richtet sich demnach in erster Linie nach der vertraglichen Risikoverteilung (§ 276 I 1, 2. Halbsatz). Im Übrigen kann sich die Verantwortlichkeit des Gläubigers insbesondere aus einem (vorsätzlichen oder fahrlässigen, § 276 I 1, 1. Halbsatz) Verstoß gegen seine vertraglichen Haupt- oder Nebenpflichten ergeben. Für das Verhalten seiner Hilfspersonen hat der Gläubiger analog § 278 einzustehen.

Beispiele: Der Gläubiger verhindert pflichtwidrig, dass eine erforderliche behördliche Genehmigung erteilt wird. Der Geschäftsführer der Käuferin vernichtet vorsätzlich oder fahrlässig die Kaufsache. Der Mieter verstößt gegen eine Obhutspflicht, so dass die Gebrauchsüberlassung unmöglich wird.

40   Ob der Gläubiger für das Leistungshindernis *weit überwiegend* verantwortlich ist, ist durch eine Abwägung mit der Verantwortlichkeit des Schuldners zu ermitteln. Mit diesem hohen Maßstab wollte der Gesetzgeber (BT-Drucks. 14/6040, S. 187 zu § 323 VI) einen Grad der Verantwortung umschreiben, der gem. § 254 zum Ausschluss des Schadensersatzanspruchs führt (dazu § 31 Rdnr. 50).

Nicht geregelt ist der Fall, dass der Gläubiger für das Leistungshindernis zwar **41** mitverantwortlich, aber nicht weit überwiegend verantwortlich ist. Da die Gegenleistung in der Regel teilbar ist, wird man hier mit einer Kürzung nach dem Rechtsgedanken des § 254 weiterhelfen können, wie das schon vor der Schuldrechtsreform für den Fall der von beiden Seiten zu vertretenden Unmöglichkeit zutreffend war (27. Aufl., Rdnr. 270).

bb) Der Schuldner muss sich jedoch das *anrechnen* lassen, was er **42** in Folge der Befreiung von der Leistung erspart oder durch anderweitige Verwendung seiner Arbeitskraft erwirbt oder zu erwerben böswillig unterlässt (§ 326 II 2; Gedanke der Vorteilsausgleichung).

Beispiele: Der Verkäufer erspart durch die vom Käufer verschuldete Unmöglichkeit die Versendungskosten; diesen Betrag kann der Käufer vom Kaufpreis abziehen. – Der Malermeister hat eine andere Arbeit gegen Entgelt durchgeführt, weil er seine Verpflichtung gegenüber seinem Kunden durch dessen Verschulden nicht mehr erfüllen konnte; er muss sich das erlangte Entgelt auf seinen Werklohnanspruch anrechnen lassen. Hat er die andere Arbeit nicht angenommen, weil er seinen Kunden schädigen oder weil er die Möglichkeit, untätig zu bleiben, für sich wider Treu und Glauben ausnutzen wollte (= böswillig), so kann der Kunde auch den Betrag abziehen, den der Malermeister bei Ausführung der anderen Arbeit erzielt hätte.

b) Annahmeverzug des Gläubigers

Hat der Gläubiger den Umstand, der den Schuldner nach **43** § 275 I–III von seiner Leistungspflicht befreit, zwar nicht weit überwiegend zu vertreten, tritt dieser Umstand aber zu einer Zeit ein, zu welcher der Gläubiger im Annahmeverzug (§ 293; dazu § 26) ist, so behält der Schuldner gleichfalls seinen Anspruch auf die Gegenleistung. Eine Ausnahme gilt dann, wenn er selbst den Umstand i. S. d. § 276 I 1 (vgl. § 20 Rdnr. 7 ff.) zu vertreten hat (§ 326 I 2, 2. Fall). Auch hier ist die Gegenleistung nach Maßgabe des § 326 II 2 zu kürzen (Rdnr. 42).

Zu beachten ist, dass der Schuldner während des Annahmeverzuges abwei- **44** chend von § 276 I 1 nur Vorsatz und grobe Fahrlässigkeit zu vertreten hat (§ 300 I). Er behält daher den Anspruch auf die Gegenleistung auch dann, wenn er das Leistungshindernis leicht fahrlässig herbeigeführt hat.

§ 446 S. 3 (BS § 3 Rdnr. 16) und § 644 I 2 (§ 23 Rdnr. 9) enthalten noch **45** einmal ausdrückliche Zuweisungen der Vergütungsgefahr an den Käufer und den Besteller für den Fall des Annahmeverzuges. Sie gehen in ihrem Anwendungsbereich der allgemeinen Vorschrift des § 326 I 2, 2. Fall als Sonderregelungen vor.

c) Herausgabe des erlangten Ersatzes

46 Verlangt der Gläubiger nach § 285 (Rdnr. 25 ff.) *Herausgabe des für den geschuldeten Gegenstand erlangten Ersatzes oder Abtretung des Ersatzanspruchs,* so muss er die Gegenleistung erbringen (§ 326 III 1). Bleibt allerdings der Wert des Ersatzes oder des Ersatzanspruchs hinter dem Wert der geschuldeten Leistung zurück, so mindert sich die Gegenleistung entsprechend (§§ 326 III 2, 441 III).

> **Beispiel:** Hat der Verkäufer des Pkw einen Anspruch gegen die Versicherungsgesellschaft erlangt und verlangt der Käufer Abtretung dieses Anspruchs, weil dieser den Kaufpreis übersteigt, muss er den Kaufpreis zahlen. Deckt die Versicherungssumme aber nur 2/3 des Wertes des Pkw, ist der Käufer nur zur Zahlung von 2/3 des vereinbarten Kaufpreises verpflichtet.

d) Ausnahmen im Kauf-, Dienst- und Werkvertragsrecht

47 Das Gesetz macht von der Regelung des § 326 I 1 weitere wichtige Ausnahmen, in denen der Anspruch auf die Gegenleistung bestehen bleibt.

> **Beispiele:** Der Gläubiger trägt die Vergütungsgefahr, d. h. er wird trotz Verlustes des Anspruchs auf die Leistung von der Gegenleistung nicht frei, wenn
> – die Kaufsache bereits dem Käufer übergeben worden ist (§ 446 S. 1; BS § 3 Rdnr. 14),
> – die Kaufsache oder das Werk auf Verlangen des Käufers oder des Bestellers an einen anderen Ort als der Erfüllungsort versandt worden ist (für den Kauf: § 447 I; Ausnahme beim Verbrauchsgüterkauf: § 474 II, BS § 7 Rdnr. 4 f.; für den Werkvertrag: § 644 II),
> – der Arbeitgeber das Risiko des Arbeitsausfalls trägt (§ 615 S. 3; BS § 20 Rdnr. 16),
> – der zur Dienstleistung Verpflichtete für eine verhältnismäßig nicht erhebliche Zeit ohne sein Verschulden an der Dienstleistung gehindert wird (§ 616; BS § 20 Rdnr. 17 ff.).

3. Rückforderung der Gegenleistung (§ 326 IV)

48 Hat der Gläubiger die Gegenleistung bewirkt, obwohl er gem. § 326 I 1 (teilweise) von ihr frei geworden ist, muss er sie (insoweit) erstattet bekommen. Dafür verweist § 326 IV auf die Rücktrittsvorschriften der §§ 346–348 (§ 18 Rdnr. 17 ff., Rechtsfolgenverweisung).

B. Schadensersatz statt der Leistung

Wenn der Gläubiger die vereinbarte Leistung vom Schuldner 49
wegen Unmöglichkeit nicht erhält und deshalb Schadensersatz
verlangt, handelt es sich immer um einen Schadensersatz „statt der
(z. B. unmöglichen) Leistung". Unter welchen Voraussetzungen
ein solcher Anspruch besteht, hängt davon ab, ob das Leistungshindernis erst nach Vertragsschluss eingetreten ist oder schon bei Vertragsschluss vorlag.

I. Schadensersatz wegen nachträglicher Unmöglichkeit
(§§ 280, 283)

Rechtsgrundlage für einen Anspruch auf Schadensersatz statt der 50
Leistung wegen nachträglicher Unmöglichkeit sind die §§ 280 I,
III, 283.

1. Voraussetzungen

Die Voraussetzungen für den Anspruch ergeben sich aus § 280 I
und auf Grund der Verweisung in § 280 III zusätzlich aus § 283.

a) Schuldverhältnis

Nach § 280 I muss zwischen dem Anspruchsteller und dem
Anspruchsgegner ein Schuldverhältnis bestehen. Damit sind sowohl
rechtsgeschäftliche als auch gesetzliche Schuldverhältnisse gemeint.
Dazu gehören auch vorvertragliche Schuldverhältnisse i. S. v.
§ 311 II (dazu § 5). Bei vertraglichen Schuldverhältnissen spielt es
keine Rolle, ob es sich um gegenseitige oder einseitig verpflichtende Verträge handelt. Die Gegenseitigkeit ist nicht für den Schadensersatzanspruch, sondern nur für die Anwendung des §§ 320 ff.
von Bedeutung. Schließlich werden auch einseitige Schuldverhältnisse, z. B. auf Grund eines Vermächtnisses, von § 280 I erfasst.

b) Pflichtverletzung

51   Die nach § 280 I erforderliche Verletzung einer Pflicht aus dem Schuldverhältnis liegt darin, dass die geschuldete Leistung nicht erbracht wird. Eine derartige Pflichtverletzung kann es an sich gar nicht geben; denn wenn der Schuldner gem. § 275 I–III von seiner Leistungspflicht frei wird, besteht ja keine Leistungspflicht mehr, die durch Nichterfüllung verletzt werden könnte. Deshalb könnte eine Pflichtverletzung allenfalls in der Herbeiführung der Unmöglichkeit liegen. Aber durch die Verweisung in § 283 auf die Voraussetzungen des § 280 I hat der Gesetzgeber klargestellt, dass die Nichtleistung wegen Unmöglichkeit (§ 275 I) oder wegen eines Leistungsverweigerungsrechts nach § 275 II, III einen Schadensersatzanspruch wegen Pflichtverletzung auslösen kann (BT-Drucks. 14/6040, S. 142).

52   Welche Art von Leistung der Schuldner aus einem der in § 275 I bis III genannten Gründe nicht erbringt, spielt keine Rolle.

Beispiele: Wenn dem Verkäufer die Übereignung der Kaufsache unmöglich wird, weil die Kaufsache nach Vertragsschluss zerstört worden ist, steht dem Käufer gem. §§ 437 Nr. 3, 280 I, III, 283 ein Schadensersatzanspruch zu (BS § 3 Rdnr. 31). Gleiches gilt, wenn die Kaufsache zwar übereignet wird, der Verkäufer aber seine Pflicht aus § 433 I 2 zur Verschaffung einer sachmangelfreien Kaufsache verletzt, weil diese nach Vertragsschluss mit einem unbehebbaren Sachmangel behaftet wurde (BS § 4 Rdnr. 101 f.).

c) Vertretenmüssen

53   Der Schuldner muss das Leistungshindernis, das die Rechtsfolgen des § 275 auslöst, zu vertreten haben. Das richtet sich nach § 276 (dazu § 20). Er muss die Unmöglichkeit oder die in § 275 II, III genannten Gründe also i. d. R. schuldhaft herbeigeführt oder nicht verhindert haben. Das Verschulden eines Gehilfen ist dem Schuldner nach § 278 zuzurechnen **(Fall b).** Das Vertretenmüssen des Schuldners braucht nicht positiv festgestellt zu werden. Es wird vielmehr gem. § 280 I 2 kraft Gesetzes vermutet. Der Schuldner muss sich also entlasten.

Beispiel: Eine solche Entlastung ist z.B. möglich, wenn der Verkäufer als Schuldner der Übereignungspflicht vortragen kann, die Übereignung der Kaufsache sei ihm deshalb unmöglich, weil sie trotz ausreichender Sicherung gestohlen oder bei einem durch Blitzschlag ausgelösten Brand zerstört wurde **(Fall a).**

d) Befreiung des Schuldners von der Leistungspflicht gem. § 275

Der Schuldner muss gem. § 283 S. 1 von seiner Leistung aus **54** dem Schuldverhältnis nach § 275 I–III befreit sein. Die Leistungsbefreiung kann auf objektiver **(Fälle a, c)** oder subjektiver Unmöglichkeit i. S. v. § 275 I **(Fälle b, d,** dazu Rdnr 4 ff.) beruhen. Erfasst wird aber auch das Freiwerden von der primären Leistungspflicht wegen unverhältnismäßigen Aufwandes nach § 275 II (dazu Rdnr. 18 ff.) und wegen Unzumutbarkeit bei höchstpersönlichen Leistungen nach § 275 III (dazu Rdnr. 22 ff.), sofern der Schuldner aus einem dieser Gründe die Leistung verweigert.

e) Nachvertragliches Leistungshindernis

Das Leistungshindernis, das die Rechtsfolgen des § 275 I bis III **55** auslöst, muss nach Vertragsschluss eingetreten sein. Das lässt sich zwar dem Wortlaut der §§ 280 I, 283 nicht entnehmen, folgt aber im Umkehrschluss aus § 311a II, der als Spezialregelung bei anfänglicher Unmöglichkeit ausschließlich anwendbar ist (dazu Rdnr. 64 ff.).

Beispiel: Der verkaufte Pkw wird zwischen Abschluss des Kaufvertrages und der für zwei Tage später vereinbarten Übertragung an den Käufer zerstört. In den **Fällen a, b** liegt ebenfalls nachträgliche Unmöglichkeit vor.

f) Keine Notwendigkeit einer Fristsetzung

Nicht erforderlich ist, dass der Gläubiger dem Schuldner vor der **56** Geltendmachung des Anspruchs auf Schadensersatz statt der Leistung erfolglos eine Frist zur Leistung bestimmt hat. Das folgt rechtstechnisch daraus, dass § 283 S. 2 gerade nicht auf den § 281 I 1 verweist, in dem die Notwendigkeit der Fristsetzung geregelt ist. Der sachliche Grund für die Entbehrlichkeit der Fristsetzung liegt darin, dass eine solche im Fall der Unmöglichkeit und der gem. § 275 II, III zu Recht verweigerten Leistung sinnlos wäre und zudem der Schuldner gem. § 275 von seiner Leistungspflicht frei geworden ist.

2. Inhalt des Schadensersatzanspruches

57   Beim Schadensersatz statt der Leistung ist der Gläubiger so
zu stellen, als ob die Leistung wie geschuldet erbracht worden
wäre.

a) Positives Interesse

Der Anspruch ist auf Ersatz des positiven Interesses (= Erfüllungsinteresse) gerichtet. Ersatzfähig ist also der Marktwert der
ausgebliebenen Leistung. Aber auch die eventuell höheren Kosten für eine Ersatzbeschaffung sowie ein entgangener Gewinn
(500 Euro im **Fall a**) aus einer geplanten Weiterveräußerung können ersetzt verlangt werden. Auf diese Weise bleiben dem Käufer
auch bei der Geltendmachung des Schadensersatzes die Vorteile
eines besonders günstigen Geschäfts erhalten.

Beispiel: K kauft von V einen gebrauchten Pkw im Wert von 5000 Euro
für 4000 Euro, die er auch bezahlt. Zwischen Abschluss des Kaufvertrages und
Übereignung wird der Pkw bei einem von V verschuldeten Unfall zerstört.
Sein Erfüllungsinteresse beträgt also 5000.

b) Differenztheorie oder Austausch (= Surrogations)-theorie

58   Bei gegenseitigen Verträgen kann der Gläubiger nach h.M.
(BGHZ 20, 338) wählen, ob er seinen Schaden nach der Differenztheorie oder nach der Austausch (= Surrogations)theorie berechnet.

aa) Nach der *Differenztheorie* tritt der Schadensersatz an die Stelle
von Leistung und Gegenleistung. Der Gläubiger ist nicht mehr zur
Leistung verpflichtet (vgl. § 326 I). Sein ersatzfähiger Schaden
besteht in der Differenz zwischen Leistung und Gegenleistung. Der
Wert der unmöglich gewordenen Leistung und der Wert der nicht
mehr zu erbringenden Gegenleistung sind also lediglich Rechnungsposten des einseitigen Schadensersatzanspruches.

Beispiel: T1 tauscht einen Pkw im Wert von 2800 Euro gegen ein Pferd
des T2 im Wert von 3000 Euro. Nach Abschluss des Tauschvertrages verstirbt
das Pferd durch Verschulden des T 2. Nach der Differenztheorie behält T 1
seinen Pkw und erhält 200 Euro Schadensersatz.

bb) Nach der *Austausch (= Surrogations-)theorie* erbringt der Gläu- **59** biger der unmöglich gewordenen Leistung weiterhin seine Gegenleistung und verlangt Schadensersatz wegen der gesamten ausgebliebenen Gegenleistung. Diese Möglichkeit ist für den Gläubiger gerade dann von Interesse, wenn seine Gegenleistung nicht in Geld besteht und er diese Gegenleistung los werden will.

Beispiel: Ist nach Abschluss des Tauschvertrages (Pferd [Wert von 3000 Euro] gegen Pkw [Wert 2800 Euro]) das Pferd durch Verschulden des Schuldners (T2) gestorben, so kann der Gläubiger (T1) weiterhin das Auto liefern und anstelle des Anspruchs auf Übereignung des Pferdes dessen Wert in Höhe von 3000 Euro ersetzt verlangen.

Diese Möglichkeit ist dem Gläubiger nicht etwa wegen § 326 I **60** versagt. Danach kann zwar der Schuldner (T2) der unmöglich gewordenen Leistung (Pferd) nicht mehr die Gegenleistung (Pkw) verlangen; das nimmt dem Gläubiger (T1) aber nicht das Recht, die Gegenleistung doch zu erbringen und seinen Schadensersatz nach der Austausch- oder Surrogationstheorie zu berechnen (AnwKom/Dauner-Lieb, § 283 Rdnr. 7).

c) Kleiner oder großer Schadensersatz bei teilweiser Unmöglichkeit

Für den Fall, dass der Gläubiger nur wegen eines Teils der Leis- **61** tung nach § 275 von seiner Leistungspflicht frei geworden ist, verweist § 283 S. 2 auf die Schadensberechnung nach § 281 I 2, 3, V.

aa) Grundsätzlich kann der Gläubiger Schadensersatz nur bzgl. desjenigen Teils der Leistung verlangen, den der Schuldner nach § 275 nicht erbringen muss. Das ist der sog. *kleine Schadensersatz*.

Beispiel: Kann der Verkäufer von 100 verkauften Flaschen Wein nur 90 liefern, richtet sich der Schadensersatz statt der Leistung auf den Wert der nicht gelieferten 10 Flaschen oder auf die ggf. höheren Kosten einer Ersatzbeschaffung bei einem anderen Händler. – Hat bei einem gekauften Pkw nur die Navigationsanlage einen unbehebbaren Defekt, kann der Käufer als Schadensersatz die Ersatzbeschaffungskosten für das defekte Navigationsgerät verlangen.

bb) Unter den Voraussetzungen der §§ 283, 281 I 2 hat der **62** Gläubiger aber auch die Möglichkeit, auf die Teilleistung zu verzichten und Schadensersatz „statt der ganzen Leistung" zu verlangen. Das ist der *große Schadensersatz*. Voraussetzung ist, dass der

Gläubiger an der Teilleistung kein Interesse hat (§ 281 I 2) oder dass der unbehebbare Mangel der Leistung erheblich ist (§ 281 I 3). Diese zusätzliche Voraussetzung entspricht derjenigen des §§ 326 V, 323 V beim Rücktritt wegen einer teilweisen Unmöglichkeit oder eine unbehebbaren Leistungsmangels. Das ist folgerichtig, weil sich der große Schadensersatz wie eine Kombination aus Rücktritt und Schadensersatz auswirkt.

Beispiel: K kauft aus einem Sonderangebot bei V das letzte Set mit sechs zusammengehörenden Gartenlampen. Wenn einer der Lampenkörper unbehebbar mangelhaft ist, kann er das ganze Set zurückgeben und die ggf. höheren Kosten einer Ersatzbeschaffung bei einem anderen Verkäufer beanspruchen.

63   Wenn der Gläubiger den großen Schadensersatz (= statt der ganzen Leistung) verlangt, muss er gem. §§ 283, 281 V die bereits erhaltene Teilleistung nach den §§ 346 ff. an den Schuldner zurückgeben.

II. Schadensersatz wegen anfänglicher Unmöglichkeit (§ 311 a II)

64   Rechtsgrundlage für einen Anspruch auf Schadensersatz statt der Leistung wegen anfänglicher Unmöglichkeit ist § 311 a II.

1. Voraussetzungen

Die Voraussetzungen für den Anspruch sind nur zum Teil mit denjenigen der §§ 280 I, III, 283 identisch.

a) Vertragsverhältnis

Nach § 311 a II muss zwischen Anspruchsteller und Anspruchsgegner ein Vertragsverhältnis bestehen. Das ist die Folge daraus, dass die Vorschrift an ein bereits bei Vertragsschluss vorliegendes Leistungshindernis anknüpft. Grundlage des Vertragsverhältnisses muss ein wirksamer Vertrag sein; denn aus einem gem. §§ 125, 134, 138, 142 unwirksamen Vertrag können keine Leistungspflichten entstehen, so dass § 275 gar nicht anwendbar ist. § 311a I stellt klar, dass im Gegensatz zu dem früheren § 306, der im Rahmen der Schuldrechtsreform aufgehoben wurde, ein bereits bei Vertragsschluss vorliegendes Leistungshindernis der Wirksamkeit des Vertrages nicht entgegensteht.

b) Befreiung des Schuldners von der Leistungspflicht nach § 275

Ferner setzt § 311a II, I voraus, dass der Schuldner nach **65** § 275 I–III von seiner Leistungspflicht befreit ist. Insoweit gilt Entsprechendes wie nach § 283 bei der nachträglichen Unmöglichkeit (Rdnr. 54)

c) Leistungshindernis bei Vertragsschluss

Das Leistungshindernis, das die Rechtsfolgen des § 275 I–III **66** auslöst, muss bereits bei Vertragsschluss vorgelegen haben. Man spricht deshalb auch von anfänglicher Unmöglichkeit, Unverhältnismäßigkeit oder Unzumutbarkeit. Es handelt sich um Vertragsverhältnisse, in denen es wegen § 275 keine primäre Leistungspflicht des Schuldners gibt.

Beispiel: Im **Fall c** hat G ein Bild gekauft, das schon bei Abschluss des Kaufvertrages durch einen Brand zerstört war. Im **Fall d** befand sich das Bild schon bei Vertragsschluss nicht mehr im Eigentum des S.

d) Kenntnis oder fahrlässige Unkenntnis des Schuldners vom Leistungshindernis

Das für einen Schadensersatzanspruch erforderliche Vertreten- **67** müssen des Schuldners hat andere Voraussetzungen als die § 280 I, 283. Das hängt damit zusammen, dass sich das Pflichtenprogramm des Schuldners vor Vertragsschluss anders gestaltet als nach Vertragsschluss. Vorher hat der Schuldner vor allem Informationspflichten, während er erst nachher Pflichten bezüglich des Leistungsgegenstandes hat. Deshalb setzt § 311a II 2 voraus, dass der Schuldner das Leistungshindernis bei Vertragsschluss kannte oder schuldhaft nicht kannte.

Die Kenntnis oder fahrlässige Unkenntnis eines Gehilfen, den **68** der Schuldner in die Vertragsvorbereitung eingeschaltet hat, ist dem Schuldner entsprechend § 166 oder nach § 278 (so Palandt/ Heinrichs, Ergänzungsband 2002, § 311 a Rdnr. 9) zuzurechnen.

Im **Fall d** reicht es für § 311 a II aus, dass der Prokurist des S Kenntnis davon hatte, dass S nicht mehr Eigentümer und Besitzer des an G verkauften Bildes war.

69 § 311 a II 2 ist vergleichbar wie § 280 I 2 formuliert. Daraus folgt, dass die Kenntnis oder mindestens fahrlässige Unkenntnis des Schuldners vom Leistungshindernis vermutet wird und das Gegenteil vom Schuldner bewiesen werden muss.

Im **Fall c** wird dem S dieser Gegenbeweis jedenfalls dann nicht gelingen, wenn er den Brand selbst gelegt hat.

2. Inhalt des Schadensersatzanspruches

70 Die Rechtsfolge des § 311 a II entspricht derjenigen des § 283 bei nachträglichen Leistungshindernissen (dazu Rdnr. 57 ff.). Der Schadensersatzanspruch statt der Leistung ist also auf das positive Interesse gerichtet. Er kann nach der Differenz – oder der Austausch (= Surrogations)theorie berechnet werden. Bei einem auf einen Teil der Leistung beschränkten Anwendung des § 275 kommt grds. der sog. kleine Schadensersatz und gem. § 311 a II 3 i. V. m. § 281 I 2, 3 nur unter der zusätzlichen Voraussetzung des Interessewegfalls bzw. der Erheblichkeit des unbehebbaren Leistungsmangels der sog. große Schadensersatz (statt der ganzen Leistung) in Betracht.

C. Aufwendungsersatz (§ 284)

I. Bedeutung

71 Hat der Gläubiger Aufwendungen gemacht, um den Vertrag abzuschließen (z. B. Beurkundungskosten) oder den Vertragsgegenstand zu nutzen (z. B. Anfertigung eines Rahmens für ein erworbenes Gemälde), dann erweisen sich diese für den Fall der Unmöglichkeit der Leistung durch den Schuldner als nutzlos. Diese

Kosten (sog. *frustrierte Aufwendungen*) wären auch bei ordnungsgemäßer Vertragserfüllung angefallen. Sie können daher nicht als Schadensersatz statt der Leistung (vgl. Rdnr. 49 ff.) geltend gemacht werden. Anspruchsgrundlage für Aufwendungsersatz ist vielmehr § 284, der im Zuge der Schuldrechtsmodernisierung neu geschaffen wurde.

Im **Fall a** wären die 200 Euro für den Kunstsachverständigen auch bei Erfüllung des Kaufvertrages angefallen. Sie bilden daher keinen ersatzfähigen Schaden. Es handelt sich bei ihnen jedoch um vergebliche Aufwendungen, die nach § 284 ersetzt verlangt werden können.

Vor dem 1. 1. 2002 wurde dem Gläubiger eines Schadensersatzanspruches **72** Aufwendungsersatz nur in den Fällen zugesprochen, in denen zu Gunsten des Gläubigers angenommen werden konnte, dass die geschuldeten Leistungen gleichwertig gewesen wären und der Gläubiger darüber hinaus seine im Zusammenhang mit dem Geschäft getätigten Aufwendungen erwirtschaftet hätte (sog. *Rentabilitätsvermutung*). Diese Vermutung konnte jedoch vom Schuldner widerlegt werden und griff insbesondere bei Aufwendungen, die zu ideellen oder konsumptiven Zwecken gemacht wurden (z. B. Veranstaltungen von Parteien, Gewerkschaften, Familienfesten; Kauf eines Einfamilienhauses oder einer Einbauküche), nicht ein.

II. Anwendungsbereich

Der Gesetzgeber hat § 284 bewusst im Rahmen der §§ 280 ff. **73** „angesiedelt", weil der Aufwendungsersatzanspruch nicht auf gegenseitige Verträge begrenzt werden, sondern für alle vertraglichen und gesetzlichen Schuldverhältnisse gelten soll (vgl. BT-Drucks. 14/6040, S. 143).

Beispiel: Hat ein Vermächtnisnehmer eine Glasvitrine für ein vermachtes Kunstwerk herstellen lassen, kann er von dem Erben, der das Werk in Kenntnis des Vermächtnisses schuldhaft zerstört, Aufwendungsersatz verlangen.

III. Voraussetzungen

1. Bestehen eines Schadensersatzanspruchs

Der Anspruch auf Aufwendungsersatz kann nur *anstelle* (d. h. **74** alternativ) des Anspruchs auf Schadensersatz statt der Leistung geltend gemacht werden. Dem Gläubiger muss daher zunächst

ein Anspruch auf Schadensersatz statt der Leistung dem Grunde
nach zustehen, d. h. es müssen die Voraussetzungen des § 280 III
i. V. m. §§ 281 bis 283 oder des § 311a II vorliegen (siehe dazu
Rdnr. 49 ff.).

> Im **Fall a** können die 200 Euro Aufwendungsersatz und die 500 Euro Scha-
> densersatz nicht nebeneinander, sondern nur alternativ verlangt werden.

75   Der Gläubiger ist in der Wahl zwischen Aufwendungs- und Schadensersatz
frei. Möchte er so gestellt werden, als wäre der Vertrag nicht geschlossen
worden, kann er Aufwendungsersatz nach § 284 verlangen. Will er dagegen so
gestellt werden, als ob der Vertrag ordnungsgemäß durchgeführt worden wäre,
kann er alternativ sein Erfüllungsinteresse, also Schadensersatz statt der Leistung, fordern.

2. Aufwendungen

76   Zudem muss der Gläubiger im Vertrauen auf den Erhalt der
Leistung Aufwendungen (freiwillige Vermögensopfer) gemacht
haben, die er auch billigerweise machen durfte.

> **Beispiele** für Aufwendungen: Vertragskosten (z. B. Kosten für Übergabe,
> Versendung, Beurkundung, Begutachtung und Beratung [Kunstsachverständiger
> im **Fall a**], ferner Zölle, Fracht-, Einbau- und Montagekosten [AnwKom/
> Dauner-Lieb, § 284 Rdnr. 10]); Zinsen, die vom Gläubiger für ein zur Finan-
> zierung des Geschäfts aufgenommenes Darlehen zu zahlen sind; Folgeinvestiti-
> onen zur Verwertung des Leistungsgegenstands (z. B. Umbaumaßnahmen zur
> Integrierung eines Kunstwerks in ein Haus; vgl. BT-Drucks. 14/6040, S. 143);
> eigene Arbeitsleistungen des Gläubigers (str. vgl. AnwKom/Dauner-Lieb,
> § 284 Rdnr. 9; a. A. Palandt/Heinrichs, Ergänzungsband 2002, § 284 Rdnr. 6).

77   Die Einschränkung, dass nur Aufwendungen ersetzt werden, die
der Gläubiger „billigerweise" machen durfte, soll an den Gedanken
des Mitverschuldens, also § 254 (dessen ummittelbare Anwendbarkeit bei Aufwendungsersatzansprüchen fraglich erscheint, vgl.
Lorenz/Riehm, Rdnr. 228), erinnern. Der Gläubiger darf daher
z. B. keine voreiligen Aufwendungen machen, wenn ihm bereits
Anzeichen für ein Scheitern des geschlossenen Vertrages bekannt
sind (Canaris, JZ 2001, 517).

78   Ob die Ersatzpflicht auch Aufwendungen erfasst, die in einem offensichtli-
chen Missverhältnis zur nicht erbrachten Leistung stehen (z. B. Kosten für
einen aufwendigen Bilderrahmen, den der Gläubiger für ein wenig wertvolles
Bild hat anfertigen lassen), ist streitig (vgl. Canaris, JZ 2001, 517; Palandt/
Heinrichs, § 284 Rdnr. 7).

3. Ursächlichkeit der Nichterfüllung des Vertrages für die Vergeblichkeit der Aufwendungen

Des Weiteren muss die Nichterfüllung des Vertrages ursächlich **79** für die Vergeblichkeit der Aufwendungen gewesen sein. Wäre der Zweck der Aufwendungen auch bei vertragsgemäßer Erfüllung nicht erreicht worden, ist ein Anspruch auf Aufwendungsersatz ausgeschlossen. Mit Hilfe dieser Einschränkung soll verhindert werden, dass der Gläubiger bei einem verlustbringenden Geschäft seine Aufwendungen über § 284 auf den Schuldner abwälzt (vgl. v. Wilmowsky, Beil. Zu Heft 1 JuS 2002, 15). Da es sich der Sache nach um den Einwand rechtmäßigen Alternativverhaltens handelt, trägt der Schuldner die Beweislast (AnwKom/Dauner-Lieb, § 284 Rdnr. 12).

Beispiel: Nach dem Brand in dem gemieteten Saal stellt sich heraus, dass die dort geplante Veranstaltung ohnehin hätte abgesagt werden müssen.

IV. Rechtsfolge

Der Schuldner kann gem. § 284 seine nutzlos gewordenen Auf- **80** wendungen ersetzt verlangen. Nicht ersatzfähig ist jedoch das volle negative Interesse.

Beispiel: Der Käufer einer Wohnzimmergarnitur kann zwar die verauslagten Lieferkosten als Aufwendungen ersetzt verlangen. Er kann jedoch nicht geltend machen, dass er eine gleichartige Garnitur in der Zwischenzeit billiger im Möbelhaus X hätte beziehen können und dies im Vertrauen auf die Erfüllung durch den Verkäufer unterlassen hat (vgl. BT-Drucks. 14/6040, S. 144), da es sich bei der Nichtwahrnehmung einer Gelegenheit nicht um eine Aufwendung handelt.

D. Rücktritt (§ 326 V)

Gem. § 326 V, 1. Halbsatz kann der Gläubiger zurücktreten, **81** wenn der Schuldner nach § 275 I–III nicht zu leisten braucht. Auf den Rücktritt findet § 323 mit der Maßgabe entsprechende Anwendung, dass die Fristsetzung entbehrlich ist (§ 326 V, 2. Halbsatz). Ein solches Fristsetzungserfordernis hat nämlich nur dann einen Sinn, wenn der Schuldner überhaupt noch zu leisten verpflichtet ist. Das ist in den Fällen des § 275 gerade nicht der Fall.

82 Das Rücktrittsrecht wegen Unmöglichkeit hat nur eine begrenzte Bedeutung. Der Gläubiger wird nämlich bei Ausschluss der Leistungspflicht gem. § 275 regelmäßig ohnehin schon nach § 326 I 1 von der Gegenleistungspflicht befreit. Außerdem darf das Rücktrittsrecht nach § 326 V auch nicht die den Ausnahmen von § 326 I (Rdnr. 37 ff.) zu Grunde liegenden Wertungen unterlaufen (AnwKom/*Dauner-Lieb*, § 326 Rdnr. 18). Das Rücktrittsrecht spielt namentlich in solchen Fällen eine Rolle, in denen § 326 I 1 wegen § 326 I 2 nicht anwendbar ist oder in denen Leistung und Gegenleistung nur teilweise entfallen sowie dann, wenn der Gläubiger nicht weiß, ob die Voraussetzungen der §§ 275, 326 I 1 vorliegen.

I. Bei Schlechtleistung

83 Ist im Falle der nicht vertragsgemäßen Leistung der Anspruch auf Nacherfüllung (§§ 437 Nr. 1, 439 und §§ 634 Nr. 1, 635) nach § 275 I–III ausgeschlossen, ist § 326 I 1 nach Satz 2 der Norm nicht anwendbar (Rdnr. 35 f.). Der Gläubiger schuldet also grundsätzlich trotz des nicht behebbaren Leistungsmangels die (volle) Gegenleistung. Allerdings kann er sich durch Rücktritt gem. §§ 326 V, 323 von der Leistungspflicht befreien (§§ 437 Nr. 2 und 634 Nr. 3).

Will er die mangelhafte Kaufsache bzw. das mangelhafte Werk behalten, kann er alternativ auch den Kaufpreis (§§ 437 Nr. 2, 441 I; dazu BS § 4 Rdnr. 70 ff.) bzw. die Vergütung mindern (§§ 634 Nr. 3, 638; dazu BS § 24 Rdnr. 28 ff.).

Gem. § 326 V i.V.m. § 323 V 2 ist der Rücktritt aber ausgeschlossen, wenn der Mangel nur unerheblich ist.

Beispiel: Von der verkauften CD ist die Hülle irreparabel beschädigt.

II. Bei Teilunmöglichkeit

Ist die Leistungspflicht des Schuldners nur teilweise nach § 275 **84** ausgeschlossen, entfällt gem. § 326 I 1, 2. Halbsatz auch der Anspruch auf die Gegenleistung nur teilweise (Rdnr. 33). Hier kann es sein, dass der Gläubiger an der Teilleistung kein Interesse hat.

Beispiel: Von zwei zusammengehörigen Gemälden ist eines verbrannt.

In solchen Fällen ist, kann er gem. § 326 V i. V. m. § 323 V 1 vom ganzen Vertrag zurücktreten.

III. Bei Unsicherheit über den Grund der Nichtleistung

Schließlich soll § 326 V dem Gläubiger in solchen Fällen helfen, **85** in denen er in Unkenntnis darüber ist, aus welchem Grund (Unmöglichkeit oder bloße Verzögerung) die Leistung des Schuldners ausbleibt. Liegt dem ein Umstand zu Grunde, der den Schuldner nach § 275 von der Leistung befreit, ist auch der Gläubiger nach § 326 I 1 frei. Andernfalls kann der Gläubiger nur nach § 323 I zurücktreten (§ 23 Rdnr. 57 ff.).

Kennt der Gläubiger nun den Grund der Nichtleistung nicht, **86** kann er dem Schuldner eine angemessene Nachfrist setzen (vgl. § 23 Rdnr. 62 ff.) und nach deren fruchtlosem Ablauf zurücktreten. Dabei kann dann in der Praxis regelmäßig offen bleiben, ob sich der Rücktrittsgrund aus § 323 I oder aus § 326 V ergibt (BT-Drucks. 14/7052, S. 193). Allenfalls könnte sich nämlich die Nachfristsetzung als überflüssig erweisen (Kritisch: AnwKom/Dauner-Lieb, § 326 Rdnr. 18).

§ 23. Verzögerung der Leistung

Schrifttum: Canaris, Die Reform des Rechts der Leistungsstörungen, JZ **1** 2001, 499; V. Emmerich, Grundfälle zum Schuldnerverzug, JuS 1995, 123;

Fahl, Zur Zulässigkeit der einseitigen kalendermäßigen Bestimmung des Verzugszeitpunktes, JZ 1995, 341; St. Gottwald, Schadensersatz für die verzugsbegründende Erstmahnung, JR 1998, 95; Heinrichs, EG-Richtlinie zur Bekämpfung von Zahlungsverzug im Geschäftsverkehr und Reform des Verzugsrechts nach dem Entwurf eines Schuldrechtsmodernisierungsgesetzes, BB 2001, 157; Hoffmann, Abtretung der Hauptforderung und Verzugsschaden, WM 1994, 1464; H. Honsell, Der Verzugsschaden bei der Geldschuld, Festschrift f. Herm. Lange, 1992, 509; Kahlert, Schuldrechtsmodernisierungsgesetz: Teilweise Abschaffung des Verzugszinses?, ZRP 2001, 340; Kindler, Die neuere höchstrichterliche Rechtsprechung zum Ersatz entgangener Anlagezinsen im Verzug, WM 1997, 2017; Knütel, Zum „Zufall" in § 287 S. 2 BGB, NJW 1993, 900; Krause, Die Leistungsverzögerung im neuen Schuldrecht, Jura 2002, 217, 299; Mattheus, Schuldrechtsmodernisierung 2001/2002 – Die Neuordnung des allgemeinen Leistungsstörungsrechts, JuS 2002, 209; Medicus, Unvermögen und Schuldnerverzug bei Geldmangel, AcP 188, 489; Otto, Die Grundstrukturen des neuen Leistungsstörungsrechts, Jura 2002, 1; Schimmel/Buhlmann, Schuldnerverzug nach der Schuldrechtsmodernisierung – Tatbestandsvoraussetzungen und Rechtsfolgen, MDR 2002, Sonderheft Schuldrechtsreform, 14; Schmidt-Kessel, Die Zahlungsverzugsrichtlinie und ihre Umsetzung, NJW 2001, 97; Schreiber, Der Schuldnerverzug, Jura 1990, 193; Schimmel/Buhlmann, Schuldnerverzug nach der Schuldrechtsmodernisierung-Tatbestandsvoraussetzungen und Rechtsfolgen, MDR 2002 Sonderheft Schuldrechtsreform, 14; Schulte-Braucks, Zahlungsverzug in der Europäischen Union, NJW 2001, 103; Teichmann, Strukturveränderungen im Recht der Leistungsstörungen nach dem Regierungsentwurf eines Schuldrechtsmodernisierungsgesetzes, BB 2001, 1485; Westermann, Der säumige Geldschuldner, Festschrift f. Gernhuber, 1993, 529; v. Wilmowsky, Pflichtverletzungen im Schuldverhältnis, Beilage JuS 2002, Heft 1; Zimmer, Das neue Recht der Leistungsstörungen, NJW 2002, 1.

Fälle:

a) S hat dem G in notarieller Urkunde schenkweise (§ 518) versprochen, ihm am 1. Oktober ein Bild zu übereignen. G lässt S am 10. Oktober durch einen Anwalt auffordern, das Bild zu liefern und die Kosten für die Inanspruchnahme des Anwalts zu zahlen.

b) V hat dem K seinen Pkw für 3000 Euro verkauft. V äußert Bedenken, ob auch mündliche Vereinbarungen bindend sind. Da er nicht liefert, lässt K ihn durch einen Anwalt mahnen und verlangt Ersatz der Anwaltskosten.

c) Im Fall b könnte K den Pkw für 3300 Euro weiterverkaufen. Da V nicht liefert, möchte K von ihm 300 Euro. Was kann er tun?

d) Im Fall b möchte K mit seinem Geld von einer zuverlässigeren Person einen Pkw kaufen. Was soll er tun, damit er nicht anschließend zwei Autos abzunehmen und zu bezahlen hat?

e) Im Fall b wird dem V nach Eingang des Schreibens der Pkw aus der verschlossenen Garage gestohlen. K hätte ihn mit 500 Euro Gewinn weiterverkaufen können.

Erbringt der Schuldner die ihm mögliche Leistung nicht rechtzeitig, liegt darin eine Pflichtverletzung i. S. d. § 280 I. Häufig entsteht dem Gläubiger durch eine solche Verzögerung der Leistung ein Schaden. Diesen kann er aber nicht ohne Weiteres nach § 280 I, sondern gemäß § 280 II nur unter der zusätzlichen Voraussetzung des § 286, d. h. im Falle des Verzuges, ersetzt verlangen. Der Anspruch auf die bisher nicht erbrachte Leistung bleibt davon unberührt.

Andererseits kann die Verzögerung dazu führen, dass der Gläubiger kein Interesse an der Leistung mehr hat. Für diesen Fall gibt ihm § 281 I das Recht, Schadensersatz statt der Leistung zu verlangen. Außerdem kann er gem. § 323 I vom Vertrag zurücktreten. Diese weitreichenden Folgen sollen im Interesse des säumigen Partners aber nur dann eingreifen, wenn ihm zuvor erfolglos eine angemessene Frist zur Leistung bestimmt worden ist.

Die in der bloßen Nichterfüllung eines (fälligen) Anspruchs liegende Pflichtverletzung hat also keine spezifisch leistungsstörungsrechtlichen Konsequenzen. Der Gläubiger kann lediglich seinen ursprünglichen Erfüllungsanspruch geltend machen. Nur unter den zusätzlichen Voraussetzungen des § 286, des § 281 oder des § 323 stehen dem Gläubiger weitere Rechte zu.

A. Ersatz des Verspätungsschadens

I. Voraussetzungen

Die Voraussetzungen für den Anspruch auf Schadensersatz wegen Verzögerung der Leistung ergeben sich aus § 280 I und auf Grund der Verweisung in § 280 II zusätzlich aus § 286. **2**

1. Schuldverhältnis

Zwischen Antragsteller und Antragsgegner muss ein vertragliches oder gesetzliches Schuldverhältnis bestehen. Einzelheiten siehe § 22 Rdnr. 50.

2. Pflichtverletzung in Form der Leistungsverzögerung

3   Die nach § 280 I erforderliche Pflichtverletzung liegt darin, dass die geschuldete Leistung trotz Möglichkeit der Leistung und Durchsetzbarkeit des Anspruchs nicht rechtzeitig erbracht wird.

a) Bestehen einer wirksamen Leistungspflicht

Eine solche Pflichtverletzung setzt zunächst das Bestehen einer wirksamen Leistungspflicht i. S. d. § 241 I voraus. Gleichgültig ist, auf welchem Rechtsgrund die Forderung beruht. Nicht ausreichend ist dagegen eine bloße Schutzpflicht i. S. d. § 241 II.

4   An einer wirksamen Leistungspflicht des Schuldners fehlt es, wenn dessen Verpflichtung wegen einer *rechtshindernden Einwendung* nicht entstanden oder wegen einer *rechtsvernichtenden Einwendung* untergegangen ist. Eine pflichtwidrige Leistungsverzögerung kommt namentlich nur dann in Betracht, wenn die geschuldete Leistung noch möglich ist. Beruht nämlich die nicht fristgerechte Leistung darauf, dass die Leistung unmöglich ist, besteht gem. § 275 I keine (Primär-)Leistungspflicht des Schuldners, die er verletzen könnte. Unmöglichkeit schließt also eine Pflichtverletzung in Form der Leistungsverzögerung aus.

Für die Abgrenzung der Leistungsverzögerung von der Unmöglichkeit ist entscheidend, ob die geschuldete Leistung noch *nachholbar* ist. Beim absoluten Fixgeschäft (§ 22 Rdnr. 6) kann die Leistung nur zu der vereinbarten Zeit erbracht werden; danach ist sie nicht mehr nachholbar, so dass keine bloße Leistungsverzögerung, sondern Unmöglichkeit gegeben ist. Verletzt jemand eine Unterlassungspflicht (z. B. ein Wettbewerbsverbot) liegt Unmöglichkeit vor; das Unterlassen kann nicht verzögert und nach einer Zuwiderhandlung nachgeholt werden.

b) Durchsetzbarkeit

5   Die Forderung des Gläubigers muss ferner durchsetzbar, d. h. sie muss fällig und einredefrei sein.

aa) Vor *Fälligkeit* ist die Forderung noch nicht durchsetzbar. Eine Forderung ist dann fällig, wenn der Schuldner die Leistung zu erbringen hat; nicht entscheidend ist, ob er sie schon erbringen darf (§ 12 Rdnr. 18 ff.).

Ist z. B. vereinbart „zahlbar in drei Monaten", so liegt bis zum Ablauf dieser Frist in einer Nichtleistung keine Pflichtverletzung. Wenn dagegen über die Fälligkeit keine Absprache getroffen ist, wird regelmäßig sofortige Fälligkeit anzunehmen sein (§ 271 I; § 12 Rdnr. 21). Im **Fall a** ist der Anspruch am 1. Oktober, im **Fall b** mit Vertragsabschluss fällig.

bb) Ist die Forderung des Gläubigers mit einer *Einrede* des **6** Schuldners behaftet, ändert das zwar an der Fälligkeit nichts. Die Forderung ist aber gleichwohl nicht durchsetzbar. Eine Pflichtverletzung scheidet deshalb aus. Denn solange der Schuldner die Leistung verweigern kann, ist seine Nichtleistung keine Pflichtverletzung. Es genügt grundsätzlich, dass das Verweigerungsrecht objektiv gegeben ist. Es braucht vom Schuldner nicht geltend gemacht zu werden; das ist erst im Prozess erforderlich.

Beispiele: §§ 214, 275 II und III, 438. – Zur Frage, ob auch die Einreden aus § 273 und § 320 den Verzug ausschließen, siehe § 13 Rdnr. 10 f., 20.

c) Nichtleistung

Der Schuldner hat die ihm mögliche Leistung trotz Durchsetz- **7** barkeit des Anspruchs nicht erbracht. Grundsätzlich genügt es, wenn der Schuldner die Leistungshandlung rechtzeitig vorgenommen hat. Nicht erforderlich ist also, dass der Leistungserfolg auch rechtzeitig eingetreten ist. Bei Schickschulden genügt daher die Absendung der Ware.

Für § 286 III (dazu Rdnr. 19 ff.) wird allerdings vertreten, er sei richtlinienkonform dahingehend auszulegen, dass der Gläubiger nicht binnen 30 Tagen den Geldbetrag erhalten hat. Hier käme es also für die Rechtzeitigkeit ausnahmsweise auf den Eintritt des Leistungserfolges an (vgl. Krause, Jura 2002, 217, 221).

Der Vornahme der Leistungshandlung steht es gleich, wenn der **8** Schuldner dem Gläubiger die Leistung in einer den Annahmeverzug begründenden Art und Weise (§§ 293 ff., dazu § 26 Rdnr. 5 ff.) anbietet.

3. Zusätzliche Voraussetzungen des § 286

Gem. § 280 II müssen ferner die zusätzlichen Voraussetzungen **9** des § 286 vorliegen. Erforderlich ist also entweder eine Mahnung des Gläubigers (§ 286 I) oder ein Umstand, der die Mahnung entbehrlich macht (§ 286 II) oder der Ablauf von 30 Tagen nach Fälligkeit und Rechnungsstellung (§ 286 III).

a) Mahnung

10   Gem. § 286 I setzt der Gläubiger den Schuldner durch eine *Mahnung* in Verzug (**Fall b**).

Durch AGB kann der Verwender nicht von der Mahnung freigestellt werden (§ 309 Nr. 4).

aa) Die Mahnung ist eine *einseitige, empfangsbedürftige Aufforderung* an den Schuldner, die geschuldete Leistung zu erbringen. Einer bestimmten Form bedarf sie nicht. Sie kann daher insbesondere auch mündlich erfolgen.

Die Mahnung ist keine Willenserklärung, sondern eine geschäftsähnliche Handlung. Die Frage hat aber praktisch keine Bedeutung, weil Vorschriften über die Willenserklärung auf geschäftsähnliche Handlungen analog anzuwenden sind (BGHZ 47, 352, 357; BGHZ NJW 1987, 1547). So ist die Mahnung eines Minderjährigen wirksam, weil sie ihm rechtlich lediglich vorteilhaft ist (vgl. § 107), die eines Geschäftsunfähigen dagegen nichtig (vgl. § 105). Wirksam wird die Mahnung mit Zugang (§ 130) beim Schuldner; frühestens dann beginnt der Verzug.

11   (1) Eine Mahnung setzt voraus, dass der Schuldner aus ihr hinreichend deutlich entnehmen kann, der Gläubiger *verlange eine bestimmte Leistung*. Eine Fristsetzung ist dagegen nicht erforderlich. Ebenso wenig braucht ein bestimmter Rechtsnachteil angedroht zu werden. Allerdings muss die Mahnung erkennen lassen, dass das Ausbleiben der Leistung *Folgen haben werde* (a. A. Palandt/Heinrichs, Ergänzungsband 2002, § 286 Rdnr. 17).

Dieses Erfordernis ist auch durch die Gleichstellung von Mahnung und Rechnungsstellung (vgl. § 286 III; dazu Rdnr. 19 ff.) nicht entfallen, sondern bestätigt worden. Ohne die Notwendigkeit eines Hinweises auf Konsequenzen unterschieden sich beide nur in der Aufforderung zur Zahlung. Ob Verzug sofort oder erst in 30 Tagen eintritt, hinge dann allein davon ab, ob der Gläubiger nach Aufstellung seiner Entgeltforderung noch ausdrücklich oder konkludent um deren Begleichung bittet, was regelmäßig der Fall sein wird. – Eine bloße Rechnung ist daher im Allgemeinen ebenso wenig eine Mahnung wie eine übertrieben freundlich gehaltene Erklärung; anders kann es bei einer Rechnung mit dem auffälligen Vermerk „zweite Rechnung" sein. – Eine Fristsetzung nach §§ 281 I, 323 I wird dagegen regelmäßig zugleich eine Mahnung i. S. d. § 286 I darstellen.

Mahnt der Gläubiger mehr oder etwas anderes an als der **12** Schuldner zu leisten verpflichtet ist, ist die Mahnung gleichwohl wirksam, wenn der Schuldner sie nach Treu und Glauben unter Berücksichtigung der Verkehrssitte als Aufforderung zur Bewilligung der tatsächlich geschuldeten Leistung verstehen musste (§§ 133, 157). Bezieht sich die Mahnung nur auf einen Teil der Schuld, tritt auch nur insofern Verzug ein.

(2) Nach dem Wortlaut des § 286 I 1 muss die Mahnung *nach* **13** *Eintritt der Fälligkeit* erfolgen; andernfalls ist sie wirkungslos. Allerdings ist es zulässig, Mahnung und fälligkeitsbegründende Handlung zu verbinden.

bb) Besonders massive Formen der Mahnung sind die Erhebung **14** einer *Leistungsklage* sowie die Zustellung eines *Mahnbescheids* (§ 286 I 2).

Wird eine erhobene Klage oder ein gestellter Mahnantrag zurückgenommen, endet der Verzug wieder.

b) Entbehrlichkeit der Mahnung

Der Schuldner braucht nicht immer durch Mahnung an seine **15** Leistungspflicht erinnert zu werden. Die wichtigsten Fälle der Entbehrlichkeit der Mahnung sind in § 286 II geregelt. Danach bedarf es einer Mahnung in folgenden Fällen nicht:

aa) Für die Leistung ist (gesetzlich oder vertraglich) *eine Zeit nach dem Kalender bestimmt* (Nr. 1; „dies interpellat pro homine"; **Fall a**). Ausreichend ist, wenn sich die Leistungszeit schon bei Vertragsschluss kalendermäßig bestimmen lässt („drei Tage nach Vertragsschluss"; vgl. BGH NJW 2001, 365). Dagegen genügt die Anknüpfung an ein künftiges, ungewisses Ereignis nicht („eine Woche nach Lieferung"); hier ist vielmehr § 286 II Nr. 2 einschlägig.

bb) Der Leistung hat ein Ereignis vorauszugehen und es ist eine **16** *angemessene Zeit für die Leistung* in der Weise bestimmt, dass sie sich *von dem Ereignis an nach dem Kalender bestimmen lässt* (Nr. 2). Als ein solches Ereignis kommt (anders als nach § 284 II 2 a. F.) nicht nur die Kündigung (z. B. „Das Darlehen ist zwei Wochen nach Kündigung zurückzuzahlen"), sondern etwa auch die Leistung oder die Stellung einer Rechnung durch den Gläubiger in Betracht. Die Zeitbestimmung kann vereinbart, aber auch im Gesetz oder in einem Urteil (z.B. § 721 ZPO) enthalten sein. Eine nur einseitige Bestimmung genügt dagegen nicht. Die Zeit muss sich von dem Ereignis an nach dem Kalender berechnen lassen und angemessen sein.

Dadurch soll verhindert werden, dass die Frist, nach deren Ablauf der Verzug eintritt, (vertraglich) zu kurz bemessen oder gar auf Null reduziert wird (BT-Drucks. 14/6040, S. 146; z.B. „Lieferung eine Stunde nach Abruf", „Zahlung sofort nach Lieferung"). Es ist allerdings zweifelhaft, ob dieses Erfordernis mit der Zahlungsverzugsrichtlinie 2000/35/EG, deren Umsetzung die Norm dient, vereinbar ist oder ob – in richtlinienkonformer Auslegung – jedenfalls im Geschäftsverkehr auch die Vereinbarung sehr kurzer oder der Verzicht auf jegliche Frist möglich ist (dazu AnwKom/Schulte-Nölke, § 286 Rdnr. 32 f.).

17   cc) Der *Schuldner verweigert die Leistung ernsthaft und endgültig* (Nr. 3). Der Grund für diese Ausnahme liegt – ähnlich wie bei §§ 281 II, 323 II Nr. 1 (dazu Rdnr. 42) – darin, dass die Mahnung eine sinnlose Förmelei wäre, wenn der Schuldner ohnehin nicht zu leisten bereit ist. Daher sind an eine entsprechende Erklärung des Schuldners strenge Anforderungen zu stellen. Er muss eindeutig und abschließend zum Ausdruck bringen, dass er die Leistung nicht erbringen werde. Dazu genügt es nicht, wenn er lediglich Zweifel an seiner Leistungspflicht zum Ausdruck bringt (**Fall b**). Mit der Leistungsverweigerung beginnt der Verzug.

18   dd) Der sofortige Eintritt des Verzuges ist *aus besonderen Gründen unter Abwägung der beiderseitigen Interessen* gerechtfertigt (Nr. 4). Damit sollen bislang nur richterrechtlich anerkannte Fallgruppen erfasst werden.

Beispiele: Die Leistung ist offensichtlich besonders eilig (z.B. Beseitigung eines Wasserrohrbruchs). Der Schuldner entzieht sich der Mahnung oder er hält den Gläubiger dadurch von einer Mahnung ab, dass die Leistung an einem bestimmten Tag zu erbringen verspricht

c) Fristablauf nach Rechnungsstellung

19   § 286 III enthält eine Sonderregelung. Danach kommt der Schuldner einer Entgeltforderung auch ohne Mahnung spätestens dann in Verzug, wenn er nicht innerhalb von 30 Tagen nach Fälligkeit und

Zugang einer *Rechnung oder gleichwertigen Zahlungsaufstellung* leistet.
Die Vorschrift hat folgende besondere Voraussetzungen:
aa) Es muss sich um eine *Entgeltforderung* handeln. **20**
(1) Darunter ist jede *Geldforderung* (str.) zu verstehen, die eine
Gegenleistung für eine Leistung des Gläubigers darstellt. Daher fallen
unter § 286 III nur (aber nicht alle) Hauptleistungspflichten (§ 2
Rdnr. 6). Wofür das Entgelt im Einzelfall gezahlt wird, ist nach
§ 286 III unerheblich. Die Leistung des Gläubigers kann daher in
der Lieferung einer Sache, in einer Dienst- oder Werkleistung,
aber auch in der bloßen Gebrauchsüberlassung liegen.

Beispiele: §§ 433 II, 535 II, 611 I, 631 I.
Gegenbeispiele: Schadensersatz-, Bereicherungs-, Rückzahlungsforderungen und Ansprüche auf Versicherungsleistungen. Hierbei handelt es sich zwar auch um Geld-, nicht aber um Entgeltforderungen.
Von der Voraussetzung einer Entgeltforderung macht § 357 I 2 eine Ausnahme. **21**
Er verweist auch für die auf einem Widerruf des Verbrauchers beruhenden Rückzahlungsansprüche auf § 286 III. Da das Entgelterfordernis erst im Laufe des Gesetzgebungsverfahrens in § 286 II aufgenommen wurde, wird man wohl davon ausgehen müssen, dass der Gesetzgeber eine Anpassung des § 357 an den § 286 III schlicht vergessen hat (vgl. Krause, Jura 2002, 217, 220).

(2) Gleichgültig ist, ob der Schuldner Unternehmer (§ 14) oder **22**
Verbraucher (§ 13) ist. Im letzten Fall tritt die Folge des § 286 III
aber nur ein, wenn der Verbraucher in der Rechnung oder Zahlungsaufstellung darauf *besonders hingewiesen* worden ist (§ 286 III 1,
2. Halbs.).

bb) Dem Schuldner muss eine *Rechnung* oder gleichwertige **23**
Zahlungsaufstellung zugegangen sein. Für deren Rechtsnatur gilt das
zur Mahnung Gesagte entsprechend (Rdnr. 10).
(1) Die *Rechnung* ist eine gegliederte Aufstellung über eine Entgeltforderung für eine Warenlieferung oder sonstige Leistung. Sie
soll dem Schuldner die Nachprüfung des Anspruchs ermöglichen.
Der Gläubiger muss dem Schuldner daher eine textliche Fixierung
(Schriftstück, E-Mail; im Gegensatz zur Mahnung reicht aber bloße
Mündlichkeit nicht) des geforderten Entgelts zukommen lassen.
Eine Aufforderung zur Leistung sowie die Androhung von Konsequenzen sind aber – anders als für die Mahnung (Rdnr. 11) – nicht
erforderlich. Die bloße Mitteilung der Forderung genügt.

Sofern die Rechnungsstellung (ausnahmsweise) Fälligkeitsvoraussetzung ist, bewirkt ihr Zugang ein Zweifaches: Die Forderung wird fällig und die 30-Tages-Frist beginnt zu laufen.

24   Der *gleichwertigen Zahlungsaufstellung* kommt eine Auffangfunktion zu. Mit ihr soll klargestellt werden, dass § 286 III sämtliche fixierte Mitteilungen über das geforderte Entgelt erfasst, auch wenn sie nicht die Form einer Rechnung haben (z. B. in einem Anwaltsschreiben).

Erfüllt die Rechnung bzw. Zahlungsaufforderung zugleich die Voraussetzung einer Mahnung spielt § 286 III keine Rolle. Dann kommt der Schuldner nämlich sofort (§ 286 I) und nicht erst nach Ablauf von 30 Tagen (§ 286 III) in Verzug.

25   (2) Die Rechnung oder gleichwertige Zahlungsaufstellung kann dem Schuldner – anders als die Mahnung (Rdnr. 13) – bereits vor Eintritt der *Fälligkeit* zugegangen sein; die 30-Tage-Frist beginnt jedoch erst mit der Fälligkeit der Forderung.

26   (3) Wenn der Zeitpunkt des Zugangs der Rechnung oder Zahlungsaufstellung unsicher ist, kommt der Schuldner, der nicht Verbraucher ist, spätestens 30 Tage nach Fälligkeit und Empfang der Gegenleistung in Verzug (§ 286 III 2). Es wird also vermutet, dass dem Schuldner die Rechnung mit der Gegenleistung zugegangen ist. Er muss dann beweisen, dass ihm eine Rechnung gar nicht oder erst später zugegangen ist. Einzelheiten: AnwKom/Schulte-Nölke, § 286 Rdnr. 68 ff.

27   cc) Seit Fälligkeit und Zugang der Rechnung bzw. Zahlungsaufstellung müssen *30 Tage verstrichen* sein. Die Fristberechnung erfolgt nach §§ 187 I, 188 I: Der Verzug tritt mit Ablauf des 30. Tages ein.

Dagegen wird man § 193 nicht anwenden können (str.). Die Norm erfasst den Fall, dass der Schuldner innerhalb einer bestimmten Frist eine Leistung zu erbringen hat. Der Schuldner muss aber schon bei Fälligkeit und nicht erst mit Ablauf der Frist des § 286 III leisten.

4. Vertretenmüssen

28   Schließlich muss der Schuldner die Nichtleistung trotz Fälligkeit, Durchsetzbarkeit und Mahnung zu vertreten haben. Das ergibt sich für den Schadensersatzanspruch bereits aus § 280 I 2. Insoweit gilt

Entsprechendes wie bei dem Schadensersatzanspruch wegen Unmöglichkeit (§ 22 Rdnr. 53). Insbesondere wird das Verschulden vermutet.

Beispiele für Nichtverschulden: Schwere Erkrankung des Schuldners, der in Person zu leisten hat; Fälle der höheren Gewalt. Leistet der Schuldner in Folge eines Rechtsirrtums nicht, kommt er nur dann nicht in Verzug, wenn der Irrtum nicht auf Fahrlässigkeit beruht. Hier sind strenge Anforderungen zu stellen („Erkundigungspflicht"; vgl. BGH NJW 2001, 3114, 3115).

Zwar ist das Vertretenmüssen nicht erst eine Voraussetzung für **29** den Schadensersatzanspruch, sondern gem. § 286 IV schon eine Voraussetzung dafür, dass der Schuldner überhaupt in Verzug kommt. Dabei handelt es sich aber wegen der Regelung in § 280 I 2 nicht um eine „zusätzliche" Voraussetzung i. S. v. § 280 II. Der § 286 IV ist deshalb für den Schadensersatzanspruch nicht von Bedeutung. § 286 IV spielt nur für die anderen Verzugsfolgen wie z. B. die Haftungsverschärfung (§ 287, Rdnr. 73 f.) eine Rolle, für die § 280 I 2 nicht gilt (BT-Drucks. 14/6040, S. 148).

II. Rechtsfolgen

1. Ersatz des Verspätungsschadens

Der Gläubiger hat gem. §§ 280 I, II, 286 einen Anspruch auf **30** Ersatz des Verspätungsschadens (= Verzögerungs- oder Verzugsschaden). Darunter ist derjenige Schaden zu verstehen, der dem Gläubiger durch die Verzögerung der Leistung entsteht. Der Anspruch tritt neben den primären Erfüllungsanspruch. Der Gläubiger ist hier finanziell so zu stellen, wie er stehen würde, *wenn die Leistung rechtzeitig erbracht worden wäre.*

Beispiele: Kosten für eine notwendige Kreditaufnahme, entgangene Anlagezinsen, entgangener Gewinn (auch aus Spekulationsgeschäften; vgl. BGH ZIP 2002, 895), Kosten der Rechtsverfolgung. – Im **Fall a** ist S am 1. Oktober auch ohne Mahnung (§ 286 II Nr. 1) in Schuldnerverzug gekommen; die Kosten für die Inanspruchnahme des Anwalts gehören zum Verzugsschaden. Im **Fall b** gerät V erst durch das Mahnschreiben des Anwalts in Verzug; deshalb kann K die Kosten des Schreibens nicht als Verzugsschaden geltend machen.

31   Vom Verzögerungsschaden ist der Nichterfüllungsschaden zu unterscheiden. Dieser erwächst daraus, dass der Schuldner die Leistung endgültig nicht mehr erbringt (§ 22 Rdnr. 57). Zu Abgrenzungsschwierigkeiten kann es insbesondere dann kommen, wenn die Erbringung der geschuldeten Leistung während des Verzuges unmöglich wird (§ 275; vgl. **Fall e**) oder wenn der Gläubiger dem säumigen Schuldner erfolglos eine Nachfrist setzt. In beiden Fällen kann er (bei Vertretenmüssen des Schuldners) Schadensersatz statt der Leistung (= Schadensersatz wegen Nichterfüllung = positives Interesse) verlangen (§§ 281, 283). Der Nichterfüllungsschaden tritt anders als der Verzögerungsschaden nicht neben, sondern an die Stelle der Leistung.

> **Beispiel:** V liefert die geschuldete Stücksache nicht termingerecht. K lässt ihm durch seinen Anwalt eine Nachfrist setzen. Die Sache geht unter (bzw. die Nachfrist läuft ab). K verlangt den entgangenen Gewinn aus einer gescheiterten Weiterveräußerung sowie seine Rechtsanwaltskosten.

2. Verzugszinsen

32   Wird Geld geschuldet, kann der Gläubiger beim Schuldnerverzug Verzugszinsen verlangen (§ 288 I 1). Der Verzugszinssatz beträgt bei Rechtsgeschäften, an denen ein Verbraucher beteiligt ist, für das Jahr 5 Prozentpunkte über dem Basiszinssatz nach § 247 (§ 288 I 2). Bei Rechtsgeschäften, an denen ein Verbraucher nicht beteiligt ist, beträgt der Zinssatz für Entgeltforderungen 8 Prozentpunkte über dem Basiszinssatz (§ 288 II).

> Dieser *Mindestverzugsschaden* braucht nicht bewiesen zu werden; er steht nach dem Gesetz unwiderleglich fest. Ein höherer Zinssatz kommt in Betracht, wenn er sich „aus einem anderen Rechtsgrund" (z.B. aus einer Parteivereinbarung) ergibt (§ 288 III).

33   Diese Regelungen schließen aber nicht aus, dass der Gläubiger einen *weiteren Schaden* geltend macht, der ihm durch den Verzug des Schuldners entstanden ist (§ 288 IV). Hat er z.B. Bankkredit zu 12% Zinsen aufgenommen, so ist seine Zinsschuld gegenüber der Bank sein nach §§ 280 I, II und 286 zu ersetzender Verzugsschaden.

Von Zinsen sind Verzugszinsen nicht zu entrichten (§ 289 S. 1, der insoweit § 288 I einschränkt; vgl. dazu das Verbot der Zinseszinsen in § 248 I; siehe § 9 Rdnr. 14). Jedoch können Verzugszinsen als Schadensersatz verlangt werden, wenn der Gläubiger den Schuldner wegen rückständiger Verzugszinsbeträge wirksam in Verzug gesetzt hat (§ 289 S. 2; vgl. BGH NJW 1993, 1260).

B. Schadensersatz statt der Leistung

Hat der Gläubiger auf Grund der Verzögerung sein Interesse an **34** der Leistung verloren, kann er wie im Falle des befreienden Leistungshindernisses (§§ 280 I, III und 283; dazu § 22 Rdnr. 49 ff.) Schadensersatz statt der Leistung verlangen (§§ 280 I, III und 281). Er verzichtet damit also auf die primär geschuldete Leistung und liquidiert statt dessen sein positives Interesse.

Im Unterschied zu § 283 besteht die primäre Leistungspflicht des Schuldners bei § 281 zunächst noch fort. Diese erlischt vielmehr erst mit der Geltendmachung des Anspruchs auf Schadensersatz statt der Leistung (§ 281 IV; dazu Rdnr. 54).

I. Voraussetzungen

Die Voraussetzungen für den Anspruch auf Schadensersatz statt **35** der Leistung wegen Verzögerung derselben ergeben sich aus § 280 I und auf Grund der Verweisung in § 280 III zusätzlich aus § 281.

Der Anspruch auf das positive Interesse bei Verzögerung der Leistung war als Anspruch auf Schadensersatz wegen Nichterfüllung bis zur Schuldrechtsreform in § 326 a. F. geregelt. Anders als dieser ist § 281 nicht mehr auf synallagmatische Leistungspflichten beschränkt. Er setzt auch nicht mehr Verzug sowie eine Ablehnungsandrohung voraus.

1. Schuldverhältnis

Zunächst muss auch hier ein gesetzliches oder vertragliches **36** Schuldverhältnis zwischen Anspruchsteller und Anspruchsgegner bestehen. Einzelheiten siehe § 22 Rdnr. 50.

2. Pflichtverletzung in Form der Leistungsverzögerung

37   Die nach § 280 I erforderliche Pflichtverletzung liegt darin, dass die geschuldete Leistung trotz Möglichkeit der Leistung und Durchsetzbarkeit des Anspruches nicht erbracht wird (Rdrn. 3 ff.).

3. Erfolglose Bestimmung einer Nachfrist

38   Zusätzlich muss der Gläubiger dem Schuldner erfolglos eine angemessene Frist zur Leistung bestimmt haben (§ 281 I 1). Durch dieses Erfordernis hat der Gesetzgeber bei behebbaren Mängeln dem Erfüllungsanspruch den Vorrang gegenüber dem Schadensersatzanspruch statt der Leistung eingeräumt. Der Gläubiger muss, bevor er das Erfüllungsinteresse in Geld vergütet bekommt, grds. Naturalerfüllung verlangen, Umgekehrt soll der Schuldner durch die Nachfristsetzung eine letzte Chance bekommen, die wirtschaftlichen Nachteile abzuwenden, die für ihn mit einer Schadensersatzpflicht verbunden sind.

Hinsichtlich der Rechtsnatur der Nachfristsetzung gilt das zur Mahnung Ausgeführte entsprechend (Rdnr. 10). – Es wird vertreten, die Nachfristsetzung dürfe erst nach Fälligkeit erfolgen (Huber/Faust, Schuldrechtsmodernisierung, § 3 Rdnr. 127, 133). Um dem Schuldner die „letzte Chance" vor dem Übergang auf den Anspruch auf Schadensersatz statt der Leistung zu wahren, genügt es jedoch, wenn die Frist, die dem Schuldner zwischen Fälligkeit und Ablauf der gesetzten Nachfrist bleibt, angemessen ist. Die Nachfristsetzung kann dann auch vor Fälligkeit erfolgen.

a) Leistungsaufforderung

39   Der Gläubiger muss den Schuldner nachdrücklich zur Leistung auffordern. Die bloße Frage nach der Leistungsbereitschaft genügt dafür ebenso wenig wie ein allzu höfliches Leistungsverlangen. Die geforderte Leistung muss dabei eindeutig bezeichnet sein. Hinsichtlich einer Zuviel- und Zuwenigforderung gilt das zur Mahnung Gesagte entsprechend (Rdnr. 12).

b) Angemessene Nachfrist

40   Der Gläubiger muss dem Schuldner eine angemessene Nachfrist zur Leistung bestimmen. Die Angemessenheit beurteilt sich nach den Umständen des Einzelfalls unter Berücksichtigung der Interessen beider Vertragsparteien (vgl. BGH NJW 1985, 2640). Dabei kann auch der Inhalt der Leistungspflicht eine Rolle spielen. Dem Schuldner soll die Möglichkeit gegeben werden, die bereits begonnene Leistung zu vollenden. Da der Schuldner aber ab Fälligkeit leistungsbereit zu sein hat, braucht die Frist nicht so lang bemessen zu sein, dass der Schuldner die noch nicht begonnene Leistung anfangen und beenden kann (BT-Drucks. 14/6040, S. 138; BGHZ NJW 1985, 320, 323).

Fordert der Gläubiger den Schuldner zur sofortigen Leistung auf **41** oder setzt er eine unangemessen kurze Frist, so wird eine angemessene Nachfrist in Lauf gesetzt.

Die Bestimmung in AGB, durch die sich der Verwender eine unangemessen lange oder nicht hinreichend bestimmte Nachfrist vorbehält, ist unwirksam (§ 308 Nr. 2).

c) Entbehrlichkeit einer Nachfrist

aa) Gemäß § 281 II (ebenso § 323 II Nr. 1) ist die Fristsetzung **42** entbehrlich, wenn der Schuldner die *Leistung endgültig und ernsthaft verweigert.* In diesem Fall ist die Nachfristsetzung (ebenso wie die Mahnung; dazu Rdnr. 17) offensichtlich sinnlos und dem Gläubiger daher nicht zumutbar. Wie bei § 286 II Nr. 3 sind jedoch strenge Anforderungen an eine Leistungsverweigerung zu stellen. Der Schuldner muss zu erkennen geben, dass er sich, wenn er vor die Wahl zwischen Erfüllung und Zahlung von Schadensersatz statt der Leistung gestellt wird, für Letzteren entscheidet (BGHZ 104, 6, 13).

bb) Eine Fristsetzung ist gem. § 281 II (ebenso § 323 II Nr. 3, **43** vgl. ferner § 286 II Nr. 4) auch dann entbehrlich, wenn *besondere Umstände* vorliegen, die unter Abwägung der beiderseitigen Interessen den sofortigen Übergang vom primären Erfüllungsanspruch zum sekundären Anspruch auf Schadensersatz statt der Leistung rechtfertigen. Damit sollen insbesondere die sog. Just-in-time-Verträge erfasst werden (BT-Drucks., 14/6040, S. 140). Bei ihnen muss der eine Teil (Zulieferer) dem anderen Teil zu einem bestimmten Zeitpunkt liefern, damit dessen Produktion ordnungsgemäß betrieben werden kann. Bleibt die Leistung in solchen Fällen ganz oder teilweise aus, muss der Gläubiger die Möglichkeit haben, sofort eine Ersatzbeschaffung anzuordnen.

44 Man wird die besonderen Umstände aber in Anlehnung an § 326 a. F. auch dann annehmen können, wenn das Interesse des Gläubigers an der Erfüllung des Primäranspruchs gerade wegen der Leistungsverzögerung entfallen ist (Palandt/Heinrichs, Ergänzungsband 2002, § 281 Rdnr. 15).

> **Beispiel:** Saisonartikel sind in Folge der Leistungsverzögerung unverkäuflich geworden. Der Weiterverkauf einer Maschine ist in Folge der Leistungsverzögerung gescheitert. – Im Umkehrschluss aus § 323 II Nr. 2 ist dagegen zu entnehmen, dass die Überschreitung eines vereinbarten Leistungstermins auch beim sog. relativen Fixgeschäft (dazu Rdnr. 63) nicht genügt, um die besonderen Umstände i. S. d. § 281 II anzunehmen.

45 cc) Eine Fristsetzung ist schließlich entbehrlich, wenn die Parteien dieses Erfordernis *individualvertraglich abbedungen* haben. Eine Abbedingung durch AGB scheitert allerdings an § 309 Nr. 4; bei der Verwendung gegenüber einem Unternehmen an § 307 (vgl. BGH NJW 1986, 842, 843).

d) Abmahnung statt Fristsetzung

46 Kommt nach der Art der Pflichtverletzung eine Fristsetzung nicht in Betracht, so tritt an deren Stelle gem. § 281 III eine Abmahnung. Sinn und Anwendungsbereich dieser Vorschrift sind unklar. Sie soll Unterlassungspflichten erfassen (BT-Drucks. 14/7052, S. 279). Der Verstoß gegen eine Unterlassungspflicht führt aber zur Unmöglichkeit (Rdnr. 4), so dass bzgl. des eingetretenen Schadens § 281 gar nicht einschlägig ist. Denkbar ist immerhin, dass § 281 III es dem Gläubiger bei einem Verstoß gegen eine Unterlassungspflicht ermöglichen soll, den Schuldner für die Zukunft durch Abmahnung zu einer Beachtung der Unterlassungspflicht anzuhalten und bei einem nochmaligen Verstoß zum Schadensersatz statt der ganzen Leistung (§ 281 I 2) überzugehen. Kritisch zu § 281 III Huber/Faust, Schuldrechtsmodernisierung, § 3 Rdnr. 147.

e) Erfolglosigkeit der Nachfrist

47 Erfolglos ist die vom Gläubiger gesetzte Nachfrist, wenn der Schuldner auch bis zu deren Ablauf nicht geleistet hat.

> Wie bei der verzugsbegründenden Leistungsverzögerung kommt es maßgeblich auf die Vornahme der Leistungshandlung an. Dafür genügt es, wenn

der Schuldner dem Gläubiger die Leistung in einer den Annahmeverzug begründenden Weise anbietet (Rdnr. 8).

Eine nur *teilweise Nichtleistung* genügt (arg. § 281 I 2). Allerdings **48**
kann der Gläubiger dann auch nur insoweit Schadensersatz statt der
Leistung fordern. Ein Anspruch auf Schadensersatz statt der ganzen
Leistung steht ihm nur zu, wenn er an der Teilleistung kein Interesse hat (§ 281 I 2, dazu Rdnr. 52).

Soweit dagegen im Kaufrecht (§ 434 III) und im Werkvertragsrecht (§ 633
II 3) die Lieferung einer zu geringen Menge (Quantitätsmangel) einem Sachmangel gleichsteht, finden die Regeln über Sachmängel Anwendung (§ 24
Rdnr. 17). Die Teillieferung als Form der Teilleistung fällt daher insoweit aus
dem Anwendungsbereich des § 281 I 1, 1. Fall heraus.

4. Vertretenmüssen

Die Nichtleistung trotz Möglichkeit der Leistung, Durchsetzbar-   **49**
keit der Forderung und Fristsetzung muss der Schuldner zu vertreten haben. Das Vertretenmüssen wird gem. § 280 I 2 vermutet. Es
gilt Entsprechendes wie beim Ersatz des Verspätungsschadens
(Rdnr. 28 und § 22 Rdnr. 53).

Befindet sich der Schuldner allerdings beim Fristablauf im Verzug, haftet er
gem. § 287 S. 2 verschuldensunabhängig (Rdnr. 74). In diesem Fall muss das
Verschulden des Schuldners nur zum Zeitpunkt der Fälligkeit vorliegen.

II. Rechtsfolgen

1. Schadensersatz statt der Leistung

Durch den Schadensersatz statt der Leistung soll der Gläubiger so   **50**
gestellt werden, wie er bei ordnungsgemäßer Erfüllung stehen
würde. Es soll also der durch die Nichterfüllung entstandene Schaden ersetzt werden (sog. positives Interesse oder Nichterfüllungsschaden; Einzelheiten siehe § 22 Rdnr. 57). Zum Verhältnis von
Nichterfüllungs- und Verzögerungsschaden siehe Rdnr. 31.

Der Anspruch ist auch auf Grundlage des § 281 jedenfalls grundsätzlich auf
Geldleistung beschränkt. Durch Naturalrestitution (§ 249 I) würde nämlich die

Wertung des § 281 IV umgangen. Der Gläubiger hat auch hier ein Wahlrecht zwischen Differenz- und Surrogationstheorie. Zwar geht auch der Gegenleistungsanspruch mit dem Schadensersatzverlangen unter (Rdnr. 55). Das schließt die Surrogationstheorie aber ebenso wenig aus wie der Untergang des Gegenleistungsanspruchs bei Unmöglichkeit nach § 326 (§ 22 Rdnr. 60).

Im **Fall c** muss K dem V eine Nachfrist setzen. Nach deren fruchtlosem Ablauf kann er Schadensersatz statt der Leistung (3300 Euro minus 3000 Euro = 300 Euro) verlangen. Daran ist er auch nicht gehindert, wenn er bereits den Rücktritt erklärt hat (§ 325; dazu Rdnr. 72).

2. Schadensersatz statt der ganzen Leistung

51 Erbringt der Schuldner die Leistung nur teilweise nicht, kann der Gläubiger gem. § 281 I 1 grundsätzlich auch nur „soweit" Schadensersatz statt der Leistung verlangen, d. h. er kann nur das positive Interesse am ausstehenden Leistungsteil liquidieren (sog. *kleiner Schadensersatz*).

Beispiel: A leiht B sein Schachspiel. Trotz Nachfristsetzung gibt dieser nur die Steine zurück. Hier kann A Schadensersatz statt der Leistung nur hinsichtlich des Bretts verlangen.

52 Es kann jedoch sein, dass dem Gläubiger mit der teilweisen Leistung nicht gedient ist. Er möchte Schadensersatz statt der Leistung dann nicht nur hinsichtlich des ausbleibenden Teils, sondern hinsichtlich der ganzen Leistung verlangen (sog. *großer Schadensersatz*). Das kann er gemäß § 281 I 2 aber nur dann, wenn er an der Teilleistung kein Interesse hat. Diese Voraussetzung ist nicht bereits dann zu bejahen, wenn die Teilleistung für ihn weniger günstig verwertbar ist. Das kann vielmehr bei der Berechnung des kleinen Schadensersatzes berücksichtigt werden (Staudinger/Löwisch, § 280 Rdnr. 21). Erforderlich ist vielmehr, dass der Schuldner mit der Teilleistung objektiv nichts anfangen kann.

Beispiele: A gibt B von dem geliehenen Paar nur einen Schuh zurück. Bei dem Schachspiel, von dem B nur die Figuren zurückgibt, sind Brett und Figuren zueinander passend angefertigt.

Da die bloße Teillieferung im Kauf- und Werkvertragsrecht keine Teilleistung i. S. d. § 281 I 2, sondern eine Schlechtleistung i. S. d. § 281 I 3 darstellt, kommt es insoweit nicht auf den Interessenwegfall, sondern lediglich darauf an, dass die Abweichung nicht unerheblich ist (§ 24 Rdnr. 17 f. und BS § 4 Rdnr. 96).

Die Annahme einer Teilleistung erschwert es dem Gläubiger also, sein Gesamtinteresse zu liquidieren. Diese Schwierigkeit kann er vermeiden, wenn er die Teilleistung zurückweist; dazu ist er gem. § 266 berechtigt.

Liegt die Voraussetzung des § 281 I 2 vor, hat der Gläubiger ein **53** *Wahlrecht.* Er kann die Teilleistung behalten und den kleinen Schadensersatz verlangen. Er kann aber auch den großen Schadensersatz geltend machen. Dann ist er jedoch gem. § 281 V zur Rückgabe der Teilleistung nach Maßgabe der an sich nur für den Rücktritt geltenden §§ 346 ff. (dazu § 18 Rdnr. 17) verpflichtet.

3. Erlöschen der Primäransprüche

a) Der Anspruch auf die Leistung

Wenn der Gläubiger Schadensersatz statt der Leistung fordert, geht der primäre Erfüllungsanspruch des Gläubigers unter (§ 281 IV). Dagegen erlischt der Erfüllungsanspruch nicht schon mit Ablauf der gesetzten Nachfrist. Der Gläubiger kann also auch nach Fristablauf noch die Leistung verlangen. Das ist auch sachgerecht. Trotz Verzögerung der Erfüllung kann der Gläubiger nämlich noch an der ursprünglichen Leistung interessiert sein. Er kann dem Schuldner durch die Nachfristsetzung die Notwendigkeit einer umgehenden Erfüllung verdeutlichen, ohne sich damit selbst schon auf die bloße Liquidierung des Interesses festzulegen. **54**

Ob der Gläubiger Schadensersatz statt der Leistung verlangt, ist durch Auslegung zu ermitteln. Im Hinblick auf die rechtsvernichtende Wirkung ist eine eindeutige Erklärung erforderlich. Aus ihr muss sich ergeben, dass der Gläubiger die Erfüllung ablehnt und statt dessen sein Interesse liquidiert. Das ist jedenfalls bei einer auf Schadensersatz gerichteten Klage zu bejahen. Dagegen reicht die bloße Androhung, Schadensersatz zu verlangen, nicht aus.

b) Der Anspruch auf die Gegenleistung

Bei gegenseitigen Verträgen stellt sich die Frage nach dem Schicksal des Gegenleistungsanspruchs. Dieser geht wegen der synallagmatischen Verknüpfung mit dem Anspruch auf die Leistung ebenfalls unter. (vgl. Palandt/Heinrichs, Ergänzungsband 2002, § 281 Rdnr. 51). Der Gläubiger muss also nicht zusätzlich den Rücktritt erklären (§§ 323, 325), um sich von der Gegenleistungspflicht zu befreien. **55**

C. Aufwendungsersatz

56 Liegen die Voraussetzungen des § 281 I 1 vor, kann der Gläubiger ebenso wie bei § 283 anstelle des Schadensersatzes statt der Leistung auch Ersatz seiner vergeblichen Aufwendungen verlangen (§ 284). Einzelheiten dazu § 22 Rdnr. 71 ff.

D. Rücktritt

57 Durch die Verzögerung der Leistung kann der andere Teil das Interesse an der Durchführung des Vertrages verlieren. § 323 gewährt ihm deshalb unter bestimmten Voraussetzungen das Recht, vom Vertrag zurückzutreten. Dann kommt es nicht mehr zu seiner Durchführung.

Ein ähnliches Ergebnis lässt sich auch durch Liquidierung des positiven Interesses nach Maßgabe der Differenztheorie erreichen. Der Anspruch auf Schadensersatz statt der Leistung hängt aber anders als das Rücktrittsrecht vom Vertretenmüssen des Schuldners ab (Rdnr. 49).

I. Voraussetzungen

58 Der Rücktritt setzt ein Rücktrittsrecht und die wirksame Ausübung dieses Rechtes voraus.

1. Rücktrittsrecht

Die Voraussetzungen des Rücktrittsrechts ergeben sich aus § 323. Sie stimmen mit denen des § 281 nur teilweise überein. Erforderlich ist die Nichterfüllung einer auf einem gegenseitigen Vertrag beruhenden Leistungspflicht trotz Bestimmung einer Nachfrist durch den Gläubiger.

Anders als der Anspruch auf Schadensersatz statt der Leistung nach § 281 setzt der Rücktritt ein Vertretenmüssen nicht voraus.

a) Gegenseitiger Vertrag

Das Rücktrittsrecht nach § 323 greift – anders als § 281 – nur bei gegenseitigen Verträgen (dazu § 3 Rdnr. 2).

b) Nichtleistung trotz Fälligkeit

Der Schuldner muss seine Leistungspflicht trotz Fälligkeit nicht **59** erfüllt haben. aa) Auf Grund des Vertrages muss zunächst eine *wirksame Leistungspflicht* i. S. d. § 241 I bestehen. Diese braucht jedoch nicht synallagmatischer Natur zu sein. Es genügt also jede vertragliche Leistungspflicht, nicht nur eine solche, die im Gegenseitigkeitsverhältnis steht.

Nicht ausreichend ist allerdings eine bloße Schutzpflicht i. S. d. § 241 II. Deren Verletzung berechtigt nur nach Maßgabe des § 324 zum Rücktritt.

Die Leistungspflicht muss wirksam sein. Daran fehlt es beim Vorliegen von Einwendungen, insbesondere wenn die Erbringung der geschuldeten Leistung unmöglich ist (§ 275 I). Einzelheiten Rdnr. 6 f.

Bei Unmöglichkeit ergibt sich ein Rücktrittsrecht aber aus §§ 326 V, 323; dazu § 22 Rdnr. 81 ff.

bb) Die Leistungspflicht muss ferner durchsetzbar sein, d. h. die **60** Forderung des Gläubigers muss *fällig und einredefrei* sein. Einzelheiten siehe Rdnr. 5 f.

Steht dem Anspruch ein Leistungsverweigerungsrecht nach § 275 II oder III entgegen, ergibt sich ein Rücktrittsrecht wie bei § 275 I aber aus §§ 326 V, 323; dazu § 22 Rdnr. 81 ff.

Vom Fälligkeitserfordernis macht § 323 IV eine Ausnahme. Da- **61** nach kann der Gläubiger *bereits vor Eintritt der Fälligkeit* zurücktreten, wenn offensichtlich ist, dass die Voraussetzungen des Rücktritts eintreten werden. Von dieser Vorschrift wird insbesondere die ernsthafte und endgültige Erfüllungsverweigerung vor Fälligkeit erfasst. Eine endgültige und ernsthafte Erfüllungsverweigerung macht an sich nur die Nachfristsetzung entbehrlich (§ 323 II Nr. 1; dazu Rdnr. 62). Wurde sie vor Fälligkeit erklärt, müsste der Gläubiger ohne § 323 IV die Fälligkeit abwarten, bis er zurücktreten kann. Das ist ihm aber angesichts des Verhaltens des Schuldners nicht zumutbar. Er soll vielmehr sofort zurücktreten können.

Beispiel: B spielt gegen Entgelt den Weihnachtsmann. Er verspricht A mit Rücksicht auf dessen Kleinkind am Heiligabend spätestens um 17.30 Uhr zu erscheinen. Drei Tage vorher teilt er mit, er könne erst gegen 22 Uhr kommen. Hier kann A sofort, d. h. vor Fälligkeit (§ 323 IV) und ohne Nachfristsetzung (§ 323 II Nr. 1 und 2) zurücktreten.

c) Erfolglose Bestimmung einer Nachfrist

62   aa) Wie schon § 281 setzt auch § 323 voraus, dass der Gläubiger den Schuldner zur *Leistung aufgefordert* und ihm eine *angemessene Frist* zu ihrer Bewirkung gesetzt hat. Einzelheiten siehe Rdnr. 38 ff.

Ebenfalls wie bei § 281 (vgl. dessen Abs. 2) ist die *Nachfristsetzung entbehrlich,* wenn der Schuldner die Leistung endgültig und ernsthaft verweigert (§ 323 II Nr. 1), wenn Umstände vorliegen, die unter Abwägung der beiderseitigen Interessen den sofortigen Rücktritt rechtfertigen (§ 323 II Nr. 3) sowie dann, wenn die Parteien das so vereinbart haben; dazu Rdnr. 45.

63   Über § 281 II hinaus ist eine Nachfristsetzung aber auch dann nicht erforderlich, wenn der Schuldner die Leistung zu einem im Vertrag bestimmten Termin oder innerhalb einer bestimmten Frist nicht bewirkt und der Gläubiger im Vertrag den Fortbestand seines Leistungsinteresses an die Rechtzeitigkeit der Leistung gebunden hat (§ 323 II Nr. 2). Die Parteien müssen einen bestimmten Termin oder eine bestimmte Leistungsfrist vereinbart haben und die Einhaltung dieser Leistungszeit muss nach dem Parteiwillen so wesentlich sein, dass das Geschäft mit ihr stehen und fallen soll (BGHZ 110, 96).

Beispiele: Klauseln wie „fix" oder „spätestens".
Von diesem sog. relativen oder einfachen Fixgeschäft ist das – allerdings seltene – sog. absolute Fixgeschäft zu unterscheiden. Bei ihm ist die Einhaltung der Leistungszeit so wesentlich, dass ihre Überschreitung die Unmöglichkeit der Leistung begründet (§ 275 I); dazu § 22 Rdnr. 6. Es gilt dann § 326, der freilich ebenfalls zum Rücktritt ohne Nachfristsetzung berechtigt (§ 326 V, 323); siehe § 22 Rdnr. 81.
Gemäß § 323 III tritt an die Stelle der Nachfristsetzung eine Abmahnung, wenn die Nachfristsetzung nach der Art der Pflichtverletzung nicht in Betracht

kommt (siehe dazu die Ausführungen zur Parallelvorschrift des § 281 III: Rdnr. 46).

bb) Die Bestimmung einer Nachfrist muss *erfolglos* sein. Das setzt **64** voraus, dass der Schuldner *bis zum Fristablauf nicht geleistet* hat, wobei es wie bei § 286 und § 281 maßgeblich auf die Vornahme der Leistungshandlung ankommt.

Auch dürfte es genügen, wenn der Schuldner den Gläubiger in Annahmeverzug (§§ 293 ff.) setzt.

Ebenso wie bei § 281 genügt auch hier eine nur *teilweise Nicht-* **65** *leistung* (arg. § 323 V 1), zu der allerdings nicht die Teillieferung im Kauf- und Werkvertragsrecht zählt; Rdnr. 48.

Der Gläubiger ist zur Annahme einer Teilleistung freilich nicht verpflichtet (§ 266).

Hinsichtlich des Umfangs des Rücktrittsrechts ist allerdings ebenso wie für den Schadensersatz statt der Leistung (Rdnr. 51 f.) zu unterscheiden. Grundsätzlich steht dem Gläubiger lediglich ein Recht zum Teilrücktritt zu (BT-Drucks. 14/6040, S. 186). Nur wenn der Gläubiger an der Teilleistung kein Interesse hat, kann er vom ganzen Vertrag zurücktreten (§ 323 V 1).

d) Kein Ausschluss des Rücktritts

Schließlich darf der Rücktritt nicht gem. § 323 VI ausgeschlos- **66** sen sein.

aa) Der Rücktritt ist gem. § 323 VI 1. Fall ausgeschlossen, wenn der *Gläubiger* für den Umstand, der ihn zum Rücktritt berechtigen würde, *allein oder weit überwiegend verantwortlich* ist.

Beispiel: Der Gläubiger hat die Produktionshalle des Schuldners in Brand gesteckt, so dass dieser vorübergehend nicht leisten kann. Hier ist der Rücktritt gem. § 323 VI 1. Fall ausgeschlossen.

bb) § 323 VI 2. Fall schließt den Rücktritt ferner dann aus, **67** wenn der vom Schuldner nicht zu vertretende Umstand zu einer Zeit eintritt, zu welcher der Gläubiger im *Verzug der Annahme* ist.

Diese Norm dürfte allerdings keine größere Rolle spielen, da der zum Rücktritt berechtigende Umstand (Nichtleistung trotz Nachfristsetzung) nicht vorliegt, wenn der Schuldner die Leistung in einer den Annahmeverzug begründenden Art und Weise angeboten hat (Rdnr. 64). Darüber hinaus gilt § 323 VI 2. Fall nur, wenn den Schuldner eine Verantwortlichkeit am Rücktrittsgrund nicht trifft.

2. Rücktrittserklärung

a) Wahlrecht des Gläubigers

68   Wenn und soweit die Voraussetzungen des § 323 vorliegen, kann der Gläubiger vom Vertrag zurücktreten. Gezwungen ist er dazu freilich nicht. Er hat vielmehr ein Wahlrecht: Er kann erstens auf der Erfüllung des Primäranspruchs bestehen. Zweitens kann er aber auch zurücktreten und so das Vertragsverhältnis beenden. Er kann drittens aber auch Schadensersatz statt der Leistung gem. § 281 verlangen. Viertens kann er schließlich Rücktritt und Schadensersatz miteinander kombinieren (§ 325; dazu Rdnr. 72).

Im **Fall d** wird K dem V eine Nachfrist setzen. Nach deren fruchtlosem Ablauf kann er sich vom Austauschverhältnis durch Schadensersatzverlangen (§ 281 IV) oder Rücktritt (§ 349) befreien. Er braucht den Kaufpreis dann nicht mehr zu zahlen und den Pkw nicht mehr abzunehmen. Er kann vielmehr anderweitig einen Pkw erwerben.

b) Auslegung der Erklärung des Gläubigers

69   Das Rücktrittsrecht ist ein Gestaltungsrecht des Gläubigers, das gegenüber dem Schuldner auszuüben ist (vgl. § 349). Ob eine Erklärung des Gläubigers als Ausübung des Rücktrittsrechts zu verstehen ist, muss durch Auslegung ermittelt werden. Ihr muss ähnlich wie beim Schadensersatzverlangen gem. § 281 IV (dazu Rdnr. 54) zu entnehmen sein, dass der Gläubiger an der Geltendmachung des primären Erfüllungsanspruchs nicht mehr interessiert ist, sich vielmehr vom Vertrag lösen will.

II. Rechtsfolgen

70   Der Rücktritt wandelt das auf Leistungsaustausch gerichtete Schuldverhältnis in ein Rückabwicklungsschuldverhältnis nach §§ 346 ff. um (siehe dazu § 18). Im Einzelnen ergeben sich folgende Konsequenzen:

1. Untergang der Primäransprüche

Der Rücktritt führt zum Erlöschen der ursprünglichen Erfüllungsansprüche. Bei einem Teilrücktritt wegen nur teilweiser Leistungsverzögerung tritt diese Folge nur hinsichtlich des nicht erfüllten Teils ein. Der Gläubiger hat aber auch nur denjenigen Teil der Gegenleistung zu erbringen, der dem erbrachten Teil der Leistung entspricht.

Für die Berechnung wird man auf den Rechtsgedanken des § 441 III zurückgreifen können. Danach ist also die Gegenleistung in dem Verhältnis herabzusetzen, in dem der Wert der Leistung zum Wert der Teilleistung steht.

2. Rückgewähr der beiderseitigen Leistungen

Soweit eine hiernach nicht geschuldete Leistung oder Gegenleistung erbracht wurde, ist sie nach Maßgabe der §§ 346 ff. zurückzugewähren.   71

3. Rücktritt und Schadensersatz

Wie bereits erwähnt, hindert der Rücktritt den Gläubiger nicht,   72
Schadensersatz statt der Leistung zu verlangen (§ 325). Allerdings kann der Rücktritt nicht ohne Auswirkungen auf die Höhe des Schadensersatzanspruchs bleiben. Der Gläubiger kann nämlich nicht einerseits die Gegenleistung zurückfordern und andererseits Schadensersatz nach der Surrogationsmethode (dazu § 22 Rdnr. 59) verlangen. Hier ist er auf die Differenzmethode (dazu § 22 Rdnr. 58) beschränkt.

E. Sonstige Folgen der Leistungsverzögerung

Außer den bisher genannten kann die Verzögerung der Leistung   73
noch weitere Folgen haben.

I. Haftungsverschärfung im Verzug

1. Beseitigung von Haftungsbeschränkungen

Während des Verzugs (§ 286 I – IV) hat der Schuldner *jede Fahrlässigkeit* zu vertreten (§ 287 S. 1). Diese Vorschrift hat für diejenigen Fälle Bedeutung, in denen der Schuldner nach dem Schuldverhältnis nicht für jede, sondern nur für grobe oder individuelle Fahrlässigkeit einzustehen hat (§ 276 I 1, 2. Halbs.; dazu § 20 Rdnr. 16 ff.).

Beispiel: Der unentgeltlich Verwahrende hat nur für diejenige Sorgfalt einzustehen, die er in eigenen Angelegenheiten anzuwenden pflegt (§ 690). Das kann nach § 277 bedeuten, dass er für einfache Fahrlässigkeit nicht haftet. Kommt er jedoch mit der Rückgabepflicht in Verzug, haftet er für jede Fahrlässigkeit.

2. Haftung für Zufall

74   Normalerweise haftet der Schuldner nicht für zufällige Leistungshindernisse (vgl. § 276 I 1, 1. Halbs.). Befindet er sich aber im Verzug, ist er auch für die durch *Zufall* eintretenden Leistungshindernisse verantwortlich (§ 287 S. 2). Der Schuldner hat in diesem Falle also auch dann Schadensersatz zu leisten, wenn ihm im Hinblick auf den Eintritt des Leistungshindernisses noch nicht einmal ein Fahrlässigkeitsvorwurf gemacht werden kann. Das Leistungshindernis braucht nicht durch die Verzögerung adäquat verursacht worden zu sein; bei adäquater Kausalität ergibt sich die Haftung des Schuldners vielmehr schon aus §§ 280 I, II und 286. Für § 287 S. 2 genügt es, dass das Leistungshindernis während des Verzugs eintritt (Palandt/Heinrichs, Ergänzungsband 2002, § 287 Rdnr. 3; h. L.).

Beispiel: V schuldet dem K die Lieferung einer Gattungssache als Bringschuld. Befindet er sich im Verzug und geht die von ihm ausgewählte Sache auf dem Weg zu K durch Zufall unter, so muss er gemäß §§ 280 I, II und 286 verschuldensunabhängig für den weiteren Verspätungsschaden des K einstehen. – Im **Fall e** wird während des Verzugs der geschuldete Pkw ohne Verschulden des V gestohlen. Das hat V nach § 287 S. 2 zu vertreten. K kann also den entgangenen Gewinn von 500 Euro nach §§ 280 I, III und 283 ersetzt verlangen.

II. Verzinsung des Wertersatzanspruchs im Verzug

Ist der geschuldete Gegenstand während des Verzugs unterge- **75** gangen (bzw. kann er aus einem anderen Grunde nicht mehr herausgegeben werden) oder im Wert gemindert worden und der Schuldner zum Ersatz des Wertes oder der Wertminderung verpflichtet (z.B. §§ 280, 283), ist auch dieser Geldanspruch zu verzinsen (§ 290). Der Mindestschaden ergibt sich aus § 288 I 1; ein weitergehender Schaden (§ 288 IV) kann auch hier geltend gemacht werden.

III. Besonderheiten bei Rechtshängigkeit

Die Rechtshängigkeit wird normalerweise durch Klageerhebung **76** begründet (vgl. § 261 I ZPO). Regelmäßig kommt der Schuldner spätestens dadurch in Verzug, da die Klageerhebung einer Mahnung gleichsteht (§ 286 I 2). Ausnahmsweise tritt damit aber noch kein Schuldnerverzug ein, wenn z.B. der Schuldner in Folge eines unverschuldeten Rechtsirrtums nicht geleistet hat (Rdnr. 28). Dennoch behandelt das Gesetz den Schuldner von der Rechtshängigkeit an in bestimmter Hinsicht so, als ob er schon im Verzug sei; denn von der Erhebung der Leistungsklage an muss der Schuldner ganz besonders damit rechnen, dass er zur Leistung verurteilt wird.

1. Prozesszinsen

Von der Rechtshängigkeit an muss eine Geldschuld verzinst **77** werden (§ 291 S. 1). Die Rechtshängigkeit steht hier also dem Schuldnerverzug gleich. Wird allerdings die Forderung erst während des Rechtsstreits fällig, beginnt die Zinspflicht erst von diesem Zeitpunkt an (§ 291 S. 1 a.E.).

Die Prozesszinsen entsprechen in ihrer Höhe den Verzugszinsen (§ 291 S. 2 i.V.m. § 288 I 2, 289 S. 1; dazu Rdnr. 32). Einen weitergehenden Schaden (§ 288 IV) kann der Gläubiger nur im Falle des Verzugs geltend machen; § 291 S. 2 bezieht sich nicht auf § 288 IV.

2. Haftung bei Rechtshängigkeit

78 Wenn ein Anspruch auf Herausgabe einer Sache rechtshängig ist, so verweist § 292 wegen der Haftung für Verschlechterung oder Unmöglichkeit der Herausgabe, wegen der Pflicht zur Herausgabe von Nutzungen oder ihrer Vergütung und wegen eines Verwendungsersatzanspruchs auf das Eigentümer-Besitzer-Verhältnis (§§ 987 ff.).

Beispiel: G klagt einen vertraglichen Anspruch auf Herausgabe einer Sache ein. S ist schadensersatzpflichtig, wenn von diesem Zeitpunkt an die herausverlangte Sache durch sein Verschulden verschlechtert wird oder untergeht (§§ 292, 989), auch wenn G nicht Eigentümer ist und deshalb § 989 unmittelbar keine Anwendung findet. Er hat die Nutzungen (= Früchte und Gebrauchsvorteile; vgl. § 100) herauszugeben und für schuldhaft nicht gezogene Nutzungen Schadensersatz zu leisten (§§ 292, 987). Andererseits hat S einen Anspruch auf Ersatz für notwendige Verwendungen (z.B. Fütterungskosten), nicht für nützliche oder Luxusverwendungen (§ 994 II).

Die Ansprüche des Gläubigers nach § 292 sind Mindestansprüche. Sie schließen weitergehende Rechte aus Verzug oder aus dem besonderen Schuldverhältnis nicht aus (§ 292 I a. E.).

§ 24. Schlechtleistung

1 **Schrifttum (zur positiven Forderungsverletzung):** Gernhuber, Die endgültige Erfüllungsverweigerung, Festschr. f. Medicus, 1999, 145; Köpcke, Typen der positiven Vertragsverletzung, 1965; Schünemann, Die positive Vertragsverletzung – eine kritische Bestandsaufnahme, JuS 1987, 1; Schwerdtner, Positive Vertragsverletzung, Jura 1980, 213; Sonnenberger, Leistungsstörungen, positive Forderungsverletzung und Beweislast – rechtsvergleichende Bemerkungen, Festschr. f. Medicus, 1999, 621; Wertheimer-Eschbach, Positive Vertragsverletzungen im Bürgerlichen Recht und im Arbeitsrecht, JuS 1997, 605.

(nach der Schuldrechtsreform): Canaris, Die Reform des Rechtes der Leistungsstörung, JZ 2001, 499; ders., Das allgemeine Leistungsstörungsrecht im Schuldrechtsmodernisierungsgesetz, ZRP 2001, 329; Gsell, Schadensersatz statt der Leistung nach dem neuen Schuldrecht, Jb.J.ZivRWiss 2001, 105; Huber, Die Pflichtverletzung als Grundtatbestand der Leistungsstörung im Diskussionsentwurf eines Schuldrechtsmodernisierungsgesetzes, ZIP 2000, 2273; Kaiser, Rückkehr zur strengen Differenzmethode beim Schadensersatz wegen Nichterfüllung?, NJW 2001, 2425; Magnus, Der Tatbestand der

Pflichtverletzung, in: Schulze/Schulte-Nölke, Die Schuldrechtsreform vor
dem Hintergrund des Gemeinschaftsrechts, 2001, 67; Mattheus, Schuldrechtsmodernisierung 2001/2002 – Die Neuordnung des allgemeinen Leistungsstörungsrechts, JuS 2002, 209; Mayerhöfer, Integration der positiven Forderungsverletzung in das BGB, MDR 2002, 549; Otto, Die Grundstrukturen
des neuen Leistungsstörungsrechts, Jura 2002, 1; Recker, Schadensersatz
statt der Leistung – oder: Mangelschaden und Mangelfolgeschaden, NJW
2002, 1247; Schapp, Empfiehlt sich die „Pflichtverletzung" als Generaltatbestand des Rechts der Leistungsstörungen?, JZ 2001, 583; Schur, Der Anspruch
des Käufers auf Schadensersatz wegen eines Sachmangels, ZGS 2002, 243;
Senne, Das Recht der Leistungsstörungen nach dem Schuldrechtsmodernisierungsgesetz, JA 2002, 24; Stoll, Notizen zur Neuordnung des Rechts der
Leistungsstörungen, JZ 2001, 589; Wilmowsky, Pflichtverletzungen im
Schuldverhältnis, JuS 2002, Beil. zu Heft 1; Zimmer, Das neue Recht der
Leistungsstörungen, NJW 2002, 1.

Fälle:

a) Der Rechtsanwalt klagt die Forderung seines Mandanten zunächst bei einem unzuständigen Gericht ein und verursacht dadurch unnötige Kosten. Der
Mandant verlangt Schadensersatz.

b) K kauft bei V 100 Flaschen Wein. V liefert nur 60 und teilt auch gleich
mit, keine größere Menge für K zur Verfügung zu stellen. Kann der erboste K
die 60 Flaschen zurückgeben und Ersatz der (höheren) Kosten für eine Beschaffung des Weins bei einem anderen Händler verlangen?

c) Wie ist die Rechtslage, wenn im Fall b V zwar 100 Flaschen liefert, von
denen aber 40 ungenießbar sind?

d) V liefert dem K ein defektes Aquarium. Dieses läuft aus und beschädigt
den Parkettboden des K. Rechte des K?

e) K hat von V ein Grundstück gekauft und gem. § 448 II die Kosten der
notariellen Beurkundung des Kaufvertrages (vgl. § 311 b I) getragen. Als er
entdeckt, dass das Erdreich verseucht ist, erklärt er nach erfolgloser Fristsetzung
zur Abtragung und Erneuerung der Erde den Rücktritt und verlangt Rückzahlung des Kaufpreises und Ersatz der Notarkosten.

I. Begriff der Schlechtleistung und Überblick über die gesetzliche Regelung

Neben Unmöglichkeit und Verzögerung der Leistung ist im
Gesetz als weitere Leistungsstörung die *Schlechtleistung* geregelt.
Von einer Schlechtleistung spricht man, wenn die erbrachte Leis-
tung ganz oder teilweise nicht der vereinbarten Qualität entspricht
(Wilmowsky, JuS 2002, Beil. zu Heft 1, S. 9).

Das Gesetz beschreibt die Schlechtleistung mit den Worten **2**
„Leistung ... nicht wie geschuldet" (§ 281 I 1) bzw. „Leistung ...

nicht vertragsgemäß" (§ 323 I). Worin die Schlechterfüllung besteht, ist nach dem Gesetzeswortlaut unerheblich. Sie kann auf einer *Verletzung einer Haupt-, aber auch auf der Verletzung einer Nebenleistungspflicht beruhen* (BT-Drucks. 14/6040, S. 138, 184). Liegt ein Fall der Schlechtleistung vor, kann der Gläubiger unter den Voraussetzungen der §§ 280 I, III, 281, 283 oder § 311 a II Schadensersatz statt der (ganzen) Leistung verlangen oder bei gegenseitigen Verträgen nach Maßgabe des § 323 I oder des § 326 V zurücktreten. In diesem Fall können Schadensersatz und Rücktritt gem. § 325 kombiniert werden.

3   Bis zur Schuldrechtsreform war die Schlechtleistung im Gesetz nur unzureichend und unvollständig geregelt. Die gesetzlichen Regeln über die Unmöglichkeit, den Schuldnerverzug und die Mängelgewährleistung erfassten nicht jede aufgetretene Pflichtverletzung. Dies zeigte sich insbesondere bei Vertragstypen, die über keine Gewährleistungsregelungen verfügten, wie z.B. beim Dienst- oder Arbeitsvertrag. U.a. zur Schließung dieser Regelungslücke wurde für alle nicht geregelten Fälle einer schuldhaften Pflichtverletzung in entsprechender Anwendung der §§ 280, 286 a.F. bzw. §§ 325, 326 a.F. bei gegenseitigen Verträgen das Rechtsinstitut der positiven Forderungsverletzung (pFV) entwickelt und angewendet (vgl. dazu *Brox,* AS, 27. Aufl., Rdnr. 291 ff.). Auf Grund der nunmehr ausdrücklichen gesetzlichen Regelung der Schlechterfüllung in den §§ 281, 323 im allgemeinen Teil des Schuldrechts ist die Regelungslücke, die vor der Schuldrechtsreform für die Anwendbarkeit der positiven Forderungsverletzung bestand, insoweit geschlossen worden.

II. Anwendungsbereich der Vorschriften über Schlechtleistung

4   Die §§ 280 ff., 323, 326 V, 311 a II erfassen zunächst die Schlechtleistung im Rahmen solcher Schuldverhältnisse, für die das Gesetz keine besonderen Vorschriften enthält. Das gilt etwa für den Dienstvertrag (§§ 611 ff.; **Fall a**) und für den Auftrag (§§ 662 ff.), ferner für alle diejenigen Vertragstypen, die im Gesetz überhaupt nicht geregelt sind (z.B. Automatenaufstellungsvertrag).

5   Für die praxisrelevanten Vertragstypen des Kauf- und Werkvertragsrechts hat der Gesetzgeber die Schlechtleistung zwar durch mehrere Vorschriften im besonderen Teil des Schuldrechts näher ausgestaltet (vgl. §§ 434 ff. bzw. §§ 633 ff.), ohne aber dort eine

abschließende eigenständige Regelung zu treffen. Die Mängelrechte des Käufers (**Fall b–d**) bzw. des Bestellers ergeben sich
vielmehr über die Verweisungsnormen des § 437 bzw. des § 634
überwiegend aus dem allgemeinen Leistungsstörungsrecht. Bei
Mangelhaftigkeit der Kaufsache bzw. des Werkes kann daher Schadensersatz statt der (ganzen) Leistung nach Maßgabe der §§ 280 I,
III, 281, 283, oder § 311a II verlangt bzw. bei gegenseitigen Verträgen der Rücktritt nach § 323 I oder § 326 V erklärt werden
(vgl. § 437 Nr. 2 und Nr. 3 bzw. § 634 Nr. 3 und Nr. 4; dazu BS
§ 4, Rdnr. 49 ff., 79 ff. und § 24 Rdnr. 23 ff., 35 ff.).

Es gibt allerdings auch solche Vertragstypen, für die das Ge- 6
setz in abschließender Weise eigenständige Mängelregelungen
enthält. Dazu gehören der Mietvertrag (§§ 536 ff.; dazu BS § 11
Rdnr. 11 ff.) und der Reisevertrag (§§ 651 c ff.; dazu BS § 28
Rdnr. 15 ff.). In diesen Fällen kann wegen einer Schlechtleistung
daher grundsätzlich nicht auf die allgemeinen Regeln der §§ 281,
283, des § 311 a und der §§ 323, 326 zurückgegriffen werden. Eine
Ausnahme gilt nur dann, wenn Mängelansprüche bereits vor Gefahrübergang geltend gemacht werden, z. B. beim Mietvertrag vor
Überlassung der Mietsache oder beim Reisevertrag vor Antritt der
Reise; denn zu diesem Zeitpunkt greifen die besonderen Mängelregelungen noch nicht ein.

Bei *Nichtbeachtung der Schutzpflichten i. S. d.* § 241 II greifen die Regelungen 7
der §§ 282 und 324 ein (dazu § 25 Rdnr. 5 ff.). Sie gehen in ihrem Anwendungsbereich den §§ 281 I, 283 und 323 I vor (BT-Drucks. 14/6040, S. 138,
187). Sie gewähren einen Anspruch auf Schadensersatz statt der Leistung bzw.
ein Rücktrittsrecht nicht wegen einer Verletzung des Leistungsinteresses,
sondern ausschließlich deshalb, weil Schutzpflichten (§ 241 II) verletzt wurden
(BT-Drucks. 14/6040, S. 138, 187).

III. Schadensersatz statt der (ganzen) Leistung

Der Gläubiger kann bei einer Schlechtleistung Schadensersatz 8
statt der Leistung verlangen. Welches die richtige Anspruchsgrundlage ist, hängt davon ab, ob der Qualitätsmangel der Leistung
behebbar oder ob er unbehebbar ist, so dass der Schuldner von

seiner Pflicht zur Erbringung der geschuldeten Leistung nach § 275 I frei wird.

1. Schadensersatz wegen eines behebbaren Leistungsmangels

Bei einem behebbaren Leistungsmangel kann der Gläubiger nach §§ 280 I, III, 281 Schadensersatz statt der Leistung verlangen.

a) Voraussetzungen

9   Der Anspruch hat folgende Voraussetzungen:

aa) Zwischen den Parteien muss – wie für jeden Schadensersatzanspruch nach §§ 280 ff. – ein *Schuldverhältnis* bestehen (siehe schon § 22 Rdnr. 50).

10   bb) Der Schuldner muss eine *Pflichtverletzung in Form der Schlechtleistung* begangen haben. Das setzt voraus, dass er einen *fälligen* (vgl. § 271) und *nicht einredebehafteten* (z.B. gem. § 273 oder § 320) Anspruch des Gläubigers auf mangelfreie Leistung nicht wie geschuldet erfüllt hat.

Im **Fall a** besteht die Schlechtleistung in der Klageerhebung vor einem falschen Gericht. In den **Fällen c bis d** in der Verschaffung einer mangelhaften Kaufsache (vgl. § 434 I). Auch die Zuwenigieferung im **Fall b** steht gem. § 434 III einem Sachmangel gleich, so dass eine Schlechtleistung vorliegt.

11   cc) Der Schuldner muss die Schlechtleistung i.S.d. §§ 276 ff. zu vertreten haben (§ 281 I 1 i.V.m. § 280 I 2). Zur Verantwortlichkeit des Schuldners nach §§ 276 ff. vgl. § 20.

Das *Vertretenmüssen* des Schuldners für die Schlechtleistung wird nach der Gesetzesfassung des § 280 I 2 *vermutet* (Ausnahme: § 619 a). Der Schuldner hat also sein Nichtvertretenmüssen zu beweisen. Maßgeblicher Zeitpunkt für das Vertretenmüssen ist derjenige, in dem die Leistungspflicht schlecht erfüllt wird; denn das Vertretenmüssen bezieht sich auf die Pflichtverletzung, und das ist die Schlechterfüllung.

12   dd) Weiterhin muss der Gläubiger dem Schuldner grundsätzlich *erfolglos eine angemessene Frist zur Nacherfüllung bestimmt* haben (§ 281 I 1), sofern diese nicht ausnahmsweise entbehrlich ist (§ 281 II;

§§ 440 S. 1, 636, Parteivereinbarung). Wegen der Einzelheiten dazu kann auf die Ausführungen zur Nachfristsetzung im Falle der nicht rechtzeitigen Leistung verwiesen werden (§ 23 Rdnr. 38 ff.).

b) Rechtsfolgen

Die Geltendmachung des Schadensersatzanspruches statt der **13** Leistung löst mehrere Rechtsfolgen aus:

aa) *Verlangt* der Gläubiger Schadensersatz „statt der Leistung" (dazu § 22 Rdnr. 49 ff.), ist der Anspruch auf die Leistung ausgeschlossen (§ 281 IV). Die Geltendmachung des Schadensersatzanspruchs (nicht schon der Ablauf der Nachfrist) führt also zum *Erlöschen des primären Leistungsanspruchs.* Dagegen kommt es nicht darauf an, ob der Gläubiger Schadensersatz tatsächlich auch erhält (BT-Drucks. 14/6040, S. 140).

bb) Der Gläubiger ist im Wege des Schadensersatzes statt der **14** Leistung wirtschaftlich so zu stellen, wie er stünde, wenn der Schuldner die Leistung wie geschuldet erbracht hätte, also ihre Qualität nicht hinter dem geschuldeten Standard zurückgeblieben wäre (vgl. Wilmowsky, JuS 2002, Beil. zu Heft 1, S. 10). Das ist der *Ersatz des sog. Mangelschadens.* Für dessen *Berechnung* gibt es zwei Möglichkeiten:

(1) Beim sog. *kleinen Schadensersatz* (§ 281 I 1: „Schadensersatz **15** statt der Leistung") behält der Gläubiger die mangelhafte Leistung bzw. Sache und verlangt im Übrigen, so gestellt zu werden, als ob gehörig erfüllt worden wäre. Der Gläubiger kann also in erster Linie als Schaden die Zahlung der Differenz zwischen dem Wert der erbrachten mangelhaften Leistung bzw. Sache und dem Wert der Leistung bzw. Sache im geschuldeten mangelfreien Zustand verlangen. Über den Ersatz des reinen Minderwertes (also der Qualitätseinbuße) hinaus erhält der Gläubiger über §§ 280 I, III, 281, auch den sog. allgemeinen unmittelbaren Vermögensschaden ersetzt.

Daher stellen insbesondere Ersatzpflichten, denen der Gläubiger gegenüber Dritten ausgesetzt ist, bzw. ein entgangener Gewinn, weil er auf Grund der Schlechterfüllung der Leistung des Schuldners an seinen Gläubiger nicht leisten kann, ersatzfähige Schadenspositionen im Rahmen des Mangelschadens dar.

In den **Fällen b** und **c** könnte K jedenfalls die Kosten für eine Ersatzbeschaffung der 40 nicht gelieferten bzw. ungenießbaren Flaschen ersetzt verlangen.

16   (2) Ist die Schlechterfüllung *erheblich*, kann der Gläubiger wahl-
weise statt des kleinen den sog. *großen Schadensersatz* geltend machen (vgl. § 281 I 3: „Schadensersatz statt der *ganzen* Leistung").
Die Erheblichkeit des Leistungsmangels ist unter Berücksichtigung
aller Umstände des Einzelfalles, vor allem des Verwendungszwecks
und der Verkehrsauffassung, zu ermitteln. Beim großen Schadensersatzanspruch gibt der Gläubiger die mangelhafte Leistung bzw.
Sache zurück und verlangt Ersatz des Schadens, der ihm infolge
Nichterfüllung des ganzen Vertrages entstanden ist. Der Schuldner
ist in diesem Fall zur Rückforderung des Geleisteten nach §§ 346
bis 348 berechtigt (§ 281 V).

Bei der Lieferung einer mangelhaften Kaufsache erhält der Käufer beispielsweise den bereits gezahlten Kaufpreis zurück und kann als Nichterfüllungsschaden z.B. die Mehrkosten der Ersatzbeschaffung, den entgangenen Gewinn
und die Freistellung von der Haftung aus Weiterverkäufen verlangen. Der
Verkäufer kann die bereits übergebene mangelhafte Kaufsache nach Rücktrittsregeln zurückfordern (§§ 437 Nr. 3, 1. Fall, 281 V, 346 ff.). Der Käufer
hat also auch die gezogenen Nutzungen herauszugeben (§§ 437 Nr. 3, 1. Fall,
281 V, 346 I) und muss bei einem eventuellen Untergang oder einer Verschlechterung der Kaufsache Wertersatz leisten (§§ 437 Nr. 3, 1. Fall, 281 V,
346 II Nr. 3).

17   Auch bei einer quantitativ zu geringen Leistung *zur Erfüllung
einer kaufvertraglichen bzw. werkvertraglichen Verpflichtung* kann der
Käufer den großen Schadensersatz verlangen, wenn die Zuweniglieferung erheblich ist. Zwar beurteilt sich grundsätzlich die Frage,
ob bei der Bewirkung von Teilleistungen der große Schadensersatz
verlangt werden kann, nach § 281 I 2. Nach dieser Vorschrift kann
der Gläubiger Schadensersatz statt der ganzen Leistung nur verlangen, wenn er an der Teilleistung kein Interesse hat (vgl. § 23
Rdnr. 52). Bei Kauf- und Werkverträgen ist dies aber anders. Das
folgt daraus, dass der Gesetzgeber die Zuweniglieferung beim
Kauf- und Werkvertrag ausdrücklich einem Sachmangel gleichgestellt hat (vgl. § 434 III bzw. § 633 II 3). Die Zuweniglieferung
beim Kauf- und Werkvertrag stellt daher keine Teilleistung i.S.d.

§ 281 I 2, sondern eine Schlechtleistung i. S. d. § 281 I 3 dar (vgl.
zur vergleichbaren Rücktrittsproblematik des § 323 V, BT-Drucks.
14/6040, S. 187 und Rdnr. 31).

Im **Fall b** liegt in der Zuweniglieferung eine mangelhafte Leistung. Dieser
Mangel (nur 60 statt 100 Flaschen) ist auch erheblich i. S. d. des § 281 I 3. K ist
deshalb berechtigt, den großen Schadensersatz geltend zu machen. Dagegen
kommt es nicht darauf an, ob der Käufer an einer bloßen Lieferung von 60
Flaschen kein Interesse hat.

Gleiches gilt bei einer teilweisen Schlechterfüllung kauf- oder **18**
werkvertraglicher Pflichten (**Fall c**). Auch hier findet § 281 I 3
(Schlechtleistung) und nicht § 281 I 2 (Teilleistung) Anwendung
(str.). Der Käufer ist also nicht darauf beschränkt, Schadensersatz
statt der Leistung in Bezug auf die 40 ungenießbaren Flaschen
zu verlangen, sondern er kann auch Schadensersatz statt der ganzen Leistung (Kosten der Ersatzbeschaffung von 100 genießbaren
Flaschen) verlangen. Für den Käufer macht es nämlich keinen
Unterschied, ob ihm ein Teil der Kaufsache nicht oder in un-
brauchbarem Zustand geliefert wird (siehe zur vergleichbaren
Rücktrittsproblematik nach § 323 V BT-Drucks 14/6040, S. 187).

2. Schadensersatz wegen eines unbehebbaren Leistungsmangels

Wenn dem Schuldner die Behebung des Leistungsmangels nicht **19**
möglich ist, wird er insoweit nach § 275 I von seiner Pflicht zur
Nachleistung frei. Gleiches gilt in den Fällen des § 275 II, III.
Dann wäre die in § 281 vorgesehene Fristsetzung vor der Geltendmachung des Schadensersatzes statt der Leistung sinnlos. Dem
tragen die §§ 311 a II und 283 Rechnung:

a) Bei anfänglichem Leistungshindernis

Lag schon bei Vertragsschluss ein unbehebbares Leistungshinder- **20**
nis vor, kann der Gläubiger nach § 311 a II Schadensersatz statt der
Leistung verlangen. Voraussetzung ist, dass der Schuldner das Leistungshindernis bei Vertragsschluss gekannt oder infolge von Fahrlässigkeit nicht gekannt hat (§ 311 a II 2). Aus der Gesetzesformu-

lierung (Dies gilt nicht ...) folgt, dass diese Voraussetzung vermutet wird. Der Schuldner muss also den Gegenbeweis erbringen. Die *Berechnung des Schadensersatzes* erfolgt wie bei dem Anspruch aus § 281 (Rdnr. 14 ff.). Der Gläubiger kann den sog. kleinen Schadensersatz und – bei Erheblichkeit des Leistungsmangels – den sog. großen Schadensersatz (§§ 311a II 3 i.V.m. § 281 I 3) geltend machen.

b) Bei nachträglichem Leistungshindernis

21   Tritt die Unbehebbarkeit des Leistungsmangels erst nach Vertragsschluss auf, bilden für den Anspruch auf Schadensersatz statt der Leistung die §§ 280 I, III, 283 die richtige Anspruchsgrundlage. Hier muss der Schuldner die Herbeiführung des Leistungshindernisses i.S.v. § 276 *zu vertreten* haben. Das ist anzunehmen, wenn er zumindest fahrlässig nicht verhindert hat, dass nachträglich die Beseitigung des Leistungsmangels unmöglich geworden ist. Das Vertretenmüssen wird kraft Gesetzes vermutet (§ 283 i.V.m. § 280 I 2). Für die *Berechnung des Schadensersatzes* kommen wie bei § 281 (Rdnr. 14 ff.) der sog. kleine oder – bei Erheblichkeit des Leistungsmangels – der sog. große Schadensersatz (§ 283 S. 2 i.V.m. § 281 I 3) in Betracht.

IV. Schadensersatz wegen Mangelfolgeschäden

22   Führt die Schlechtleistung nicht nur zu einem Minderwert der Leistung, sondern zu einer Verletzung anderer Rechtsgütern des Gläubigers, kann dieser auch wegen der daraus folgenden Mangelfolgeschäden Schadensersatz verlangen. Dabei handelt es sich aber nicht um einen Schadensersatz statt der Leistung; denn eine Nachbesserung der Leistung würde diese Mangelfolgeschäden nicht beseitigen. Deshalb scheiden die §§ 281, 283 und 311a II als Anspruchsgrundlagen aus. Der Anspruch ergibt sich vielmehr aus § 280 I.

Der Anspruch auf Ersatz der Mangelfolgeschäden besteht neben dem Erfüllungsanspruch und dem Schadensersatzanspruch statt der Leistung.

1. Voraussetzungen

Der Schuldner muss eine Pflichtverletzung in Form der Schlecht-   **23**
leistung begangen und zu vertreten haben. Das Vertretenmüssen
wird gem. § 280 I 2 vermutet.

2. Ersatzfähiger Schaden

Ersatzfähig ist nach § 280 I nur der aus der Verletzung anderer   **24**
Rechtsgüter folgende Schaden des Gläubigers. Der Minderwert der
Leistung und ein deshalb entgangener Gewinn sind nur unter den
zusätzlichen Voraussetzungen der §§ 281, 283 (Schadensersatz statt
der Leistung) ersatzfähig.

Im **Fall d** hat K wegen des fehlerhaften Aquariums die Rechte nach § 437.
Wegen seines Parkettschadens kann er gem. § 437 i.V.m. § 280 I Ersatz
verlangen.

V. Aufwendungsersatz

Anstelle des Schadensersatzes statt der Leistung kann der Gläubi-   **25**
ger *Ersatz der Aufwendungen* verlangen, die er im Vertrauen auf den
Erhalt der Leistung gemacht hat und billigerweise machen durfte,
es sei denn, deren Zweck wäre auch ohne die Pflichtverletzung des
Schuldners nicht erreicht worden (§ 284).

Im **Fall e** kann K nach §§ 437 Nr. 2, 323 vom Kaufvertrag zurücktreten
und gem. § 346 den Kaufpreis zurückverlangen. Die Beurkundungskosten sind
zwar von V weder nach § 346 an K zu zahlen, noch im Wege des Schadensersatzes nach §§ 437 Nr. 3, 280 zu ersetzen; denn sie wären auch bei einem
mangelfreien Grundstück entstanden. Bei ihnen handelt es sich aber um vergebliche Aufwendungen, die K gem. §§ 437 Nr. 3, 284 von V erstattet verlangen kann.

Einzelheiten zu diesem Anspruch siehe § 22 Rdnr. 71ff. Vgl.
auch BS § 4 Rdnr. 112ff.

VI. Rücktritt (§§ 323 I, 326 V)

Bei einem behebbaren Leistungsmangel ergibt sich das Recht   **26**
zum Rücktritt aus § 323 I. Ist der Leistungsmangel unbehebbar,
richtet sich das Rücktrittsrecht nach § 326 V.

1. Rücktritt wegen eines behebbaren Leistungsmangels

a) Voraussetzungen

Das Rücktrittsrecht wegen nicht vertragsgemäß erbrachter Leistung nach § 323 I hat zahlreiche identische Anspruchsvoraussetzungen wie der Schadensersatzanspruch aus §§ 280 I, III, 281 oder § 283. Allerdings weist § 323 auch einzelne Besonderheiten auf.

27   aa) § 323 I setzt (anders als § 281) einen *gegenseitigen Vertrag* voraus. Einzelheiten: § 23 Rdnr. 36 i. V. m. § 22 Rdnr. 50. Beim Bürgschaftsvertrag, beim Auftrag und bei anderen Verträgen, bei denen kein Gegenseitigkeitsverhältnis besteht, ist § 323 nicht anwendbar. Hier greifen nur die §§ 275 ff. ein.

28   bb) Der Gläubiger muss gegen den Schuldner grundsätzlich einen fälligen und nicht einredebehafteten Leistungsanspruch haben, den der Schuldner *nicht vertragsgemäß erfüllt* hat (§ 323 I), wobei der *Leistungsmangel behebbar* ist. Es ist nicht erforderlich, dass der Leistungsanspruch des Gläubigers im Gegenseitigkeitsverhältnis (Synallagma) steht (BT-Drucks. 14/6040, S. 183). Mit nicht vertragsgemäßer Leistung ist ebenso wie mit nicht geschuldeter Leistung (§ 281 I 1) die Schlechtleistung gemeint.

29   cc) Der Gläubiger muss dem Schuldner grundsätzlich erfolglos eine *angemessene Frist zur Nacherfüllung* bestimmt (§ 323 I) oder den Schuldner abgemahnt (§ 323 III) haben, sofern die Fristsetzung oder Abmahnung nicht ausnahmsweise entbehrlich ist. Wegen der Einzelheiten kann auf die Fristsetzung bei der nicht rechtzeitigen Leistung verwiesen werden (§ 23 Rdnr. 38 ff.).

30   dd) In einer Reihe von Fällen ist *Rücktritt ausgeschlossen*:
(1) Der Gläubiger kann vom Vertrag dann nicht zurücktreten, wenn die *Schlechtleistung unerheblich* (dazu Rdnr. 16) ist (§ 323 V 2). Anders als beim Schadensersatzanspruch nach §§ 280 I, III, 281, bei dem die Unerheblichkeit der Schlechterfüllung „nur" die Wahlmöglichkeit zum großen Schadensersatz versagt, Schadensersatz statt der Leistung in Form des kleinen Schadensersatzes (vgl. § 281 I 1, 3) aber verlangt werden kann, schließt das Gesetz in Bagatellfällen das Rücktrittsrecht vollständig aus.

Bei unerheblichen Mängeln einer Kaufsache beispielsweise kann der Käufer nicht vom Kaufvertrag zurücktreten (§§ 437 Nr. 2, 323 V 2). Er ist auf Minderung (vgl. § 437 Nr. 2, 441) und den Ersatz des Mangelschadens (§§ 437 Nr. 3, 281 I 1 (kleiner Schadensersatz)) bzw. Mangelfolgeschadens (§§ 437 Nr. 3, 280 I) beschränkt.

§ 323 V 2 (ggf. i.V.m. § 326 V) findet im *Kauf- und Werkver-* **31** *tragsrecht* auch bei einer *Zuweniglieferung* und bei einer teilweisen Schlechterfüllung Anwendung (str.). Zwar kann der Gläubiger bei einer Teilleistung des Schuldners nach § 323 V 1 grundsätzlich nur dann zurücktreten, wenn er an der Teilleistung kein Interesse hat (dazu § 23 Rdnr. 65). Da im Kauf- und Werkvertragsrecht die Zuweniglieferung aber einem Sachmangel ausdrücklich gleichgestellt ist (§ 434 III bzw. § 633 II 3), liegt in ihr eine Schlechtleistung, so dass sich der Ausschluss des Rücktritts nach § 323 V 2 richtet (vgl. BS § 4 Rdnr. 64 f.; zur Parallelproblematik beim großen Schadensersatz nach § 281 I 2 bzw. 3 vgl. Rdnr. 17). Maßstab ist hier also die Erheblichkeit der Zuweniglieferung.

In den **Fällen b und c** könnte K auch vom Vertrag zurücktreten. Wäre dagegen nur eine Flasche zu wenig oder mit ungenießbarem Inhalt geliefert worden, würde ein Rücktrittsrecht wegen Unerheblichkeit ausscheiden.

(2) Der Rücktritt ist auch dann ausgeschlossen, wenn der Gläu- **32** biger für den Umstand, der ihn zum Rücktritt berechtigen würde, *allein oder weit überwiegend verantwortlich* ist (§ 323 VI, 1. Fall). Der Gläubiger soll damit die Preisgefahr tragen, wenn die Schlechterfüllung auf seine Verantwortlichkeit zurückzuführen ist.

Beispiel: Beschädigt der Käufer eines gebrauchten Pkw diesen bei einer Fahrt zwischen Vertragsschluss und Gefahrübergang, ist ihm das Rücktrittsrecht verwehrt.

(3) Weiterhin scheidet ein Rücktrittsrecht des Gläubigers aus, **33** wenn der vom Schuldner nicht zu vertretende Umstand zu einer Zeit eintritt, zu welcher der Gläubiger *im Verzug der Annahme* ist (§ 323 VI, 2. Fall).

Beispiel: Der Kunde holt den von ihm gekauften Fernseher nicht am vereinbarten Tag ab. Ein anderer Kunde verursacht am nächsten Tag an dem in den Geschäftsräumen zur Abholung bereitgestellten Fernseher deutlich sichtbare Kratzer.

b) Rechtsfolgen

34   Mit dem Zugang der Rücktrittserklärung entsteht ein Abwicklungsschuldverhältnis, für das die allgemeinen Rücktrittsregeln der §§ 346 ff. gelten (Einzelheiten zum Rücktritt siehe § 18). Die Parteien haben also insbesondere die empfangenen Leistungen Zug um Zug zurückzugewähren (§§ 346, 348). Die beiderseitigen primären Erfüllungsansprüche erlöschen.

2. Rücktritt wegen eines unbehebbaren Leistungsmangels

35   Bei einem unbehebbaren Leistungsmangel wird der Schuldner gem. § 275 I von seiner Pflicht zur vertragsgemäßen Leistung frei. Das Rücktrittsrecht des Gläubigers ergibt sich dann aus § 326 V. In diesem Fall ist das Rücktrittsrecht von Bedeutung, weil der Gläubiger bei einer nicht behebbaren Schlechtleistung des Schuldners nicht ohne weiteres (auch nicht anteilig) von seiner Pflicht zur Gegenleistung frei wird (§ 326 I 2). Es gibt also keine Minderung kraft Gesetzes. Der Gläubiger muss vielmehr entscheiden, ob er (z. B. gem. § 437 Nr. 2 oder § 634 Nr. 2) mindern oder vom Vertrag zurücktreten will. § 326 V verweist auf die *Voraussetzungen* des § 323, die beim Rücktritt wegen eines behebbaren Mangels gelten. Allerdings ist eine vorherige *Fristsetzung* zur vertragsgemäßen Leistung *entbehrlich;* sie wäre wegen der Unbehebbarkeit des Leistungsmangels auch sinnlos. Die *Rechtsfolgen* entsprechen denen bei behebbaren Mängeln.

§ 25. Verletzung von Schutzpflichten

1   **Schrifttum:** Canaris, Die Reform des Rechts der Leistungsstörung, JZ 2001, 499; Fleischer, Vorvertragliche Pflichten im Schnittfeld von Schuldrechtsreform und Gemeinschaftsprivatrecht – dargestellt am Beispiel der Informationspflichten, in: Schulze/Schulte-Nölke, Die Schuldrechtsreform vor dem Hintergrund des Gemeinschaftsrechts, 2001, 243; Grigoleit, Reformperspektiven der vorvertraglichen Informationshaftung, in: Schulze/Schulte-Nölke, Die Schuldrechtsreform vor dem Hintergrund des Gemeinschaftsrechts, 2001, 269; Krebs, Sonderverbindung mit außerdeliktischen Schutzpflichten, 2000; Magnus, Der Tatbestand der Pflichtverletzung, in: Schulze/Schulte-

Nölke, Die Schuldrechtsreform vor dem Hintergrund des Gemeinschaftsrechts, 2001, 67; Mattheus, Schuldrechtsmodernisierung 2001/2002 – Die Neuordnung des allgemeinen Leistungsstörungsrechts, JuS 2002, 209; Otto, Die Grundstrukturen des neuen Leistungsstörungsrechts, Jura 2002, 1; Schapp, Empfiehlt sich die „Pflichtverletzung" als Generaltatbestand des Rechts der Leistungsstörungen?, JZ 2001, 583; Schur, Leistung und Sorgfalt, 2001; Senne, Das Recht der Leistungsstörungen nach dem Schuldrechtsmodernisierungsgesetz, JA 2002, 24; v. Wilmowsky, Pflichtverletzungen im Schuldverhältnis, JuS 2002, Beil. zu Heft 1; Zimmer, Das neue Recht der Leistungsstörungen, NJW 2002, 1.

Fälle:

a) Maler M soll die Wohnung des E anstreichen. Bei der Ausführung seiner Arbeiten beschädigt M mehrere wertvolle Möbel. E möchte daher die Arbeiten von einem anderen Maler fertig stellen lassen und M die Mehrkosten in Rechnung stellen.

b) K begibt sich in das Warenhaus des V, um sich dort über den Preis eines neuen TV-Gerätes zu informieren. Er rutscht auf dem nicht ordnungsgemäß gereinigten Boden aus und verletzt sich. K verlangt von V Schadensersatz.

c) K interessiert sich für ein Haus, welches an der Südseite des Grundstückes von landwirtschaftlich genutzten Grundstücken umgeben ist. Auf Nachfrage bei V teilt dieser mit, dass diese Grundstücke nicht behaut würden, obwohl er hätte wissen können, dass dort eine Sportanlage geplant ist. Nachdem K von V das Haus für 400 000 Euro gekauft hat, beginnen kurze Zeit später die Bauarbeiten für die Sportanlage.

I. Überblick über die gesetzliche Regelung

Das Schuldverhältnis kann gem. § 241 II nach seinem Inhalt jeden Teil zur Rücksicht auf die Rechte, Rechtsgüter und Interessen des anderen Teils verpflichten (Einzelheiten zu diesen sog. Schutzpflichten siehe § 2 Rdnr. 11 ff.) Die Verletzung einer solchen Schutzpflicht aus § 241 II kann gem. § 280 I einen Schadensersatzanspruch begründen, der neben den Erfüllungsanspruch tritt. Hat der Gläubiger wegen des durch die Schutzpflichtverletzung entstandenen Schadens kein Interesse mehr an der Erfüllung, kann er unter den Voraussetzungen der §§ 280 I, III, 282 Schadensersatz statt der Leistung verlangen. Außerdem steht dem Gläubiger unter den Voraussetzungen des § 324 ein Recht zum Rücktritt vom Vertrag zu.

Vor der Schuldrechtsreform wurden diese Fälle mit Hilfe der positiven Forderungsverletzung gelöst.

2   Nach § 311 II, III kann ein Schuldverhältnis mit Pflichten nach
§ 241 II auch schon in einem vorvertraglichen Stadium entstehen
(Einzelheiten siehe § 5). Bei einer Pflichtverletzung ergibt sich
ebenfalls ein Schadensersatzanspruch aus § 280 I. Falls die vorvertragliche Pflichtverletzung erst nach Vertragsschluss erkannt wird,
kommen auch ein Schadensersatzanspruch statt der Leistung
(§ 282) und ein Rücktrittsrecht (§ 324) in Betracht (AnwKom/
Krebs, § 311 Rdnr. 38).

II. Schutzpflichtverletzung im Schuldverhältnis

1. Schadensersatz wegen Pflichtverletzung aus § 280 I

3   Nach § 280 I kann der Gläubiger Ersatz des Schadens verlangen,
den der Schuldner durch eine von ihm zu vertretende Verletzung
einer Schutzpflicht i. S. d. § 241 II verursacht hat.

a) Voraussetzungen

Zwischen den Parteien muss ein *Schuldverhältnis* bestehen (näheres siehe § 2). Der Schuldner muss die *Pflicht aus § 241 II*, auf die
Rechte, Rechtsgüter und Interessen des Gläubigers Rücksicht zu
nehmen, *verletzt* haben. Er muss die Schutzpflichtverletzung *zu
vertreten* haben (§ 280 I 2). Zur Verantwortlichkeit des Schuldners
und zur Beweislastverteilung siehe § 20 und § 22 Rdnr. 53.

b) Rechtsfolge

4   Unter den genannten Voraussetzungen muss der Schuldner den
durch die Pflichtverletzung verursachten Schaden an anderen
Rechtsgütern des Gläubigers ersetzen. Das ist der sog. Integritäts-
schaden. Der Schuldner muss den Zustand herstellen, der bestehen
würde, wenn die Schutzpflichtverletzung nicht erfolgt wäre (§ 249;
dazu § 31 Rdnr. 2). Der Schaden kann nicht statt der Leistung,
sondern neben der Leistung ersetzt verlangt werden. Er ist der

Höhe nach nicht durch das Erfüllungsinteresse beschränkt. Mitwirkendes Verschulden (§ 254; § 31 Rdnr. 36 ff.) ist zu berücksichtigen.

Im **Fall a** kann E Schadensersatz für die beschädigten Möbel nach § 280 I verlangen.

2. Schadensersatz statt der Leistung (§§ 280 I, III, 282)

Wenn dem Gläubiger wegen der Schutzpflichtverletzung die 5
Leistung durch diesen Schuldner nicht mehr zuzumuten ist, kann
er nach § 282 Schadensersatz statt der ganzen Leistung verlangen.

a) Voraussetzungen

Der Schuldner muss im Rahmen eines Schuldverhältnisses mit
dem Gläubiger eine Schutzpflicht verletzt und die Pflichtverletzung
zu vertreten haben. Die Schutzpflichtverletzung muss ein solches
Gewicht haben, dass dem Gläubiger die Leistung durch den
Schuldner (obwohl er sie noch ordnungsgemäß erbringen könnte)
nicht mehr zuzumuten ist. Die Unzumutbarkeit ist auf Grund einer
Wertung unter Berücksichtigung aller Umstände des Einzelfalles zu
prüfen. Insoweit sind hohe Anforderungen zu stellen. Insbesondere
wird es auf das Gewicht und die Häufigkeit der Pflichtverletzung
ankommen. Ferner dürfte Unzumutbarkeit um so eher anzunehmen sein, je größer die Gefahr ist, dass auch in Zukunft mit weiteren Schutzpflichtverletzungen zu rechnen ist.

Im **Fall a** ist durch die mehrfache Beschädigung der wertvollen Möbel von
einem Überschreiten der Zumutbarkeitsschwelle auszugehen.

Nach dem Wortlaut des § 282 ist zwar eine *Abmahnung* nicht 6
erforderlich. Das Vertrauensverhältnis zwischen dem Gläubiger
und dem Schuldner kann deshalb auch schon durch eine erstmalige
erhebliche Schutzpflichtverletzung so gestört sein, dass dem Gläubiger eine Leistungserbringung durch den Schuldner unzumutbar
ist. Bei zunächst noch weniger gravierenden Pflichtverletzungen
wird der Schuldner dagegen durch eine Abmahnung auf sein Fehlverhalten aufmerksam zu machen sein, so dass von einer Unzumutbarkeit der weiteren Vertragsdurchführung erst dann ausgegan-

gen werden kann, wenn der Gläubiger den Schuldner erfolglos abgemahnt hat (vgl. BT-Drucks. 14/6040, S. 142).

> **Beispiel:** Eine schwere Beleidigung des Gläubigers durch den Schuldner oder eine andere Straftat des Schuldners gegenüber dem Gläubiger kann auch ohne Abmahnung für eine Anwendung des § 282 ausreichen.

7 Nicht erforderlich ist dagegen eine Fristsetzung; denn auf die vertragsgemäße Leistung, die der Gläubiger im Wege der Fristsetzung verlangen könne, kommt es bei der Schutzpflichtverletzung nicht an.

b) Rechtsfolge

8 Der Inhalt des Schadensersatzanspruches richtet sich nach den Grundsätzen des § 281 (§ 23 Rdnr. 50). Gem. § 282 können vor allem die höheren Kosten für ein Ersatzgeschäft verlangt werden, das der Gläubiger anstelle der vom Schuldner nicht weiter erbrachten Leistung abschließt. Dagegen werden die aus der Schutzpflichtverletzung folgenden Integritätsschäden von anderen Rechtsgütern des Gläubigers schon von § 280 I erfasst, und sie stellen keinen Schadensersatz statt der Leistung dar.

3. Rücktritt (§ 324)

9 Nach § 324 kann der Gläubiger von einem gegenseitigen Vertrag zurücktreten, wenn der Schuldner eine Pflicht nach § 241 II verletzt hat und dem Gläubiger ein Festhalten am Vertrag nicht mehr zuzumuten ist.

a) Voraussetzungen

Ebenso wie § 282 setzt § 324 eine Schutzpflichtverletzung von solchem Gewicht voraus, dass dem Gläubiger ein Festhalten am Vertrag nicht mehr zuzumuten ist. Allerdings reicht für die Anwendung von § 324 nicht jegliches Schuldverhältnis aus. Vielmehr muss ein gegenseitiger Vertrag vorliegen (Näheres siehe § 3 Rdnr. 2). Andererseits setzt § 324 nicht voraus, dass der Schuldner die Schutzpflichtverletzung zu vertreten hat. Das Verschulden kann jedoch dafür von Bedeutung sein, ob dem Gläubiger ein Festhalten am Vertrag unzumutbar ist.

b) Rechtsfolgen

Bezüglich der Rechtsfolgen des erklärten Rücktritts gilt Entspre- **10** chendes wie bei einem Rücktritt nach § 323 (§ 23 Rdnr. 70 ff.). Wenn der Schuldner die Schutzpflichtverletzung zu vertreten hat, kann der Gläubiger sowohl vom Vertrag zurücktreten als auch Schadensersatz verlangen (§ 325).

Im **Fall a** kann E die Arbeiten von einem anderen Maler fertig stellen lassen und die Mehrkosten von M ersetzt verlangen.

III. Schutzpflichtverletzung im vorvertraglichen Schuldverhältnis

Die Verletzung von Schutzpflichten im vorvertraglichen Schuld- **11** verhältnis hat ähnliche Voraussetzungen und Rechtsfolgen wie die Schutzpflichtverletzung in einem rechtsgeschäftlichen Schuldverhältnis.

1. Schadensersatz wegen Pflichtverletzung nach §§ 280 I, 311 II

a) Voraussetzungen und Fallgruppen

Der Schuldner muss im Rahmen eine vorvertraglichen Schuldverhältnisses (dazu § 5 Rdnr. 1 ff.) eine von ihm zu vertretende Schutzpflichtverletzung begangen haben. Welche Schutzpflichten im vorvertraglichen Schuldverhältnis bestehen und wie weit diese Pflichten reichen, ist nicht gesetzlich geregelt, sondern richtet sich nach den Umständen des Einzelfalles. Insoweit hat die Rechtsprechung im Laufe der Zeit zur culpa in contrahendo *Fallgruppen* herausgebildet, die allerdings nicht abschließend, sondern einer ständigen Fortentwicklung zugänglich sind. Auf diese Fallgruppen kann auch nach der Einfügung des § 241 II über die Schutzpflichten und des § 311 II über das vorvertragliche Schuldverhältnis zurückgegriffen werden.

aa) Bereits im vorvertraglichen Schuldverhältnis haben die Be- **12** teiligten die Pflicht, sich so zu verhalten, dass die *Rechtsgüter*

(Leben, Körper, Gesundheit, Freiheit) und *Rechte* (z. B. Eigentum) des anderen nicht verletzt werden.

Im **Fall b** liegt zwischen K und V ein vorvertragliches Schuldverhältnis in Form der Vertragsanbahnung gem. § 311 II Nr. 2 vor. V hat dadurch, dass er nicht für einen ordnungsgemäß gereinigten Boden gesorgt hat, eine Schutzpflicht verletzt und dadurch die Körperverletzung des K verursacht. – In diese Fallgruppe gehören auch die berühmten Entscheidungen des Reichsgerichts zur Verletzung durch eine umstürzende Linoleumrolle (RGZ 78, 239) und des Bundesgerichtshofs zur Verletzung durch Ausrutschen auf einem Salatblatt (BGHZ 66, 4).

13   bb) Die Parteien haben ferner auf die *sonstigen Interessen* (insbesondere auf das Vermögen, aber auch z. B. auf die Entscheidungsfreiheit) des jeweils anderen Teils *Rücksicht zu nehmen*. Diese Pflicht kann etwa dadurch verletzt werden, dass die andere Partei trotz Nachfrage (ggf. sogar ohne Nachfrage; BGH BB 2002, 428) nicht hinreichend über solche Umstände aufgeklärt wird, die für den Vertragsschluss wesentlich sind (BGH ZIP 2001, 1152, 1153).

Beispiel: Der Verkäufer klärt den Käufer nicht darüber auf, dass dieser den Kaufgegenstand nicht dem Verwendungszweck entsprechend nutzen kann. Diese Pflichtverletzung führt dann zum Abschluss des Kaufvertrages, den der Käufer bei richtiger Information nicht oder nicht so geschlossen hätte **(Fall c)**. – Der Verkäufer eines Grundstücks hält den rechtsunkundigen Käufer davon ab, dass der Kaufvertrag (wie in § 311 b I vorgeschrieben) notariell beurkundet wird. Folge ist die Unwirksamkeit des Vertrages.

14   Die Pflicht zur Rücksicht auf die Interessen des anderen kann auch dadurch verletzt werden, dass die Vertragsverhandlungen ohne triftigen Grund abgebrochen werden, obwohl für den anderen bereits ein Vertrauenstatbestand entstanden war (BGH ZIP 2001, 655).

Beispiele: In einem Einstellungsgespräch zwischen einem Arbeitnehmer und einem Arbeitgeber teilt dieser dem Arbeitnehmer mit, seine Einstellung sei beabsichtigt und er solle seine bisherige Stellung schon einmal kündigen. Wenn der Arbeitgeber danach ohne zwingenden Grund doch von einer Einstellung absieht, liegt darin ein unberechtigter Abbruch von Vertragsverhandlungen. – Erweckt der Verkäufer eines Pkw bei dem Kaufinteressenten die Vorstellung, er sei zum Verkauf fest entschlossen, und ist ihm erkennbar, dass er den Interessenten dadurch vom Kauf eines anderen Pkw abhält, darf er nicht grundlos von seiner Verkaufsabsicht Abstand nehmen. Jedenfalls muss er den Sinneswandel so schnell wie möglich mitteilen. Wird allerdings der Abschluss eines formbedürftigen Vertrages als sicher dargestellt, kann der Abbruch von Verhandlungen wegen des Zwecks der Formvorschrift durch einen Partner grundsätzlich nur dann einen Schadensersatzanspruch des anderen begründen, wenn das Verhalten des Abbrechenden einen schweren Verstoß gegen die Verpflichtung zu redlichem Verhalten bei den Vertragsverhandlungen bedeutet; das erfordert in der Regel die Feststellung vorsätzlichen pflichtwidrigen Verhaltens (BGH DNotZ 1997, 624).

b) Rechtsfolgen

Der Schuldner muss auch hier (vgl. schon Rdnr. 4) den Zustand **15** herstellen, der bestehen würde, wenn die Schutzpflichtverletzung nicht erfolgt wäre (negatives Interesse).

Im **Fall b** hat V also dem verletzten K z. B. die Heilungskosten und den Verdienstausfall zu ersetzen.

Ausnahmsweise besteht sogar ein Anspruch auf Ersatz des Er- **16** füllungsinteresses (positives Interesse), wenn nämlich der Vertrag ohne die Pflichtverletzung wirksam zustande gekommen wäre.

Wird ein (insbesondere gem. § 311b I) formbedürftiger Vertrag ohne Beachtung dieser Form geschlossen, weil der eine Teil seinen rechtsunkundigen Vertragspartner bewusst von der Einhaltung der Form abhält, geht allerdings der auf das Erfüllungsinteresse gerichtete Anspruch des anderen Vertragsteils nicht auf Übereignung des Grundstücks oder auf Abschluss eines formgültigen Vertrages; denn dadurch würde die Unwirksamkeitsanordnung umgangen. Vielmehr richtet sich der Anspruch auf das Erfüllungsinteresse in Geld (BGH, NJW 1965, 812; str.).

Hat der Geschädigte auf Grund der Schutzpflichtverletzung ei- **17** nen Vertrag zu ungünstigen Bedingungen abgeschlossen und möchte er an diesem Vertrag festhalten, ist sein Anspruch auf Vertragsanpassung gerichtet (str.). Dieser besteht im Ausgleich des Minderwerts der übertragenen Leistung.

Im **Fall c** kann K Schadensersatz mit der Begründung verlangen, dass er nur einen geringeren Preis für das Grundstück gezahlt hätte, wenn V ihn vor Vertragsschluss auf seine Nachfrage sachgerecht informiert hätte.

c) Konkurrenzen

Wenn sich die vorvertragliche Schutzpflichtverletzung auf einen **18** Mangel des Vertragsgegenstandes bezieht, finden die §§ 280ff. nicht neben den vertragstypischen Mängelrechten, sondern als Bestandteil dieser Mängelrechte Anwendung. So verweisen § 437

Nr. 3 für das Kaufrecht und § 634 Nr. 4 für das Werkvertragsrecht unter anderem auf § 280. Die Verjährung richtet sich dann nach § 438 bzw. § 634 a. Liegt dagegen gar kein Mangel vor (z. B. weil die Pflichtverletzung in der fehlerhaften oder nicht erfolgten Aufklärung über die sachgerechte Bedienung der mangelfreien Sache oder über von ihr ausgehende Gefahren besteht), greifen die besonderen Mängelrechte nicht ein, so dass wegen der Schutzpflichtverletzung § 280 unmittelbar Anwendung findet. Für die Verjährung gilt dann § 195.

2. Schadensersatz statt der Leistung

19   Wegen einer vorvertraglichen Schutzpflichtverletzung kann ein Anspruch auf Schadensersatz statt der Leistung gem. § 282 nur dann bestehen, wenn der Gläubiger überhaupt einen Anspruch auf die Leistung hat. Das setzt voraus, dass es nach der vorvertraglichen Pflichtverletzung zu einem Vertragsschluss gekommen ist und die Pflichtverletzung erst danach erkannt wird. Wenn in diesem Fall dem Gläubiger die Leistung durch den Schuldner nicht mehr zuzumuten ist, kann er gem. § 282 statt der Leistung z. B. den entgangenen Gewinn oder die Kosten einer Ersatzbeschaffung verlangen.

3. Rücktritt

20   Kommt es nach der vorvertraglichen Schutzpflichtverletzung zu einem Vertragsschluss, kann der Gläubiger gem. § 324 von diesem Vertrag zurücktreten, sofern ihm wegen der vorvertraglichen Schutzpflichtverletzung ein Festhalten am Vertrag nicht mehr zuzumuten ist (§ 324). Rücktritt und Schadensersatz statt der Leistung können miteinander kombiniert werden (§ 325).

§ 26. Gläubigerverzug

1   **Schrifttum:** Hönn, Zur Dogmatik der Risikotragung im Gläubigerverzug bei Gattungsschulden, AcP 177, 385; Hüffer, Leistungsstörungen durch Gläubigerhandeln, 1976; Kreuzer/Stehle, Grundprobleme des Gläubigerverzugs, JA

1984, 69; Schröder, Zur Auslegung des § 300 Abs. 2 BGB, MDR 1973, 466; Schünemann/Schacke, Der Annahmeverzug, JuS 1992, L1; Schwerdtner, Rechtsprobleme des Annahme-(Gläubiger-)verzuges, Jura 1988, 419; Wertheimer, Der Gläubigerverzug im System der Leistungsstörungen, JuS 1993, 646.

Fälle:

a) B beauftragt den Maurermeister U, eine Garage zu errichten. Das Baumaterial will B bis zum 30. 4. selbst beschaffen, was ihm aber nicht gelingt. U verlangt von B eine Entschädigung nach § 642.

b) Wie ist die Rechtslage, wenn U wegen einer schweren Erkrankung die Arbeit ohnehin nicht mehr ausführen kann?

c) K hat bei V Wein bestellt, der am 1. 10. bei K abgeliefert werden soll. V trifft bei K niemanden an. Der Wein war, ohne dass V es wusste, verdorben. V verlangt von K die zusätzlich entstandenen Lagerkosten.

d) V teilt dem K telefonisch mit, dass er das nach Katalog bestellte und bereits verladene Fernsehgerät bringen werde. K erklärt sich zur Abnahme bereit, will aber vorerst nicht zahlen. V lädt daraufhin das Gerät wieder ab, das dabei aus Unachtsamkeit des V zerstört wird.

Die Erfüllung der Verbindlichkeit kann nicht nur durch ein Verhalten des Schuldners, sondern auch des Gläubigers gestört werden; denn der Schuldner ist in den weitaus meisten Fällen nicht in der Lage, seine Leistung ohne Mitwirkung des Gläubigers zu erbringen.

So muss z. B. der Käufer einer Sache diese vom Verkäufer entgegennehmen und sich mit ihm über den Eigentumsübergang einigen (vgl. §§ 433, 929). Der Arbeitgeber muss dem Arbeitnehmer Zutritt zu seinem Betrieb verschaffen und ihm die erforderlichen Arbeitsgeräte überlassen.

Der Gläubiger ist nicht zur Mitwirkung verpflichtet (Ausnahmen: §§ 433 II, 640), so dass der Schuldner gegen ihn keinen klagbaren Anspruch auf Mitwirkung hat, dessen Verletzung Schadensersatzansprüche auslösen könnte. Die unterlassene Mitwirkung befreit den Schuldner auch nicht von seiner Leistungspflicht. **2**

Nimmt der Gläubiger die Leistung nicht an oder unterlässt er eine sonstige zur Erfüllung erforderliche Mitwirkungshandlung, gerät er aber in Gläubigerverzug (= Annahmeverzug). Das Gesetz hat die Voraussetzungen und die Folgen des Gläubigerverzuges in den §§ 293 ff. geregelt.

I. Voraussetzungen

3   Der Gläubigerverzug setzt im einzelnen folgendes voraus:

1. Leistungsberechtigung

Der Schuldner muss zur Leistung *berechtigt* sein, d. h. die Leistung
muss erfüllbar sein (vgl. § 271 II; Rdnr. 143).

2. Leistungsvermögen

4   Er muss ferner zur Leistung *bereit* und *imstande* sein (§ 297). Kann
er zeitweilig oder endgültig nicht leisten, so scheidet Annahmeverzug aus. Hier greifen die Regeln über die Unmöglichkeit ein
(§§ 275, 280, 283, 326). Wird die Leistung erst unmöglich, nachdem der Gläubiger in Annahmeverzug geraten ist, dann endet der
Annahmeverzug mit dem Eintritt der Unmöglichkeit.

Die Abgrenzung von Unmöglichkeit und Annahmeverzug be-
reitet häufig erhebliche Schwierigkeiten. Entscheidend ist – wie bei
der Grenzziehung zwischen Unmöglichkeit und Schuldnerverzug
(§ 22 Rdnr. 6) –, ob die geschuldete Leistung noch nachholbar ist
(vgl. Jauernig/Vollkommer, § 293 Rdnr. 8).

Im **Fall a** liegt Annahmeverzug und nicht Unmöglichkeit vor, so dass U
nach § 642 eine angemessene Entschädigung von B verlangen kann. Im **Fall b**
hingegen gerät B nicht in Annahmeverzug (§ 297); U wird wegen Unvermögens von der Leistung frei (§ 275 I) und muss mangels Verschuldens auch nicht
Schadensersatz leisten (§ 280 I 1, 2).

Besonderheiten ergeben sich im Arbeitsrecht, wenn bei unverschuldeter Betriebsstörung die Arbeitsleistung nicht erbracht werden kann (§ 615 S. 3; dazu § 22 Rdnr. 47 und BS § 20 Rdnr. 16).

3. Leistungsangebot

a) Tatsächliches Angebot

5   Regelmäßig ist ein Angebot der Leistung durch den Schuldner
erforderlich (§ 293). Normalerweise muss der Schuldner dem
Gläubiger die Leistung so, wie sie zu bewirken ist, *tatsächlich ange-*

boten haben (§ 294), d.h. am rechten Ort, zur rechten Zeit, in rechter Beschaffenheit und Vollständigkeit (Einzelheiten: § 12). Das Leistungsangebot des Schuldners muss also so beschaffen sein, dass der Gläubiger nichts weiter zu tun braucht, als zuzugreifen und die angebotene Leistung anzunehmen (RGZ 109, 324).

Da im **Fall c** der Wein nicht mittlerer Art und Güte (§ 243 I), sondern mangelhaft (vgl. §§ 433 I 2, 434) war, ist K nicht in Annahmeverzug geraten, so dass ein Anspruch aus § 304 auf Erstattung der Lagerkosten ausscheidet.

Nicht unbedingt erforderlich ist es, dass der Gläubiger von dem tatsächlichen Angebot des Schuldners Kenntnis erlangt. Ist nämlich, wie im **Fall c,** für die Leistung ein bestimmter Termin vereinbart, dann kann der Gläubiger, den der Schuldner nicht am Leistungsort antrifft, durch das tatsächliche Leistungsangebot allein in Annahmeverzug geraten.

b) Wörtliches Angebot

Ausnahmsweise genügt auch ein *wörtliches Angebot* (§ 295). Das ist **6** einmal der Fall, wenn der Gläubiger bereits vorher erklärt hat, die Leistung nicht anzunehmen (vgl. auch die Parallele in § 286 II Nr. 3; § 23 Rdnr. 17). Ebenso ist ein wörtliches Angebot ausreichend, wenn zur Leistungsbewirkung eine Handlung des Gläubigers notwendig ist (Beispiel: Holschuld; § 12 Rdnr. 12). In diesen Fällen steht es dem wörtlichen Leistungsangebot gleich, wenn der Schuldner den Gläubiger auffordert, die erforderliche Mitwirkungshandlung vorzunehmen (§ 295 S. 2).

Beispiel: Aufforderung des Schneiders an den Kunden, zur Anprobe zu erscheinen.

c) Entbehrlichkeit eines Angebotes

Kein Angebot ist erforderlich, wenn der Gläubiger seine Mitwir- **7** kungshandlung zu einem bestimmten Zeitpunkt vorzunehmen hat und diese unterbleibt. Einzelheiten: § 296, der dem § 286 II Nr. 1 und 2 (§ 23 Rdnr. 15 f.) entspricht.

Im **Fall a** braucht U dem B seine Arbeit nicht anzubieten, weil B bis zum 30. 4. seine Mitwirkungshandlung (Beschaffung des Baumaterials) nicht vorgenommen hat (§ 296 S. 1).

4. Nichtannahme der Leistung

8   Der Annahmeverzug setzt schließlich voraus, dass der Gläubiger das Leistungsangebot des Schuldners nicht angenommen hat (§ 293). Auf ein Verschulden des Gläubigers kommt es hier – anders als beim Schuldnerverzug (§ 286 IV, 282 I 2) – nicht an.

Durch die Nichtannahme kann der Gläubiger *gleichzeitig* in Schuldnerverzug geraten, wenn er nach dem Schuldverhältnis zur Abnahme *verpflichtet* ist (wie z. B. der Käufer; § 433 II). Dann müssen aber die Voraussetzungen des Schuldnerverzugs (§ 286; § 23 Rdnr. 9 ff.) erfüllt sein.

9   Der Gläubiger gerät jedoch auch dann in Annahmeverzug, wenn er zwar die Leistung annehmen, aber die geforderte und fällige Gegenleistung nicht erbringen will (§ 298; **Fall d**).

10   In Abweichung von § 293 begründet eine vorübergehende Annahmeverhinderung des Gläubigers noch keinen Gläubigerverzug, wenn der Schuldner ihm die Leistung unerwartet frühzeitig (d. h. wenn die Leistungszeit nicht bestimmt war oder der Schuldner vor der vereinbarten Leistungszeit leisten durfte, § 271 II) angeboten hat (§ 299). Um in diesen Fällen die Folgen des Gläubigerverzugs auszulösen, muss der Schuldner dem Gläubiger die Leistung angemessene Zeit vorher angekündigt haben.

II. Wirkungen

1. Keine Leistungsbefreiung

11   Der Gläubigerverzug führt ebenso wie der Schuldnerverzug nicht zu einer Befreiung des Schuldners von seiner Leistungspflicht.

Einen Sonderfall enthält § 615 S. 1, wonach der Dienstverpflichtete für die Arbeit, die infolge des Annahmeverzugs des Dienstberechtigten nicht geleistet werden konnte, die Vergütung verlangen kann, ohne zur Nachleistung verpflichtet zu sein.

2. Haftungserleichterung

12   Der Gläubigerverzug bewirkt aber nach § 300 I insofern eine Haftungserleichterung, als der Schuldner während dieser Zeit nur

für Vorsatz und grobe Fahrlässigkeit einzustehen hat (andere Bestimmung i.S.d. § 276 I 1, 2. Halbs.). Ebenso wie bei zufälligem Untergang der Sache haftet der Schuldner auch dann nicht auf Schadensersatz, wenn der Untergang auf seinem leicht fahrlässigen Verhalten beruht (§ 280 I 2; **Fall d**). Entsprechendes gilt, wenn während des Annahmeverzugs eine Verschlechterung des Leistungsgegenstandes eintritt (z.B. Beschädigung des Fernsehers im **Fall d**).

Die Haftungserleichterung des § 300 I betrifft nach h.M. aber nur die Sorge für den Leistungsgegenstand, nicht sonstige Pflichten aus dem Schuldverhältnis (z.B. sorgfältige Vornahme des Selbsthilfeverkaufs). Insoweit bleibt es für die Schadensersatzhaftung beim Maßstab des § 276 I 1, 1. Halbs.

3. Übergang der Leistungsgefahr bei Gattungsschulden

Nach § 300 II geht bei Gattungsschulden (§ 8 Rdnr. 1 ff.) die   13
Gefahr auf den Gläubiger über, wenn er die angebotene Sache nicht annimmt. Diese Bestimmung regelt nach zutreffender Ansicht nur die Leistungs-, nicht aber die Gegenleistungs- oder Preisgefahr (vgl. Jauernig/Vollkommer, § 300 Rdnr. 4). Sie führt also dazu, dass der Schuldner bei Untergang der (ausgesonderten) Sache auch dann gem. § 275 I von seiner Leistungspflicht frei wird, wenn die Gattungsschuld noch nicht durch Konkretisierung zur Stückschuld wurde. Erforderlich ist aber stets, dass der Schuldner die Gattungssache ausgesondert hat.

Der Anwendungsbereich des § 300 II ist nicht groß, weil der   14
Schuldner im allgemeinen mit dem Leistungsangebot das zur Leistung seinerseits Erforderliche getan hat, so dass bereits nach § 243 II die Leistungsgefahr durch Konkretisierung übergegangen ist (§ 8 Rdnr. 6 f.). Eigenständige Bedeutung hat § 300 II nur dort, wo der Gläubiger in Annahmeverzug geraten ist, ohne dass vorher eine Konkretisierung eingetreten ist.

Im **Fall d** hat V mit dem fernmündlichen Angebot nicht das seinerseits Erforderliche getan, wenn eine Bringschuld vereinbart wurde; denn dann ist eine Konkretisierung nach § 243 II noch nicht erfolgt. K war aber durch das wörtliche Angebot des V nach §§ 295, 298 in Annahmeverzug geraten. Da V das Gerät mit dem Verladen ausgesondert hatte, war die Leistungsgefahr nach

§ 300 II auf K übergegangen, so dass er bei nachträglichem Unvermögen nach § 275 I von seiner Leistungspflicht frei wird. Er ist auch nicht schadensersatzpflichtig, weil er nur noch für Vorsatz und grobe Fahrlässigkeit zu haften hat (§ 300 I). § 300 II gewinnt ferner bei Geldschulden (§ 9 Rdnr. 1 ff.) Bedeutung, weil hier ein Gefahrübergang durch Konkretisierung (§ 243 II) regelmäßig nicht eintritt (§ 270 I; dazu § 12 Rdnr. 17).

4. Übergang der Preisgefahr beim gegenseitigen Vertrag

15   Nach § 326 II 1 behält der Schuldner den Anspruch auf die Gegenleistung, wenn ihm seine Leistung durch einen von ihm nicht zu vertretenden Umstand zu einer Zeit unmöglich geworden ist, in der sich der Gläubiger im Annahmeverzug befindet. Der Annahmeverzug bewirkt also beim gegenseitigen Vertrag, dass die Preis- oder Vergütungsgefahr, die nach § 326 I 1 normalerweise der Schuldner zu tragen hat, auf den Gläubiger übergeht.

Im **Fall d** kann V, obwohl er nach § 275 I von seiner Leistung frei geworden ist, trotzdem den Kaufpreis fordern (§ 326 II 1).

5. Sonstige Wirkungen

16   – Der Gläubigerverzug berechtigt den Schuldner, die weiterhin geschuldete Sache zu *hinterlegen* (§ 372 S. 1; § 15 Rdnr. 1 ff.). Bezieht sich die Verbindlichkeit dagegen auf die Herausgabe eines Grundstücks oder eines eingetragenen Schiffes, dann darf der Schuldner nach vorheriger Androhung *den Besitz aufgeben* (§ 303).
– Während des Annahmeverzugs braucht der Schuldner eine Geldschuld *nicht zu verzinsen* (§ 301).
– Ist der Schuldner zur Herausgabe oder zum Ersatz von Nutzungen verpflichtet (z.B. nach §§ 292, 346 f., 987 ff.), so *beschränkt* sich seine Verpflichtung während des Annahmeverzugs *auf die tatsächlich gezogenen Nutzungen* (§ 302).
– Schließlich kann der Schuldner vom Gläubiger die Mehraufwendungen erstattet verlangen, die ihm durch den Annahmeverzug entstanden sind, z.B. Kosten für Aufbewahrung oder Erhaltung des geschuldeten Gegenstandes (§ 304).

Hätte V im **Fall c** einwandfreien Wein angeboten, wäre K in Annahmeverzug geraten; K hätte dann die Lagerkosten nach § 304 dem V erstatten müssen. Da K dann zugleich seine Abnahmepflicht (§ 433 II) verletzt hätte, müsste er diese Kosten auch als Verzögerungsschaden nach §§ 280, I, II, 286 ersetzen.

§ 27. Störung der Geschäftsgrundlage

Schrifttum: Chiotellis, Rechtsfolgenbestimmung bei Geschäftsgrundlagen- **1** störungen in Schuldverträgen, 1981; Eidenmüller, Neuverhandlungspflicht bei Wegfall der Geschäftsgrundlage, ZIP 1995, 1063; Köhler, Die Lehre von der Geschäftsgrundlage als Lehre von der Risikobefreiung, in: 50 Jahre Bundesgerichtshof, Festgabe aus der Wissenschaft, 2000, Band I, 295; Lettl, Die Anpassung von Verträgen des Privatrechts, JuS 2001, 144, 248, 347, 456, 559, 660; Medicus, Vertragsauslegung und Geschäftsgrundlage, Festschrift f. Flume, 1978, 629; Wieling, Entwicklung und Dogmatik der Lehre von der Geschäftsgrundlage, Jura 1985, 505.

Fälle:

a) V vermietet an M für den Rosenmontag seinen Balkon, damit M den unter dem Balkon vorbeiführenden Karnevalszug beobachten kann. Der Karnevalszug wird aber kurzfristig wegen eines heftigen Unwetters abgesagt. Muss M die Miete trotzdem zahlen?

b) V verkauft an K sein Grundstück. Bei der Berechnung des Kaufpreises legen die Parteien den soeben im Amtsblatt der Gemeinde veröffentlichten üblichen Grundstückspreis von 200 Euro pro qm zugrunde. Nach Vertragsschluss stellt sich heraus, dass der im Amtsblatt mitgeteilte Betrag auf einem Fehler beruht; tatsächlich beträgt das übliche Preisniveau 300 Euro pro qm. Auswirkungen auf den Kaufvertrag?

I. Gesetzliche Regelung und Bedeutung

Verträge können in ihren Grundlagen dadurch schwer beeinträchtigt werden, dass sich entweder die bei Vertragsschluss vorliegenden Umstände nachträglich unerwartet ändern oder sich erst nachträglich herausstellt, dass die bei Vertragsschluss vorausgesetzten Umstände in Wirklichkeit gar nicht vorgelegen haben. In solchen Fällen stellt sich die Frage, ob die Parteien trotzdem an den Vertrag mit unverändertem Inhalt gebunden sind. Hierzu wurde schon lange vor der Schuldrechtsreform das Rechtsinstitut vom Fehlen oder Wegfall der Geschäftsgrundlage entwickelt.

2   Es diente nach dem 1. Weltkrieg vor allem dazu, bestehende Vertragsverhältnisse den einschneidenden wirtschaftlichen Veränderungen der Inflationszeit anpassen zu können, später aber ganz allgemein der Vertragsanpassung an die nachträglich geänderten oder von den Vertragsparteien nicht erkannten Umstände. Als Rechtsgrundlage für die Lehre von der Geschäftsgrundlage wurde meist der Grundsatz von Treu und Glauben (§ 242) herangezogen. Die Vertragsanpassung war nach allgemeiner Ansicht von strengen Voraussetzungen abhängig; denn durch sie durfte der Grundsatz „pacta sunt servanda" nicht ausgehebelt und eine Vertragspartei nicht von den von ihr zu tragenden Vertragsrisiken entlastet werden.

3   Seit dem 1. 1. 2002 hat die Lehre von der Störung (= Fehlen oder Wegfall) der Geschäftsgrundlage in § 313 eine gesetzliche Grundlage. Deshalb braucht nicht mehr auf § 242 zurückgegriffen zu werden. Durch § 313 sollten aber die schon vorher anerkannten Grundsätze nicht geändert werden (BT-Drucks. 14/6040, S. 175). Daher kann zur Auslegung des § 313 die Rechtsprechung und das Schrifttum aus der Zeit vor der Schuldrechtsreform weiterhin herangezogen werden.

II. Voraussetzungen

4   Eine Störung der Geschäftsgrundlage kann gem. § 313 in Form ihres nachträglichen Wegfalls (Abs. 1) oder ihres ursprünglichen Fehlens (Abs. 2) vorliegen.

1. Wegfall der objektiven Geschäftsgrundlage (§ 313 I)

a) Nachträgliche Änderung vertragswesentlicher Umstände

§ 313 I setzt voraus, dass sich Umstände, die zur Grundlage des Vertrages geworden sind, nach Vertragsschluss schwerwiegend verändert haben. Die Vorschrift stellt nur auf *objektive Umstände* ab. Das folgt im Umkehrschluss aus Abs. 2, der sich auf die Vorstellungen der Parteien, also auf subjektive Umstände bezieht. Von dieser Aufteilung der objektiven und subjektiven Geschäftsgrundlage auf Abs. 1 und Abs. 2 ist auch der Gesetzgeber ausgegangen (BT-Drucks. 14/6040, S. 1769).

Beispiele: Sozialkatastrophen wie Krieg, Währungsverfall oder Umweltkatastrophen können zu einer Störung des Äquivalenzverhältnisses zwischen Leistung und Gegenleistung führen. Beschaffungshindernisse z. B. auf Grund einer Krise im Land des Lieferanten oder auf Grund einer Insolvenz des Herstellers können es einer Partei erschweren, die geschuldete Leistung zu erbringen.

Fraglich ist, wann ein Umstand „zur Grundlage des Vertrages 5 geworden" ist. Voraussetzung dafür ist, dass der Umstand von mindestens einer Vertragspartei bei Abschluss des Vertrages als für den Vertragsschluss wesentlich vorausgesetzt wurde und dass sich die andere Partei auf die Berücksichtigung dieses Umstandes redlicherweise hätte einlassen müssen. Der Geschäftswille der Parteien muss auf dem Umstand aufgebaut haben (RGZ 103, 328, 332; BGHZ 25, 390, 392; 89, 226, 231; BGH NJW 2001, 1204, 1205).

Im **Fall a** ist die Veranstaltung des Karnevalszugs Geschäftsgrundlage für die Miete des Balkons gewesen, zumal dieser andernfalls gar nicht gemietet worden und auch nicht vermietbar gewesen wäre. Sie ist durch die Absage nachträglich weggefallen.

b) Umstände außerhalb des Vertragsinhalts

Die fehlenden oder weggefallenen Umstände dürfen nicht 6 Vertragsinhalt gewesen sein. Dann sind die Rechtsfolgen der Störung nämlich durch (ergänzende) Vertragsauslegung zu ermitteln oder den gesetzlichen Vorschriften (§§ 275, 280 ff., 323 ff.) zu entnehmen. In diesen Fällen ist für die Anwendung des § 313 kein Raum.

Beispiel: Ein Kinobetreiber verkauft Karten für eine Filmvorführung, die dann aber ausfällt, weil die Vorführung des Films durch die zuständige Behörde verboten wird. Hier war die Vorführung des Films Vertragsinhalt. Der Kinobetreiber ist wegen rechtlicher Unmöglichkeit frei geworden (§ 275 I). Die Käufer der Karten können den bereits gezahlten Preis gem. §§ 326 IV, 346 zurückverlangen. § 313 ist nicht anwendbar. Dagegen hat im **Fall a** der V nicht die Durchführung des Karnevalszuges geschuldet. Deshalb liegt auch keine Unmöglichkeit vor.

c) Kein Vertragsschluss bei Voraussehung dieser Änderung

Ferner setzt § 313 I voraus, dass die Parteien, wenn sie diese 7 Veränderung vorausgesehen hätten, den Vertrag nicht oder nicht mit diesem Inhalt geschlossen hätten. Hierbei handelt es sich um einen Fall, in dem der hypothetische Kausalverlauf berücksichtigt wird. Der mutmaßliche Wille der Parteien ist durch Auslegung zu ermitteln.

Wenn im **Fall a** die Absage des Karnevalszuges bekannt gewesen wäre, hätte M den Balkon des V nicht gemietet.

d) Unzumutbarkeit des Festhaltens am unveränderten Vertrag

8   Das Festhalten am unveränderten Vertrag muss für den einen Teil unter Berücksichtigung aller Umstände des Einzelfalles, insbesondere der vertraglichen oder gesetzlichen Risikoverteilung, unzumutbar sein. Von einer Unzumutbarkeit ist nur dann auszugehen, wenn das Festhalten am Vertrag zu untragbaren, mit Recht und Gerechtigkeit nicht zu vereinbarenden Ergebnissen führen würde (BGHZ 84, 1, 9; 121, 378, 393; 133, 316, 321); andernfalls bleibt es bei dem Grundsatz „pacta sunt servanda". Für die Beurteilung der Unzumutbarkeit spielt es auch eine Rolle, ob die betroffene Partei bewusst ein riskantes Geschäft mit möglicherweise spekulativem Charakter geschlossen hat und ob eine Veränderung der Umstände zumindest als möglich vorhergesehen werden konnte.

Beispiel: Im **Fall a** kommt es darauf an, ob bei Vertragsschluss Anhaltspunkte für ein Unwetter und eine Absage des Zuges vorlagen. Andernfalls ist für den M ein Festhalten an dem Mietvertrag unzumutbar. Im **Fall b,** der allerdings einen Fall der subjektiven Geschäftsgrundlage i.S.v. § 313 II betrifft, hätte der Verkäufer sich bei Kenntnis des tatsächlichen Preisniveaus auf den vereinbarten Kaufpreis von 200 Euro je qm nicht eingelassen. Wegen der Zugrundelegung der üblichen Preise kann auch von einem Spekulationsgeschäft keine Rede sein. Deshalb ist es für den Verkäufer nicht zumutbar, am vereinbarten Preis von 200 statt des üblichen Preises von 300 Euro je qm festgehalten zu werden.

2. Fehlen der subjektiven Geschäftsgrundlage (§ 313 II)

9   Nach § 313 II steht es einer nachträglichen Veränderung der objektiven Umstände gleich, wenn wesentliche Vorstellungen, die zur Grundlage des Vertrages geworden sind, sich nachträglich als

unzutreffend herausstellen. Die Norm betrifft das ursprüngliche Fehlen der subjektiven Geschäftsgrundlage. Nach der Gesetzesbegründung soll es hierbei um die Fälle des gemeinschaftlichen Motivirrtums sowie um solche Fälle gehen, in denen sich nur eine Partei falsche Vorstellungen macht, die andere Partei diesen Irrtum aber ohne eigene Vorstellungen hingenommen hat (BT-Drucks., 14/6040, S. 176). Die rechtliche Einordnung dieser Fälle war vor der Schuldrechtsreform umstritten. In § 313 II hat der Gesetzgeber sie bewusst als Anwendungsfall der Geschäftsgrundlage geregelt.

Beispiel: In **Fall b** ist der „übliche Grundstückspreis" zwar nicht als Inhalt des Kaufvertrages vereinbart worden. Aber die Parteien hatten beide die irrtümliche Vorstellung, mit den 200 Euro je qm von dem üblichen Preisniveau auszugehen. Es handelt sich um eine Störung der Geschäftsgrundlage in der Form des beiderseitigen Motivirrtums.

III. Rechtsfolgen

§ 313 sieht bei einer Störung der Geschäftsgrundlage zwei verschiedene Rechtsfolgen vor: **10**

1. Anspruch auf Anpassung des Vertrages

Gemäß § 313 I kann derjenige Vertragspartner, dem ein Festhalten am Vertrag unzumutbar ist, eine Anpassung des Vertrages verlangen. Diese Anpassung erfolgte vor der Schuldrechtsreform kraft Gesetzes, ohne dass es dazu einer Erklärung bedurfte. § 313 sieht eine andere Konstruktion vor. Danach hat der berechtigte Vertragspartner einen Anspruch auf Vertragsanpassung, den er gegenüber dem anderen Vertragspartner geltend machen muss. Dadurch wird erreicht, dass die Parteien zunächst selbst über die Anpassung verhandeln. Wenn sie sich nicht einigen, kann der Anspruch auf Anpassung in einem Prozess durch eine Klage, die unmittelbar auf die angepasste Leistung gerichtet ist, geltend gemacht werden (BT-Drucks. 14/6040, S. 176).

2. Recht zum Rücktritt vom Vertrag oder zur Kündigung des Vertrages

11   Nach § 313 III 1 kann der benachteiligte Teil vom Vertrag zurücktreten, soweit eine Anpassung des Vertrages nicht möglich oder dem anderen Teil nicht zumutbar ist.

> **Beispiel:** Im **Fall b** kann eine Anpassung an das tatsächlich übliche Preisniveau (300 statt 200 Euro je qm) für den K unzumutbar sein, sofern dieser sich entsprechend seiner finanziellen Leistungsfähigkeit eine Höchstgrenze für den Kaufpreis gesetzt hat.

Durch die Formulierung in § 313 III 1 hat der Gesetzgeber klargestellt, dass eine Aufhebung des Vertrages nur subsidiär in Betracht kommt und dass sie einer rechtsgestaltenden Erklärung, nämlich der Rücktrittserklärung, bedarf. Der Rücktritt löst die Rechtsfolgen der §§ 346 ff. aus. Die bereits ausgetauschten Leistungen sind also zurückzugewähren.

12   Bei *Dauerschuldverhältnissen* tritt an die Stelle des Rücktrittsrechts das Recht *zur (außerordentlichen) Kündigung* (§ 313 III 2). Die Kündigung bewirkt im Gegensatz zum Rücktritt nur eine Beendigung des Dauerschuldverhältnisses für die Zukunft. Eine Rückabwicklung der in der Vergangenheit ausgetauschten Leistungen nach §§ 346 ff. oder nach §§ 812 ff. findet nicht statt. Zur Kündigung von Dauerschuldverhältnissen siehe § 17 Rdnr. 15 ff.

IV. Abgrenzung von anderen Rechtsinstituten

13   Bereits vor der Kodifikation des Wegfalls der Geschäftsgrundlage in § 313 war die Abgrenzung von anderen Rechtsinstituten schwierig. Diese Abgrenzungsproblematik stellt sich nach wie vor.

1. Vertragsauslegung

Wenn die Parteien das Fehlen oder den Wegfall der Geschäftsgrundlage bedacht und für diesen Fall eine vertragliche Vereinbarung getroffen haben, geht diese dem § 313 vor. Eine solche

Vereinbarung ist durch (u. U. ergänzende) Vertragsauslegung zu ermitteln. Bei ihr kann es sich etwa um eine Anpassungsklausel oder um eine Auflösungsvereinbarung handeln. Ergibt die Auslegung, dass der Vertrag unter der auflösenden Bedingung der Änderung bestimmter Umstände geschlossen wurde, führt der Eintritt der Bedingung gem. § 158 II zur Unwirksamkeit des Rechtsgeschäfts, ohne dass es eines Anpassungsversuchs oder einer Rücktrittserklärung bedarf.

2. Irrtumsanfechtung

Grundsätzlich stellt das Recht der Irrtumsanfechtung (§§ 119 ff.) **14** eine Spezialregelung dar, die dem § 313 vorgeht. Das gilt allerdings nicht für den beiderseitigen Motivirrtum, bei dem sich wesentliche Vorstellungen der Parteien, die zur Grundlage des Vertrages geworden sind, als falsch herausstellen. Dabei handelt es sich vielmehr gem. § 313 II um eine Störung der subjektiven Geschäftsgrundlage (Rdnr. 9; **Fall b**). Zum Verhältnis des beiderseitigen Motivirrtums zum offenen Kalkulationsirrtum siehe Brox, AT (25. Aufl.) Rdnr. 378.

3. Unmöglichkeit

Die Störung der Geschäftsgrundlage ist ferner abzugrenzen von **15** der Unmöglichkeit. In seinem Anwendungsbereich geht § 275 dem § 313 grundsätzlich vor; denn die Frage einer Anpassung kann sich nur stellen, wenn der Schuldner nicht schon nach § 275 frei geworden ist. In folgenden Fällen kann aber problematisch sein, ob der Anwendungsbereich des § 275 überhaupt betroffen ist:

a) Zweckstörung

Wenn der geschuldete Leistungserfolg nicht mehr herbeigeführt **16** werden kann, weil dieser bereits ohne Zutun des Schuldners eingetreten ist (Zweckerreichung; § 17 Rdnr. 9) oder weil das Objekt weggefallen ist, an dem die geschuldete Leistung erbracht werden sollte (Zweckfortfall; § 17 Rdnr. 10), sind die Regeln über die Unmöglichkeit anzuwenden.

Wenn dagegen der geschuldete Leistungserfolg zwar noch herbeigeführt werden kann, der Gläubiger an ihm aber kein Interesse mehr hat (Zweckstörung), liegt kein Fall der Unmöglichkeit vor. Vielmehr findet grundsätzlich § 313 Anwendung (Palandt/Heinrichs, Ergänzungsband 2002, § 313 Rdnr. 42). Erforderlich ist allerdings, dass die Zweckbestimmung nicht nur für eine Vertragspartei, sondern auch für die andere Partei beim Vertragsschluss von Bedeutung war. Das ist etwa dann der Fall, wenn der Zweck für die Berechnung des Preises von Bedeutung ist.

Wenn im **Fall a** der Rosenmontagszug ausfällt, liegt keine Unmöglichkeit vor; denn die Vorführung des Rosenmontagszuges war nicht Vertragspflicht des V und die Vertragspflicht (Überlassung des Balkon) kann noch erfüllt werden. Aber die Geschäftsgrundlage für die Miete des Balkons am Rosenmontag ist weggefallen (Rdnr. 5 ff.).

b) Wirtschaftliche Unmöglichkeit

17 Von wirtschaftlicher Unmöglichkeit spricht man, wenn die Leistung zwar an sich möglich ist, ihr aber solche Schwierigkeiten entgegenstehen, dass sie dem Schuldner wegen Überschreitung der „Opfergrenze" nicht zugemutet werden kann.

Beispiele: Die Herstellungskosten für eine Sache wachsen nach Vertragsschluss auf Grund unvorhersehbar gestiegener Rohstoffkosten auf das 15-fache an.

Diese Fälle werden nach dem Willen des Gesetzgebers von § 275 II nicht erfasst. Sie gehören daher nicht zur Unmöglichkeit, sondern sind nach dem § 313 über die Geschäftsgrundlage zu lösen (vgl. schon § 22 Rdnr. 21).

c) Persönliche Unmöglichkeit

18 Bei persönlich zu erbringenden Leistungen bestimmt § 275 III, dass der Schuldner die Leistung verweigern kann, wenn sie ihm unter Abwägung des seiner Leistung entgegenstehenden Hindernisses mit dem Leistungsinteresse des Gläubigers nicht zugemutet werden kann.

Beispiel: Die Sängerin weigert sich aufzutreten, weil ihr Kind lebensgefährlich erkrankt ist.

In solchen Fällen geht § 275 III grundsätzlich dem § 313 vor.

4. Mängelrechte

Innerhalb des Anwendungsbereichs der Mängelrechte sind die- **19** se vorrangig gegenüber § 313. Das ist auch dann der Fall, wenn der Mängelanspruch verjährt ist (RGZ 135, 339, 346) oder die kaufrechtlichen Mängelrechte wirksam abbedungen wurden (vgl. BGHZ 98, 100, 103).

5. Zweckverfehlungskondiktion

Sowohl bei der Störung der Geschäftsgrundlage als auch bei der **20** Zweckverfehlungskondiktion gem. § 812 I 2, 2. Fall (dazu BS § 37 Rdnr. 31 ff.) wird ein vom Gläubiger verfolgter Zweck nicht erreicht. Die Grenze zwischen einer für § 812 erforderlichen Zweckvereinbarung, die auch stillschweigend erfolgen kann, und der Einordnung des Zwecks als Geschäftsgrundlage ist nahezu fließend. Grundsätzlich ist jedoch der Anspruch aus § 812 I 2, 2. Fall gegenüber den vertraglichen Grundsätzen über die Geschäftsgrundlage subsidiär (Palandt/Heinrichs, § 313 Rdnr. 27; str.), zumal diese eine flexiblere Rechtsfolge (Vertragsanpassung) bereit halten (Anw-Kom/Krebs, § 313 Rdnr. 20).

6. Kündigung aus wichtigem Grund

Soweit ein Dauerschuldverhältnis für die Zukunft aufgehoben **21** werden soll (vgl. § 314; dazu § 17 Rdnr. 19 ff.), verdrängt die Kündigung aus wichtigem Grund den § 313 (§ 313 III 2). Das Kündigungsrecht ist jedoch nach § 313 III 1 ausgeschlossen, wenn die Störung durch eine zumutbare Anpassung beseitigt werden kann.

Neuntes Kapitel
Schadensersatzpflicht

§ 28. Überblick über die Voraussetzungen eines Schadensersatzanspruchs

1   **Schrifttum:** Ady, Die Schadensersatzrechtsreform, ZGS 2002, 237; Däubler, Die Reform des Schadensersatzrechts, JuS 2002, 625; Deutsch, Allgemeines Haftungsrecht 2. Aufl., 1996; Deutsch/Ahrens, Deliktsrecht: Unerlaubte Handlungen, Schadensersatz und Schmerzensgeld, 4. Aufl., 2002; Gehrlein, Grundlagen des Schadensrechts, JA 1995, 69; Geigel, Der Haftpflichtprozeß, 23. Aufl., 2001; Grunsky, Die Rechtsprechung des Bundesgerichtshofs zum Schadensersatzrecht seit 1992 – Teil 1, JZ 1997, 764; Teil 2, JZ 1997, 825; Hager, Zum Begriff der Rechtswidrigkeit im Zivilrecht, Festschrift f. E. Wolf, 1985, 133; Homann, Typische Probleme des Schadensersatzrechts und ihre systematische Einordnung, JuS 2002, 554; H. Honsell/Harrer, Entwicklungstendenzen im Schadensersatzrecht, JuS 1985, 161; Herm. Lange, Schadensersatz, 2. Aufl., 1990; ders., Neuere Rechtsprechung zum Schadensersatzrecht, WM 1990, Sonderbeil. 7; Medicus, Ansprüche auf Schadensersatz, JuS 1986, 665; Picker, Vertragliche und deliktische Schadenshaftung, JZ 1987, 1041; Schiemann, Rechtspolitik und Rechtsdogmatik im gegenwärtigen deutschen Sachschadensrecht, Festschrift f. Hagen, 1999, 27; Schirmer, § 249 BGB – Magna Charta des Schadensersatzrechts, Festschrift f. Baumann, 1999, 293; E. W. Stark, Gedanken zur Widerrechtlichkeit als Haftungsvoraussetzung bei den Gefährdungshaftungen, Festschrift f. Deutsch, 1999, 349; Hans Stoll, Neuere Entwicklungen auf dem Gebiete des deutschen Schadensrechtes, 1976; Wagner, Das Zweite Schadensersatzrechtsänderungsgesetz, NJW 2002, 2049; Zimmermann, Verletzungserfolg, Spielregeln und allgemeines Sportrisiko, VersR 1980, 497.

Fälle:

a) R greift den Spaziergänger S an, um ihn zu berauben. S schlägt ihn mit einem Kinnhaken zu Boden. Um den Hund des R abzuwehren, reißt S eine Latte vom Gartenzaun des E und bringt dem Hund eine Schlagwunde bei, der dann von ihm ablässt. Dann tritt S auf den am Boden liegenden R und bricht ihm drei Rippen. R verlangt Schadensersatz, weil er 100 Euro für den Zahnarzt, 50 Euro für den Tierarzt und 200 Euro für den Chirurgen bezahlt hat. E will die Kosten für die Ausbesserung des Zaunes ersetzt haben.

b) Ein Reisender wird verletzt, als der Zugführer plötzlich bremsen muss. Er verlangt Schadensersatz von der Deutschen Bahn AG.

Erleidet jemand an seinen Rechten oder Rechtsgütern eine unfreiwillige Einbuße und wird ihm dieser Schaden von einem anderen zugefügt, so kann er ihn nur dann ersetzt verlangen, wenn das Gesetz dafür eine Anspruchsgrundlage bereit hält.

Man unterscheidet zwischen Schadensersatzansprüchen aus Vertrag und aus Gesetz. Von einem vertraglichen Schadensersatzanspruch spricht man, wenn das Gesetz die Schadensersatzpflicht an eine Vertragsverletzung knüpft (Störungen im Schuldverhältnis; dazu §§ 20 ff.). Als gesetzliche Schadensersatzansprüche bezeichnet man insbesondere die Ansprüche aus §§ 823 ff. (unerlaubte Handlungen; BS §§ 40 ff.).

Dem Umstand, dass jemand einem anderen Schadensersatz zu 2 leisten hat, kommt kein Strafcharakter zu. Eine Bestrafung setzt, wie insbesondere die Vorschriften des StGB zeigen, immer ein Verschulden voraus; die Höhe des Strafmaßes richtet sich nach der Schwere des Verschuldens. Allerdings macht auch das Zivilrecht in den meisten Fällen die Ersatzpflicht von einem Verschulden des Schädigers abhängig (z. B. §§ 280, 276; § 823); es kennt aber außerdem eine Haftung ohne Verschulden und ohne Rechtswidrigkeit, wie die zahlreichen Fälle der Gefährdungshaftung zeigen (dazu Rdnr. 8 und BS § 46). Auch hängt der Umfang der Ersatzpflicht nicht vom Grad des Verschuldens im Einzelfall ab (Ausnahme im Fall des Mitverschuldens des Verletzten, § 254, sowie bei der eingeschränkten Haftung des Arbeitnehmers, dazu § 20 Rdnr. 21 f.). In der Regel hat vielmehr der Schädiger unabhängig von der Form seines Verschuldens (Vorsatz oder Fahrlässigkeit) den gesamten von ihm in zurechenbarer Weise verursachten Schaden zu ersetzen. Das Schadensersatzrecht wird in erster Linie vom Gedanken der Ausgleichung bestimmt; Ziel und Zweck des Schadensersatzes bestehen im Ausgleich und in der Wiedergutmachung des durch das schädigende Ereignis eingetretenen Erfolges.

Nur ausnahmsweise tritt in solchen Fällen, in denen eine Ausgleichung und Wiedergutmachung nicht möglich ist (z. B. bei nicht ersetzbarem immateriellen Schaden, etwa bei psychischen Beeinträchtigungen) der Gedanke der Genugtuung hinzu (vgl. Rdnr. 4 f. sowie BS § 44 Rdnr. 7 ff.).

Eine Schadensersatzpflicht hat mehrere Voraussetzungen, die herkömmlicherweise in folgender Reihenfolge geprüft werden:

I. Tatbestand

3   Durch ein Tun oder Unterlassen muss eine vertragliche Pflicht
oder, soweit es um Schadensersatz wegen unerlaubter Handlung
geht, ein geschütztes Rechtsgut oder Recht verletzt sein.
Beim Unterlassen ergibt sich eine Besonderheit. Erleidet z.B. ein
Kind dadurch einen Körperschaden, dass es längere Zeit nicht er-
nährt wird, so hat jedermann durch sein Verhalten (Unterlassen der
Ernährung) den Schaden des Kindes verursacht. Tatbestandsmäßig
handeln aber nur die Personen, die eine *Garantenstellung* haben,
z.B. die Eltern (aus Gesetz), die Krankenschwester (aus Vertrag).
Deshalb ist im Rahmen des objektiven Tatbestandes festzustellen,
ob überhaupt eine Pflicht zum Handeln bestand. Diese kann sich
aus Gesetz, Vertrag, vorangegangenem Tun ergeben. Hier spielen
auch die *Verkehrs(sicherungs)pflichten* (BS § 41 Rdnr. 32 ff.) eine
Rolle. Sie sind zudem bei lediglich mittellosen Rechtsgutverlet-
zungen von Bedeutung.

Beispiele für ein Tun: V zerstört die an K verkaufte Sache; er verletzt damit seine vertragliche Verpflichtung zur Übereignung und Übergabe (vgl.
§ 22). – Im **Fall a** hat S den Körper und das Eigentum (Hund, vgl. § 90a) des
R sowie das Eigentum (Zaun) des E durch sein Tun verletzt (§ 823 I).
Beispiele für ein Unterlassen: V unterlässt es, die verkaufte Sache dem K
zum vereinbarten Termin zu liefern (vgl. § 23). – Der Vater unterlässt es, sein
Kind vor dem Sturz aus dem Fenster zu bewahren. Der Tatbestand der unerlaubten Handlung ist hier jedoch nur dann erfüllt, wenn es dem Vater als Garanten überhaupt möglich war einzugreifen.

II. Rechtswidrigkeit

4   Weiterhin setzt ein Schadensersatzanspruch regelmäßig voraus,
dass die Pflichtverletzung oder Rechts(gut)verletzung widerrechtlich ist. Das Verhalten des Schädigers muss gegen ein Rechtsverbot
oder -gebot verstoßen.
In § 823 I wird die Widerrechtlichkeit ausdrücklich genannt.
Aber auch eine Vertragsverletzung löst nur dann eine Schadenser-

satzpflicht aus, wenn sie rechtswidrig ist. Allerdings braucht die Widerrechtlichkeit häufig nicht besonders geprüft zu werden, weil bei Erfüllung des objektiven Tatbestandes regelmäßig auch Rechtswidrigkeit gegeben ist (vgl. BS § 41 Rdnr. 50); wie im Strafrecht indiziert die Tatbestandsmäßigkeit die Rechtswidrigkeit.

Eine besondere Prüfung der Rechtswidrigkeit ist dann erforder- 5 lich, wenn Anhaltspunkte für einen Rechtfertigungsgrund (z.B. Notwehr, Einwilligung des Verletzten) bestehen. Wer sich auf den Ausnahmetatbestand eines Rechtfertigungsgrundes beruft, ist dafür beweispflichtig.

Im **Fall a** verwirklicht S den objektiven Tatbestand des § 823 I durch positives Tun. Die Verletzung des R durch Kinnhaken ist durch Notwehr (§ 227), die Beschädigung des Hundes durch bürgerlich-rechtlichen Verteidigungsnotstand (§ 228 i. V. m. § 90a) und die Beschädigung des Zaunes durch Angriffsnotstand (§ 904 S. 1) gerechtfertigt. Deshalb fehlt die Widerrechtlichkeit, so dass ein Schadensersatzanspruch aus § 823 I entfällt. Dagegen ist die Schadenszufügung durch Fußtritt nicht durch Notwehr gerechtfertigt, da der Angriff des R bereits abgewehrt ist und § 227 II u. a. einen gegenwärtigen Angriff voraussetzt; hier fehlt es also an einem Rechtfertigungsgrund, so dass die Widerrechtlichkeit zu bejahen ist.

Der Teilnehmer an einem Wettkampfspiel (Fußball) willigt in solche Verletzungen ein, die bei regelgerechtem Spiel nicht zu vermeiden sind; danach setzt ein Schadensersatzanspruch gegen einen Mitspieler den Nachweis voraus, dass der Schädiger sich nicht regelgerecht verhalten hat (vgl. BGHZ 63, 140; BGH NJW 1976, 957; OLG Celle VersR 1980, 874). Selbst bei einem geringfügigen Regelverstoß kann ein Schadensersatzanspruch mangels Verantwortlichkeit (Rdnr. 8; z.B. Foul im Eifer des Gefechts) ausgeschlossen sein.

Erweitert man mit der Rechtsprechung und der ganz h. M. den 6 Anwendungsbereich des § 823 I auf den eingerichteten und ausgeübten Gewerbebetrieb und das Persönlichkeitsrecht (BS § 41 Rdnr. 9 ff.), dann muss in diesen Fällen allerdings die Rechtswidrigkeit immer besonders festgestellt werden (Einzelheiten: BS § 41 Rdnr. 52 ff.).

In seltenen Ausnahmefällen löst sogar eine rechtmäßige Handlung eine 7 Schadensersatzpflicht aus. So handelt der Täter beim Angriffsnotstand des § 904 gegenüber dem Eigentümer der Sache rechtmäßig (vgl. § 904 S. 1); der duldungspflichtige Eigentümer kann aber als Ausgleich dafür Ersatz des ihm entstandenen Schadens verlangen (§ 904 S. 2).

Im **Fall a** ist S dem E wegen des Schadens am Zaun nach § 904 S. 2 ersatzpflichtig.

III. Verantwortlichkeit

8   Regelmäßig macht das Gesetz eine Schadensersatzpflicht davon
abhängig, dass der Schädiger die tatbestandsmäßige, rechtswidrige
Schädigungshandlung auch zu vertreten hat (s. § 20 Rdnr. 1 ff.).

Im **Fall a** hat S rechtswidrig und schuldhaft die Rippenbrüche des R verursacht; er ist also insoweit nach § 823 I schadensersatzpflichtig. Andererseits
muss R dem S wegen des erlittenen Schadens (Zaunreparatur bei E) Ersatz
leisten (§ 823 II i. V. m. § 249 StGB).

Nach besonderen Gesetzen wird z. B. für Unfälle beim Kraft-
fahrzeug-, Eisenbahn-, Luftverkehr auch ohne Verschulden gehaftet (sog. Gefährdungshaftung; BS § 46). Diese Haftung setzt weder
ein rechtswidriges Handeln noch ein Verschulden voraus. Es handelt sich hier nämlich nicht um ein Einstehenmüssen für rechtswidriges und schuldhaftes Tun; denn das jeweilige Verhalten (z. B.
Betrieb eines Kraftfahrzeuges, einer Eisenbahn) ist sogar erlaubt.
Die Gefährdungshaftung beruht vielmehr auf dem Gedanken, dass
derjenige, der erlaubterweise eine gefährdende Betätigung ausübt
und daraus Nutzen zieht, die Schäden zu tragen hat, die Außenste-
hende dadurch erleiden, dass die Gefahr sich verwirklicht.

Im **Fall b** haftet die Deutsche Bahn AG nach § 1 HaftpflG dem Reisenden
auf Schadensersatz (vgl. BS § 46 Rdnr. 20 ff.).

Beim Unterlassen (Rdnr. 3) trifft den Garanten ausnahmsweise
keine Verantwortlichkeit, wenn es für ihn unzumutbar ist, die Verletzung des Rechtsguts abzuwenden (vgl. Palandt/Heinrichs, § 276
Rdnr. 7).

Beispiel: Der Kaufhausdetektiv beobachtet, wie seine Ehefrau ein Stück
Seife einsteckt, ohne zu bezahlen. Es ist ihm nicht zumutbar, gegen sie einzu-
schreiten.

IV. Schaden

9   Durch die Verletzung einer vertraglichen Pflicht oder eines
Rechts(gutes) i. S. v. § 823 I muss ein Schaden (§ 29 Rdnr. 1) ver-

ursacht worden sein. Zwischen der Pflicht- oder Rechts(gut)verletzung und dem eingetretenen Schaden muss ein Kausalzusammenhang bestehen.

Im **Fall a** sind dem R durch die von S verursachte Körperverletzung die Arztkosten und dem E durch die Beschädigung des Zaunes die Reparaturkosten für den Zaun entstanden. Damit liegen jeweils der Vermögensschaden und die sog. haftungsausfüllende Kausalität (dazu § 30 Rdnr. 6) vor.

§ 29. Schaden und Geschädigter

Schrifttum: F. Bydlinski, Unerlaubte Vorteile als Schaden, Festschrift f. **1** Deutsch, 1999, 63; v. Caemmerer, Das Problem des Drittschadensersatzes, ZHR 1965, 241; Deutsch, Das Kind oder sein Unterhalt als Schaden, VersR 1995, 609; Diedrich, Schließt § 253 BGB den Ersatz immaterieller Personenschäden auch bei pVV und cic aus?, MDR 1994, 525; H. Honsell/F. Harrer, Schaden und Schadensberechnung, JuS 1991, 441; Jahr, Schadensersatz wegen deliktischer Nutzungsentziehung, AcP 183, 725; Keuk, Vermögensschaden und Interesse, 1972; Köndgen, Ökonomische Aspekte des Schadensproblems, AcP 177, 1; M. Leonhard, Der Ersatz des Vertrauensschadens im Rahmen der vertraglichen Haftung, AcP 1999, 660; Medicus, Unmittelbarer und mittelbarer Schaden, 1977; ders., Normativer Schaden, JuS 1979, 233; ders., Das Luxusargument im Schadensersatzrecht, NJW 1989, 1889; Neuner, Der Schutz und die Haftung Dritter nach vertraglichen Grundsätzen, JZ 1999, 126; F. Peters, Zum Problem der Drittschadensliquidation, AcP 180, 329; Ries, Grundprobleme der Drittschadensliquidation und des Vertrages mit Schutzwirkung für Dritte, JA 1982, 453; Schirmer, Entgangene Nutzungsmöglichkeit als ersatzfähiger Schaden? – BGH, NJW 1982, 2304, JuS 1983, 265; W. Schulte, Schadensersatz in Geld für Entbehrungen, 1978; Schwerdtner, Grundzüge des Schadensersatzrechtes, Jura 1987, 142, 304, 475; Steding, Die Drittschadensliquidation, JuS 1983, 29; Steffen, Der normative Verkehrsunfallschaden, NJW 1995, 2057; Hans Stoll, Begriff und Grenzen des Vermögensschadens, 1973; Stürner, Der Erwerbsschaden und seine Ersatzfähigkeit, JZ 1984, 412, 461; Tolk, Der Frustrierungsgedanke und die Kommerzialisierung immaterieller Schäden, 1977; Wagner, Das Zweite Schadensersatzrechtsänderungsgesetz, NJW 2002, 2049; E. Wolf, Grundfragen des Schadensbegriffs und der Methode der Schadenserkenntnis, Festschrift f. Schiedermair, 1976, 545; Würthwein, Beeinträchtigung der Arbeitskraft und Schaden, JZ 2000, 337.

Fälle:

a) A hat in Briefen an drei Personen unwahre, ehrenrührige Tatsachen über B behauptet. Die Empfänger der Briefe haben bei B nicht mehr eingekauft, und diesem ist ein Gewinn von 1000 Euro entgangen. B verlangt von A Schadensersatz und Schmerzensgeld.

b) Der Kraftfahrer K hat den Schauspieler S fahrlässig verletzt, so dass die Theatervorstellung ausfallen muss. S verlangt von K seinen Verdienstausfall. Der Theaterunternehmer T und der Wirt W des Theaterrestaurants machen ihren entgangenen Gewinn geltend.

c) Wie, wenn die Ehefrau des S beim Anblick des Unfalls einen Nervenzusammenbruch erleidet und ihr Arztkosten entstehen?

d) V versendet an K die Kaufsache durch den Transportunternehmer T. Durch dessen Verschulden wird die Sache zerstört. K verlangt von T Schadensersatz.

I. Begriff des Schadens

Unter einem Schaden versteht man jede *unfreiwillige Einbuße* an Gütern. Demgegenüber werden freiwillige Opfer als Aufwendungen bezeichnet (§ 10 Rdnr. 2).

Der Schaden wird dadurch ermittelt, dass man die gegenwärtige Lage mit der Lage, wie sie ohne das Schadensereignis bestehen würde, vergleicht (vgl. § 249 I).

Beispiele: Nach dem Verkehrsunfall ist der linke Kotflügel des Pkw eingedrückt, der linke Oberschenkel des Fahrers gebrochen; ohne den Verkehrsunfall hätte der Fahrer während der acht Wochen, die er im Krankenhaus liegen musste, als Handelsvertreter Geld verdienen können. Durch den beleidigenden Zeitungsartikel ist die Ehre des X verletzt worden.

II. Schadensarten

2   Die Frage, inwieweit ein Schaden zu ersetzen ist, bestimmt sich maßgeblich nach der Art des Schadens.

1. Materieller und immaterieller Schaden

a) Materieller Schaden

Mit einem materiellen Schaden ist ein Vermögensschaden gemeint. Ein solcher ist gegeben, wenn der gegenwärtige tatsächliche Wert des Vermögens geringer ist als der Wert der Vermögenslage, in der sich der Geschädigte ohne den Eintritt des schädigenden Ereignisses befinden würde (sog. Differenzhypothese oder Differenzmethode). Vermögensschäden sind grundsätzlich in Natura und in Geld ersatzfähig.

Einen Vermögenswert haben solche Güter oder Positionen, die in Geld bemessen werden können.

Beispiele: Vermögensminderung durch Entzug, Zerstörung oder Beschädigung einer Sache, durch Verlust einer Forderung (entgangenes Einkommen; 1000 Euro im **Fall a**) oder durch Aufwendungen zwecks Beschaffung einer Ersatzsache.

In bestimmten Fällen kann die Einordnung eines Schadens als 3 Vermögensschaden schwierig sein. Wird etwa die Gebrauchsmöglichkeit einer Sache vorübergehend aufgehoben, ist das Vorliegen eines Vermögensschadens dann zweifelhaft, wenn der Betroffene keine Aufwendungen macht, um sich Ersatz zu verschaffen.

Die Rechtsprechung sieht den vorübergehenden Verlust der Gebrauchsmöglichkeit an einem Pkw auch dann als ersatzfähigen Schaden an, wenn der Betroffene keinen Ersatzwagen anmietet (BGHZ 40, 345; 45, 212; 88, 11; NJW 1988, 484). Als ein lediglich immaterieller Schaden (dazu sogleich Rdnr. 4) wurde dagegen der Entzug der Nutzungsmöglichkeit an einem Wohnwagen (BGHZ 86, 128), Pelzmantel (BGHZ 63, 393), Schwimmbad (BGHZ 76, 179) und einem Motorsportboot (BGHZ 89, 60) eingeordnet. Nach der Entscheidung des Großen Senats des BGH (BGHZ 98, 212; dazu Medicus, Jura 1987, 240; Schiemann, JuS 1988, 20) soll eine Nutzungsausfallentschädigung immer dann in Betracht kommen, wenn es sich um ein Wirtschaftsgut von allgemeiner zentraler Bedeutung handelt, auf dessen ständige Verfügbarkeit die eigenwirtschaftliche Lebenshaltung typischerweise angewiesen ist. Nicht nur der Bestand des Vermögens, sondern auch die in ihm enthaltene Möglichkeit, es zur Verwirklichung der Lebensziele zu nutzen, stelle einen eigenständigen Wert dar und sei mit geschützt (BGHZ 98, 212, 214 f.). Demnach kann der Käufer für den vorübergehenden Entzug der Möglichkeit, den gekauften Wohnraum zu benutzen, Schadensersatz wegen Nichterfüllung nur verlangen, wenn der Raum für seine Lebensführung von zentraler Bedeutung war und er ihn auch selbst bewohnen wollte (BGHZ 117, 260).

b) Immaterielle Schäden

Immaterielle Schäden sind solche, die sich nicht in einer Vermö- 4 gensminderung zeigen.

Beispiele: Körperliche Schmerzen, seelische Beeinträchtigungen, Ehrverletzungen **(Fall a).**

Hinsichtlich der Ersatzfähigkeit von immateriellen Schäden hat sich die Rechtslage am 1. 8. 2002 geändert (zweites Schadensersatzrechtsänderungsgesetz v. 19. 7. 2002, BGBl. I, 2674). Nach dem neu eingefügten § 253 II kann auch wegen eines Schadens, der nicht Vermögensschaden ist, eine billige Entschädigung in Geld gefordert werden, wenn wegen einer Verletzung des Körpers, der Gesundheit der Freiheit oder der sexuellen Selbstbestimmung Schadensersatz zu leisten ist. Dieser allgemeine Schmerzensgeldanspruch gilt sowohl bei der verschuldensabhängigen deliktischen und vertraglichen Schadensersatzhaftung als auch bei der (verschuldensunabhängigen) Gefährdungshaftung (dazu BS § 46).

5   Bis 31. 7. 2002 war gem. § 253 a. F. bei immateriellen Schäden eine Entschädigung in Geld mit Ausnahme von bestimmten Fällen (§ 847 a. F.) ausgeschlossen. So gab es in den Fällen der Gefährdungshaftung kein Schmerzensgeld. Damit entfiel bei immateriellen Schäden allerdings nur ein Ersatzanspruch auf Geld; die Naturalrestitution des immateriellen Schadens kann der Geschädigte, soweit das möglich ist, stets fordern. – § 253 a. F. beruhte auf der inzwischen überholten Erwägung des historischen Gesetzgebers, dass es dem deutschen Rechts- und Sittlichkeitsbewusstsein widerstrebe, die immateriellen Lebensgüter auf die gleiche Stufe mit den Vermögensgütern zu stellen und einen immateriellen Schaden mit Geld aufzuwiegen (Prot. I, 622). Die Rechtsprechung hatte sich allerdings schon seit langem über die Wertung des § 253 a. F. hinweggesetzt und bei schwerwiegenden Verletzungen des Persönlichkeitsrechts einen Anspruch auf Ersatz des immateriellen Schadens bejaht (BGHZ 26, 349; 35, 363; 39, 124; BVerfGE 34, 269 BS § 44 Rdnr. 15 ff.).

6   Bei der Aufzählung der Tatbestände, die nach § 253 II einen Schmerzensgeldanspruch auslösen, ist das *allgemeine Persönlichkeitsrecht* zwar nicht genannt. Das steht aber auch künftig einer Geldentschädigung in diesen Fällen unter den von der Rechtsprechung entwickelten Voraussetzungen nicht entgegen. Dieser Anspruch wurde nämlich schon vor dem 1. 8. 2002 unmittelbar aus § 823 (und nicht etwa aus § 847 a. F.) hergeleitet (BS § 43 Rdnr. 16), und er besteht daher unabhängig von dem neuen § 253 II.

Im **Fall a** kann B gem. § 823 I (Ehre als geschütztes Rechtsgut; BS § 41 Rdnr. 25) neben dem Ersatz seines Vermögensschadens von 100 Euro auch eine Geldentschädigung nach § 253 II verlangen.

2. Normativer Schaden

Von dem nach der Differenzmethode berechneten Vermögens- **7**
schaden, der stets eine tatsächliche Vermögenseinbuße voraussetzt,
ist der sog. normative Schaden zu unterscheiden. Beim normativen
Schaden wird auf Grund wertender Betrachtung ein Vermögensschaden angenommen, obwohl sich beim Vergleich der beiden
Vermögenslagen rechnerisch kein Nachteil ergibt. Die Einzelheiten
sind sehr umstritten (vgl. die Übersicht bei Medicus, JuS 1979,
233).

Beispiel: T hat den Handelsvertreter V krankenhausreif geschlagen. Deshalb
muss er ihm die Krankenhauskosten und den entgangenen Gewinn (Ausfall der
Provisionen, die V als Handelsvertreter ohne die Tat des T erlangt hätte) ersetzen. Ist V aber Arbeitnehmer und in der gesetzlichen Krankenversicherung
gegen Krankheit versichert, so trägt die Krankenversicherung die Krankenhauskosten, und der Arbeitgeber zahlt dem V trotz des Arbeitsausfalls den
Lohn weiter (vgl. § 3 Entgeltfortzahlungsgesetz). V erleidet also keine Vermögenseinbuße. Das darf aber nicht dazu führen, dass T keinen Schadensersatz zu
leisten hat; denn die Krankenversicherung und die Lohnfortzahlung sollen den
V vor den wirtschaftlichen Folgen eines vorübergehenden Verlustes seiner
Arbeitskraft schützen, nicht aber den Schädiger T entlasten. Andererseits soll V
aus seiner Verletzung keinen Gewinn erzielen, indem er zusätzlich von T die
Krankenhauskosten und den Lohn kassiert. Diese Beträge müssen vielmehr
dem Versicherungsträger bzw. dem Arbeitgeber zustehen, weil sie durch ihre
Leistungen Vermögensnachteile des Geschädigten verhindert haben. Das Gesetz erreicht dieses Ergebnis dadurch, dass es die Ansprüche des V kraft Gesetzes auf den Versicherungsträger (§ 116 SGB X) und auf den Arbeitgeber übergehen lässt (§ 6 EFZG).

Ein normativer Schaden setzt danach zweierlei voraus: Der
Eintritt einer Vermögenseinbuße liegt deshalb nicht vor, weil
diese nicht durch den Schädiger, sondern auf andere Weise ausge-
glichen worden ist. Zum anderen muss die gesetzliche Wertung
erkennen lassen, dass dadurch der Schädiger nicht entlastet werden
soll.

Die Lehre vom normativen Schaden erfasst einen Teil der Fälle, die früher
bei der Schadensberechnung im Rahmen der Vorteilsausgleichung erörtert und
bei denen eine solche abgelehnt wurde (§ 31 Rdnr. 23). Sie behandelt die
Problematik dieser Fälle bereits bei der Entstehung des Schadens und nicht erst
bei der Schadensberechnung.

3. Erfüllungs- und Vertrauensschaden

8   Im rechtsgeschäftlichen Bereich unterscheidet das Gesetz zwischen Erfüllungs- und Vertrauensschaden. Welcher Schaden ersatzfähig ist, hängt von der jeweiligen Anspruchsgrundlage ab.

a) Erfüllungsschaden

Erfüllungsschaden (= Erfüllungs- oder positives Interesse) ist der Schaden, der dem Partner dadurch entstanden ist, dass der andere nicht erfüllt hat. Hier muss der Geschädigte so gestellt werden, wie er stehen würde, wenn erfüllt worden wäre.

> Wichtigstes Beispiel: Nach § 280 III (§ 22 Rdnr. 50 ff.) kann der Gläubiger vom Schuldner Schadensersatz statt der Leistung verlangen. Hätte er den geschuldeten Gegenstand etwa mit 400 Euro Gewinn verkaufen können, so ist das sein Erfüllungsinteresse.

b) Vertrauensschaden

9   Vertrauensschaden (= Vertrauens- oder negatives Interesse) ist der Schaden, der dem Partner daraus erwachsen ist, dass er auf die Gültigkeit des Rechtsgeschäfts vertraut hat. Der Geschädigte muss so gestellt werden, wie er stehen würde, wenn er von dem Geschäft nichts gehört hätte.

> **Beispiele:** § 122 (bei Nichtigkeit der nicht ernstlich gemeinten – § 118 – oder der nach §§ 119 f. angefochtenen Willenserklärung); Haftung für vorvertragliche Pflichtverletzung (§ 25 Rdnr. 15). Hier kann der Gläubiger z. B. Ersatz seiner Aufwendungen (Porto, Telefonkosten) verlangen; diese wären ihm nämlich nicht entstanden, wenn von dem Geschäft nie die Rede gewesen wäre.

c) Begrenzung des Vertrauensschadens durch das Erfüllungsinteresse

10   Meist ist der Vertrauensschaden geringer als der Erfüllungsschaden. Das braucht aber keineswegs immer so zu sein. In manchen Fällen begrenzt das Gesetz den Ersatz des Vertrauensschadens auf den Betrag des Erfüllungsinteresses (z. B. § 122).

> **Beispiel:** M mietete von V schriftlich ab 1. 7. für einen Monat eine Ferienwohnung für 1500 Euro. Da er sich verschrieben hatte (er wollte ab 1. 8. mieten), ficht er seine Erklärung wegen Erklärungsirrtums (§ 119 I) an. V kann Ersatz des Vertrauensschadens (§ 122) verlangen. Hat er mit Rücksicht

auf den Mietvertrag mit M ein anderes Mietangebot für den Monat Juli zu 1400 Euro Mietzins abgelehnt, so ist das sein negatives Interesse. Dieses beliefe sich auf 1600 Euro, wenn ihm ein Mietangebot in dieser Höhe gemacht worden wäre. Es ist aber zu berücksichtigen, dass V bei Gültigkeit des Vertrags mit M für den Monat Juli nur 1500 Euro erhalten hätte; hierin würde sein Erfüllungsinteresse bestehen. Nach § 122 I ist aber das Vertrauensinteresse (1600 Euro) nur bis zur Höhe des Erfüllungsinteresses (1500 Euro) zu ersetzen.

4. Unmittelbarer und mittelbarer Schaden

Unter dem *unmittelbaren* Schaden versteht man den Schaden *am* **11** *verletzten Rechtsgut selbst,* unter dem *mittelbaren* den *Folgeschaden.*

Beispiel: Unmittelbarer Schaden ist die Verletzung des Körpers, mittelbarer dagegen der Verdienstausfall als entgangener Gewinn. Streitig ist, wozu die Arztkosten zu rechnen sind.

Die Schadensersatzpflicht tritt ein ohne Unterschied, ob die Handlung oder Unterlassung unmittelbar oder mittelbar den Schaden bewirkt hat (Mot. II, 18).

III. Geschädigter

1. Unmittelbar und mittelbar Geschädigter

Eine Handlung kann mehrere Personen schädigen **(Fall b).** **12** Damit ist aber nicht gesagt, dass alle Geschädigten gegen den Schädiger einen Anspruch auf Ersatz des Schadens haben. Es ist vielmehr bei jedem einzelnen Geschädigten zu prüfen, ob eine Anspruchsgrundlage für den geforderten Schadensersatz besteht.

Demnach ist bei einer Vertragsverletzung nur der Vertragspartner ersatzberechtigt, wenn man vom Vertrag zu Gunsten Dritter (§ 32 Rdnr. 2, 10, 16) und vom Schuldverhältnis mit Schutzwirkung für Dritte (§ 33 Rdnr. 13 ff.) einmal absieht. Bei unerlaubter Handlung hat einen Schadensersatzanspruch nur derjenige, in dessen Person der Tatbestand etwa der §§ 823 I, II, 826 erfüllt ist (Ausnahmen: §§ 844, 845).

Im **Fall b** hat lediglich S einen Schadensersatzanspruch aus § 823 I, da K nur dessen Körper fahrlässig verletzt hat. Zwar haben auch T und W durch das Verhalten des K einen Schaden erlitten; jedoch ist nur ihr Vermögen verletzt, und das Vermögen ist kein in § 823 I geschütztes Rechtsgut. Da ihnen auch kein Schadensersatzanspruch aus den übrigen Bestimmungen über unerlaubte Handlungen (insbes. §§ 823 II, 826) zusteht, braucht K ihre Schäden nicht zu ersetzen. Im **Fall c** hingegen ist die Ehefrau selbst in ihrer Gesundheit verletzt (§ 823 I).

13   *Ersatzberechtigt* ist also nur derjenige Verletzte, in dessen Person die Voraussetzungen eines Schadensersatzanspruchs gegeben sind (sog. *unmittelbar Geschädigter*). Andere Personen, die infolge der Verletzung des unmittelbar Geschädigten einen Schaden erleiden, ohne dass in ihrer Person ein zum Schadensersatz berechtigender Tatbestand (z. B. Vertragsverletzung oder unerlaubte Handlung) erfüllt ist – sog. *mittelbar Geschädigte* –, sind in der Regel nicht ersatzberechtigt.

Im **Fall c** ist die Ehefrau unmittelbar Geschädigte; in ihrer Person ist der Tatbestand des § 823 I (fahrlässige Gesundheitsbeschädigung) gegeben. Dagegen sind im **Fall b** T und W nur mittelbar Geschädigte; sie sind lediglich in ihrem Vermögen geschädigt, ohne dass die Tatbestände des § 823 I (keine Verletzung der dort genannten Rechtsgüter und Rechte), § 823 II oder § 826 erfüllt sind.

Diese Begrenzung des Kreises der ersatzberechtigten Geschädigten ist geboten; denn anderenfalls würde die Ersatzpflicht einen ganz unangemessenen Umfang bekommen. Das Gesetz lässt nur in eng begrenzten Ausnahmefällen einen Schadensersatzanspruch von besonders schutzwürdigen mittelbar Geschädigten zu (siehe §§ 844, 845; BS § 44 Rdnr. 21 ff.).

2. Drittschadensliquidation

14   Hat der Schädiger seine Vertragspflichten gegenüber dem Vertragspartner verletzt und ist dadurch nicht diesem, sondern einem Dritten ein Vermögensschaden entstanden, so braucht der Schädiger nach dem bisher Gesagten keinen Schadensersatz zu leisten. Denn der Vertragspartner hat zwar wegen der Pflichtverletzung einen Anspruch, aber keinen eigenen Schaden, der zu ersetzen wäre; der Dritte hat zwar einen Schaden, aber keinen vertraglichen Anspruch gegen den Schädiger, weil ihm gegenüber keine Vertragsverletzung begangen wurde.

Beispiel: Im **Fall d** wird V von seiner Leistungspflicht frei (§ 275 I). Er behält aber den Anspruch auf den Kaufpreis, weil nach § 447 die Gefahr des Untergangs (sog. Preisgefahr) bereits mit der Übergabe an die Transportperson auf K übergegangen war (BS § 3 Rdnr. 19 ff.). V hat zwar gegen T einen Anspruch wegen Verletzung des Transportvertrages, aber keinen zu ersetzenden Schaden. K hat zwar einen Schaden, weil er die Kaufsache nicht bekommt und trotzdem den Kaufpreis an V zahlen muss; aber er hat (sofern nicht § 421 I 2 HGB eingreift) keinen Anspruch gegen T, weil er nicht dessen Vertragspartner ist.

Eine entsprechende Situation ist bei einer unerlaubten Handlung möglich: Hier kann die Rechtsgutverletzung bei der einen Person, der daraus entstehende Vermögensschaden bei der anderen eingetreten sein.

Im **Fall d** hat V gegen T zwar einen Anspruch gem. § 823 I (Eigentumsverletzung), aber keinen Schaden. K hat zwar einen Schaden, aber keinen Anspruch gegen T aus § 823 I, weil er zur Zeit der Zerstörung der Sache noch nicht deren Eigentümer war.

Das Ergebnis, dass der Schädiger in solchen Fällen keinen Schadensersatz zu leisten braucht und der Geschädigte auf seinem Schaden sitzen bleibt, ist unbillig. Die Rechtsprechung und die h. M. im Schrifttum lassen deshalb unter bestimmten Voraussetzungen zu, dass der Verletzte den Schaden des Dritten gegen den Schädiger geltend macht (Drittschadensliquidation) und den Ersatz an den geschädigten Dritten weiterleitet.

a) Voraussetzungen

Die gesetzlich nicht geregelte Drittschadensliquidation hat eine **15** lückenfüllende Funktion. Sie kommt deshalb nur in Betracht, wenn der verursachte Schaden nicht schon auf Grund einer gesetzlichen Regelung oder einer vertraglichen Vereinbarung geltend gemacht werden kann. Daraus ergeben sich für die Drittschadensliquidation folgende Voraussetzungen: Erstens müssen gegenüber einer Person die Tatbestandsvoraussetzungen einer Anspruchsgrundlage erfüllt worden sein, aber dieser Person darf kein ersatzfähiger Schaden entstanden sein (Anspruch ohne Schaden). Zweitens muss ein Geschädigter vorhanden sein, dem gegenüber aber nicht die Tatbestandsvoraussetzungen einer Anspruchsgrundlage erfüllt worden sind (Schaden ohne Anspruch). Drittens muss der verursachte Schaden zufälligerweise von dem Anspruchsberechtigten auf einen Dritten verlagert worden sein (zufällige Schadensverlagerung).

Die Zufälligkeit der Schadensverlagerung ist gerade der Gesichtspunkt, aus dem der Schädiger keinen Vorteil ziehen soll. Sie ist aus der Sicht des Schädigers zu beurteilen. An der Zufälligkeit fehlt es deshalb, wenn der Schädiger an der Schadensverlagerung durch eine vertragliche Vereinbarung mitgewirkt hat. Im Falle einer solchen Vereinbarung (Vertrag zu Gunsten Dritter; Vertrag mit Schutzwirkung für Dritte; dazu §§ 32 und 33) ist diese dann die Rechtsgrundlage für einen Schadensersatzanspruch, so dass es der Drittschadensliquidation nicht bedarf.

b) Rechtsfolgen

16   Die Rechtsfolge der Drittschadensliquidation besteht zunächst darin, dass der Schaden zum Anspruch gezogen wird: Der Anspruchsberechtigte erhält die Möglichkeit, den bei einem Dritten eingetretenen Schaden zu liquidieren.

Damit das Ziel der Drittschadensliquidation, dem geschädigten Dritten einen Ersatz oder Ersatzanspruch zukommen zu lassen, erreicht wird, muss der nichtgeschädigte Gläubiger des Ersatzanspruchs im Innenverhältnis zu dem geschädigten Dritten verpflichtet sein, diesem den Schadensersatzanspruch abzutreten oder den eingezogenen Schadensersatz zu übertragen. Diese Pflicht ergibt sich in vielen Fällen aus § 285. Danach muss der Anspruchsberechtigte dem geschädigten Dritten als seinem Gläubiger anstelle der ihm unmöglich gewordenen Leistung den Schadensersatz(anspruch) herausgeben (abtreten), den er gegen den Schädiger wegen dessen Herbeiführung der Unmöglichkeit erworben hat. Wenn § 285 nicht eingreift, folgt die Pflicht zur Abtretung oder Übertragung im Zweifel aus dem Vertragsverhältnis zwischen dem Anspruchsberechtigten und dem Geschädigten.

c) Fallgruppen

17   Die Drittschadensliquidation muss als Durchbrechung des Grundsatzes, dass jeder Gläubiger nur seinen eigenen Schaden ersetzt verlangen darf, die Ausnahme bleiben. Sie ist deshalb nur in folgenden Fallgruppen, die sich nicht verallgemeinern lassen, anerkannt:

aa) Die Drittschadensliquidation ist zulässig bei einer *obligatorischen* **18** *Gefahrentlastung.* Diese ist insbesondere beim Versendungskauf gegeben.

Geht die Kaufsache während des Transports unter **(Fall d)**, wird der Verkäufer von seiner Leistungspflicht frei (§ 275 I). Er behält aber den Anspruch auf den Kaufpreis (§ 447; BS § 3 Rdnr. 13, 19 ff.). Hat der Transportunternehmer den Untergang verschuldet, steht dem Verkäufer gegen ihn zwar ein Schadensersatzanspruch wegen Verletzung des Transportvertrages und wegen Eigentumsverletzung (§ 823 I) zu; jedoch hat der Verkäufer keinen ersatzfähigen Schaden. Er steht vielmehr so da, als ob ordnungsgemäß erfüllt worden wäre; er ist nämlich von seiner Verpflichtung aus § 433 I 1 frei geworden und erhält trotzdem den Kaufpreis. Den Schaden hat der Käufer, da er die Kaufsache nicht bekommt, aber den Kaufpreis zu zahlen hat. Ihm steht (sofern nicht § 421 I 2 HGB eingreift) kein Anspruch gegen den Transportunternehmer zu; denn er ist weder dessen Vertragspartner, noch war er Eigentümer der zerstörten Kaufsache. Aus Sicht des Schädigers ist es ein Zufall, dass der von ihm verursachte Schaden nicht bei seinem Vertragspartner (Verkäufer), sondern bei einem Dritten (Käufer) eintritt.

Gäbe es den § 447 nicht, dann hätte der Verkäufer gem. § 326 I 1 keinen Anspruch auf die Gegenleistung (den Kaufpreis); dann wäre er nicht nur Anspruchsberechtigter, sondern auch selbst Geschädigter und könnte Schadensersatz verlangen. Aus der Regelung des § 447, welche nur das Verhältnis zwischen Verkäufer und Käufer, nicht aber die Interessen der Transportperson behandelt, soll diese keinen Vorteil haben. Deshalb kann hier ausnahmsweise der anspruchsberechtigte Verkäufer den Schaden des Dritten (des Käufers) geltend machen. Der Käufer ist befugt, vom Verkäufer die Abtretung des Schadensersatzanspruchs zu verlangen (vgl. § 285) und nach erfolgter Abtretung selbst gegen die Transportperson vorzugehen. Hat der Verkäufer den Schaden des Käufers beim Transportunternehmer bereits liquidiert, kann der Käufer nach § 285 Herausgabe des Erlangten verlangen.

Diese Fallgruppe der Drittschadensliquidation bei obligatorischer Gefahr- **19** entlastung hat allerdings nur eine eingeschränkte Bedeutung. So bedarf es der Drittschadensliquidation nicht, wenn § 421 HGB eingreift. Nach dieser Bestimmung kann der Empfänger die Ansprüche aus dem Frachtvertrag im eigenen Namen gegen den Frachtführer geltend machen (dazu Homann, JA 1999, 978; Herber, NJW 1998, 3297). Ferner ist bei der Lösung eines Falles immer zu berücksichtigen, dass § 447 beim Verbrauchsgüterkauf gem. § 474 II keine

Anwendung findet. Solange in solchen Fällen deshalb die Gefahr noch nicht auf den Käufer übergeht, ist der Verkäufer bei einer Zerstörung während des Transports selbst der Geschädigte, weil er seinen Kaufpreisanspruch verliert. Dann macht der Verkäufer gegenüber dem Transporteur keinen Drittschaden, sondern einen eigenen Schaden geltend.

20   Zum Teil wird die Schädigung beim Versendungskauf auch ohne das Rechtsinstitut der Drittschadensliquidation gelöst (Büdenbender, NJW 2000, 986 m.N.). Danach soll der anspruchsberechtigte Verkäufer gegenüber der Transportperson den Ersatz eines eigenen Schadens geltend machen, weil die Gefahrverlagerung auf den Käufer nur das Innenverhältnis zwischen Verkäufer und Käufer betreffe und im Verhältnis zum Schädiger nicht zu berücksichtigen sei. Diesen Ersatzanspruch muss der Verkäufer gem. § 285 an den Käufer abtreten.

21   Eine Gefahrentlastung ist ferner im Verhältnis zwischen dem Erben und dem Vermächtnisnehmer gegeben.

Beispiel: Der Erblasser hat im Testament den E als Alleinerben eingesetzt und weiter bestimmt, dass V ein bestimmtes Bild als Vermächtnis erhalten soll. Bevor E das Bild dem V übereignet, wird es von D zerstört. E hätte als Eigentümer des Bildes (§ 1922) einen Schadensersatzanspruch aus § 823 I gegen D. Aber E hat keinen Schaden, weil er von seiner Verpflichtung zur Übereignung des Bildes an V (§ 2174) frei geworden ist (§ 275 I); wie beim Versendungskauf trägt also der Gläubiger (hier der Vermächtnisnehmer) die Gefahr des vom Schuldner nicht zu vertretenden Untergangs. Den Schaden hat V; dieser hat aber keinen Anspruch gegen D. Auch hier kann E den Schaden des V gegen D geltend machen; er muss dann gem. § 285 den Ersatz an V weiterleiten.

22   bb) Bei der *mittelbaren Stellvertretung* handelt der mittelbare „Stellvertreter" gerade nicht als Stellvertreter im Namen eines anderen, sondern im eigenen Namen, allerdings für Rechnung eines anderen. Beauftragt beispielsweise D den K als Kommissionär (vgl. §§ 383 ff. HGB; Brox, HR Rdnr. 402), bestimmte Waren einzukaufen, dann schließt K im eigenen Namen mit dem Verkäufer V einen Kaufvertrag für Rechnung des D. Verletzt V seine Verkäuferpflichten, indem er etwa zu spät liefert (dazu § 23 Rdnr. 3 ff.), dann kann nur K gegen ihn einen Anspruch haben; denn er ist Vertragspartei des Kaufvertrages. K hat aber keinen Schaden; insbesondere ist er dem D nicht schadensersatzpflichtig, weil ihn kein Verschulden trifft. Geschädigt ist allein D; aber er hat keinen Anspruch gegen V, da er nicht dessen Vertragspartner ist und V ihm gegenüber keine unerlaubte Handlung (§§ 823 ff.) begangen hat. Die Schadensverlagerung von K auf D ist aus Sicht des V auch zufällig eingetreten.

Wäre K als direkter Stellvertreter des D gegenüber V aufgetreten, so hätte er im Namen des D den Kaufvertrag geschlossen. Dann hätte der geschädigte D als Vertragspartei des V gegen diesen einen vertraglichen Schadensersatzanspruch. Wenn nun das Gesetz die mittelbare Stellvertretung zulässt, dann ist damit nicht der Zweck verbunden, den Schädiger (V) von seiner Schadensersatzpflicht zu entlasten. Vielmehr kann hier der mittelbare Stellvertreter (K) den Schaden des Dritten (D) in dessen Interesse liquidieren.

cc) Ferner kommt nach wohl h. M. bei der *Obhut für fremde* **23** *Sachen* eine Liquidation des Drittschadens in Betracht.

Beispiel: A hat von E ein wertvolles Gemälde in Verwahrung genommen. Bei Elektrikerarbeiten, die der seit 10 Jahren sorgfältig arbeitende Geselle G für seinen Meister M im Hause des A ausführt, entsteht durch Fahrlässigkeit des G ein Brand, bei dem das Gemälde vernichtet wird. A hätte gegen M zwar Ansprüche wegen Pflichtverletzung gem. § 280 I i. V. m. § 278; er hat jedoch keinen Schaden erlitten, da er gem. § 275 I von der Verpflichtung zur Rückgabe des Gemäldes und damit von einer Ersatzpflicht gegenüber E frei geworden ist. Geschädigt ist lediglich der E. Dessen Anspruch aus § 823 I gegen G wird möglicherweise nicht realisierbar sein, da bei G „nichts zu holen" ist. Ein Anspruch des E gegen M aus unerlaubter Handlung scheitert am Entlastungsbeweis nach § 831 I 2. M soll aber nicht deshalb von seiner Haftung frei werden, weil (aus seiner Sicht) zufällig eine fremde Sache beschädigt worden ist. Deshalb hat A das Recht, den vertraglichen Anspruch auf Ersatz des dem E entstandenen Schadens geltend zu machen.

Die Anwendung der Drittschadensliquidation ist auch in diesen Fällen nicht **24** unumstritten. Immerhin hat hier der Geschädigte einen eigenen deliktischen Anspruch aus § 823 I und gegebenenfalls auch gegen den Geschäftsherrn aus § 831 I, und es lässt sich durchaus bezweifeln, ob die Drittschadensliquidation den Sinn hat, den Geschädigten von dem Realisierungsrisiko zu entlasten.

dd) Schließlich kann eine zufällige Schadensverlagerung mit der **25** Folge, dass Anspruchsberechtigter und Geschädigter auseinanderfallen, auch in den sog. *Treuhandverhältnissen* auftreten, wenn der Treuhänder zwar Inhaber des Anspruchs, der Treugeber aber geschädigt ist (BGH NJW-RR 1997, 663; NJW 1995, 1282).

Beispiel: G hat seine Forderung gegen S zur Sicherung eines Darlehens an die Bank B abgetreten. Da S in Schuldnerverzug kommt und erst verspätet an B zahlt, muss G längere Zeit Darlehenszinsen an B entrichten. Hier steht der Bank als Treuhänderin (Inhaberin der sicherungsweise abgetretenen Forderung) zwar ein Anspruch auf Ersatz des Verzugsschadens zu (§§ 280 I, II, 286), aber ihr ist gar kein Schaden entstanden, weil G weiter Zinsen auf das Darlehen gezahlt hat. G hat wegen der länger dauernden Zinszahlung zwar einen Schaden erlitten, aber er war nach der Sicherungsabtretung als Treugeber rechtlich nicht mehr Inhaber der Forderung gegen S, so dass er auch keinen Anspruch auf Verzugsschaden hat. Hier darf die Bank B bei Geltendmachung ihres Anspruchs aus den §§ 280 I, II, 286 den bei G entstandenen Schaden gegenüber S liquidieren, und sie muss diesen Anspruch oder den liquidierten Betrag an G weiterleiten. Das folgt hier zwar nicht aus § 285, weil es nicht um einen Fall der Unmöglichkeit geht, aber aus dem Treuhandverhältnis zwischen G und B.

26   ee) *Kein Fall der Drittschadensliquidation* liegt vor bei den sog. *Käuferketten* (vgl. dazu BGHZ 40, 91, 100; 51, 91, 93: Produzentenhaftung; BS Rdnr. 461). Verkauft A an B, dieser weiter an C, C seinerseits an D und wird die Leistung durch Verschulden des A unmöglich, so hat B gegen A einen Schadensersatzanspruch (§§ 280 I, III, 283). Er ist zwar gegenüber C von seiner Leistung frei geworden (§ 275 I); sein Schaden besteht aber darin, dass er von C nicht den Kaufpreis verlangen kann (§ 326 I 1). Durch die Nichtlieferung von B an C kann diesem ebenfalls ein Schaden entstehen (z. B. entgangener Gewinn). Schließlich kann sich aus dem Verhalten des A für D ein Schaden ergeben. Für die Schäden von C und D braucht A nicht einzustehen. Eine Schadensliquidation im Drittinteresse scheidet aus. Sie kommt lediglich in Betracht, wenn aus der Verletzung eines Rechtsgutes *nur ein* Schaden entsteht, der ausnahmsweise nicht beim Träger des Rechtsgutes, sondern bei einem Dritten eintritt. Im vorliegenden Fall ist jedoch dem B durch die Vertragsverletzung des A ein eigener Schaden entstanden. Ein Auseinanderfallen von Anspruchsberechtigung und Schaden, also eine Schadensverlagerung, liegt hier nicht vor. Wenn A auch die Schäden von C und D wieder gutmachen müsste, würde der Umfang seiner Ersatzpflicht um so größer, je länger die Käuferkette ist. Eine derartige Ausweitung der Haftung wollte das Gesetz gerade verhindern.

§ 30. Verursachung und Zurechnung des Schadens

1   **Schrifttum:** Deutsch, Zurechnungszusammenhang, Rechtswidrigkeit und Verschulden, Festschrift f. Medicus, 1999, 77; Frank/Löffler, Grundfragen der überholenden Kausalität, JuS 1985, 689; Gottwald, Schadenszurechnung und Schadensschätzung, 1979; Hanau, Die Kausalität der Pflichtwidrigkeit, 1971; U. Huber, Normzwecktheorie und Adäquanztheorie, JZ 1969, 677; ders., Verschulden, Gefährdung und Adäquanz, Festschrift f. Wahl, 1973, 301; Koziol, Rechtmäßiges Alternativverhalten – Auflockerung starrer Lösungsansätze, Festschrift f. Deutsch, 1999, 179; Kramer, Schutzgesetze und adäquate Kausalität, JZ 1976, 338; Herm. Lange, Adäquanztheorie, Rechtswidrigkeitszusammenhang, Schutzzwecklehre und selbständige Zurechnungsmomente, JZ 1976, 198; E. Lorenz, Grundsatz und Grenzen der Folgenzurechnung im Schadensersatzrecht, Festschrift f. Deutsch, 1999, 251; Müller-Laube, Vertragsaufwen-

dungen und Schadensersatz wegen Nichterfüllung, JZ 1995, 538; Schack, Der
Schutzzweck als Mittel der Haftungsbegrenzung im Vertragsrecht, JZ 1986,
305; Hans Stoll, Kausalzusammenhang und Normzweck im Deliktsrecht,
1968; Strauch, Die Haftung des Verfolgten für Schäden des Verfolgers aus
§ 823 Abs. 1 BGB, VersR 1992, 932; Weitnauer, Zur Lehre vom adäquaten
Kausalzusammenhang, Festgabe f. Oftinger, 1969, 321.

Fälle:

a) Durch Verschulden des Taxifahrers T verpasst der Fahrgast F seinen Zug
und kann deshalb ein Geschäft nicht abschließen, das ihm 10 000 Euro Gewinn
gebracht hätte. Diesen Betrag verlangt er von T.

b) Hätte T auch die Krankenhauskosten zu ersetzen, wenn F mit einem
späteren Zug verunglückt?

c) Bei einem durch A schuldhaft verursachten Verkehrsunfall erleidet der
Beamte B eine Kopfverletzung. Der behandelnde Arzt stellt eine verborgene
Arteriosklerose des B fest, die zu dessen vorzeitiger Pensionierung führt. B
verlangt von A Schadensersatz wegen Minderung seiner Bezüge.

d) Muss A, der einen Verkehrsunfall verschuldet hat, dem Grundstücksei-
gentümer E den Schaden ersetzen, den ungeduldige Kraftfahrer diesem dadurch zufügen, dass sie über sein Grundstück fahren, um die Unfallstelle um-
gehen zu können?

I. Verursachung

Jeder Schadensersatzanspruch setzt voraus, dass der Schädiger
einen Schaden verursacht hat. Sein Verhalten muss also für den
Schaden ursächlich sein.

Beispiel: A verbrennt das von B geliehene Buch. Dadurch kommt es bei B
zu einem Vermögensschaden.

1. Äquivalenztheorie

Verursachung (= Kausalität) im naturwissenschaftlichen Sinn   2
liegt vor, wenn ein bestimmtes Ereignis ein bestimmtes anderes Ereignis notwendigerweise zur Folge hat. Daran knüpft die Äquiva-
lenz- oder Bedingungstheorie an. Danach ist Ursache *jede Bedingung, die nicht hinweggedacht werden kann, ohne dass der Erfolg entfiele*
(conditio sine qua non). Die „Gleichwertigkeit" aller für den Scha-

den ursächlichen Bedingungen kommt in dem Begriff der „Äquivalenz" zum Ausdruck.
Ursache kann jedes menschliche Verhalten, also sowohl ein positives Tun als auch ein Unterlassen sein. Ein Unterlassen kann – wie ein positives Tun – eine Pflicht- oder Rechts(gut)verletzung verursachen.

> So macht es keinen Unterschied, ob V, der den Hund des E in Verwahrung hat, den Hund vergiftet oder verhungern lässt. In beiden Fällen verletzt er seine Pflicht aus dem Verwahrungsvertrag und das Eigentum des E.

3   Im Gegensatz zum positiven Tun setzt ein Unterlassen, also ein Nichttun, keinen Kausalablauf in Gang. Hier prüft man die Kausalität nach der Formel, dass ein Unterlassen dann ursächlich ist, wenn *die unterlassene Handlung nicht hinzugedacht werden kann, ohne dass der Erfolg mit an Sicherheit grenzender Wahrscheinlichkeit entfiele.* Es handelt sich also bei der Kausalität des Unterlassens nicht um einen wirklichen, sondern nur um einen gedachten Kausalzusammenhang.

2. Haftungsbegründende und haftungsausfüllende Kausalität

4   Um die Verursachung eines Schadens i. S. d. Äquivalenztheorie bejahen zu können, ist unter Umständen eine doppelte Kausalitätsprüfung erforderlich. Wenn nämlich schon der Tatbestand der Anspruchsgrundlage die Herbeiführung eines bestimmten Erfolges voraussetzt (Verletzung eines Rechts[gutes] bei § 823 I oder bei der Verletzung bestimmter Schutzpflichten i. S. v. § 241 II), unterscheidet man zwischen haftungsbegründender und haftungsausfüllender Kausalität.

> Bei sonstigen Pflichtverletzungen, die zur Haftungsbegründung ausreichen, ohne einen bestimmten Erfolg vorauszusetzen (z. B. verspätete Lieferung der Kaufsache; Herstellung eines mangelhaften Werkes), ist nur eine einzige Kausalitätsprüfung, nämlich bezogen auf die Verbindung zwischen der haftungsbegründenden Pflichtverletzung und dem Schaden (haftungsausfüllende Kausalität), erforderlich.

a) Haftungsbegründende Kausalität

Haftungsbegründende Kausalität ist der Kausalzusammenhang **5** zwischen dem menschlichen Verhalten und der Rechts(gut)verletzung (BS § 41 Rdnr. 28 ff., 60).

Beispiele: Das Verbrennen des entliehenen Buches verursacht die Eigentumsverletzung. Im **Fall c** verletzt A den Körper und die Gesundheit des B.

b) Haftungsausfüllende Kausalität

Haftungsausfüllende Kausalität ist der Kausalzusammenhang **6** zwischen der Rechts(gut)verletzung und dem Schaden (BS § 41 Rdnr. 60).

Beispiel: Wenn A widerrechtlich und vorsätzlich auf B schießt und ihm dadurch eine Wunde am Bein beibringt, hat er den Tatbestand des § 823 I erfüllt (= haftungsbegründende Kausalität). Entstehen dem B durch die Körperverletzung Arztkosten und Verdienstausfall, so sind diese Vermögensschäden als Folgeschäden der Körperverletzung von dieser verursacht (= haftungsausfüllende Kausalität).

Im Gutachtenaufbau ist die haftungsausfüllende Kausalität noch nicht im Zusammenhang mit dem tatbestandsmäßigen Verhalten des Anspruchsgegners, sondern erst nach der Feststellung eines ersatzfähigen Schadens zu prüfen.

II. Zurechnung

Die Verursachung i. S. d. Äquivalenztheorie ist nur ein grobes **7** Sieb, durch das bei der Schadensersatzpflicht alle diejenigen Schäden ausgeschieden werden, für welche das Verhalten des Schädigers keine conditio sine qua non ist. Sie kann dagegen nicht verhindern, dass diesem auch die entferntesten Schäden zugerechnet werden. So haben z. B. auch die Eltern, Großeltern usw. des Schädigers eine Ursache für den von diesem verursachten Schaden gesetzt. Man könnte endlose Kausalketten bilden. Zur Einschränkung einer uferlosen Schadensersatzpflicht hat man Kriterien entwickelt, durch die eine Grenze gezogen wird, bis zu der dem Verursacher die Folgen seines Verhaltens zuzurechnen sind. Dabei handelt es sich um die Adäquanz sowie um die Berücksichtigung des Schutzzwecks der verletzten Norm, des rechtmäßigen Alterna-

tivverhaltens, der hypothetischen Kausalität und der Verursachungs-
beiträge des Geschädigten selbst oder eines Dritten. Bei diesen
Kriterien geht es nicht mehr um die Kausalität im naturwissenschaftlichen Sinne, sondern um eine Zurechnung unter wertenden
Gesichtspunkten. Diese können dazu führen, dass der eingetretene
Schaden dem Schädiger nicht zugerechnet wird und daher von
ihm auch nicht zu ersetzen ist. Einzelne dieser Kriterien spielen
vorrangig im Zusammenhang mit der haftungsbegründenden Kausalität, andere überwiegend bei der haftungsausfüllenden Kausalität
eine Rolle.

1. Adäquanztheorie

8   Nach dieser Theorie ist ein Schaden dem Handelnden nur dann
zuzurechnen, wenn die von ihm gesetzte *Bedingung im Allgemeinen*
und nicht nur unter ganz besonders eigenartigen, ganz unwahrscheinlichen
und nach dem regelmäßigen Verlauf der Dinge außer Betracht zu lassenden
Umständen zur Herbeiführung eines Erfolges geeignet war (vgl. RGZ
133, 126; BGH NJW 2002, 2232, 2233). Damit werden im Rahmen der haftungsbegründenden Kausalität die entferntesten
Rechts(gut)verletzungen und im Rahmen der haftungsausfüllenden
Kausalität die entferntesten Schadensfolgen ausgeschlossen, weil
diese dem Handelnden nicht zugerechnet werden können. Dagegen sind alle nicht völlig unwahrscheinlichen Schäden adäquat verursacht. Bei der Adäquanztheorie handelt es sich also nicht um eine
Kausalitätslehre; vielmehr geht es um die Zurechnung von Schadensfolgen aufgrund einer wertenden Betrachtung (vgl. BGHZ 18,
286) und um ein Wahrscheinlichkeitsurteil.

Im **Fall a** sind demnach der entgangene Gewinn, im **Fall b** dagegen nicht
die Krankenhauskosten zu ersetzen.

9   Bei der Beurteilung, ob die Ursache generell zur Herbeiführung
des Erfolgs geeignet war, kommt es nicht auf die (subjektive)
Prognose des Schädigers an; damit käme man in den Bereich des
Verschuldens. Entscheidend ist vielmehr die objektive Vorherseh-
barkeit, also die Prognose eines objektiv urteilenden Dritten. Die
Rechtsprechung (BGHZ 3, 261) stellt dabei auf das Wissen eines

optimalen, also eines nahezu allwissenden Beobachters ab; damit wird die Grenze der Adäquanz sehr weit gezogen, so dass sie in die Nähe der Äquivalenztheorie rückt.

Beispiel: Wenn der Ehemann die Tür zu der Wohnung eintritt, in der sich seine getrennt lebende Ehefrau mit einem Bekannten aufhält, sieht der BGH es als adäquat an, dass der Bekannte vor Schreck aus dem acht Meter hohen Fenster springt (BGH NJW 2002, 2232, 2233), siehe auch Rdnr. 23.

Nach dem Gesagten kann die Kausalkette aus noch so vielen **10** Gliedern bestehen. Voraussetzung für die Zurechnung der Schadensfolgen ist nur, dass zwischen den einzelnen Gliedern eine adäquate Kausalität gegeben ist.

Beispiele: Die Körperverletzung vermindert die Erwerbsfähigkeit des Verletzten; das hat die Zwangsversteigerung seines Grundstücks zur Folge, wodurch dem Verletzten ein weiterer Schaden entsteht (RGZ 141, 169). Dem Unfallverletzten muss das Bein amputiert werden; wegen der geringeren Standsicherheit kommt er Jahre später zu Fall, so dass ein weiterer Körperschaden eintritt (RGZ 119, 204).

Andererseits ist eine Kausalkette beendet, wenn zwischen zwei **11** Gliedern keine adäquate Kausalität besteht. Fehlt diese, dann sind auch alle folgenden Schäden nicht mehr vom Schädiger adäquat verursacht. Man spricht von einer Unterbrechung des Kausalzusammenhangs.

Beispiel: Körperverletzung – Aufnahme ins Krankenhaus – dort Grippeinfektion – deshalb Verlängerung des Krankenhausaufenthalts – dabei Diebstahl der Geldbörse durch Krankenschwester – deshalb Nichtzahlung einer Verbindlichkeit – dadurch Anfallen von Gerichtskosten. Bis zu dem durch Grippeinfektion bedingten verlängerten Krankenhausaufenthalt und den damit zusammenhängenden Kosten besteht zur Körperverletzung ein adäquater Kausalzusammenhang; denn diese Ansteckung im Krankenhaus liegt nicht außerhalb aller Wahrscheinlichkeit (RGZ 105, 264). Jedoch ist der Diebstahl einer Geldbörse beim Krankenhausaufenthalt nicht typisch. Deshalb wurde dieser Schaden nicht mehr adäquat kausal durch die Körperverletzung verursacht.

2. Schutzzweck dieser Norm

In bestimmten Fällen ist es auch bei Vorliegen adäquater Kausa- **12** lität, durch die nur ganz außergewöhnliche Bedingungen als Ursachen ausgeschlossen werden, nicht gerechtfertigt, dem Täter die Verursachung des Schadens zuzurechnen. So ist es allgemein anerkannt, dass eine Schadensersatzpflicht wegen des begrenzten Schutzbereichs der verletzten Norm (Vertragspflicht oder gesetzliche Vorschrift) ausgeschlossen sein kann.

Beim Schutzzweck der Norm geht es darum, ob ein Schaden auch dann zu ersetzen ist, wenn er bei rechtmäßigem Verhalten zwar nicht entstanden wäre, von der verletzten Norm aber gar nicht verhindert werden sollte. Grundgedanke der Lehre vom Schutzzweck der Norm ist, dass jede Pflicht und jede Norm einen bestimmten Interessenbereich umfasst und dass der Täter nur für Verletzungen dieses geschützten Bereichs einzustehen hat. Voraussetzung einer Haftung ist also stets, dass der Schaden im Bereich der geschützten Interessen liegt.

Der Schutzumfang der Norm ist neben der adäquaten Verursachung bei jedem Schadensersatzanspruch zu beachten.

a) Schutzzweck einer Verkehrspflicht

13 Das ist bei Verletzung einer Vertragspflicht ohne weiteres einzusehen. Denn jeder Vertrag schützt nach seinem jeweiligen Inhalt und Zweck nur ganz bestimmte Interessen der Vertragspartner. Der durch die Verletzung der Vertragspflicht adäquat verursachte Schaden kann aber außerhalb des geschützten Interessenbereichs liegen.

Beispiele: Die Bank verletzt fahrlässig ihre Pflicht, den Kunden auf eine günstige Möglichkeit, seine Aktien zu verkaufen, hinzuweisen. Über die dadurch entstandenen Verluste erregt sich der Kunde derart, dass er einen Arzt aufsuchen und bezahlen muss. Diesen Schaden hat die Bank durch Verletzung ihrer Vertragspflicht adäquat verursacht. Da aber die Beratungspflicht den Kunden nicht vor Gesundheitsschäden schützen soll, kann aus ihrer Verletzung kein Schadensersatzanspruch wegen der Gesundheitsschädigung erwachsen.
Ein Krankenhausvertrag (vgl. BS § 27 Rdnr. 6 ff.) soll einen Patienten in wesentlich höherem Maße vor dem Risiko einer Vireninfektion schützen als ein Arbeitsvertrag. Erleidet ein Patient auf der Intensivstation eine Gesundheitsschädigung durch eine Erkältung wegen schlechter Reinigung und daraus folgendem erhöhten Virenaufkommen, ist das dem Krankenhausträger zuzurechnen. Gleiches kann aber nicht für einen Arbeitgeber gelten, wenn ein

Arbeitnehmer in der Reparaturhalle einer Autowerkstatt arbeitet. Auch in diesem Fall steht zwar der Schmutz in der Halle in einem adäquat kausalen Zusammenhang zu der Gesundheitsschädigung, da es nicht außerhalb jeder Wahrscheinlichkeit liegt, dass die bei der Reinigung nicht abgetöteten Viren die Erkältung verursachen. Der Arbeitsvertrag eines Automechanikers verpflichtet den Arbeitgeber jedoch grds. nicht, den Arbeitnehmer vor einer normalen Erkältung zu schützen.

b) Schutzzweck einer gesetzlichen Vorschrift

Die Prüfung des Normzwecks ist gleichermaßen im außervertraglichen Bereich anzustellen. Für § 823 II ergibt sich das bereits daraus, dass die Verletzung eines Schutzgesetzes erforderlich ist (BS § 41 Rdnr. 66–73). Aber auch bei allen anderen Schadensersatzansprüchen – insbesondere auch bei § 823 I – ist im Einzelfall zu prüfen, ob die verletzte Norm den Zweck hat, den eingetretenen Schaden zu verhindern. **14**

Im **Fall c** ist der durch Minderung der Bezüge entstandene Schaden nicht nach § 823 I zu ersetzen. Denn das Verbot, den Körper und die Gesundheit eines anderen zu verletzen, soll nicht davor schützen, dass bei dem Verletzten eine verborgene Krankheit entdeckt und der Verletzte früher in den Ruhestand versetzt wird, als es sonst geschehen wäre (BGH NJW 1968, 2287; vgl. auch BGHZ 27, 137). Die vorzeitige Pensionierung wegen Dienstunfähigkeit (vgl. etwa § 42 BBG) gehört zu den allgemeinen Lebensrisiken, die jeder Beamte zu tragen hat. In den Normzweckbereich des § 823 I fallen aber nur die besonderen Risiken, die den Geschädigten gerade wegen der Verletzung seiner Rechtsgüter treffen und denen er ohne diese Verletzung nicht ausgesetzt wäre.

Durch das Zurechnungskriterium des Schutzzwecks der Norm **15** wird dasjenige der Adäquanz nicht überflüssig (str.). Die Adäquanz beruht auf Erfahrungswissen und allgemeiner Vorhersehbarkeit. Dagegen folgt der Schutzzweck der Norm aus abstrakten Zielen des Gesetzgebers, bestimmte Schäden zu verhindern.

Beispiel: Wenn jemand einem anderen rechtswidrig und schuldhaft eine Schramme beigebracht hat und dadurch dem Verletzten wegen seiner anomalen Konstitution (Bluter) ein besonders großer Schaden entsteht, liegt dieser zwar im Schutzbereich der verletzten Norm (§ 823 I: Körperverletzung). Er ist aber nach der Adäquanztheorie nicht zu ersetzen, weil danach die besonders unwahrscheinlichen Umstände (Bluter) außer Betracht bleiben müssen.

3. Rechtmäßiges Alternativverhalten

16   Mit dem Einwand des rechtmäßigen Alternativverhaltens wird geltend gemacht, dass ein Schaden nicht zu ersetzen sei, weil er bei rechtmäßigem Verhalten ebenfalls entstanden wäre.

> **Beispiel:** Der Arbeitnehmer N kündigt ohne Grund fristlos und bleibt der Arbeit fern. Der Arbeitgeber G verlangt von ihm Ersatz der Kosten für eine Zeitungsanzeige, durch die eine andere Arbeitskraft gesucht wird. N macht geltend, die Anzeigekosten wären auch entstanden, wenn er fristgerecht gekündigt hätte (vgl. BAG SAE 1984, 217 mit Anm. Brox).

Wenn der Schaden auch durch rechtmäßiges Verhalten hätte herbeigeführt werden können, ändert das zwar nichts daran, dass der konkret eingetretene Schaden durch die Vertragsverletzung adäquat verursacht wurde und vom Schutzzweck der Pflicht zur Vertragserfüllung erfasst ist. Er beruht allerdings nicht gerade auf der Rechtswidrigkeit der Vertragsverletzung. Deshalb wird insoweit auch vom Fehlen des Rechtswidrigkeitszusammenhangs gesprochen (in dieser Terminologie ist vieles streitig). Ob der Einwand des rechtmäßigen Alternativverhaltens beachtlich ist, hängt vom Zweck des Schadensersatzrechts ab. Dieser besteht darin, den Eintritt eines Schadens zu verhindern und auszugleichen. Der Schaden, der durch ein rechtmäßiges Verhalten herbeigeführt werden kann, lässt sich aber durch das Schadensersatzrecht weder verhindern noch ausgleichen. Wenn also eine Verhaltenspflicht einen bestimmten Schaden zwar grundsätzlich verhindern soll (Schutzzweck), im Einzelfall aber nicht verhindern kann, weil seine Entstehung auch bei Beachtung der Verhaltenspflicht möglich ist, führt der Einwand des rechtmäßigen Alternativverhaltens in der Regel zum Ausschluss der Ersatzpflicht. Das gilt selbst dann, wenn der Schädiger von der Möglichkeit rechtmäßigen Alternativverhaltens tatsächlich keinen Gebrauch gemacht hätte.

> Wären im Beispielsfall die Kosten für die Zeitungsanzeige auch entstanden, wenn N unter Einhaltung der gesetzlichen Kündigungsfristen das Arbeitsverhältnis beendet hätte, könnte G diese Kosten nicht ersetzt verlangen. N müsste allenfalls für den Schaden aufkommen, der durch die überstürzte Vertragsbeendigung entstanden ist, bei vertragsgemäßer Einhaltung der Kündigungsfrist

jedoch nicht eingetreten wäre (also nur den sog. Verfrühungsschaden; vgl. BAG SAE 1984, 217 mit Nachw.).

Dagegen ist es problematisch, ob sich der Arzt, der seine Aufklärungspflicht verletzt hat, mit Erfolg darauf berufen kann, der Patient hätte auch bei ordnungsgemäßer Aufklärung der Behandlung zugestimmt. Hierzu wird verbreitet vertreten, die Aufklärungspflicht des Arztes solle in jedem Fall die Entscheidungsfreiheit des Patienten sichern.

4. Hypothetische Kausalität

Vom rechtmäßigen Alternativverhalten zu unterscheiden ist die **17** hypothetische Kausalität. Hier beruft der Schädiger sich nicht darauf, er hätte den Schaden auch durch ein rechtmäßiges Verhalten herbeiführen können. Vielmehr macht er geltend, der Schaden wäre ganz oder teilweise auch ohne sein Verhalten auf Grund anderer bereits vorhandener oder später eingetretener Umstände *(„Reserveursachen")* eingetreten.

Beispiel: Das von A fahrlässig beschädigte Auto des B wird, bevor es repariert werden kann, bei einem Brand völlig zerstört.

Ob und inwieweit eine solche *hypothetische Kausalität* oder *„Reserveursache"* zu Gunsten des Schädigers berücksichtigt werden muss, ist in Schrifttum und Rechtsprechung umstritten.

Das Reichsgericht hatte in ständiger Rechtsprechung die Berücksichtigung derartiger „Reserveursachen" abgelehnt. Es hatte diese Problematik ebenso wie der historische Gesetzgeber (Mot. II, 769) als eine Frage der Kausalität angesehen und war zu dem Ergebnis gelangt, dass ein einmal bestehender Kausalzusammenhang nicht durch später hinzutretende Ereignisse wieder in Frage gestellt werden könne (vgl. RGZ 141, 365; 144, 80; 169, 117). Heute besteht im Wesentlichen darüber Einigkeit, dass es sich hierbei nicht um ein Problem des Ursachenzusammenhangs, sondern um ein solches des Zurechnungszusammenhangs handelt. Die höchstrichterliche Rechtsprechung (BGHZ 10, 6) hat in bestimmten Fällen auch hypothetische Schadensursachen berücksichtigt, jedoch eine abschließende Stellungnahme bisher vermieden. In der Wissenschaft wird teilweise die Auffassung vertreten, derartige „Reserveursachen" seien grundsätzlich zu berücksichtigen (Esser/Schmidt, § 33 IV). Eine verbreitete Ansicht unterscheidet nach der Art des Schadens; bei unmittelbaren Schäden (§ 29 Rdnr. 74) sollen Reserveursachen unbeachtlich, bei mittelbaren Schäden dagegen beachtlich sein (Larenz, § 30 I m. N.).

Aus verschiedenen gesetzlichen Regelungen ist zu entnehmen, dass die Berücksichtigung eines hypothetischen Ursachenzusammenhangs keineswegs generell verwehrt sein kann. Eine „Reserveursache" darf jedoch nur dort berücksichtigt werden, wo das mit dem Sinn und Zweck der Schadensersatzregelung vereinbar ist. Deshalb müssen einzelne Fallgruppen unterschieden werden.

a) Beachtlichkeit kraft Gesetzes

18 Die hypothetische Kausalität ist in folgenden Fällen kraft Gesetzes zu berücksichtigen:

aa) Nach dem Gesetz greift die Zufallshaftung beim Schuldnerverzug (§ 287 S. 2; § 23 Rdnr. 74) und bei der Sachentziehung (§ 848) dann nicht ein, wenn die Unmöglichkeit oder der Untergang auch ohne das Verhalten des Schuldners eingetreten wäre.

19 bb) Auch beim Ersatz entgangenen Gewinns nach § 252 S. 2 ist auf einen hypothetischen Kausalverlauf abzustellen. Hiernach ist nämlich der Gewinn zu ersetzen, der nach dem gewöhnlichen Verlauf der Dinge oder nach den besonderen Umständen mit Wahrscheinlichkeit erwartet werden konnte. Wenn sich also feststellen lässt, dass sich die Einkommensverhältnisse des Geschädigten etwa in Folge seiner Tüchtigkeit oder der günstigen Konjunktur gebessert hätten, so hat der Schädiger auch Ersatz für die entgangene Besserstellung zu leisten; andererseits muss dann auch zu Ungunsten des Geschädigten berücksichtigt werden, dass er etwa infolge Krankheit, sinkender Konjunktur oder mangelhafter beruflicher Vorbildung voraussichtlich eine günstige Berufsstellung auf Dauer nicht behalten hätte (so BGHZ 10, 6).

Beispiel: Der Direktor einer Fabrik war 1944 entlassen worden, weil ein Ortsgruppenleiter der NSDAP ihn verdächtigt hatte, sich gesetzwidrig verhalten zu haben. Dieser machte gegenüber dem Schadensersatzanspruch geltend, bei Kriegsende wäre der Direktor als alter Parteigenosse ohnehin entlassen worden (BGH, a. a. O.).

b) Beachtlichkeit von vorher vorhandenen Reserveursachen (Schadensanlagen)

Die Berücksichtigung eines hypothetischen Ereignisses ist eben- **20** falls dort geboten, wo der Schädiger eine Person oder eine Sache verletzt, die zu diesem Zeitpunkt bereits mit einer Schadensanlage behaftet ist.

Beispiel: A erschießt den todkranken Hund des B.

Die schadensträchtige Anlage fällt bei der Schadenszurechnung ins Gewicht. Der Schädiger hat nur den Wert des mit der Schadensanlage behafteten Gegenstandes zu ersetzen. Das kann unter Umständen dazu führen, dass eine Schadensersatzpflicht überhaupt entfällt (vgl. auch BGHZ 20, 275; 29, 207).

Die in den genannten Fällen an sich zulässige Berücksichtigung von „Reserveursachen" scheitert aber oft an Beweisschwierigkeiten. Denn der Schädiger muss nachweisen, dass das hypothetische Schadensereignis schon angelegt war und tatsächlich eingetreten wäre (BGHZ 8, 288; BGH VersR 1969, 43).

c) Unbeachtlichkeit von später eintretenden Reserveursachen

Dagegen müssen solche Reserveursachen, die erst nach Entste- **21** hung der Schadensersatzpflicht des Schädigers eintreten, außer Betracht bleiben, selbst wenn sie denselben Schaden herbeigeführt hätten (vgl. BGHZ 29, 215). Andernfalls würde das spätere Ereignis mit schuldtilgender Kraft auf den – regelmäßig mit dem Eingriff des Schädigers entstandenen – Schadensersatzanspruch einwirken. Das entspricht nicht dem Zweck des Gesetzes, was sich deutlich in den Fällen zeigt, in denen ein anderer für die „Reserveursache" hätte einstehen müssen, wenn sie wirksam geworden wäre. Könnte sich der Schädiger darauf berufen, dass der andere denselben Schaden später schuldhaft angerichtet hätte, dann würde der Geschädigte seinen Schaden überhaupt nicht ersetzt erhalten; denn der spätere Schädiger könnte geltend machen, dass sein Verhalten für den bereits vorher eingetretenen Schaden nicht ursächlich gewesen ist.

Beispiel: A raubt dem X die Brieftasche. A kann sich nicht darauf berufen, an der nächsten Straßenecke hätte B den X in gleicher Weise beraubt. X hat nur einen Schadensersatzanspruch gegen A, nicht aber gegen B. Würde man bei dem Schadensersatzanspruch gegen A die hypothetische Ursache (Raub des B) berücksichtigen, dann würde X leer ausgehen.

22   Eine Einschränkung ist jedoch zu machen: Bei Folgeschäden wie etwa einer fortwirkenden Minderung des Erwerbs oder beim Ausfall ähnlicher langdauernder Vorteile, ist eine Berücksichtigung der „Reserveursache" geboten. Dieser Gedanke lässt sich aus der gesetzlichen Wertung z.B. in § 844 II entnehmen, wonach bei der dort geregelten Pflicht zur Zahlung einer Geldrente der hypothetische Kausalverlauf zu berücksichtigen ist. Soweit allerdings die „Reserveursache", wenn sie wirksam geworden wäre, die Schadensersatzpflicht eines Dritten ausgelöst hätte, bleibt es auch hier bei ihrer Nichtberücksichtigung.

Zwar kann es hingenommen werden, wenn der Geschädigte keinen Ersatz für solche Folgeschäden erhält, die ihm später ohnedies erwachsen wären, ohne dass er hierfür durch einen Ersatzanspruch Ausgleich erhalten hätte. Unverständlich wäre es aber, wenn er nur deshalb ohne Ersatzanspruch bliebe, weil ein anderer ihm denselben Schaden auch zugefügt hätte. Da der „Zweitschädiger" nicht schadensersatzpflichtig werden kann (er hat den konkreten Schaden nicht verursacht), muss es bei der Ersatzpflicht des „Erstschädigers" bleiben.

5. Zurechnung eines schadensverursachenden Handelns des Verletzten selbst oder eines Dritten

23   Nach dem Gesagten muss dem Schädiger grundsätzlich auch die Schädigung zugerechnet werden, die auf einem Fehlverhalten des Verletzten selbst oder eines Dritten beruht.

Beispiele: Ein wegen Fahrens ohne Führerschein zu Jugendarrest verurteilter Jugendlicher flüchtet vor dem Polizeibeamten durch Sprung aus dem Fenster. Der Beamte, der ihn festnehmen will, springt ihm nach und verletzt sich dabei. Im **Fall d** sind die Autofahrer aus Anlass des von A verursachten Verkehrsunfalls über das Grundstück des E gefahren.

Würden auch solche Fremdverursachungen immer dem Schädiger zugerechnet, nur weil er seinerseits irgendeine Ursache für das fremde Verhalten gesetzt hat, könnte das Haftungsrisiko des Schädigers ins Unermessliche wachsen. Deshalb hat die Rechtsprechung sich auch insoweit bemüht, die objektive Zurechnung durch eine wertende Betrachtung einzuschränken. Sie stellt darauf ab, ob das Verhalten des Schädigers den Entschluss für das Handeln des Verletzten oder des Dritten *herausgefordert hat* und ob der Verletzte oder Dritte sich überhaupt in der von ihm gewählten Weise *herausgefordert fühlen durfte* (z.B. BGH ZIP 2001, 338, 339f.). Diese Fälle werden deshalb auch unter dem Begriff der *Herausforderungsfälle* erörtert. Eine zurechnungsbegründende Herausforderung ist zu bejahen, wenn der Schädiger bei dem Dritten oder dem Verletzten eine „mindestens im Ansatz billigenswerte Motivation" zu dessen Verhalten hervorgerufen hat (BGH NJW 2002, 2232, 2233; NJW 1978, 421; 1987, 2926). Der Schädiger haftet nur für das von ihm verursachte gesteigerte Risiko, nicht für das allgemeine Lebensrisiko des Verletzten.

Beispiele: Der Beamte, der bei der Verfolgung des Jugendlichen aus dem Fenster gesprungen und sich dabei verletzt hat, hat keinen Schadensersatzanspruch gegen den Jugendlichen; denn das mit dem Sprung aus dem Fenster verbundene erhöhte Verfolgungsrisiko steht außer Verhältnis zum Verfolgungszweck (vgl. BGHZ 63, 189). Anders dürfte der Fall zu beurteilen sein, wenn es etwa um die Festnahme eines gefährlichen Gewaltverbrechers geht; denn hier wird von der Polizei die Eingehung höherer Verfolgungsrisiken erwartet. Der Bekannte einer getrennt lebenden Ehefrau darf sich nach Ansicht des BGH herausgefordert fühlen, aus Angst vor dem gewaltsam in die Wohnung eindringenden Ehemann aus dem acht Meter hoch gelegenen Fenster zu springen (BGH NJW 2002, 2232, 2233f.). Er muss sich aber u.U. ein Mitverschulden vorwerfen lassen.
Im **Fall d** kann E seinen Schaden nicht von A ersetzt verlangen, weil dieser das Verhalten der Kraftfahrer nicht „herausgefordert" hat (vgl. BGHZ 58, 162). E kann sich nur an die Kraftfahrer halten, die über sein Grundstück gefahren sind. Dass diese nicht auffindbar sind, gehört zum allgemeinen Risiko des E. Dagegen haftet der im Nebel zu schnell fahrende Kraftfahrer, der auf einen langsamer fahrenden Lastwagen auffährt, auch für die Personen- und Sachschäden, die dadurch entstehen, dass weitere Fahrzeuge in seinen Wagen hineinfahren.

§ 31. Art und Umfang des Schadensersatzes

Fälle:

1   a) A möchte den von ihm bei einem Verkehrsunfall fahrlässig beschädigten Pkw des B in seiner Autowerkstatt ausbessern. B lehnt das ab und verlangt Zahlung von 2000 Euro Reparaturkosten und 300 Euro als Minderwert.

b) Im Fall a verlangt B Reparatur des Pkw. A macht geltend, der Wagen sei schrottreif; die Wiederherstellung koste mehr als ein neuer Pkw.

c) Kaufmann K, der eine Ware für 1000 Euro von V gekauft hat, macht nach § 376 HGB Schadensersatz wegen Nichterfüllung geltend, indem er die Differenz zum Marktpreis (1200 Euro), also 200 Euro verlangt. V will aber nur 100 Euro zahlen, da K sich bei einem anderen Verkäufer mit der Ware zum Preis von 1100 Euro eingedeckt habe.

d) B, der durch schuldhaftes Verhalten des A schwer verletzt worden ist, verlangt von A Schadensersatz. A meint, B müsse sich anrechnen lassen, was seine Sportkameraden für ihn anlässlich des Unfalls gesammelt hätten und was er aus seiner Unfallversicherung erlangt habe.

e) B lässt an seinem Pkw in der Werkstatt des U die Reifen wechseln. U zieht die Schrauben nicht richtig an. B wundert sich über die ungewohnten Fahreigenschaften des Wagens, kümmert sich aber nicht weiter darum. Ein Rad löst sich. B fährt in den Graben. U will nicht den ganzen Schaden ersetzen.

f) Wie, wenn der Fahrer des B den Pkw abholt?

I. Art des Schadensersatzes

Schrifttum: Benicke, Geldersatz wegen Unverhältnismäßigkeit der Restitutionsaufwendungen – BGH NJW 1993, 3321, JuS 1994, 1004; Coester-Waltjen, Die Naturalrestitution im Deliktsrecht, Jura 1996, 270; Frotz, Der „Ersatz in Geld" nach § 250 S. 2 BGB, JZ 1963, 391; Grunsky, Art und Umfang des zu ersetzenden Schadens, Jura 1979, 57; Klimke, Die einzelnen Schadensarten im Kfz-Haftpflichtrecht, DB 1974, Beil. 20; Lipp, Der Ausgleich des Integritätsinteresses im Kfz-Schadensrecht, NZV 1996, 7; ders., Fiktive Herstellungskosten und Dispositionsfreiheit des Geschädigten, NJW 1990, 104; Medicus, Naturalrestitution und Geldersatz, JuS 1969, 449; K. Müller, Grundprobleme der Mietwagenkosten im Rahmen der Unfallregulierung, JuS 1985, 279; Oetker, Unverhältnismäßige Herstellungskosten und Affektionsinteresse im Schadensersatzrecht, NJW 1985, 345; Reiff, Die Unverhältnismäßigkeit als Grenze der Naturalrestitution, NZV 1996, 425; Sanden/Völtz, Sachschadenrecht des Kraftverkehrs, 7. Aufl., 2000; E. Schmidt, Das zerstörte Unikat – BGHZ 92, 85, JuS 1986, 517; Wadle, Zum Problem der sog. Freistellungskosten – BGHZ 61, 325, JuS 1975, 360; R. Weber, § 249 S. 2 BGB: Erstattung der Reparaturkosten oder Ersatz des Schadens an der Sache?, VersR 1992, 527; ders., Dispositionsfreiheit des Geschädigten und fiktive Reparaturkosten, VersR 1990, 934.

Der Schaden kann durch Naturalherstellung oder durch Geldzahlung ersetzt werden (§§ 249 ff.).

1. Naturalherstellung

Im Regelfall ist der Schaden durch Naturalherstellung (Natural- **2** restitution) zu ersetzen; nach § 249 I ist der Zustand herzustellen, der bestehen würde, wenn der zum Ersatz verpflichtende Umstand nicht eingetreten wäre. Damit ist nicht gemeint, dass der frühere Zustand wieder herzustellen ist; denn das ist nicht möglich, da Geschehenes sich nicht ungeschehen machen lässt (RGZ 165, 260). Vielmehr ist vom Gesetz die Herstellung eines wirtschaftlich gleichwertigen Zustands gewollt (RGZ 76, 146; st. Rspr.).

Beispiele: Ausbesserung der beschädigten Sache; Widerruf der ehrverletzenden Äußerung. Bei Zerstörung vertretbarer Sachen (§ 91) ist Naturalrestitution durch Lieferung von Sachen gleicher Art und Güte möglich.

Bei der Beschädigung eines Kraftfahrzeugs bildet auch die Be- **3** schaffung eines (gleichwertigen) Ersatzfahrzeugs eine Form der Naturalherstellung (BGHZ 115, 364). Das gilt auch bei einem sog. wirtschaftlichen (im Gegensatz zum technischen) Totalschaden; hier verbleibt dem Geschädigten der Herstellungsanspruch aus § 249, wenn es ihm möglich ist, sich mit wirtschaftlich vernünftigem Aufwand ein gleichwertiges Ersatzfahrzeug zu beschaffen (BGHZ 115, 375).

Der Geschädigte muss bei der Frage, ob er sein beschädigtes Kraftfahrzeug reparieren lassen oder sich ein Ersatzfahrzeug anschaffen will, einen Vergleich der Reparaturkosten (einschl. Minderwert) mit den Wiederbeschaffungskosten anstellen. Da das Erhaltungsinteresse den Geschädigten regelmäßig in stärkerem Maße als eine Ersatzbeschaffung zu befriedigen vermag, ist es mit den Grundsätzen des Schadensrechts vereinbar, dass dem Geschädigten solche Kosten der Instandsetzung des Fahrzeugs zuerkannt werden, die den Aufwand für eine Ersatzbeschaffung in Grenzen übersteigen (BGHZ 115, 371); der BGH hat wiederholt einen Zuschlag von 30% gebilligt.

2. Geldersatz

4   Geldersatz bedeutet, dass der Schaden durch eine Geldzahlung wieder gutgemacht wird. Der Geldbetrag muss so bemessen sein, dass der Geschädigte dadurch in die Lage versetzt wird, den Schaden in vollem Umfang auszugleichen.

Ob der Geschädigte im Einzelfall statt der grundsätzlich geschuldeten Naturalherstellung Geldersatz verlangen kann und ob der Schädiger seine Schadensersatzpflicht durch Geldleistung zu erfüllen vermag, ist nach den §§ 249 bis 251 zu bestimmen. Das Gesetz löst hier den Interessenstreit zwischen Gläubiger und Schuldner nach Zumutbarkeitsgesichtspunkten.

a) Bei Verletzung einer Person oder Sachbeschädigung

5   Bei Verletzung einer Person sowie bei einer Sachbeschädigung kann der Gläubiger den für die Naturalrestitution erforderlichen Geldbetrag verlangen (§ 249 II 1; Ersetzungsbefugnis; § 8 Rdnr. 14 ff.). Der Grund dafür liegt darin, dass der Gläubiger nicht gezwungen sein soll, sich auf Herstellungsexperimente des Schuldners einzulassen.

Im **Fall a** hat B Anspruch auf Reparaturkosten in Höhe von 2000 Euro. A hat auch die Mehrkosten zu tragen, welche die von B beauftragte Werkstatt durch unsachgemäße Arbeit verursacht (BGHZ 63, 182). Zu den Herstellungskosten können auch die Finanzierungskosten gehören, die dem Geschädigten dadurch entstehen, dass er Bankkredit aufnehmen muss, weil der Schädiger nicht zahlt (vgl. BGHZ 61, 346).

Der nach § 249 II 1 erforderliche Geldbetrag kann bei der Beschädigung einer Sache auch dann verlangt werden, wenn eine Reparatur gar nicht erfolgt. Allerdings sieht der am 1. 8. 2002 neu eingefügte § 249 II 2 vor, dass die bei einer Reparatur zu zahlende Umsatzsteuer von dem zu zahlenden Geldbetrag nur dann umfasst wird, wenn und soweit sie tatsächlich angefallen ist.

b) Nach fruchtlosem Ablauf einer Frist zur Naturalrestitution

6   Der Gläubiger kann dem Schuldner zur Herstellung eine angemessene Frist mit der Erklärung bestimmen, dass er die Naturalherstellung nach Fristablauf ablehne; nach fruchtlosem Fristablauf

hat er Anspruch auf Geldersatz, nicht mehr auf Naturalrestitution
(§ 250).

Im **Fall a** wird B nicht nach § 250 vorgehen; denn er kann schon nach
§ 249 II 1 (Sachbeschädigung) Geldersatz begehren. Setzt er aber eine Frist mit
Ablehnungsandrohung (§ 250), so hat A bis zum Fristablauf das Recht, Schadensersatz durch Naturalrestitution zu leisten, was B gerade nicht will. – Vom
Weg des § 250 ist dem Gläubiger auch dann abzuraten, wenn er auf Naturalherstellung (z. B. wegen Arbeitskräftemangels, Währungsverfalls) Wert legt;
denn nach fruchtlosem Fristablauf hat er immer nur einen Anspruch auf Geldersatz.

c) Bei Unmöglichkeit der Naturalrestitution

Soweit Naturalherstellung nicht möglich oder zur Entschädigung   7
des Gläubigers nicht genügend ist, hat der Schuldner Ersatz in Geld
zu leisten (§ 251 I).

Erleidet das Fahrzeug des A bei einem von B verschuldeten Unfall einen
technischen Totalschaden, so ist Naturalherstellung nicht möglich. A kann von
B den Wiederbeschaffungswert seines Wagens als Entschädigung ersetzt verlangen (§ 251 I). – Lässt sich der Wiederbeschaffungswert mangels Marktprei-
ses (z. B. selbstgebautes Modellboot) nicht feststellen, muss der zu zahlende
Geldbetrag durch Vergleich mit ähnlichen Objekten, die einen Marktpreis
haben, ermittelt werden (BGHZ 92, 85, 93).

Das Gesetz lässt die Möglichkeit offen, dass der Gläubiger teil-   8
weise Naturalrestitution und, soweit das nicht möglich ist, Geldersatz begehrt (§ 251 I: soweit).

Der Gläubiger verlangt Reparatur des beschädigten Kraftfahrzeugs und Geld
für den Minderwert **(Fall a).** Auch der merkantile Minderwert von 300 Euro
steht dem B zu. Dabei handelt es sich nicht um einen künftigen Schaden, der
sich erst bei einem späteren Verkauf des Pkw auswirkt; vielmehr besteht insoweit eine gegenwärtige Werteinbuße (Unfallwagen! vgl. BGHZ 35, 396; BGH
NJW 1980, 281).
Zum Nutzungsausfall: § 29 Rdnr. 3; zu den sog. Freistellungskosten: BGHZ
61, 325.

d) Bei unverhältnismäßig aufwendiger Naturalrestitution

Der Schuldner kann Geldentschädigung leisten, wenn die Na-   9
turalherstellung nur mit unverhältnismäßigen Aufwendungen möglich ist (§ 251 II). Grund: Hier soll der Schuldner geschützt wer-

den, wenn ihm eine Naturalrestitution ausnahmsweise nicht zumutbar ist. Ob die Voraussetzungen gegeben sind, ist im Einzelfall durch Abwägen der Schuldner- und Gläubigerinteressen festzustellen.

Im **Fall b** ist A berechtigt, B in Geld zu entschädigen. Die Höhe des Geldbetrags ist so zu bemessen, dass B sich ein entsprechendes Fahrzeug kaufen kann.

Aufwendungen für die Heilbehandlung eines verletzten Tieres sind nicht bereits dann unverhältnismäßig, wenn sie dessen Wert erheblich übersteigen. Das bestimmt § 251 II 2 ausdrücklich.

e) Bei immateriellen Schäden

10	Bei immateriellen Schäden (§ 29 Rdnr. 4 ff.) kommt eine Entschädigung in Geld nach dem seit 1. 8. 2002 geltenden § 253 II in Betracht. Voraussetzung ist danach, dass wegen einer Verletzung des Körpers, der Gesundheit, der Freiheit oder der sexuellen Selbstbestimmung Schadensersatz zu leisten ist.

II. Schadensberechnung

11	**Schrifttum:** Bydlinski, Unerlaubte Vorteile als Schaden, Festschrift f. Deutsch, 1999, 63; Fleischer, Schadensersatz für verlorene Chancen im Vertrags- und Deliktsrecht, JZ 1999, 766; Gotthardt, Schadensersatz bei Ausfall einer Tätigkeit außerhalb des Erwerbslebens, JuS 1995, 12; Grunsky, Zur Erstattungsfähigkeit fiktiver Heilungskosten – BGHZ 97, 14, JuS 1987, 441; Hänlein, Der Ersatz des Beitragsschadens im Lichte neuerer Entwicklungen, NJW 1998, 105; Ch. Huber, Fragen der Schadensberechnung, 2. Aufl., 1995; Knobbe-Keuk, Möglichkeiten und Grenzen abstrakter Schadensberechnung, VersR 1976, 401; Köhler, Abstrakte und konkrete Berechnung des Geldersatzes nach § 249 Satz 2 BGB?, Festschrift f. Larenz, 1983, 349; Kullmann, Schadensersatz und Steuern, VersR 1993, 385; Herm. Lange, Die Vorteilsausgleichung, JuS 1978, 649; Müller-Laube, Auswirkungen vorteilhafter Rechtsgeschäfte des Geschädigten auf die Schadensabrechnung mit dem Schädiger, JZ 1991, 162; Pohlmann, Entgangener Gewinn trotz Deckungsverkaufs, NJW 1995, 3169; A. Roth, Das Integritätsinteresse des Geschädigten und das Postulat der Wirtschaftlichkeit der Schadensbehebung, JZ 1994, 1091; H. Roth, Zessionsregreß nach § 255 BGB und gesamtschuldnerischer Ausgleich, Festschrift f. Medicus, 1999, 495; Roß, Der Erwerbsschaden des Nichtselbststständigen, NZV 1999, 276; Schimmel, Entgangener Spekulationsgewinn als Verzugsschaden, WM 2000, 946; Steffen, Abkehr von der konkreten Berechnung des Personenschadens und kein Ende?, VersR 1985, 605; Stürner, Der entgangene rechtswidrige oder sittenwidrige Gewinn, VersR 1976, 1012; Thiele, Gedanken zur Vorteilsausgleichung, AcP 167, 193; Timme, Die abstrakte Berechnung des Käuferschadens, JA 1998, 895; Waibl, Kindesunterhalt als Schaden (wrongful birth), NJW 1987, 1513; Wiedemann, Thesen zum Schadensersatz wegen Nichterfüllung, Festschrift f. Hübner, 1984, 719.

Der Vermögensschaden wird dadurch berechnet, dass man die gegenwärtige Lage mit der Lage, wie sie ohne das Schadensereignis bestehen würde, vergleicht (§ 29 Rdnr. 1). Er besteht in der Vermögenseinbuße und dem entgangenen Gewinn. Hat das schädigende Ereignis dem Geschädigten aber auch einen Vermögensvorteil gebracht, kann sich insoweit der Schaden mindern (Vorteilsausgleichung).

1. Vermögenseinbuße

Die Vermögenseinbuße (damnum emergens) kann in einer Verminderung des Aktivvermögens (z. B. die Fensterscheibe ist zerbrochen) und in einer Vermehrung des Passivvermögens (z. B. der Glaser hat eine Forderung wegen des Einsetzens einer neuen Fensterscheibe) bestehen. **12**

a) Objektiver Wert

Der Gläubiger einer Schadensersatzforderung kann stets *Ersatz des gemeinen Werts* verlangen. Darunter versteht man den Wert, den der zu ersetzende Gegenstand *für jedermann* hat (pretium commune). Er ist nach rein objektiven Maßstäben zu ermitteln; dabei bleibt unberücksichtigt, welche Vermögenseinbuße gerade diesem Geschädigten zugefügt wurde.

Nach einigen Gesetzesbestimmungen ist die Ersatzleistung nach dem gemeinen Wert bestimmt (Beispiel: § 429 III HGB).

b) Subjektiver Wert

Es kann nach §§ 249 ff. aber auch Ersatz des Wertes begehrt werden, den der Gegenstand gerade *für den Gläubiger* hat (pretium singulare). Das folgt aus dem Sinn des Schadensersatzes, wonach **13**

der Geschädigte so gestellt werden soll, wie er ohne das zum Schadensersatz verpflichtende Ereignis stehen würde.

Wenn z.B. ein Stück aus einer dem Gläubiger gehörenden Sammlung
vernichtet worden ist, dann besteht die Einbuße des Geschädigten nicht nur
im Verlust dieses Stückes, sondern auch in der Wertminderung der Sammlung.
Dieses Beispiel zeigt, dass der individuelle Wert meist den gemeinen Wert
übersteigt.

c) Liebhaberwert

14   Dagegen ist der persönliche Liebhaber- oder Erinnerungswert,
den der Gegenstand für den Geschädigten hat, *nicht* zu ersetzen
(Affektionsinteresse). Insoweit fehlt es an einem berechenbaren Vermögenswert; ein immaterielles Interesse wird nicht in Geld ersetzt
(§ 253).

Beispiel: Die ererbte Brosche der Großmutter hat für den Geschädigten
einen besonderen Erinnerungswert. Zu ersetzen ist nur der individuelle Vermögensschaden. – Es ist aber möglich, dass sich die Wertschätzung eines Gegenstandes (z.B. eines Kunstwerks) im Preis niederschlägt; dann handelt es sich
um einen Marktwert.

2. Entgangener Gewinn

15   Da der Geschädigte so gestellt werden soll, wie er ohne das
schädigende Ereignis stehen würde, ist bei der Schadensberechnung
auch festzustellen, ob das Ereignis beim Gläubiger eine *Vergrößerung
des Vermögens verhindert hat.* Deshalb stellt § 252 S. 1 klar, dass der
zu ersetzende Schaden auch den entgangenen Gewinn (lucrum
cessans) umfasst.

Beispiel: Der beim Verkehrsunfall verletzte Handelsvertreter kann infolge
der Verletzung drei Wochen lang keine Geschäfte abschließen und erleidet
dadurch einen Verdienstausfall.

16   Da der Nachweis eines entgangenen Gewinns für den Gläubiger
im Einzelfall sehr schwierig sein kann, gibt § 252 S. 2 eine Beweis-
erleichterung (h.M.; BGHZ 29, 393; BAG NJW 1985, 2545): Der
Gläubiger muss die Umstände dartun, aus denen der Gewinn mit
Wahrscheinlichkeit erwartet werden konnte (BGH NJW 1964,

661); dann wird vermutet, dass der Gewinn auch gemacht worden wäre. § 252 S. 2 erleichtert also den Beweis des Gewinns; die Wahrscheinlichkeit der Gewinnerwartung genügt. Der Schuldner kann die Vermutung widerlegen, indem er nachweist, dass der Gewinn aus einem anderen Grund doch nicht gemacht worden wäre.

Der Wortlaut des § 252 S. 2 ist missverständlich, er ist geradezu eine Anfän- **17** gerfalle. Die Wortfassung erweckt den Anschein, als ob *nur* der Gewinn zu ersetzen sei, der zur Zeit des schädigenden Ereignisses mit Wahrscheinlichkeit vorauszusehen war. Das aber trifft nicht zu. Denn sonst könnte z. B. der Eigentümer eines Lotterieloses vom Dieb nicht den Hauptgewinn verlangen, der später gerade auf dieses Los fiel; dieser Gewinn konnte zur Zeit des Diebstahls nicht mit Wahrscheinlichkeit erwartet werden. Die Entstehungsgeschichte der Vorschrift beweist, dass damit der Praxis eine Anweisung für die Beweiswürdigung gegeben werden sollte. Die Wahrscheinlichkeit des Gewinns ist also von einer nachträglichen Prognose aus (Zeitpunkt der letzten mündlichen Verhandlung im Prozess) zu beurteilen, so dass der weitere Verlauf der Dinge nach dem schädigenden Ereignis mitzuberücksichtigen ist. – Aus dem Zweck des § 252 S. 2 als Beweiserleichterungsregel folgt ferner, dass das Wort gilt nicht die Bedeutung einer Fiktion oder einer unwiderleglichen Vermutung hat. Vielmehr handelt es sich hierbei um eine widerlegbare Vermutung (BGHZ 29, 393).

Klagt beispielsweise der beim Verkehrsunfall verletzte Handelsvertreter **18** seinen Verdienstausfall gegen den Schädiger ein, dann ist der Richter bei der Ermittlung der Schadenshöhe schon durch § 287 ZPO sehr frei gestellt, da er die entgangene Provision schätzen kann. Darüber hinaus hilft die Beweisvermutung des § 252 S. 2. Der Geschädigte wird also z. B. dartun müssen, was er in dem entsprechenden Zeitraum des Vorjahres verdient hat. Sind die Gewinne im letzten Jahr gestiegen, wird der Richter die Provisionen anderer vergleichbarer Personen der Branche zur Schadensermittlung heranziehen müssen. Macht der Schädiger geltend, der Geschädigte hätte aus familiären Gründen eine Woche ohnehin nicht reisen können, dann ist er dafür beweispflichtig. Gelingt der Beweis, mindert sich entsprechend der zu ersetzende Schaden.

3. Konkrete und abstrakte Schadensberechnung

Der Schaden des Gläubigers muss grundsätzlich konkret, er kann **19** ausnahmsweise auch abstrakt berechnet werden.

a) Konkreter Schaden

Konkreter Schaden ist der Schaden, der sich *nach den besonderen Umständen des Einzelfalls*, insbesondere nach den getroffenen Anstalten und Vorkehrungen, ergibt.

Beispiele: Der Käufer hat wegen Nichtlieferung der Ware zu einem höheren Preis einkaufen müssen. – Der Verkäufer hat die Ware wegen Abnahmeverweigerung des Käufers nur zu einem geringeren Preis absetzen können.

Die Differenz zwischen dem Preis des Deckungsgeschäfts und dem Vertragspreis ist der konkrete Schaden.

Im **Fall c** beträgt der konkrete Schaden: 1100 Euro (Deckungskaufpreis) minus 1000 Euro (Vertragspreis) = 100 Euro.

b) Abstrakter Schaden

20   Abstrakter Schaden ist der Schaden, der sich *nach dem gewöhnlichen Lauf der Dinge* ergibt. Diese Art der Schadensberechnung räumt das Gesetz dem Gläubiger nur ausnahmsweise ein (z.B. § 288 I; § 376 II HGB, Brox, HR Rdnr. 466).

Die Differenz zwischen dem Marktpreis und dem Vertragspreis ist der abstrakte Schaden. Der Geschädigte wird diese Berechnungsart wählen, wenn er einen höheren konkreten Schaden nicht nachweisen kann oder will.

Im **Fall c** beträgt der abstrakte Schaden: 1200 Euro (Marktpreis) minus 1000 Euro (Vertragspreis) = 200 Euro. V kann sich nicht mit Erfolg darauf berufen, dass der konkrete Schaden des K geringer ist; denn K hat sich nach § 376 II HGB zulässigerweise für die abstrakte Berechnung entschieden.

4. Vorteilsausgleichung

a) Bedeutung von Vorteilen für die Schadensberechnung

21   Wenn das schädigende Ereignis dem Geschädigten außer einem Schaden auch einen Vorteil gebracht hat, so ist dieser bei der Schadensberechnung zu berücksichtigen. Das ergibt sich aus dem Sinn des Schadensersatzrechts: Der erlittene Schaden soll zwar wieder gutgemacht, der Geschädigte aber nicht besser gestellt werden, als er ohne das Ereignis stehen würde. Man spricht von Vorteilsaus-

gleichung (compensatio lucri cum damno). Damit ist nicht gesagt, dass der Schädiger hinsichtlich des Vorteils des Geschädigten einen Gegenanspruch hätte. Der Wert des Vorteils ist nur ein Rechnungsposten bei der Schadensberechnung (RGZ 146, 275). Der Schädiger hat die *Differenz von Schaden und Vorteil* zu ersetzen.

Beispiel (nach Heck): Ein Jockey überanstrengt gegen das Verbot des Eigentümers das Rennpferd. Er gewinnt das Rennen, aber das Pferd geht ein. Der Jockey hat hier den Wert des Pferdes (Schaden) abzüglich der Siegesprämie (Vorteil) zu ersetzen.

b) Voraussetzungen für die Berücksichtigung von Vorteilen

So einfach die Schadensberechnung bei Berücksichtigung eines Vorteils ist, so schwer ist die Frage zu beantworten, ob im Einzelfall ein anrechenbarer Vorteil vorliegt. Das Gesetz enthält darüber keine generelle Regel; der Gesetzgeber hat die Beantwortung dieser Frage der Wissenschaft und Praxis überlassen (Mot. II, 19). **22**

Nach der Rechtsprechung sind bei der Schadensberechnung von vornherein solche Vorteile nicht zu berücksichtigen, die mit dem schädigenden Ereignis in keinem adäquaten Kausalzusammenhang stehen (vgl. BGHZ 49, 61; 81, 275).

Aber auch adäquat verursachte Vorteile sind nur dann anzurechnen, wenn es dem Sinn und Zweck der Schadensersatzpflicht entspricht (BGHZ 10, 107; 91, 210). Dabei ist die Interessenlage der Beteiligten zu würdigen. So hat die Anrechnung eines Vorteils als unzumutbar zu unterbleiben, wenn sie etwa den Schädiger unbillig begünstigen würde (BGHZ 10, 107).

c) Nicht berücksichtigungsfähige Leistungen Dritter

Das Gesetz läßt in einigen Bestimmungen erkennen, dass der Schädiger durch Leistungen Dritter nicht entlastet werden soll. Über die gesetzliche Regelung hinaus sind Rechtsprechung und Lehre in weiteren Fallgruppen zum gleichen Ergebnis gekommen; dabei handelt es sich teilweise um Fälle, die zum normativen Schaden (§ 29 Rdnr. 7) gerechnet werden. **23** aa) So wird nach § 843 IV der Schadensersatzanspruch eines körperlich Verletzten nicht dadurch ausgeschlossen, dass diesem ein anderer Unterhalt zu gewähren hat. Aus dieser Bestimmung ist die gesetzliche Wertung zu entnehmen, dass der Schädiger nicht entlastet werden soll, wenn *ein anderer den Unterhalt des Geschädigten sichert.*

Schließen die Eltern des von A schuldhaft verletzten Kindes im eigenen Namen einen Behandlungsvertrag mit dem Arzt ab, so entsteht für das Kind zwar kein Schaden nach der Differenzhypothese, wohl aber ein normativer Schaden.

24   bb) *Entgeltfortzahlungsansprüche,* die ein Arbeitnehmer bei unverschuldeter Arbeitsunfähigkeit hat (vgl. § 616; § 3 EFZG), beruhen auf sozialpolitischen Gesichtspunkten und Gründen der Humanität (Mot. II, 463). Sie sollen den Dienstpflichtigen schützen und nicht den Schädiger, der die Arbeitsunfähigkeit verschuldet hat.

Der Arbeitgeber ist wegen der Lohnzahlung ohne entsprechende Gegenleistung geschädigt. Eine Ausgleichsregelung trifft § 6 EFZG. Danach geht der dem *Arbeitnehmer* zustehende Anspruch auf Ersatz des (normativen) Schadens insoweit auf den Arbeitgeber über, als dieser dem Arbeitnehmer das Arbeitsentgelt und die von ihm zu entrichtenden Anteile zur Sozialversicherung gezahlt hat.

25   cc) *Leistungen aus der Sozialversicherung oder auf Grund des Beamtenrechts* sollen den Schädiger nicht entlasten. Das ergibt sich aus den gesetzlichen Bestimmungen (vgl. etwa § 116 SGB X, dazu § 29 Rdnr. 7; § 87 a BBG; § 52 BRRG), wonach die Ansprüche des Geschädigten kraft Gesetzes mit ihrer Entstehung auf den Versicherungsträger bzw. den Dienstherrn übergehen. Wegen dieses gesetzlichen Forderungsübergangs stellt sich hier das Problem der Vorteilsausgleichung nicht; denn der Geschädigte erlangt keinen Vorteil.

26   dd) Entsprechendes gilt bei der *Schadensversicherung* (Feuer, Diebstahl). Soweit der Versicherer dem geschädigten Versicherungsnehmer den Schaden ersetzt, geht der Schadensersatzanspruch gegen den Schädiger auf den Versicherer über (§ 67 VVG).

27   ee) *Leistungen aus einer privaten Lebens- oder Unfallversicherung* des Geschädigten sind nicht anrechenbar; denn der Geschädigte hat

sich in seinem Interesse versichern lassen und die Versicherungs-
prämien nicht zu dem Zweck gezahlt, den Schädiger von seiner
Schadensersatzpflicht zu entlasten (**Fall d;** vgl. BGHZ 19, 94; 73,
109). – Hat dagegen der Schädiger die Versicherung abgeschlossen
und leistet der Versicherer an den Geschädigten, so ist das bei der
Schadensberechnung zu berücksichtigen; denn das bezweckte der
Versicherungsnehmer (vgl. RGZ 152, 200).

ff) *Freiwillige Leistungen eines Dritten*, die nach dessen Willen dem   **28**
Geschädigten zugute kommen sollen, werden nicht angerechnet
(vgl. BGHZ 21, 117; **Fall d**). Anders ist es, wenn der Dritte mit
seiner Leistung letztlich den Schädiger entlasten will (vgl. § 267).

d) Abzutretende Schadensersatzansprüche gegen Dritte

Liegt der Schaden im *Verlust einer Sache oder eines Rechts* und be-   **29**
steht deshalb gegen eine Person ein Schadensersatzanspruch, dann
ist diese zum Ersatz nur verpflichtet, wenn ihr der Geschädigte die
Ansprüche abtritt, die ihm auf Grund des Eigentums oder aufgrund
des Rechts gegen Dritte zustehen (§ 255).

Beispiel: A leiht ihrer Freundin B ihren Schmuck. Dieser wird der B infolge ihres Verschuldens durch D gestohlen. A hat einen Schadensersatzanspruch
gegen B. Außerdem kann sie von D Herausgabe des Schmucks verlangen. Aus
§ 255 ist zu entnehmen, dass weder B noch D sich darauf berufen können, A
habe einen anrechenbaren Vorteil erlangt, weil sie einen Anspruch gegen den
anderen habe. Es steht der A frei, an wen sie sich wendet. Erhält sie von D den
Schmuck zurück, hat sie keinen Anspruch gegen B mehr, da es nun an einem
Schaden fehlt. Sie kann aber auch von B Schadensersatz verlangen. Leistet B
Ersatz, würde A bereichert werden, da sie noch gegen D vorgehen kann. Es wäre
nicht gerechtfertigt, wenn A schließlich von B Schadensersatz und von D den
Schmuck bekommt. Deshalb muss sie der B ihre Ansprüche gegen D abtreten.

§ 255 beruht also auf dem Gedanken der Vorteilsausgleichung.   **30**
Nur der Weg ist hier besonders geregelt: Es erfolgt keine Anrechnung bei der Ermittlung des Schadens. Vielmehr sind alle Ansprüche, die der Geschädigte gegen einen Dritten auf Grund des Eigentums an der Sache (oder auf Grund des Rechts) hat, abzutreten.
Die Abtretung hat Zug um Zug zu erfolgen. Der in Anspruch genommene Schädiger hat ein Zurückbehaltungsrecht (§ 273; § 13
Rdnr. 2 ff.).

5. Besonderheiten beim Ersatz von Alt durch Neu

31   Beim Ersatz von Alt durch Neu erhält der Geschädigte nicht nur einen Schadensausgleich, sondern einen zusätzlichen Vermögensvorteil. Das aber widerspricht dem Grundgedanken des Schadensersatzrechts. Diese Problematik kann sowohl bei Naturalherstellung als auch beim Geldersatz auftreten.

Hat A schuldhaft den Anzug des B beschädigt und entscheidet sich B für *Naturalherstellung*, so scheidet ein Flicken des Anzugs aus, weil diese Art des Schadensersatzes dem B, der keine geflickten Anzüge trägt, unzumutbar ist. Aus dem gleichen Grund kommt auch die Lieferung eines entsprechenden, bereits von einem anderen getragenen Anzugs nicht in Betracht. Es bleibt nur die Übereignung eines neuen Anzugs entsprechender Qualität übrig. Dadurch würde aber der Gläubiger zu gut gestellt, da der beschädigte Anzug nicht mehr neuwertig war.

Entscheidet der Gläubiger (B) sich für *Geldersatz* (§ 249 II 1), so scheidet eine Geldleistung zum Ausflicken des Anzugs aus den genannten Gründen aus. Zahlt der Schuldner (A) den Gebrauchtwert, dann kann der Gläubiger sich mit diesem Betrag nur einen gebrauchten Anzug kaufen; das aber kommt für ihn nicht in Betracht. Will er einen neuen Anzug, muss er selbst einen Betrag dazulegen, um ihn kaufen zu können. Ist er dazu nicht in der Lage, stellt sich die Problematik wie bei der Naturalherstellung.

32   Die Lösung wird wie folgt zu finden sein: Zunächst ist festzustellen, ob dem Gläubiger eine Ausbesserung der beschädigten Sache oder Lieferung einer gebrauchten Ersatzsache als Schadensersatz zumutbar ist. Das ist beim Pkw eher der Fall als bei einem Kleidungsstück. War der Anzug schon geflickt, so wird eine Ausbesserung genügen. Kommt aber nur Lieferung einer neuen Sache in Frage, dann ist diese bei Naturalherstellung regelmäßig gegen Ausgleichung des Mehrwerts zu leisten (Gedanke der Vorteilsausgleichung; BGHZ 30, 29; str.). Bei Geldersatz ist vom Wiederbeschaffungspreis für eine neue Sache ein entsprechender Abzug zu machen. Nur ausnahmsweise ist der Mehrwert nicht auszugleichen bzw. ein Abzug vom Wiederbeschaffungspreis unzulässig, wenn das für den Geschädigten unzumutbar ist, weil er sich sonst die neue Sache nicht beschaffen könnte (§ 242; Larenz, § 29 II a).

Verursacht A an dem Wagen des B einen Totalschaden, muss er den Nennwert ohne Abzug erstatten, wenn der Wagen erst 1000 km gelaufen ist (BGH

NJW 1982, 433; NJW 1983, 2694). Bei einer höheren Fahrleistung ist ein Abschlag vom Neupreis zu machen (Faustregel: 1% für je 1000 km).

6. Ersatz von Vorsorgekosten

Schrifttum: Braun/Spiess, Fangprämie für Ladendiebe als Rechtsproblem, **33** MDR 1978, 356; Canaris, Zivilrechtliche Probleme des Warenhausdiebstahls, NJW 1974, 523; Danner/Echtler, Grundzüge für die Berechnung von Vorhaltckosten, VersR 1986, 717; dies., Rechnerisches Verfahren zur Ermittlung der Reservehaltungskosten – Vorhaltekosten für Fahrzeuge im Güterkraft- und Personenverkehr, VersR 1988, 335; Hagmann, Der Umfang der Ersatzpflicht des Ladendiebes, JZ 1978, 133; Klimke, Grundzüge für die Berechnung von Vorhaltekosten, VersR 1985, 720; Littbarski, Die Entwicklung der Rechtsprechung des BGH zu den Vorhaltekosten bei Verwendung von Reservefahrzeugen, BB 1980, 1448; Mertins, Zum Umfang des Schadenersatzes beim Ladendiebstahl, JR 1980, 357; Ruhwedel, Vorhaltekosten und ihre Ersetzbarkeit, JuS 1982, 27; J. Schmidt, Vorsorgekosten und Schadensersatz, JZ 1974, 73.

Streitig ist, ob auch die sog. Vorsorgekosten vom Schädiger zu ersetzen sind. Darunter versteht man Aufwendungen, die schon vor der Schädigung zwecks Vermeidung oder Verringerung des Schadens gemacht werden.

Beispiele: Ein Verkehrsbetrieb unterhält Reservewagen für durch Fremdschädigung verursachte Ausfälle von Fahrzeugen. Ein Warenhaus beschäftigt Hausdetektive, lässt Beobachtungskameras anbringen und setzt Fangprämien für die Ergreifung von Ladendieben aus.

M. E. ist die Frage, ob der Geschädigte die anteiligen Kosten für diese Maßnahmen vom Schädiger ersetzt verlangen kann, wie folgt zu beantworten:

a) Kosten der Schadensabwendung oder -minderung

Liegt die Vorbeugemaßnahme auch im Interesse des Schädi- **34** gers, weil der Schadensumfang klein gehalten wird, ist der Schädiger zum Ersatz der anteiligen Kosten verpflichtet. Das ergibt sich schon aus § 254 II 1, wonach der Geschädigte im Interesse des Schädigers gehalten ist, den Schaden abzuwenden oder zu mindern (Rdnr. 41).

Die Reservehaltung von Fahrzeugen durch den Verkehrsbetrieb kommt dem Schädiger zugute; denn ohne sie hätte er den (höheren) Verdienstausfall zu ersetzen. Deshalb ist es gerechtfertigt, dass er die (geringeren) anteiligen Kosten für die Vorsorgemaßnahme ersetzt. Voraussetzung ist jedoch, dass der Geschädigte die Aufwendungen zwecks Verringerung des Schadens machte und für erforderlich halten durfte. Die vorsorglich getroffenen Aufwendungen sind bis zur Höhe des Schadens zu ersetzen, der ohne Vorsorgemaßnahmen entstanden wäre (vgl. BGHZ 32, 284; 70, 199).

b) Kosten der Schadensermittlung und -abwicklung

35   Traf der Geschädigte die Vorbeugemaßnahme dagegen nur im eigenen Interesse, kommt sie nicht dem Schädiger zugute, so dass die in § 254 II 1 zum Ausdruck gekommene Wertung nicht eingreift. Deshalb hat der Schädiger die anteiligen Kosten nicht zu ersetzen.

Der ertappte Ladendieb hat zwar hinsichtlich der gestohlenen Waren Ersatz zu leisten; Bearbeitungskosten (Anteil an Detektiv- und Bürounkosten) hat er aber nicht zu erstatten (BGHZ 75, 230). Zum Ersatz der ausgesetzten Fangprämie ist der Täter nur insoweit verpflichtet, als diese nicht unangemessen hoch ist (BGH, a. a. O.).

III. Mitwirkendes Verschulden des Geschädigten

36   **Schrifttum:** Berger, Mitverursachung und Mitverschulden, VersR 1987, 542; Dunz, Eigenes Mitverschulden und Selbstwiderspruch, NJW 1986, 2234; Greger, Mitverschulden und Schadensminderungspflicht – Treu und Glauben im Haftungsrecht?, NJW 1985, 1130; J. Hager, Das Mitverschulden von Hilfspersonen und gesetzlichen Vertretern des Geschädigten, NJW 1989, 1640; Henke, Die Versäumnisse Dritter und die Zurechnung als Mitverschulden des Geschädigten, JuS 1990, 30; ders., Die Bewältigung des Mitverschuldens – eine anspruchsvolle juristische Technik, JuS 1991, 265; Th. Honsell, Die Quotenteilung im Schadensersatzrecht, 1977; Lepa, Inhalt und Grenzen der Schadensminderungspflicht, DRiZ 1994, 161; F. Peters, Der Einwand des Mitverschuldens gegenüber Erfüllungsansprüchen, JZ 1995, 754; H. Roth, Haftungseinheiten bei § 254 BGB, 1982; Schnabel, Nichterhebung der Verjährungseinrede als Mitverschulden, NJW 2000, 3191; Schreiber, „Kinder haften für ihre Eltern", Jura 1994, 164; Wochner, Einheitliche Schadensteilungsnorm im Haftpflichtrecht, 1972; Zeuner, Zum Verhältnis zwischen Fremd- und Eigenverantwortlichkeit im Haftungsrecht, Festschrift f. Medicus, 1999, 693.

1. Bedeutung

Hat der Geschädigte selbst bei Eintritt oder Vergrößerung des
Schadens in zurechenbarer Weise mitgewirkt **(Fall e)**, würde es
dem Grundsatz von Treu und Glauben widersprechen, wenn er
vom Schädiger Ersatz des ganzen Schadens verlangen könnte. Deshalb hängt es nach § 254 bei mitwirkendem Verschulden des Geschädigten von den Umständen des Einzelfalls ab, ob ein Schadensersatzanspruch gemindert ist oder sogar gänzlich entfällt. Dabei ist
zu beachten, dass § 254 keine selbständige Anspruchsgrundlage, sondern eine Einwendung gegenüber einem Schadensersatzanspruch
ist.

Während im gemeinen Recht ein mitwirkendes Verschulden den Ersatzanspruch ausschloss, sofern der Schädiger nicht vorsätzlich gehandelt hatte, rückt
§ 254 von diesem Alles oder Nichts-Prinzip ab. Die Vorschrift räumt dem
Richter im Prozess die Befugnis ein, die besonderen Umstände des Einzelfalls
frei zu würdigen.

Viele Schadensersatzansprüche aus Verkehrsunfällen werden nur deshalb
nicht außergerichtlich abgewickelt, weil Schädiger und Geschädigter sich nicht
darüber einigen können, zu welcher quotalen Aufteilung des Schadens § 254
führt. Hat das Gericht in einem Grundurteil (§ 304 ZPO) rechtskräftig ausgesprochen, dass der eingeklagte Ersatzanspruch dem Grunde nach z. B. zur Hälfte
gerechtfertigt ist, dann einigen sich die Prozessparteien oft außergerichtlich
über den zu ersetzenden Betrag.

2. Voraussetzungen

a) Verschulden des Geschädigten

Nach dem Wortlaut des § 254 muss ein Verschulden des Ge- **37**
schädigten mitgewirkt haben. Damit ist nicht ein Verschulden des
Geschädigten gegenüber einem anderen (vgl. dazu § 20 Rdnr. 2 ff.)
gemeint; denn es besteht keine Rechtspflicht gegenüber dem Schädiger, die der Geschädigte schuldhaft verletzen könnte. § 254 stellt
auf ein Verschulden gegen sich selbst ab (Obliegenheitsverletzung).
Wenn der Geschädigte die im Verkehr erforderliche Sorgfalt zur
Vermeidung eigenen Schadens außer Acht lässt, kann man ihm
daraus keinen Vorwurf machen. Aber dieses Verschulden im un-
technischen Sinn führt nach § 254 dazu, dass der Geschädigte seinen dadurch verursachten Schaden selbst zu tragen hat.

38   Verschulden setzt auch hier Verschuldensfähigkeit voraus (vgl. § 276 I 2;
§ 20 Rdnr. 4 ff.). Demgegenüber soll nach anderer Ansicht (Esser/Schmidt, SR
Bd. I 2, § 35 I 3 b) § 254 auch bei Verschuldensunfähigkeit des Geschädigten
anzuwenden sein, so dass ein Deliktsunfähiger sich sein Fehlverhalten anrechnen lassen müsste. Es widerspricht jedoch dem gesetzgeberischen Ziel des
Minderjährigenschutzes, wenn man das Risiko der Haftung des Schädigers
ganz oder teilweise auf den verlagern wollte, der sich mangels Einsicht vor
Gefahren nicht schützen kann. Maßgebend für die Verschuldensfähigkeit sind
die entsprechend anzuwendenden §§ 827, 828, wobei auch der Gedanke des
§ 829 herangezogen werden kann (vgl. BGHZ 37, 102). Deshalb scheidet ein
mitwirkendes Verschulden z. B. bei einem noch nicht sieben Jahre alten geschädigten Kind regelmäßig aus (vgl. aber Rdnr. 45 ff.). Im Übrigen ist jeder
Grad des Verschuldens (Vorsatz, Fahrlässigkeit; § 276; § 20 Rdnr. 7 ff.) zu
berücksichtigen.

39   Das Verschulden des Geschädigten kann sich auf ein Tun oder
Unterlassen beziehen; es kann bei oder nach Eintritt des schädigenden Ereignisses bestehen.

Beispiele: Der Fußgänger geht bei Dunkelheit auf der rechten Straßenseite,
anstatt den an der linken Seite befindlichen Fußgängerweg zu benutzen; er
wird von einem ohne Licht fahrenden Radfahrer erfasst und verletzt. Er hätte
im letzten Augenblick noch zur Seite springen und dadurch den Unfall vermeiden können. Die erlittene Verletzung lässt er nicht von einem Arzt behandeln; dadurch vergrößert sich der Schaden. Siehe auch **Fall e.**

40   Zwei Fälle des *Unterlassungsverschuldens* werden in § 254 II 1 besonders genannt:

aa) Der Geschädigte hat es schuldhaft unterlassen, den Schädiger
*auf die Gefahr eines ungewöhnlich hohen Schadens aufmerksam zu ma-
chen*, die der Schädiger weder kannte noch kennen musste.

Dabei genügt ein allgemeiner Hinweis, dass ein Schaden eintreten könne,
nicht; vielmehr muss der konkret drohende Schaden schon näher dargestellt
werden, damit dem anderen die Folgen eines zum Schadensersatz verpflichtenden Handelns vor Augen geführt werden. **Beispiel:** Der Bankkunde weist
seine Bank darauf hin, dass die Geldüberweisung noch am selben Tage erfolgen müsse, weil ihm sonst der Verlust eines Patents drohe. Unterlässt er diesen
Hinweis, kann er jedenfalls nicht Ersatz des ganzen Schadens verlangen.

41   bb) Der Geschädigte hat es schuldhaft unterlassen, den *Schaden
abzuwenden oder zu mindern*.

Ihn trifft die Pflicht, alles ihm Zumutbare zu tun. So muss z. B. der Radfahrer bremsen, wenn er erkennt, dass ein Pkw ihm die Vorfahrt nimmt; der Kfz-

Insasse hat den Sicherheitsgurt anzulegen (BGHZ 74, 25 ff.; vgl. auch BGHZ 83, 71; BGH NJW 1993, 53; NJW 2001, 1485), der Motorradfahrer einen Schutzhelm zu tragen (BGH NJW 1965, 1075). Der Unfallverletzte muss sich in ärztliche Behandlung begeben und sich notfalls einer nicht besonders gefahr- und schmerzvollen Operation unterziehen, wenn Aussicht auf Heilung oder jedenfalls Besserung besteht. Kann er infolge seiner Verletzung seinen bisherigen Beruf nicht mehr ausüben, hat er sich auf einen anderen umschulen zu lassen. Im Einzelfall ist aber immer zu prüfen, ob dem Verletzten ein solches Tun zumutbar ist. Entstehen ihm dadurch Aufwendungen (z. B. Operations-, Umschulungskosten), so sind sie ihm vom Schädiger als Teil des Schadens zu ersetzen (BGHZ 32, 280).

Zur Schadensminderungspflicht gehört jedoch nicht, dass der Geschädigte, dessen Pkw zu Beginn einer Urlaubsreise einen Totalschaden erleidet, sich unter Verzicht auf einige Urlaubstage ein Ersatzfahrzeug beschafft, anstatt die Fahrt mit einem Mietwagen fortzusetzen; er darf aber nicht auf das erstbeste Angebot eingehen, sondern muss ein oder zwei Konkurrenzangebote einholen (BGH NJW 1985, 2637, 2639). – Auch die Aufnahme von Krediten zur Vorfinanzierung der Schadensregulierung ist dem Geschädigten nur ausnahmsweise zumutbar (BGH ZIP 1988, 1402).

b) Sach- oder Betriebsgefahr des Geschädigten

Obwohl § 254 von einem Verschulden des Geschädigten aus- **42** geht, muss diese Bestimmung auch dann angewandt werden, wenn auf seiten des Geschädigten kein Verschulden, sondern nur eine Sach- oder Betriebsgefahr mitgewirkt hat, welche dem Geschädigten aus dem Gesichtspunkt der Gefährdungshaftung (BS § 46) zuzurechnen ist. Die Berücksichtigung einer solchen Sach- oder Betriebsgefahr rechtfertigt sich aus dem § 254 zugrunde liegenden Gedanken, dass der Schaden von allen Beteiligten zu tragen ist, denen die den Schaden bedingenden Ursachen aus irgendeinem Rechtsgrund zuzurechnen sind.

Beispiel: Durch Verschulden des Radfahrers A wird der anfahrende Pkw des B beschädigt. Hier muss sich B die Betriebsgefahr seines Pkw nach § 254 auf seinen Schadensersatzanspruch aus § 823 I anrechnen lassen; denn nach § 7 I StVG (vgl. BS § 46 Rdnr. 3 ff.) hat er für die Betriebsgefahr seines Pkw einzustehen. Die Anrechnung der Betriebsgefahr hat jedoch zu unterbleiben, wenn der Zusammenstoß mit A für B durch höhere Gewalt verursacht wurde (vgl. § 7 II StVG; BS § 46 Rdnr. 10 ff.).

§ 254 ist auch dann zu berücksichtigen, wenn der Schädiger aus **43** einem Tatbestand der Gefährdungshaftung schadensersatzpflichtig ist und den Geschädigten an der Entstehung des Schadens ein Mit-

verschulden trifft. Die Anwendung des § 254 bei einem Mitverschulden des Verletzten im Rahmen der Gefährdungshaftung ist in
mehreren Fällen sogar gesetzlich bestimmt (z.B. § 9 StVG; vgl. BS
§ 46 Rdnr. 15; § 4 HaftpflG).

Ist der Schädiger nur aus Gefährdungshaftung zum Schadensersatz verpflichtet und hat auf Seiten des Geschädigten eine Sach-
oder Betriebsgefahr den Schaden mitverursacht, so findet § 254
ebenfalls Anwendung. In verschiedenen Fällen der Gefährdungshaftung hat der Gesetzgeber besonders angeordnet, dass auf Seiten des
Geschädigten eine diesem zuzurechnende Sach- oder Betriebsgefahr
zu berücksichtigen ist (z.B. § 17 I 2 StVG; vgl. BS § 46 Rdnr. 15).

c) Selbstgefährdung des Geschädigten

44   Auch beim *Handeln auf eigene Gefahr*, d.h. bei einer bewussten
Selbstgefährdung des Verletzten (z.B. jemand lässt sich von einem
betrunkenen Kraftfahrer mitnehmen und verunglückt), wendet der
BGH § 254 an (BGHZ 34, 355). Er hat damit die Konstruktion
eines (fiktiven) vertraglichen Haftungsausschlusses aufgegeben.

d) Mitverschulden des gesetzlichen Vertreters oder Ge-hilfen des Geschädigten

45   § 254 ist zum Nachteil des Geschädigten auch dann zu berücksichtigen, wenn sein gesetzlicher Vertreter oder sein Gehilfe den
Schaden mitverschuldet hat. § 254 II 2 bestimmt: Die Vorschrift
des § 278 findet entsprechende Anwendung. Diese unglückliche
Formulierung hat zu manchen Streitfragen Anlass gegeben. Um
diese zu verstehen, ist es unerlässlich, sich zunächst die Verantwortlichkeit für fremdes Verschulden (§ 20 Rdnr. 23 ff.) klarzumachen.

aa) Aus der entsprechenden Anwendung des § 278 folgt, dass
sich der Geschädigte das Verschulden seines gesetzlichen Vertreters
(§ 20 Rdnr. 26 f.) und seines Erfüllungsgehilfen (§ 20 Rdnr. 28 ff.)
anrechnen lassen muss.

46   bb) § 254 II 2 bezieht sich seiner Stellung nach nur auf die in
§ 254 II 1 genannten Fälle des Unterlassungsverschuldens. Eine
entsprechende Anwendung des § 278 ist aber ebenso bei einer
Mitverursachung nach § 254 I geboten. § 254 II 2 ist also als Ab-

satz III zu lesen, der sich auf Absatz II und auf Absatz I bezieht. Es handelt sich hier nämlich um ein Redaktionsversehen.

cc) § 278 setzt ein bestehendes Schuldverhältnis voraus. Dem- **47** nach wendet ihn die ständige höchstrichterliche Rechtsprechung nur dann entsprechend an, wenn schon im Zeitpunkt der Schädigung eine schuldrechtliche Beziehung zwischen Schädiger und Geschädigtem besteht (seit RGZ 62, 346).

Beispiel: Der Meister M schickt seinen Gehilfen G mit seinem Fahrrad zu einer Besorgung. Ein anderer Radfahrer R verletzt die Vorfahrt. Es kommt zum Unfall, bei dem das Rad des M beschädigt wird. R ist dem M nach § 823 schadensersatzpflichtig. Auch wenn G durch unvorsichtiges Fahren den Unfall mitverschuldet hat, ist § 278 nach § 254 II 2 deshalb nicht entsprechend anzuwenden, weil kein Schuldverhältnis zwischen M und R bestand.

Außerhalb von Schuldverhältnissen tritt eine Haftung für Hilfs- **48** personen nur ein, wenn der Tatbestand des § 831 (Haftung für Verrichtungsgehilfen; § 20 Rdnr. 43 u. BS § 42 Rdnr. 3 ff.) erfüllt ist. Dieser Haftungsmaßstab muss auch dann gelten, wenn dem Geschädigten das Handeln seines Verrichtungsgehilfen als mitwirkendes Verschulden entgegengehalten wird (RGZ 77, 211; BGHZ 1, 248). Deshalb ist § 254 II 2 so zu lesen: Die Vorschriften der §§ 278, 831 finden entsprechende Anwendung.

Im obigen Beispiel muss sich M ein mitwirkendes Verschulden anrechnen lassen, wenn § 831 gegeben ist. Kann M den Entlastungsbeweis führen (§ 831 I 2; § 20 Rdnr. 42 u. BS § 42 Rdnr. 6 ff.), entfällt § 254; R muss den Schaden in vollem Umfang ersetzen.

Diese Rechtsprechung wird im Schrifttum vielfach abgelehnt. Es wird die Auffassung vertreten, im Rahmen des § 254 sei immer (auch wenn vorher noch kein Schuldverhältnis bestanden habe) § 278 entsprechend anzuwenden. Wenn nämlich bei unerlaubter Handlung der Geschädigte sich nach § 831 entlasten könnte, dann hätte der Schädiger das Verhalten des Gehilfen des Geschädigten mitzuvertreten; das sei unbillig. Dieser Vorwurf richtet sich letztlich gegen den Entlastungsbeweis des § 831.

dd) Wenngleich die Rechtsprechung für die Anwendung des **49** § 278 eine bestehende Verbindlichkeit oder etwas einer Verbindlichkeit Ähnliches voraussetzt (vgl. RGZ 75, 258), so hat sie doch den Begriff des Erfüllungsgehilfen weiter gefasst. Es ist nicht erforderlich, dass der Gehilfe in Erfüllung einer Verbindlichkeit des Geschädigten gegenüber dem Schädiger gehandelt hat; vielmehr muss es für die Anwendung des § 278 im Rahmen des § 254 genügen, dass sich der Geschädigte der Hilfsperson zur Wahrung seiner eigenen Belange bedient hat (vgl. BGHZ 3, 46).

Im **Fall f** muss B sich das Mitverschulden seines Fahrers gem. § 278 zurechnen lassen. Diese Zurechnung kann nicht mit § 166 I begründet werden; denn es geht nicht um die rechtlichen Folgen einer Willenserklärung.

3. Rechtsfolgen

50   Liegen die Voraussetzungen des § 254 vor, so hängen die Ersatzpflicht und ihr Umfang von den Umständen, insbesondere davon ab, inwieweit der Schaden vorwiegend von dem einen oder dem anderen Teile verursacht worden ist (§ 254 I a.E.). Der Richter muss also im Streitfall alle Umstände des Einzelfalls würdigen. Dabei ist vor allem auf den Grad der beiderseitigen Verursachung im Sinne der Adäquanz (§ 30 Rdnr. 8) abzustellen. Daneben ist auch das Maß des beiderseitigen Verschuldens gegeneinander abzuwägen (vgl. BGH VersR 1968, 1093).

Im Ergebnis kann es zu einer Verteilung des Schadens nach Quoten kommen; es ist auch möglich, dass der Schädiger den vollen Schaden zu ersetzen hat (z.B. wenn er vorsätzlich, der Geschädigte aber nur leicht fahrlässig gehandelt hat; vgl. BGH NJW 1982, 1756; vgl. ferner BGH NJW 2002, 1335, wonach fehlendes Misstrauen des Darlehensgebers gegenüber dem Wort des mit ihm befreundeten Darlehensnehmers im Verhältnis zu dessen Aufklärungsverschulden nicht ins Gewicht fällt). Denkbar ist aber auch der umgekehrte Fall, dass die Schadensersatzpflicht wegen § 254 ganz entfällt (z.B. wenn den Geschädigten ein besonders schweres Verschulden trifft, der Schädiger jedoch ohne Verschulden nur wegen einer Sach- oder Betriebsgefahr haftet).

Zehntes Kapitel
Beteiligung Dritter am Schuldverhältnis

§ 32. Vertrag zu Gunsten Dritter

Schrifttum: Bayer, Der Vertrag zugunsten Dritter, 1995; Dörner, Dyna- **1** mische Relativität, 1985; Hadding, Zur Auslegung des § 335 BGB, AcP 171, 403; ders., Der Bereicherungsausgleich beim Vertrag zu Rechten Dritter, 1970; ders., Schuldverhältnis und Synallagma beim Vertrag zu Rechten Dritter, Festschrift f. Gernhuber, 1993, 153; Hassold, Zur Leistung im Dreipersonenverhältnis, Anweisung und Vertrag zugunsten Dritter als Modell, 1981; Kaduk, Fragen zur Zulässigkeit von Verfügungen zugunsten eines Dritten, Festschrift f. Larenz, 1983, 303; Martens, Rechtsgeschäft und Drittinteressen, AcP 177, 113; Medicus, Drittbeziehungen im Schuldverhältnis, JuS 1974, 613; Papanikalaou, Schlechterfüllung beim Vertrag zugunsten Dritter, 1977; F. Peters, Zu den bereicherungsrechtlichen Folgen eines mangelhaften Vertrages zu Rechten Dritter, AcP 173, 71; Raab, Austauschverträge mit Drittbeteiligung, 1999.

Fälle:

a) K kauft im eigenen Namen bei V eine Waschmaschine für seine Mutter M mit der Abrede, dass M selbst von V Übereignung der Maschine verlangen kann. Infolge unsachgemäßer Montage entsteht in der Wohnung der M ein Wasserschaden. Wem steht ein vertraglicher Schadensersatzanspruch zu?

b) K kauft beim Händler V ein Fernsehgerät. Da V das Modell nicht vorrätig hat, vereinbart er mit seinem Großhändler G, dieser solle unmittelbar an K liefern. Von wem kann K Erfüllung verlangen?

c) Um seinem Patenkind P eine Aussteuer zu sichern, errichtet der Kaufmann K bei der Bank B ein Sparkonto auf den Namen der P und zahlt 50 000 Euro ein. Er vereinbart mit der Bank, dass das Geld im Falle seines Todes der P gehören solle. Nach dem Tod des K verlangen dessen Erben und die P von B das Geld.

I. Arten und Abgrenzung

1. Arten

Während beim vertraglichen Schuldverhältnis der Schuldner im Regelfall nur an seinen Vertragspartner zu leisten hat, muss er beim Vertrag zu Gunsten Dritter die Leistung einem Dritten erbringen.

Der Schuldner wird hier als Versprechender, der Gläubiger als Versprechensempfänger und der Dritte als Begünstigter bezeichnet.

Beispiel: K (Versprechensempfänger) kauft für seine Mutter (Begünstigte) bei V (Versprechender) eine Waschmaschine **(Fall a)**.

Man unterscheidet zwei Arten des Vertrages zu Gunsten Dritter.

a) Echter Vertrag zu Gunsten Dritter

2   Beim echten oder berechtigenden Vertrag zu Gunsten Dritter erwirbt der Dritte aus diesem Vertrag einen Anspruch gegen den Schuldner (§ 328 I).

Beispiele: Lebensversicherungsvertrag des Ehemannes zu Gunsten seiner Ehefrau; Kaufvertrag im **Fall a**.

b) Unechter Vertrag zu Gunsten Dritter

3   Um einen unechten (ermächtigenden) Vertrag zu Gunsten Dritter, der von den §§ 328 ff. nicht erfasst wird, handelt es sich, wenn der Schuldner zwar an einen Dritten leisten, der Dritte aber keinen Anspruch auf die Leistung haben soll.

Im **Fall b** erwirbt K keinen Anspruch gegen G; er kann nur von V Lieferung des Geräts verlangen. Gläubiger des G ist allein V; nur dieser hat einen Anspruch gegen G auf Leistung an K.

Abweichend vom Regelfall des § 362 I wird hier der Schuldner ermächtigt und verpflichtet, seine Verbindlichkeit durch Leistung an einen Dritten zu erfüllen. Im Übrigen bestehen keine rechtlichen Besonderheiten gegenüber einem Vertrag, an dem Dritte nicht beteiligt sind. In Rdnr. 7 ff. wird daher nur der echte Vertrag zu Gunsten Dritter behandelt.

2. Abgrenzung

4   Ob im Einzelfall ein echter, d. h. den Dritten berechtigender, oder ein unechter Vertrag zu Gunsten Dritter vorliegt, ist durch Vertragsauslegung (§§ 133, 157) zu ermitteln. Soweit nicht eine ausdrückliche Vereinbarung (wie im **Fall a**) getroffen ist, sind die gesamten Umstände, vor allem der Vertragszweck, zu berücksichtigen (§ 328 II).

Außerdem enthält das Gesetz in §§ 329, 330 Auslegungsregeln.   5
So sind Lebensversicherungs- oder Leibrentenverträge zu Gunsten
eines Dritten sowie die Vereinbarung einer Abfindung an Dritte in
Verträgen über Vermögens- oder Gutsübernahmen im Zweifel als
echte Verträge zu Gunsten Dritter anzusehen (§ 330).

Der Gesetzgeber geht hier mit Recht davon aus, dass bei Verträgen, welche
die Versorgung eines Dritten bezwecken, diesem in der Regel ein eigener
Anspruch gegen den Versprechenden eingeräumt werden soll.

Demgegenüber ist ein Vertrag, durch den sich jemand gegen-   6
über einem Schuldner verpflichtet, dessen Gläubiger zu befriedigen
(Erfüllungsübernahme), im Zweifel ein unechter Vertrag zu Gunsten Dritter (§ 329).

Verspricht z. B. F seinem Freund S, dessen Bankschulden zu begleichen, so
soll nach dem Willen der Parteien normalerweise die Bank nicht einen zusätzlichen Schuldner erhalten; denn F will nur seinem Freund und nicht der Bank
helfen. – Ganz allgemein wird man einen Rechtsanspruch des Dritten zu verneinen haben, wenn die Vereinbarung zwischen Gläubiger und Schuldner nur
dazu dient, die Vertragsabwicklung zu erleichtern. So wird im **Fall b** durch
die Lieferung von G an K der Umweg über V vermieden.

II. Rechtsbeziehungen zwischen den Beteiligten

Beim *echten* Vertrag zu Gunsten Dritter sind die Rechtsbe-   7
ziehungen zwischen Versprechendem und Versprechensempfänger
(Deckungsverhältnis), zwischen Versprechensempfänger und Drittem (Zuwendungs- oder Valutaverhältnis) sowie zwischen Versprechendem und Drittem zu unterscheiden. Das Deckungsverhältnis wird deshalb so bezeichnet, weil der Versprechende aus ihm
(jedenfalls bei entgeltlichem Vertrage) die Gegenleistung, also die
Deckung für seine Leistung an den Dritten erwirbt. Das Zuwen-
dungs- oder Valutaverhältnis gibt Aufschluss darüber, aus welchem
Rechtsgrund der Versprechensempfänger die Leistung dem Dritten
durch den Versprechenden zuwendet.

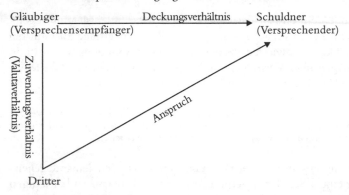

1. Deckungsverhältnis

a) Vertrag zwischen Versprechendem und Versprechensempfänger

8   Für den Vertrag zwischen Versprechendem und Versprechensempfänger gilt der Grundsatz der Vertragsfreiheit. Der Vertrag zu Gunsten Dritter ist kein eigenständiger Vertragstyp neben den im Besonderen Teil des Schuldrechts geregelten Vertragstypen. Vielmehr kann jeder typische (z.B. Kauf-, Mietvertrag) und atypische Vertrag als Vertrag zu Gunsten Dritter geschlossen werden.

Ein Anspruch des Dritten ergibt sich niemals allein aus § 328 I, sondern immer nur im Zusammenhang mit einem Anspruch etwa aus § 433, § 535.

Die Person des Dritten braucht zum Zeitpunkt des Vertragsschlusses noch nicht genau bestimmt zu sein; es reicht aus, dass sie bestimmbar ist.

Beispiel: Vereinbarung einer Garantie zwischen Hersteller und Großhändler zu Gunsten des noch nicht bestimmten Endabnehmers (vgl. BGHZ 75, 75).

b) Form des Vertrages

9   Für die Form des Vertrages zu Gunsten Dritter gelten die allgemeinen Regeln. Der Vertrag ist formfrei, sofern das Gesetz nicht ausnahmsweise etwas anderes bestimmt, wie etwa in § 311b.

Fraglich ist, ob der Vertrag zu Gunsten Dritter nicht dann einer Form bedarf, wenn er zur Deckung eines formbedürftigen Rechtsgeschäftes im Valutaverhältnis geschlossen wird.

Beispiel: Der Onkel verspricht seinem Neffen einen Sportwagen (vgl. § 518). Er schließt mit dem Autohändler einen entsprechenden Kaufvertrag zu Gunsten des Neffen.

Man ist sich darüber einig, dass das Deckungsverhältnis von Formerfordernissen des Valutaverhältnisses unberührt bleibt (BGHZ 54, 1457; 66, 9, 12). Das gilt auch dann, wenn vereinbart ist, dass die Leistung an den Dritten nach dem Tode des Versprechensempfängers erfolgen soll (§ 331 I) und im Valutaverhältnis eine Schenkung von Todes wegen (§ 2301) vorliegt.

Im **Fall c** bedurfte der Sparvertrag zwischen K und B zu Gunsten der P nicht der Form des § 518 oder der des § 2301. Auf Grund des wirksamen Vertrages hat P einen Anspruch gegen B auf Auszahlung des Guthabens erlangt (§§ 488, 328, 331). Das Hauptproblem in diesem Fall liegt allerdings darin, ob zwischen K und P ein Schenkungsvertrag zustande gekommen ist oder ob die P mangels eines solchen Rechtsgrundes einem Bereicherungsanspruch der Erben des K ausgesetzt ist. Siehe dazu etwa BGHZ 46, 198; RGZ 83, 223 (sog. Bonifatius-Fall); Brox, ErbR Rdnr. 728 ff.; Medicus, BürgR Rdnr. 394 ff.

c) Rechtsstellung des Dritten

Das Deckungsverhältnis ist maßgebend für die Rechtsstellung 10 des Dritten gegenüber dem Versprechenden. Danach richtet es sich, ob der Dritte den Anspruch sofort, erst später oder unter bestimmten Voraussetzungen erwirbt (vgl. §§ 328 II, 331 I). Nach dem Deckungsverhältnis bestimmt sich auch, ob die Vertragsparteien dem Dritten die erlangte Rechtsposition wieder entziehen können (§§ 328 II, 332, 331 II). Dieses Verhältnis ist weiterhin für die Einwendungen entscheidend, welche der Versprechende dem Dritten entgegensetzen kann (§ 334; Rdnr. 14).

d) Rechtsstellung des Versprechensempfängers

Ob neben dem Dritten auch der Versprechensempfänger den 11 Anspruch gegen den Versprechenden geltend machen kann, ergibt sich ebenfalls aus dem Deckungsverhältnis. Im Zweifel ist er dazu berechtigt; er kann aber nur Leistung an den Dritten verlangen (§ 335).

2. Valutaverhältnis

12 Normalerweise wird der Versprechensempfänger den Versprechenden nur dann zur Leistung an den Dritten veranlassen, wenn er dem Dritten hierzu verpflichtet ist. Diese Verpflichtung kann auf Vertrag (z.B. Kauf, Schenkung) oder Gesetz (z.B. Unterhaltspflicht) beruhen. Hat der Dritte vom Versprechenden die Leistung erhalten, ohne dass im Verhältnis von Versprechensempfänger und Drittem eine solche Verpflichtung bestand, kann der Versprechensempfänger das ohne Rechtsgrund Geleistete herausverlangen (§ 812; BS § 37 Rdnr. 10 ff.).

3. Verhältnis zwischen Versprechendem und Drittem

13 Da der Dritte das Recht gegen den Versprechenden auf Grund des Deckungsverhältnisses, also ohne sein Zutun, erhält, räumt das Gesetz ihm die Möglichkeit ein, das Recht zurückzuweisen; dann gilt das Recht rückwirkend als nicht erworben (§ 333).

III. Einwendungen und Einreden des Versprechenden

14 Da sich die Leistungsverpflichtung des Versprechenden gegenüber dem Dritten aus dem Deckungsverhältnis ergibt, kann der Versprechende dem Anspruch des Dritten die *Einwendungen* entgegenhalten, welche auf diesem Verhältnis beruhen (§ 334). Kann der Versprechende sich gegenüber dem Versprechensempfänger also etwa auf Nichtigkeit des Vertrages berufen, muss auch der Dritte das gegen sich gelten lassen.

Nach der Rechtsprechung soll der Versprechende mit einer Forderung gegen den Versprechensempfänger gegenüber dem Anspruch des Dritten nicht aufrechnen können, weil es an der Gegenseitigkeit fehle (BGH MDR 1961, 481).

Zu den Einwendungen i.S. des § 334 gehören auch die mit dem Vertrag in rechtlichem Zusammenhang stehenden *Einreden* (z.B. §§ 320, 273).

IV. Leistungsstörungen

Die Frage nach der Auswirkung von Leistungsstörungen ist des- **15** halb problematisch, weil Rechtsbeziehungen nicht nur zwischen den Vertragspartnern bestehen, sondern der begünstigte Dritte einen eigenen Anspruch gegen den Versprechenden hat.

1. Leistungsstörung durch den Versprechensempfänger

Keine besonderen Schwierigkeiten bestehen, wenn die Leistungsstörung vom Versprechensempfänger ausgeht. Dann hat der Versprechende gegenüber dem Versprechensempfänger die Rechte aus den §§ 280 ff. Diese kann er auch dem Dritten entgegenhalten (14).

2. Leistungsstörung durch den Versprechenden

Bei einer Leistungsstörung durch den Versprechenden können **16** sich sowohl für den Dritten als auch für den Versprechensempfänger Rechte ergeben:

a) Schadensersatzanspruch

Soweit der Versprechende wegen einer Leistungsstörung auf Schadensersatz in Anspruch genommen werden soll, kann regelmäßig der geschädigte Dritte, aber auch der Versprechensempfänger den Anspruch geltend machen (§ 335); der Versprechensempfänger muss jedoch Leistung an den Dritten verlangen.

Im **Fall a** steht sowohl M als auch K ein Anspruch aus §§ 280 I, 437 Nr. 3 zu; K kann jedoch nur Leistung an M verlangen.

b) Rücktrittsrecht

Der Dritte ist nicht zum Rücktritt (§ 323) berechtigt. Der **17** Rücktritt gestaltet das Vertragsverhältnis um (§ 18 Rdnr. 2, 16 ff.). An diesem ist der Dritte aber gar nicht beteiligt. Vertragspartner des Versprechenden ist allein der Versprechensempfänger. Deshalb kann nur er das Rücktrittsrecht ausüben. Wenn der Dritte bereits eine nicht mehr entziehbare Forderung erworben hat (§ 328 II), ist hierzu jedoch nach h. M. seine Zustimmung erforderlich (RGZ 101, 275; Jauernig/Vollkommer, § 328 Rdnr. 17).

3. Leistungsstörung durch den Dritten

18 Verletzt der Dritte die Abnahmepflicht (z. B. gem. § 433 II) oder verschuldet er die Unmöglichkeit der Leistung, kann der Versprechende seine sich daraus ergebenden Befugnisse gegenüber dem Versprechensempfänger geltend machen, der sich das Verhalten des Dritten anrechnen lassen muss (Lange, NJW 1965, 660; RGRK/Ballhaus, § 328 Rdnr. 27).

§ 33. Schuldverhältnis mit Schutzwirkung für Dritte

Schrifttum: Assmann, Grundfälle zum Vertrag mit Schutzwirkung für Dritte, JuS 1986, 885; Canaris, Die Haftung des Sachverständigen zwischen Schutzwirkungen für Dritte und Dritthaftung aus culpa in contrahendo, JZ 1998, 603; Dahm, Vorvertraglicher Drittschutz, JZ 1992, 1167; Eckebrecht, Vertrag mit Schutzwirkung für Dritte: Auswirkungen der Schuldrechtsmodernisierung, MDR 2002, 425; van Gelder, Schutzpflichten zugunsten Dritter im bargeldlosen Zahlungsverkehr?, WM 1995, 1253; U. Hübner, Vertrag mit Schutzwirkung für Dritte und Ersatz von Vermögensschäden, VersR 1991, 497; Müssig, Falsche Auskunftserteilung und Haftung, NJW 1989, 1697; Neuner, Der Schutz und die Haftung Dritter nach vertraglichen Grundsätzen, JZ 1999, 126; Ries, Grundprobleme der Drittschadensliquidation und des Vertrages mit Schutzwirkung für Dritte, JA 1982, 453; Schwab, Grundfälle zu culpa in contrahendo, Sachverwalterhaftung und Vertrag mit Schutzwirkung für Dritte nach neuem Schuldrecht, JuS 2002, 773; Schwerdtner, Verträge mit Schutzwirkung für Dritte, Jura 1980, 493; Strauch, Verträge mit Drittschutzwirkung, JuS 1982, 823; Traugott, Das Verhältnis von Drittschadensliquidation und vertraglichem Drittschutz, 1996.

Fälle:

a) Die Putzfrau des Vermieters V bohnert die Treppe unsachgemäß, so dass der Sohn des Mieters sowie dessen Freund zu Fall kommen und sich verletzen. Sie verlangen von V Schadensersatz.

b) Mutter M möchte für ihre Tochter T bei V ein Kleid erwerben. Als sie das Geschäft betreten, rutscht T auf einer Bananenschale aus, die V dort hat liegen lassen. T verlangt Ersatz ihrer Schäden.

Das Schuldverhältnis ist eine Sonderverbindung zwischen bestimmten Personen. Darin kommt sein relativer Charakter zum Ausdruck. Dementsprechend bestehen nicht nur die Leistungs-, sondern auch die Schutzpflichten i. S. d. § 241 II grundsätzlich nur im Verhältnis der am Schuldverhältnis beteiligten Personen. Das

sind im Falle eines vertraglichen Schuldverhältnisses die Vertragspartner bzw. (im vorvertraglichen Stadium) die künftigen Vertragspartner (§ 5 Rdnr. 8). Nur sie können vertragliche Schadensersatzansprüche gegeneinander haben und solchen Ansprüchen
ausgesetzt sein. Im Verhältnis zu anderen Personen besteht dagegen
grundsätzlich allein deliktischer Rechtsschutz.

Rechtsprechung und Literatur sind sich im Grundsatz aber seit   **2**
langem einig, dass auch Dritte, die am Schuldverhältnis nicht beteiligt sind, nach vertraglichen Grundsätzen haften und berechtigt
sein können. Der Gesetzgeber hat diese Entwicklung im Zuge der
Schuldrechtsreform aufgegriffen: Ein Schuldverhältnis mit Pflichten
nach § 241 II kann auch zu Personen entstehen, die nicht selbst
Vertragspartei werden sollen (§ 311 III 1; dazu § 5 Rdnr. 9).

Um eine *Haftung* des Dritten auf vertraglicher Grundlage geht es in den
Fällen der Eigenhaftung von Vertretern aus c. i. c. wegen Inanspruchnahme
besonderen Vertrauens bzw. wegen eines erheblichen Eigeninteresses am Vertragsschluss sowie in den Fällen der sog. Sachwalter- und Gutachterhaftung
(Dritthaftung aus c. i. c.; dazu 5 Rdnr. 10 ff.).

Im Folgenden soll es demgegenüber um die *Berechtigung* eines an   **3**
dem vertraglichen oder vorvertraglichen Schuldverhältnis nicht beteiligten Dritten gehen. Man spricht hier vom vertraglichen (= Vertrag mit Schutzwirkung für Dritte) bzw. vorvertraglichen Drittschutz (= vorvertragliches Schuldverhältnis mit Schutzwirkung für
Dritte).

I. Bedeutung und Rechtsgrundlage

1. Bedeutung

Das Rechtsinstitut des Vertrages mit Schutzwirkung für Dritte   **4**
wurde von der Rechtsprechung entwickelt, um die Schwäche deliktischer Schadensersatzansprüche durch Schaffung eines vertraglichen Anspruchs zu überwinden. Das lässt sich an folgendem
Beispiel klarmachen:

Im **Fall a** hätte der Sohn des Mieters gegen den Vermieter nur
einen deliktischen Anspruch (§ 831); Ansprüche aus Vertrag (i. V. m.
§ 278) entfielen, weil der Sohn nicht Vertragspartei ist. Der Ver-

mieter brauchte keinen Schadensersatz zu leisten, wenn ihm der Entlastungsbeweis gelänge (§ 831 I 2). Dieses Ergebnis wurde insbesondere in den Fällen als unbillig empfunden, in denen eine vertragliche Leistung nach dem Zweck des Vertrages auch dritten Personen zugute kommen soll (z.B. Mietvertrag über eine Familienwohnung). Um die Entlastungsmöglichkeit auszuschließen, ist man bestrebt, diese Personen in den vertraglichen Schutzbereich einzubeziehen und ihnen dadurch einen vertraglichen Schadensersatzanspruch (i.V.m. § 278) zu geben.

5   Aber auch in den Fällen, in denen es nicht um das Einstehen für Hilfspersonen geht, kann die Zuerkennung einer vertraglichen Haftungsgrundlage von Bedeutung sein. Das ergibt sich daraus, dass § 823 I die Verletzung eines Rechtsgutes oder eines absoluten Rechts voraussetzt und deshalb nicht bei einer bloßen Vermögensschädigung eingreift (dazu BS § 41 Rdnr. 9) sowie aus der unterschiedlichen Beweislastverteilung in § 823 einerseits und § 280 I 2 andererseits.

Ist im **Fall b** das Verschulden des V im Prozess nicht nachweisbar, obsiegt T nur dann, wenn sie ihren Anspruch auf eine vertragliche Grundlage stützen kann. Denn hier muss gem. § 280 I 2 der V beweisen, das ihn ein Verschuldensvorwurf nicht trifft.

2. Rechtsgrundlage

6   Die Rechtsgrundlage für das Schuldverhältnis mit Schutzwirkung für Dritte ist seit jeher umstritten. Ursprünglich wurde die Rechtsfortbildung auf § 328 gestützt. Der Vertrag zu Gunsten Dritter und der Vertrag mit Schutzwirkung für Dritte unterscheiden sich jedoch wesentlich voneinander (dazu Rdnr. 17). Man ist sich daher seit langem einig, dass die §§ 328 ff. grundsätzlich nicht auf das Schuldverhältnis mit Schutzwirkung für Dritte anwendbar sind. In manchen Fällen lässt sich die Erstreckung von Schutzpflichten auf Dritte mit einer ergänzenden Vertragsauslegung (§§ 133, 157) begründen. Teilweise wird die Haftungserweiterung gegenüber Dritten – jedenfalls für den vorvertraglichen Bereich – auf den Grundsatz von Treu und Glauben (§ 242) gestützt. Im Ergebnis war das (vor)vertragliche Schuldverhältnis mit Schutzwirkung

für Dritte schon vor der Schuldrechtsreform gewohnheitsrechtlich anerkannt und findet seit dem 1. 1. 2002 in § 311 III eine gesetzliche Grundlage.

II. Voraussetzungen

Die Voraussetzungen eines Schuldverhältnisses mit Schutzwir-   7
kung für Dritte sind nicht gesetzlich geregelt, auch nicht in § 311 III. Es besteht Einigkeit, dass die Anerkennung dieses Rechtsinstituts nicht dazu führen darf, dass jeder Dritte, der auf Grund des Verhaltens des Schuldners einen Schaden erlitten hat, einen Schadensersatzanspruch aus dem zwischen Gläubiger und Schuldner geschlossenen Vertrag herleiten kann. Denn damit würde die gesetzliche Unterscheidung zwischen unmittelbar und mittelbar Geschädigten außer Acht gelassen und die Regel missachtet, dass die Haftung aus einem Vertrag an das Band geknüpft ist, das den Gläubiger mit seinem Partner verbindet (BGH NJW 1968, 1929). Vielmehr kommt die Ausweitung der vertraglichen Schutzpflichten über den Kreis der Vertragsparteien hinaus nur in engen Grenzen, die von der Rechtsprechung entwickelt wurden, in Betracht (vgl. etwa BGHZ 51, 96; BGH NJW 1970, 40; 1975, 868).

1. „Leistungsnähe"

Der Dritte muss bestimmungsgemäß den Gefahren des Schuld-   8
verhältnisses ebenso ausgesetzt sein wie der Gläubiger (sog. „Leistungsnähe" des Dritten; BGH 70, 329), und der einbezogene Personenkreis muss eng und überschaubar sein.

Beispiele: Im Gefahrenbereich eines Mietvertrages befinden sich bestimmungsgemäß diejenigen Personen, die mit dem Mieter in der Wohnung zusammenwohnen. Das ist im **Fall a** für den Sohn des Mieters zu bejahen, für dessen Freund dagegen zu verneinen. – Leistungsnähe ist bei einem Mietvertrag über gewerbliche Räume auch für die Vorbehalts- und die Sicherungseigentümer der Waren des Mieters zu bejahen.

Im **Fall b** ist T den Gefahren des vorvertraglichen Schuldverhältnisses zwischen V und M (§ 311 II) ebenso ausgesetzt wie M.

In den Schutzbereich eines Arztvertrages, der auf Information über Empfängnisverhütung gerichtet ist, ist der nicht eheliche Vater eines zu dieser Zeit bereits gezeugten Kindes mangels Leistungsnähe nicht einbezogen (BGH NJW 2002, 1489, 1490).

2. Schutzinteresse des Gläubigers

9   Der Gläubiger muss ein berechtigtes Interesse am Schutz des Dritten haben. Zunächst nahm die Rechtsprechung das nur dann an, wenn der Gläubiger auf Grund eines Rechtsverhältnisses mit personenrechtlichem Einschlag für das „Wohl und Wehe" des Dritten mitverantwortlich ist (BGHZ 56, 273).

> Das ist im **Fall a** für den Sohn des Mieters und im **Fall b** für T zu bejahen, denn sie stehen in einem familienrechtlichen Fürsorgeverhältnis zum Gläubiger. – Eine solche Fürsorgepflicht kann sich auch aus einem Dienst- oder Arbeitsverhältnis ergeben (vgl. § 618).

10   Später hat die Rechtsprechung das Fürsorgeerfordernis aufgegeben und das Gläubigerinteresse darüber hinaus schon dann bejaht, wenn der Dritte mit der im Vertrag versprochenen Leistung bestimmungsgemäß in Kontakt kommen soll oder wenn im Einzelfall sonstige Anhaltspunkte für einen auf den Schutz des Dritten gerichteten Parteiwillen bestehen (BGHZ 69, 82, 86; BGH NJW 1984, 355; NJW 1998, 1948, 1949; NJW 2001, 514, 516 u. 3114, 3116).

> **Beispiel:** Der Käufer ist in den Schutzbereich eines Vertrages, den der Verkäufer mit einem Sachverständigen über die Begutachtung des zu verkaufenden Gegenstandes schließt, einbezogen, wenn das Gutachten zur Grundlage der Kaufentscheidung werden soll (BGHZ 127, 378).

3. Erkennbarkeit für den Schuldner

11   Die unter 1. und 2. genannten Voraussetzungen müssen für den Schuldner bei Entstehung des Schuldverhältnisses erkennbar sein (BGHZ 75, 323; BGH NJW 1985, 2411); denn er muss wissen können, auf welches Risiko er sich einlässt. Es genügt allerdings, dass er den geschützten Personenkreis nach allgemeinen Merkmalen abgrenzen kann.

4. Schutzbedürftigkeit des Dritten

12   Der Dritte muss schutzbedürftig sein. Daran fehlt es regelmäßig, wenn er selbst einen vertraglichen Anspruch vergleichbaren Inhalts hat (BGHZ 133, 168, 173). Ein nur deliktischer Anspruch beseitigt sein Schutzbedürfnis dagegen nicht.

Beispiel: Der Untermieter, der gegen den Mieter als seinen Untervermieter einen Anspruch aus § 536a hat, ist nicht schutzbedürftig (vgl. BGHZ 70, 330).

III. Wirkungen

1. Schadensersatz

Wenn und soweit die genannten Voraussetzungen vorliegen, **13** tritt neben das vertragliche oder vorvertragliche Schuldverhältnis zwischen Gläubiger und Schuldner ein vertragsähnliches Schuldverhältnis zwischen Schuldner und Drittem. Auf Grund dieses Schuldverhältnisses ohne primäre Leistungspflichten obliegen dem Schuldner bestimmte Schutzpflichten i.S.d. § 241 II auch gegenüber dem Dritten. Dieser hat im Falle ihrer Verletzung folglich einen eigenen Anspruch auf Ersatz der dadurch entstandenen Schäden, und zwar sowohl der Körper- als auch der Sachschäden (BGHZ 49, 353). Die Schadensersatzpflicht des Schuldners richtet sich nach vertraglichen Grundsätzen (§ 280); es gilt also insbesondere § 278, der im Gegensatz zu § 831 eine Entlastungsmöglichkeit nicht vorsieht.

Die Entwicklung des Schuldverhältnisses mit Schutzwirkung für **14** Dritte nahm zwar bei der Verletzung von Schutzpflichten ihren Ausgangspunkt, ist dabei allerdings nicht stehen geblieben. Die Rechtsprechung hat in bestimmten Fällen dem Dritten einen Anspruch auf Ersatz auch solcher Schäden zuerkannt, die auf der Verletzung der Hauptleistungspflicht beruhen. Hier geht es nicht mehr um einen Anspruch auf Ersatz von Integritätsschäden, sondern um einen Anspruch auf Schadensersatz statt der Leistung.

Beispiel: Der Erblasser beauftragte einen Rechtsanwalt mit der Errichtung eines Testaments. Dieser blieb jedoch bis zum Tod des Erblassers schuldhaft untätig. Der BGH hat hier dem designierten Erben einen Schadensersatzanspruch gegen den Anwalt gegeben, obwohl dieser nur dem Erblasser zur Erfüllung verpflichtet war (vgl. BGH NJW 1965, 1955). – Entsprechend hat der BGH im Sachverständigenfall (Rdnr. 10) entschieden.

2. Einwendungen des Schuldners

15   Nach dem entsprechend anwendbaren Rechtsgedanken des § 334 dürfen dem geschädigten Dritten nicht mehr Rechte zustehen, als sie dem Gläubiger aus dem Schuldverhältnis zustehen würden (vgl. BGHZ 33, 247). Eine vertragliche Haftungsbeschränkung zwischen Gläubiger und Schuldner wirkt deshalb nach h.M. auch zu Lasten des geschützten Dritten (BGHZ 56, 269, 272 ff.).

Andererseits darf die Rechtsstellung des Dritten durch seine Einbeziehung in den Schutzbereich aber auch nicht verschlechtert werden. Seine deliktischen Schadensersatzansprüche bleiben ihm deshalb erhalten und werden von einer vertraglichen Haftungsbeschränkung zwischen Gläubiger und Schuldner nicht erfasst (vgl. BGH 56, 269, 275).

16   Ein eigenes Mitverschulden muss sich der Dritte nach § 254 anrechnen lassen. Ein Verschulden des Gläubigers muss jedenfalls dann anspruchsmindernd wirken, wenn dieser gesetzlicher Vertreter oder Erfüllungsgehilfe des Geschädigten ist (§§ 254 II 2, 278). Das gilt für einen vertraglichen wie für einen gesetzlichen Schadensersatzanspruch gleichermaßen. Ob sich der Dritte darüber hinaus nach dem Rechtsgedanken des § 334 ein Mitverschulden des Gläubigers stets anrechnen lassen muss, ist außerordentlich umstritten. Die Frage sollte aber jedenfalls für den deliktischen Schadensersatzanspruch verneint werden; denn die Rechtsstellung des Dritten soll durch das Schuldverhältnis mit Schutzwirkung für Dritte nicht verschlechtert werden.

IV. Abgrenzung

1. Vertrag zu Gunsten Dritter

17   Der Vertrag mit Schutzwirkung für Dritte weist gewisse Parallelen zum Vertrag zu Gunsten Dritter (§ 328; dazu § 32) auf. Das wird besonders deutlich, wenn man dem Dritten beim Vertrag mit Schutzwirkung auch einen Anspruch wegen Verletzung der Hauptleistungspflicht gewährt (dazu Rdnr. 14). Der entscheidende Unterschied besteht darin, dass der Dritte beim Vertrag mit Schutzwirkung keinen Erfüllungsanspruch auf die vertragsgemäße Leistung des Schuldners erhält.

2. Drittschadensliquidation

Von der Schadensliquidation im Drittinteresse unterscheidet sich **18** das Schuldverhältnis mit Schutzwirkung für Dritte dadurch, dass der Dritte hier einen eigenen Ersatzanspruch gegen den Schuldner erhält. Bei der Drittschadensliquidation macht dagegen der Gläubiger den Anspruch des Dritten geltend.

Bei der Drittschadensliquidation wird der Schaden zur Anspruchsgrundlage gezogen. Dagegen zieht man beim Vertrag mit Schutzwirkung für Dritte die Anspruchsgrundlage zum Schaden (Medicus, BürgR, Rdnr. 839).

§ 34. Gläubigerwechsel

Schrifttum: Ahcin/Armbrüster, Grundfälle zum Zessionsrecht, JuS 2000, **1** 150, 549, 658, 865; Bacher, Aufrechnung gegenüber abgetretenen Forderungen, JA 1992, 200, 234; Backhaus, Befreiende Leistung des bösgläubigen Schuldners im Fall des § 407 II BGB und verwandter Vorschriften?, JA 1983, 408; Bähr, Akzessorietätsersatz bei der Sicherungszession, NJW 1983, 1473; Bülow, Grundprobleme des Schuldnerschutzes bei der Forderungsabtretung, JA 1983, 7; ders., Zu den Vorstellungen des historischen Gesetzgebers über die absolute Wirkung rechtsgeschäftlicher Abtretungsverbote, NJW 1993, 901; Canaris, Die Rechtsfolgen rechtsgeschäftlicher Abtretungsverbote, Festschrift f. Serick, 1992, 9; Coester-Waltjen, Der gesetzliche Forderungsübergang, Jura 1997, 609; Ebel, Zur Abtretbarkeit von Befreiungsansprüchen, JR 1981, 485; Hadding/van Look, Vertraglicher Abtretungsausschluß, WM 1988, Sonderbeil. 7; Hammen, Vorausabtretung versus Inrechnungstellung, JZ 1998, 1095; Hennrichs, Gedanken zum Schuldner- und Gläubigerschutz bei der Abtretung, WM 1992, 85; ders., Kollisionsprobleme bei der (Voraus-)Abtretung zukünftiger Forderungen, JZ 1993, 225; Jacob, Zur Aufrechnung des Schuldners gegen eine vorausabgetretene Forderung gemäß § 406 BGB, WM 1991, 1581; Jork, Factoring, verlängerter Eigentumsvorbehalt und Sicherungsglobalzession in Kollisionsfällen, JuS 1994, 1019; Junker, Der Umfang des einem Zessionar zu leistenden Schadensersatzes wegen Verzuges bei Abtretung vertraglicher Ansprüche, AcP 195 (1995), 1; Karollus, Unbeschränkter Schuldnerschutz nach § 409 BGB?, JZ 1992, 557; Klimke, Die Auswirkungen gesetzlicher Abtretungsverbote auf den Anspruchsübergang nach § 67 I 1 VVG, VersR 1999, 19; Köhler, Forderungsabtretung und Ausübung von Gestaltungsrechten, JZ 1986, 516; G. Lüke, Grundfragen des Zessionsrechts, JuS 1995, 90; W. Lüke, Das rechtsgeschäftliche Abtretungsverbot, JuS 1992, 114; K. W. Nörr/Scheyhing, Sukzessionen, 1983; v. Olshausen, Gläubigerrecht und Schuldnerschutz bei Forderungsübergang und Regreß, 1988; Schreiber, Vertraglicher und gesetzlicher Forderungsübergang, Jura 1998, 470; Schwarz, Schuldnerschutz durch § 406 BGB bei der Vorausabtretung, WM 2001, 2185; Schwenzer, Zession und sekundäre Gläubigerrechte, AcP 182 (1983), 214; Tiedtke, Sicherungsabtretung beim Fehlen des zu sichernden Anspruchs, DB 1982, 1709; Wagner, Zur Kollision von verlängertem Eigentumsvorbehalt und eingeschränktem Abtretungsverbot, JZ 1988, 698; ders., Absolute Wirkung vertraglicher Abtretungsverbote gleich absolute Unwirksamkeit verbotswidriger Abtretung?, JZ 1994, 227; Willoweit, Das obligatorisch wirkende Zessionsverbot, Festschrift f. Gernhuber, 1993, 549.

Fälle:

a) V verkauft eine Forderung gegen S auf Zahlung von 500 Euro für 450 Euro an K und tritt sie an K ab. Später stellt sich heraus, dass die Forderung dem G zusteht. Hat K die Forderung erworben? Wie, wenn G die Abtretung billigt?

b) Händler H hat Möbel von der Fabrik F unter Eigentumsvorbehalt bezogen und alle Forderungen aus künftigen Weiterverkäufen dieser Möbel an F abgetreten. Als er später einen neuen Bankkredit benötigt, überträgt er u. a. auch die genannten Forderungen an die Bank B zu deren Sicherheit. Wem stehen die Forderungen zu?

c) Im Fall b zahlt der Kunde K des H den Kaufpreis für einen Schrank an H. Ist er frei geworden?

d) Im Fall b zahlt der Kunde K an die Bank, da er nur von der Abtretung an die Bank erfahren hatte.

I. Arten des Gläubigerwechsels

Das Gesetz kennt drei Arten des Gläubigerwechsels. In §§ 398 ff. ist der *rechtsgeschäftliche* Forderungsübergang (Abtretung) geregelt (dazu Rdnr. 2 ff.). Diese Vorschriften finden nach § 412 auf einen *gesetzlichen* Gläubigerwechsel (cessio legis) entsprechende Anwendung.

Beispiele für gesetzlichen Forderungsübergang: § 268 III (§ 12 Rdnr. 6), § 426 II (§ 37 Rdnr. 28) und § 774 (BS § 32 Rdnr. 37 ff.). Praktisch bedeutsam: § 67 VVG und § 116 SGB X (Übergang eines Schadensersatzanspruchs auf den privaten Versicherer bzw. öffentlich-rechtlichen Versicherungsträger; § 29 Rdnr. 7). Mit dem Tod einer Person geht deren Vermögen, also auch deren Forderung, auf den Erben über (§ 1922 I).

Ein Gläubigerwechsel kann schließlich auch *durch staatlichen Hoheitsakt* eintreten.

Das Hauptbeispiel ist die Zwangsvollstreckung des Vollstreckungsgläubigers in eine Forderung des Vollstreckungsschuldners, die diesem gegen einen Dritten zusteht (§§ 829, 835 ZPO; ZVR Rdnr. 500 ff.): Wird die gepfändete Geldforderung dem pfändenden Gläubiger *an Zahlungs Statt* überwiesen, dann geht die gepfändete Forderung mit der Zustellung des Überweisungsbeschlusses an den Dritten auf diesen über. – Davon zu unterscheiden ist die in der Praxis übliche Überweisung *zur Einziehung* (§§ 835 f. ZPO; ZVR Rdnr. 634 ff.).

II. Begriff, Bedeutung und besondere Arten der Forderungsabtretung

1. Begriff

Abtretung (Zession) ist ein zwischen altem und neuem Gläubiger geschlossener Vertrag, durch den der bisherige Gläubiger (Zedent) seine Forderung gegen den Schuldner auf den neuen Gläubiger (Zessionar) überträgt (§ 398). Die Forderungsabtretung ist also die rechtsgeschäftliche Übertragung des Gläubigerrechts auf einen Dritten. 2

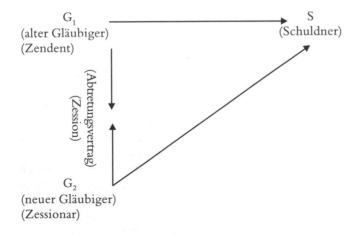

G_1
(alter Gläubiger)
(Zendent)

S
(Schuldner)

(Abtretungsvertrag)
(Zession)

G_2
(neuer Gläubiger)
(Zessionar)

3 Die Abtretung ist – wie z.B. die Übereignung (§ 929) – eine
Verfügung; denn hierdurch wird ein bestehendes Recht unmittel-
bar übertragen. Mit Abschluss des Vertrages verliert der bisherige
Gläubiger die Forderung. Die Abtretung ist also kein Verpflich-
tungsgeschäft. Wohl liegt ihr regelmäßig ein solches Geschäft zu
Grunde, das oft gleichzeitig mit ihr vorgenommen wird.

> **Beispiel:** Der Vater schenkt seinem Sohn zum Geburtstag eine Forderung.
> Die Erklärung des Vaters enthält das Angebot sowohl zum Schenkungsvertrag
> als auch zur Abtretung; das Danke schön des Sohnes ist die Annahme beider
> Angebote. Da durch die Abtretung der Forderung die schenkweise verspro-
> chene Leistung bewirkt wird, bedarf das Schenkungsversprechen nicht der
> Form (§ 518 II).

4 Die Abtretung ist – wie die Übereignung – als abstraktes Verfügungsgeschäft in ihrem Bestand unabhängig von dem zugrunde liegenden Kausalgeschäft. Fehlt ein Kausalgeschäft oder ist es (z.B.
wegen Anfechtung) nichtig, so bleibt davon die Gültigkeit der
Abtretung unberührt; jedoch steht in diesen Fällen dem bisherigen
Gläubiger gegen den neuen ein Bereicherungsanspruch (§ 812) auf
Rückabtretung zu.

5 Die Regeln über die Forderungsabtretung sind nach § 413 regelmäßig auch auf die Übertragung anderer Rechte (z.B. Immate-
rialgüterrechte, gewerbliche Schutzrechte) entsprechend anzuwenden.

2. Bedeutung

6 Die Abtretung hat im Wirtschaftsleben erhebliche Bedeutung.
So tritt etwa der Käufer dem Verkäufer mit dessen Einverständnis
anstelle der Kaufpreiszahlung eine ihm zustehende Forderung ab.
Ebenso ist der Gläubiger in der Lage, seine noch nicht fällige Forderung an einen anderen zu verkaufen und abzutreten, um sich auf
diese Weise vorzeitig Barmittel zu beschaffen (Spezialfall: Verkauf
und Übertragung eines Wechsels an eine Bank, sog. Wechseldis-
kont; Brox, HR Rdnr. 518). Praktisch bedeutsam sind ferner die
Sicherungsabtretung und die Inkassozession (Rdnr. 7f.).

3. Besondere Arten

Besondere Arten der Abtretung sind die Sicherungsabtretung 7
und die Inkassozession.

a) Sicherungsabtretung

Bei der Sicherungsabtretung tritt der Zedent eine ihm zustehende Forderung an den Zessionar ab, um diesem eine Sicherung für
eine Forderung gegen ihn, den Zedenten, zu verschaffen (vgl. auch
Sicherungsübereignung). So lassen sich etwa Banken zur Sicherung
eines Kredits von ihren Kunden Forderungen abtreten. Diese Art
der Sicherung wird der Forderungsverpfändung vorgezogen, weil
die Verpfändung zu ihrer Wirksamkeit einer Anzeige an den
Schuldner bedarf (§ 1280), was sich für den Gläubiger der Forderung kreditschädigend auswirken kann.

Maßgebend für die Rechte und Pflichten des neuen Gläubigers im Verhältnis zum Zedenten ist die Sicherungsabrede, die der Abtretung zugrunde liegt.
Hiernach bestimmt sich z. B., ob der Zessionar berechtigt ist, die Abtretung
dem Schuldner anzuzeigen, die Forderung einzuziehen oder das Erlangte zu
behalten. Wenn der Kredit zurückgezahlt ist und auch die sonstigen Verpflichtungen (z. B. Zinszahlung) erfüllt sind, muss der Zessionar die sicherungshalber
abgetretene Forderung zurückübertragen. Möglich ist auch die Vereinbarung,
dass die Abtretung durch die Rückzahlung des Kredits auflösend bedingt sein
soll; dann fällt mit der Rückzahlung die Forderung automatisch an den Siche-
rungsgeber zurück.

b) Inkassozession

Bei der Inkassozession tritt der Zedent die Forderung an den 8
neuen Gläubiger lediglich zu dem Zweck ab, dass dieser sie für ihn
einziehe. Anders als die Sicherungsabtretung dient die Inkassozession daher regelmäßig nicht dem Interesse des Zessionars, sondern
dem des Zedenten.

Beispiel: Ein Gläubiger überträgt seine Forderungen gegen seine Schuldner
an ein Inkassobüro. Dieses wird Gläubiger der Forderungen. Es kann sie im
eigenen Namen als Partei einklagen.

III. Voraussetzungen der Abtretung

1. Vertrag

9   Erforderlich ist ein Vertrag zwischen bisherigem und neuem Gläubiger, dass diesem die Forderung zustehen soll (§ 398 S. 1). Eines Einverständnisses des Schuldners oder auch nur einer Anzeige an ihn bedarf es zur Wirksamkeit des Forderungsüberganges nicht; der Schuldner braucht von der Abtretung nichts zu wissen, und er braucht erst recht nicht mitzuwirken.

Für den Vertrag gelten die Regeln der §§ 104 ff. Beim Erwerber der Forderung genügt beschränkte Geschäftsfähigkeit, da die Abtretung ihm lediglich rechtlichen Vorteil bringt (§ 107).

Der Abtretungsvertrag bedarf regelmäßig *keiner Form*. Das gilt auch dann, wenn die Begründung der Forderung formbedürftig ist (z. B. Kaufpreisforderung beim Grundstückskaufvertrag; § 311 b I). In Ausnahmefällen ist eine Form vorgeschrieben (Beispiel: Abtretung einer Hypothekenforderung; § 1154).

2. Bestehen der Forderung

10   Voraussetzung für den Forderungsübergang ist es, dass die Forderung besteht und dem Abtretenden auch zusteht. Anders als beim Eigentumserwerb gibt es keinen gutgläubigen Erwerb einer Forderung von einem Nichtberechtigten (vgl. aber Rdnr. 21). Beim Erwerb des Eigentums an einer beweglichen Sache wird der gute Glaube des Erwerbers an das Eigentum des besitzenden Veräußerers geschützt (vgl. § 932); hier soll der Erwerber auf den durch die Innehabung des Besitzes veranlassten Rechtsschein (vgl. § 1006 I 1) vertrauen dürfen. Bei dem Erwerb einer Forderung fehlt dagegen ein Sachverhalt, der – wie etwa der Besitz beim Eigentumserwerb – einen ausreichenden Anhaltspunkt für die Berechtigung des Zedenten gibt und damit einen Rechtsschein setzt, auf den der Zessionar vertrauen kann.

Im **Fall a** hat K die Forderung nicht erworben, sofern G sich nicht mit der Abtretung einverstanden erklärt. Dem V ist die Erfüllung seiner Pflicht gegenüber K unmöglich (§ 275 I). Der Kaufvertrag zwischen V und K ist trotzdem wirksam (§ 311 a I). Allerdings braucht K den Kaufpreis nicht zu zahlen (§ 326 I). Unter den Voraussetzungen des § 311 a II i. V. m. §§ 280 ff. kann K Schadensersatz verlangen. Billigt dagegen G die Abtretung, geht die Forderung auf K über (§ 185); der Kaufvertrag ist erfüllt. G hat gegen V einen Bereicherungsanspruch aus § 816 I (BS § 38 Rdnr. 17). – Über die Besonderheit des Gläubigerschutzes in § 405 siehe Rdnr. 21.

3. Übertragbarkeit der Forderung

In der Regel ist jedes Recht übertragbar. Etwas anderes kann **11** sich jedoch aus dem Gesetz oder der besonderen Natur des Rechts ergeben.

a) Ausschluss bei Inhaltsänderung

Nach § 399 ist eine Übertragung ausgeschlossen, wenn die Leistung an einen anderen als den ursprünglichen Gläubiger nicht ohne Veränderung ihres Inhalts erfolgen kann.

Beispiel: Der Anspruch eines Arbeitnehmers auf Urlaubsgewährung ist nicht abtretbar, weil er nach seinem Zweck an die Person des Berechtigten gebunden ist.

b) Ausschluss durch Vereinbarung

Die Übertragung kann auch durch Vereinbarung zwischen Gläu- **12** biger und Schuldner ausgeschlossen sein (§ 399).

Beispiel: Um die Mehrarbeit in der Buchhaltung zu vermeiden, vereinbart der Arbeitgeber mit den Arbeitnehmern, dass diese auch ihre pfändungsfreien Lohnansprüche nicht an Dritte abtreten. Ein Arbeitnehmer tritt dennoch zur Tilgung von Schulden aus Teilzahlungskäufen pfändungsfreie Lohnansprüche an den Verkäufer ab, der von der Abrede im Arbeitsvertrag nichts weiß. Der Arbeitgeber, dem die Abtretung bekannt ist, zahlt mit Recht an den Arbeitnehmer. Denn die Forderung war wegen der Vereinbarung nicht abtretbar; die Abtretung ist unwirksam, so dass der Arbeitnehmer noch Gläubiger der Forderung ist (vgl. aber auch BGHZ 40, 156). Da es hier keinen Schutz des guten Glaubens gibt, kommt es auf die Unkenntnis des Verkäufers nicht an. Weil der Ausschluss der Abtretbarkeit lediglich zum Schutze des Schuldners (= Arbeitgebers) vereinbart wurde, kann dieser auf seinen Schutz verzichten und durch seine Zustimmung die Abtretung wirksam machen (Gedanke des § 185).

Die Abtretung ist jedoch trotz der Vereinbarung gem. § 399 wirksam, wenn das Rechtsgeschäft, das die Forderung begründet hat, für beide Teile ein Handelsgeschäft ist (Einzelheiten: § 354a HGB; Brox, HR Rdnr. 363a f.).

c) Ausschluss bei Unpfändbarkeit

13   Eine unpfändbare Forderung kann nicht abgetreten werden (§ 400). Diese Bestimmung soll dem Gläubiger auch im Interesse der Allgemeinheit das Existenzminimum erhalten. Deshalb kann der Gläubiger auf diesen Schutz nicht wirksam verzichten. Die Pfändungsgrenzen ergeben sich vor allem aus den §§ 850 ff. ZPO (ZVR Rdnr. 539 ff.).

§ 400 steht dann einer Abtretung nicht entgegen, wenn sein Schutzzweck nicht vereitelt wird. Überträgt beispielsweise G seine unpfändbaren Rentenansprüche gegen den Schädiger S seinem Arbeitgeber unter der Bedingung, dass dieser ihm entsprechende Beträge zahlt, so ist diese Abtretung gültig; denn sie wird erst wirksam, wenn der Arbeitgeber an G gezahlt hat. Damit ist der Schutz des G und der Allgemeinheit gewahrt (BGHZ 4, 163; 13, 360; 59, 109).

d) Ausschluss aus sonstigen Gründen

14   Das Gesetz kennt noch zahlreiche weitere Fälle, in denen eine Abtretung nicht möglich ist.

Beispiele aus dem Schuldrecht: §§ 514, 717.

Auch ohne ausdrückliche gesetzliche Anordnung kann eine Abtretung wegen der Besonderheit des Rechtsverhältnisses ausgeschlossen sein.

Beispiele: Familienrechte, soweit sie höchstpersönlicher Natur sind (eheliche Lebensgemeinschaft, elterliche Sorge; anders: Zugewinnausgleichsforderung, § 1378). – Die Abtretung einer ärztlichen oder anwaltlichen Honorarforderung ist ohne Zustimmung des Patienten oder Mandanten unwirksam, weil der Arzt oder Anwalt nach § 402 verpflichtet wäre, dem neuen Gläubiger die zur Geltendmachung der Forderung nötige Auskunft zu erteilen, was zur Verletzung der ärztlichen Schweigepflicht oder der anwaltlichen Geheimhaltungspflicht führen würde (vgl. BGHZ 115, 123; 116, 268; 122, 115).

4. Bestimmbarkeit der Forderung

15   Im Interesse der Rechtssicherheit muss Klarheit darüber vorhanden sein, ob und in welchem Umfang eine Forderung noch dem alten oder schon dem neuen Gläubiger zusteht. Deshalb muss eine Forderung, die abgetreten werden soll, genügend bestimmt, mindestens aber *bestimmbar* sein. Die Abtretungsvereinbarung muss also so getroffen werden, dass ohne weiteres Zutun der Parteien Inhalt, Höhe und Schuldner der Forderung spätestens im Zeitpunkt ihrer Entstehung bestimmt sind. In diesen Grenzen ist auch eine Abtretung *künftiger* Forderungen möglich.

Tritt der Eigentümer eines noch im Bau befindlichen Miethauses alle Mietzinsforderungen oder die für die erste Etage ab, so ist damit das Bestimmbarkeitserfordernis erfüllt, selbst wenn Mieter und Miethöhe noch nicht feststehen. Anders liegt es dagegen, wenn etwa nur die Mietzinsforderung für eine der Wohnungen, die aber nicht näher bezeichnet ist, übertragen wird.

Unter dem Gesichtspunkt der Bestimmbarkeit bestehen auch **16** gegen eine *Globalzession* keine Bedenken. Sie liegt z. B. vor, wenn alle künftigen Forderungen aus einem Geschäftsbetrieb abgetreten werden. Schranken können sich allerdings aus § 138 ergeben (Knebelung; dazu BGH WM 1990, 1326).

IV. Wirkungen der Abtretung

1. Übergang der Forderung

Mit Vertragsabschluss geht die Forderung auf den neuen Gläubi- **17** ger über (§ 398 S. 2). Nach wirksamer Abtretung ist der bisherige Gläubiger also nicht in der Lage, diese (ihm nun nicht mehr zustehende) Forderung noch einmal auf einen anderen zu übertragen.

Im **Fall b** erwirbt F und nicht B die Forderungen (Grundsatz der Priorität; BGHZ 30, 149; 32, 361).

Aus der Abtretung ergeben sich besondere Pflichten des Zedenten (§§ 402 f.).

Kein Forderungsübergang liegt dagegen beim Inkasso*mandat* vor. **18** Hier handelt es sich nur um eine *Einziehungsermächtigung*. Der Gläubiger tritt die Forderung nicht ab, sondern ermächtigt einen anderen, die Forderung im eigenen Namen (nicht als Stellvertreter des Gläubigers) einzuziehen. Der Gläubiger behält also seine Forderung und kann die Ermächtigung einseitig widerrufen.

Die Einziehungsermächtigung ist rechtlich zulässig. Sie wird von der Rechtsprechung als eine auf § 185 beruhende Einwilligung in die Verfügung (Einziehung) über ein Recht des Einwilligenden angesehen (BGHZ 4, 164; 70, 393 ff.). Von der h. L. wird sie als richterliche Rechtsfortbildung gewohnheitsrechtlich anerkannt (vgl. Rüssmann, JuS 1972, 170; Palandt/Heinrichs, § 398 Rdnr. 29).

2. Übergang der Neben- und Vorzugsrechte

19 Akzessorische Sicherungsrechte (z. B. Pfandrechte, Bürgschaften) sind nach der Abtretung für den bisherigen Gläubiger wertlos; deshalb gehen sie mit dem Hauptanspruch kraft Gesetzes (§ 401 I) auf den neuen Gläubiger über.

§ 401 ist jedoch nicht zwingend. Wenn z. B. der Nichtübergang eines Pfandrechts vereinbart wird, erlischt es (vgl. § 1250 II; RGZ 85, 363).

Auch Rechte, die dem Gläubiger in der Zwangsvollstreckung oder bei Insolvenz einen Vorzug einräumen, gehen mit der Forderung auf den neuen Gläubiger über (§ 401 II).

Ist über die abgetretene Forderung ein Schuldschein ausgestellt worden, so steht das Eigentum daran kraft Gesetzes dem neuen Gläubiger zu (§ 952). Dieser kann ihn von jedem Besitzer herausverlangen (§ 985).

3. Einwendungen und Einreden des Schuldners

a) Grundsatz: Fortbestand gegenüber dem neuen Gläubiger

20 Durch die Abtretung geht die Forderung so über, wie sie in der Person des alten Gläubigers bestanden hat. Deshalb bleiben auch alle Einwendungen und Einreden bestehen, die der Schuldner gegen den bisherigen Gläubiger hatte (§ 404). Die Rechtsstellung des Schuldners wird daher durch die Abtretung nicht verschlechtert.

Der Schuldner kann sich also gegenüber dem Zessionar darauf berufen, dass die Forderung z. B. verjährt oder vom Zedenten gestundet worden ist. Die Einwendung braucht noch nicht zur Zeit der Abtretung bestanden zu haben;

es genügt, dass sie ihren Grund in dem Schuldverhältnis zwischen dem bisherigen Gläubiger und dem Schuldner hat (vgl. BGHZ 25, 27; BGH NJW 1986, 920). So kann der Schuldner z. B. geltend machen, er sei wegen eines erst nach der Abtretung eingetretenen Umstandes vom Kaufvertrage zurückgetreten, so dass er nunmehr den abgetretenen Kaufpreisanspruch nicht mehr zu erfüllen brauche.

Wird eine Forderung mehrfach wirksam weiterübertragen, kann der Schuldner dem letzten Zessionar nach § 404 also alle Einwendungen entgegensetzen, die er gegenüber einem der Vormänner hatte.

b) Ausnahme bei Abtretung unter Urkundenvorlegung

Nach § 405 wird der Schuldner jedoch mit zwei Einwendungen **21** nicht gehört:

Hat er nur zum Schein (§ 117) eine Schuldurkunde ausgestellt und ist sie dem neuen Gläubiger bei der Abtretung vorgelegt worden, so wird dieser in seinem Vertrauen auf den vom Schuldner veranlassten Rechtsschein geschützt (seltener Fall des gutgläubigen Erwerbs einer Forderung). Der neue Gläubiger hat den Schutz des § 405 dann nicht, wenn er den Sachverhalt kannte oder fahrlässig nicht kannte (§§ 405, 122 II).

Hat G eine wegen § 117 nicht entstandene Forderung, für die S einen Schuldschein ausgestellt hat, an den gutgläubigen G 1 abgetreten, so erwirbt dieser die im Schuldschein genannte Forderung. S muss also an G 1 leisten. Wenn der gutgläubige G 1 die Forderung an G 2 abtritt, so wird dieser selbst dann Gläubiger der Forderung, wenn er bösgläubig ist; denn er erwirbt vom Berechtigten. War dagegen G 1 bösgläubig, so kann G 2 nur bei Gutgläubigkeit vom Nichtberechtigten erwerben.

Entsprechendes gilt, wenn die Abtretung der Forderung durch Vereinbarung zwischen Gläubiger und Schuldner ausgeschlossen ist und in der Schuldurkunde von der Unabtretbarkeit nichts steht (§§ 405, 399).

Gutglaubensschutz gibt es aber immer nur bei rechtsgeschäftlichem Erwerb. Diese Regeln sind also auf einen Forderungsübergang kraft Gesetzes oder Hoheitsaktes nicht anwendbar.

V. Schuldnerschutz

22 Der Schuldner ist an der Abtretung nicht beteiligt; er kann dabei seine Interessen nicht wahrnehmen. Deshalb muss er besonders geschützt werden. Er kann einmal durch Vertrag mit dem Gläubiger die Abtretbarkeit der Forderung ausschließen (§ 399 Rdnr. 11 f.). Zum anderen behält er trotz Abtretung alle Einwendungen (§ 404 Rdnr. 20). Das Gesetz sieht aber noch weitere Schutzbestimmungen vor.

1. Unkenntnis des Forderungsübergangs

a) Leistung an den Zedenten

23 Leistet der Schuldner in Unkenntnis der Abtretung an den bisherigen Gläubiger, so leistet er zwar an den falschen; aber der neue Gläubiger muss diese Leistung gegen sich gelten lassen (§ 407 I; **Fall c**), seine Forderung erlischt. Er kann sich nur an den bisherigen Gläubiger halten; als Anspruchsgrundlage kommen die der Abtretung zugrunde liegende Vereinbarung, § 826 (BS § 41 Rdnr. 75 ff.), jedenfalls aber § 816 II (BS § 38 Rdnr. 28) in Betracht.

24 § 407 greift auch ein, wenn der Schuldner ohne Kenntnis der Abtretung mit dem bisherigen Gläubiger ein Rechtsgeschäft hinsichtlich der Forderung vornimmt (z.B. Stundung, Erlass der Forderung). Da es sich um eine Schutzvorschrift zu Gunsten des Schuldners handelt, liegt es bei ihm, ob er diesen Schutz in Anspruch nimmt. Er kann also auch seine an den bisherigen Gläubiger erbrachte Leistung nach § 812 zurückfordern und sich durch Zahlung an den neuen Gläubiger von seiner Leistungspflicht befreien (BGHZ 52, 154; BGH LM Nr. 3 zu § 407; a.A. OLG Dresden MDR 1995, 559 m. Anm. Karst).

Der Verzicht auf den Schutz des § 407 ist für den Schuldner dann von Vorteil, wenn er gegenüber dem neuen Gläubiger aufrechnen könnte. An einer solchen Aufrechnung wird der Schuldner interessiert sein, falls er auf der einen Seite befürchten muss, dass seine Forderung gegen den neuen Gläubiger schwer realisierbar ist, er auf der anderen Seite sicher ist, vom bisherigen Gläubiger die erbrachte Leistung zurückzuerhalten.

Rechtsgeschäfte und Rechtshandlungen, die der bisherige Gläu- 25
biger *zu Ungunsten* des Schuldners vornimmt (z. B. Kündigung, Mahnung), sind unwirksam; § 407 ist nicht anwendbar, weil er nur *zu
Gunsten* des Schuldners eingreifen soll.

b) Erstreckung der Rechtskraft

§ 407 II gibt dem Schuldner einen entsprechenden Schutz im Prozess: *Klagt* 26
G nach Abtretung der Forderung an G 1 diese gegen S ein, so kann S bei
Kenntnis der Abtretung vorbringen, dem G stehe die Forderung wegen der
Abtretung nicht mehr zu, so dass die Klage abgewiesen wird. Weiß S jedoch
nichts von der Abtretung und erreicht er aus anderen Gründen ein klageab-
weisendes Urteil, so würde das einen neuen Rechtsstreit zwischen G 1 und S
nicht ausschließen, denn das erste Urteil wirkt nur zwischen den Prozesspartei-
en (G und S). Um dieses für S missliche Ergebnis zu vermeiden, bestimmt
§ 407 II, dass G 1 das im Rechtsstreit zwischen G und S ergangene Urteil gegen sich gelten lassen muss. § 407 II als eine den Schuldner schützende Norm
meint nur ein für den Schuldner günstiges Urteil.

Für eine *Abtretung nach Klageerhebung* gelten die §§ 265, 325 ZPO.

c) Mehrfache Abtretung

Der Schuldnerschutz greift auch dann ein, wenn G nach Abtre- 27
tung der Forderung an G 1 diese noch einmal (unwirksam) an G 2
abtritt und S von der ersten (wirksamen) Abtretung keine Kenntnis
hat. Leistet S in Kenntnis der zweiten Abtretung an den nichtberechtigten G 2, so wird er durch § 408 I in gleicher Weise wie in
§ 407 geschützt **(Fall d)**.

Entsprechendes gilt bei einem Überweisungsbeschluss in der Zwangsvoll- 28
streckung (§ 408 II). Ist zu Gunsten des X eine Forderung des G gegen S gepfändet und sie dem X überwiesen worden (§§ 829, 835 ZPO), so sind diese
Maßnahmen wirkungslos, wenn G die Forderung schon vorher abgetreten
hatte. Dennoch wird S bei Unkenntnis der Abtretung geschützt, wenn er an
denjenigen (X) zahlt, der im Pfändungs- und Überweisungsbeschluss genannt
ist (ZVR Rdnr. 651).

2. Aufrechnung

Der nach seinem Wortlaut schwer verständliche § 406 enthält 29
zwei Wertungen; eine entspricht dem § 404, die andere dem
§ 407.

a) Fortwirkung der Aufrechnungslage gegenüber dem neuen Gläubiger

Konnte der Schuldner gegenüber dem alten Gläubiger mit einer Gegenforderung aufrechnen (§ 387), so soll seine Rechtsstellung nicht dadurch verschlechtert werden, dass die Forderung abgetreten wird. Obwohl nun keine Gegenseitigkeit der Forderungen mehr besteht, soll dem Schuldner die Aufrechnungsmöglichkeit erhalten bleiben.

Beispiele: G hat seit dem 1. 3. eine Forderung gegen S. Dieser erwirbt am 1. 4. eine fällige und gleichartige Forderung gegen G. Am 1. 5. tritt G seine Forderung an G 1 ab. Hat S keine Kenntnis von der Abtretung, dann kann er schon nach § 407 gegenüber G 1 aufrechnen. Erfährt er von der Abtretung, so kann er ebenfalls gegenüber G 1 aufrechnen (§ 406; Grundgedanke des § 404).

Wurde die Forderung des S erst nach der Abtretung der Hauptforderung durch G fällig, so kann S danach noch wirksam aufrechnen. § 406 macht zwar nur eine Ausnahme von der Gegenseitigkeit, nicht von den anderen Aufrechnungsvoraussetzungen (§ 16 Rdnr. 4 ff.). Es genügt aber, dass diese zur Zeit der Aufrechnungserklärung vorhanden sind; denn ohne Abtretung hätte der Schuldner jetzt aufrechnen können, und durch die Abtretung soll ihm kein Nachteil erwachsen (BGH JZ 1962, 92; beachte aber BGHZ 19, 153).

b) Schaffung der Aufrechnungslage gegenüber dem neuen Gläubiger

30   b) Erwirbt der Schuldner die Gegenforderung gegen den bisherigen Gläubiger erst nach der Abtretung, so haben sich beide Forderungen niemals aufrechenbar gegenübergestanden. Trotzdem soll der Schuldner entsprechend dem Grundgedanken des § 407 geschützt werden und aufrechnen können, wenn er zur Zeit des Erwerbs der Gegenforderung von der Abtretung noch keine Kenntnis hatte.

Folgende Fälle sind zu unterscheiden:

G tritt seine Forderung am 15. 3. an G 1 ab. S erwirbt am 1. 4. eine Gegenforderung gegen G. Hat S beim Erwerb Kenntnis von der Abtretung, wird er nicht geschützt; denn er wusste von vornherein, dass er nicht aufrechnen konnte. Hatte S dagegen keine Kenntnis von der Abtretung, so kann er noch aufrechnen, weil er in seinem Vertrauen auf die Aufrechnungsmöglichkeit beim Erwerb der Forderung geschützt werden soll.

Fraglich ist die Entscheidung dann, wenn im obigen Beispiel die Gegenforderung des S erst nach dem Erwerb durch S und später als die abgetretene Forderung fällig wird. Nach dem Wortlaut des Gesetzes ist die Aufrechnung hier ausgeschlossen, wenn der Schuldner vor Fälligkeit seiner Forderung Kenntnis von der Abtretung erlangt. Dementsprechend lässt die h. M. eine Aufrechnung nur dann zu, wenn die Gegenforderung vor erlangter Kenntnis von der Abtretung oder nicht später als die abgetretene Forderung fällig ist (vgl. BGHZ 19, 153).

3. Abtretungsanzeige und Urkundenvorlegung

a) Abtretungsanzeige

Der bisherige Gläubiger kann dem Schuldner anzeigen, dass die **31** Forderung abgetreten sei. Durch diese Anzeige wird einerseits im Interesse des neuen Gläubigers vermieden, dass der Schuldner wegen § 407 I noch mit befreiender Wirkung an den bisherigen Gläubiger leistet. Andererseits muss sich der Schuldner auf die Abtretungsanzeige verlassen können: Auch wenn die Forderung nicht oder nicht wirksam abgetreten worden ist, muss der Zedent die Leistung des Schuldners an den Zessionar gegen sich gelten lassen, weil er durch die Anzeige den Rechtsschein einer wirksamen Abtretung gesetzt hat (§ 409 I 1). Aber auch hier ist, obwohl das Gesetz schweigt, wie bei §§ 407, 408 der Schuldner nur schutzwürdig, wenn er den wahren Sachverhalt nicht kennt (anders die h. M., z. B. BGHZ 29, 82).

Entsprechendes gilt, wenn der alte Gläubiger dem neuen eine Abtretungsurkunde ausstellt und sie dem Schuldner vorgelegt wird (§ 409 I 2).

Um den durch die Anzeige erzeugten Rechtsschein zu zerstören, kann sie mit Zustimmung dessen zurückgenommen werden, der als neuer Gläubiger bezeichnet ist (§ 409 II). Die Pflicht zur Zustimmung kann sich aus Vertrag oder § 812 ergeben.

b) Aushändigung der Abtretungsurkunde

Zur Sicherung des Schuldners bestimmt § 410 I 1, dass er ge- **32** genüber dem neuen Gläubiger ein Leistungsverweigerungsrecht hat, bis ihm die Abtretungsurkunde ausgehändigt wird.

Eine Kündigung oder Mahnung des neuen Gläubigers ohne Urkundenvorlegung ist unwirksam, wenn der Schuldner sie mit dieser Begründung unverzüglich zurückweist (§ 410 I 2). – Einer Sicherung des Schuldners gem. § 410 I bedarf es jedoch nicht, wenn ihm der bisherige Gläubiger die Abtretung schriftlich angezeigt hat (§ 410 II).

§ 35. Schuldübernahme und Schuldbeitritt

1   **Schrifttum:** Behr, Grundfragen der Vermögensveräußerung, JA 1986, 517; Dörner, Dynamische Relativität, 1985; ders., Anfechtung und Vertragsübernahme, NJW 1986, 2916; Edenfeld, Offene Fragen des Beitritts zur Dauerschuld, JZ 1997, 1034; Emmerich, Die Anfechtung der Vertragsübernahme – BGH, NJW 1998, 531, JuS 1998, 495; Fabricius, Vertragsübernahme und Vertragsbeitritt, JZ 1967, 144; Fuchs, Das gesamte Vermögen als Gegenstand von Rechtsgeschäften, JA 1991, 313; Grigoleit/Herresthal, Die Schuldübernahme, Jura 2002, 393; Kohte, Die Stellung des Schuldbeitritts zwischen Bürgschaft und Schuldübernahme, JZ 1990, 997; Kurz, Schuldübernahme, Schuldbeitritt und das Verbraucherkreditgesetz, DNotZ 1997, 552; Nörr/Scheyhing/Poeggeler, Sukzessionen, 2. Aufl., 1999; Redick, Haftungsbegründung und Schuldbefreiung bei §§ 415, 416 BGB, 1991; Reinicke/Tiedtke, Kreditsicherung, 4. Aufl., 2000, 1; Rimmelspacher, Schuldübernahmetheorien und Anfechtbarkeit der befreienden Schuldübernahme, JR 1999, 201.

Fälle:

a) S schließt mit S 1 einen Vertrag, in dem S dem S 1 sein Geschäft verkauft und S 1 eine Geschäftsschuld des S übernimmt; der Gläubiger genehmigt die Schuldübernahme. S 1 verweigert später die Erfüllung, weil er den Vertrag mit S wegen dessen arglistiger Täuschung wirksam angefochten habe.

b) S 1, der von S dessen Kaufpreisschuld übernommen hat, macht gegenüber dem Zahlung verlangenden Gläubiger G geltend: 1. G habe dem S den Kaufpreis für ein halbes Jahr gestundet; 2. er (S 1) sei von dem mit S geschlossenen Geschäftsübernahmevertrag, aufgrund dessen er die Kaufpreisschuld übernommen habe, wirksam zurückgetreten; 3. er rechne mit einer eigenen Gegenforderung auf; 4. er rechne mit einer Gegenforderung des S auf.

I. Begriff, Bedeutung und Abgrenzung

1. Begriff

Das Gesetz kennt zwei Arten der Schuldübernahme: die befreiende (= privative) und die kumulative (= Schuldbeitritt).

a) Befreiende Schuldübernahme

Befreiende Schuldübernahme bedeutet, dass ein neuer Schuldner an die Stelle des alten tritt (Schuldnerwechsel). Der Altschuldner wird von seiner Schuld befreit. Der rechtsgeschäftliche Schuldnerwechsel ist also das Gegenstück zum rechtsgeschäftlichen Gläubigerwechsel (= Abtretung).

Es ist demnach regelmäßig möglich, dass die Partei eines Schuldverhältnisses Rechte an einen Dritten abtritt und dieser auch die Schulden der Partei übernimmt. Mit der Übertragung einzelner Rechte und der Übernahme einzelner Schulden ist der Dritte aber noch nicht Partei des gesamten Schuldverhältnisses geworden. Für einen solchen Parteiwechsel im gesamten Schuldverhältnis (Vertragsübernahme) besteht vor allem bei Dauerschuldverhältnissen (z. B. Miet-, Arbeitsvertrag) ein Bedürfnis. Eine derartige Vertragsübernahme bestimmt das Gesetz nur für einige Sonderfälle als Folge eines anderen Rechtsgeschäfts; so tritt der Grundstückserwerber in die Mietverträge (§ 566; BS § 12 Rdnr. 5 ff.) und der Erwerber eines Betriebs in die Arbeitsverträge (§ 613 a; Brox/Rüthers, ArbR Rdnr. 223 a ff.) ein. Jedoch ist eine vertragliche Vertragsübernahme im Gesetz nicht geregelt; ihre Zulässigkeit lässt sich mit der Privatautonomie begründen. Erforderlich ist stets das Einverständnis aller Beteiligten (vgl. BGHZ 95, 88).

b) Kumulative Schuldübernahme

Kumulative Schuldübernahme bedeutet, dass der Altschuldner **2** nicht von der Schuld befreit wird, sondern dass der Neuschuldner neben den Altschuldner als Gesamtschuldner tritt (Schuldbeitritt; dazu und zur Abgrenzung von der Bürgschaft: Rdnr. 19 ff., 21).

2. Bedeutung

Die Anwendungsmöglichkeiten der Schuldübernahme sind in **3** der Praxis vielfältig: Beim Verkauf eines Geschäftsbetriebs übernimmt der Erwerber die bestehenden Schulden (vgl. auch § 25 HGB; Brox, HR Rdnr. 166); dafür braucht er nur einen entsprechend geringeren Kaufpreis zu zahlen. Beim Hausbau haben die Handwerker die Arbeit eingestellt, weil der Bauherr seine laufenden Zahlungsverpflichtungen nicht mehr erfüllt; ein solventer Mieter, der möglichst schnell einziehen will, übernimmt die Schuld des Bauherrn oder tritt ihr bei, damit weitergearbeitet wird. Der Erwerber eines Grundstücks übernimmt die auf dem Grundstück lastenden Hypotheken unter Anrechnung auf den Kaufpreis (vgl. auch § 416; Rdnr. 14).

3. Abgrenzung

4   Die Schuldübernahme ist von anderen Rechtsinstituten zu unterscheiden. Was im Einzelfall gewollt ist, muss durch Auslegung der Vereinbarung ermittelt werden.

a) Erfüllungsübernahme

Bei der Erfüllungsübernahme (§ 329; § 32 Rdnr. 6) verpflichtet sich ein Dritter gegenüber dem Schuldner, dessen Schuld gegenüber dem Gläubiger zu erfüllen. Hier hat nur der Schuldner gegen den Dritten einen Anspruch (auf Befreiung von der Verbindlichkeit); der Gläubiger kann sich nach wie vor nur an seinen Schuldner halten.

b) Garantievertrag

5   Beim Garantievertrag verpflichtet sich der Dritte (formlos), unabhängig von dem Bestehen einer Verbindlichkeit für einen bestimmten Erfolg einzustehen oder die Gewähr für einen künftigen, noch nicht entstandenen Schaden zu übernehmen (BGH NJW 1958, 1483).

Diese Erfolgshaftung ist nicht akzessorisch, also schuldunabhängig; sie setzt deshalb einen dahingehenden Verpflichtungswillen voraus. Beispiele: Erklärung gegenüber einer Bank: Ich mache mich stark, dass für Schecks, die ein anderer auf die Bank gezogen hat, kurzfristig Deckung angeschafft wird (BGH NJW 1967, 1020); Vorlage einer Scheckkarte (dazu Brox HR Rdnr. 683).

c) Vertragsübernahme

6   Bei der Vertragsübernahme geht es darum, dass aufgrund Vertrages oder kraft Gesetzes eine Partei aus einem bestehenden Vertragsverhältnis ausscheidet und an ihre Stelle ein Dritter als Partei in den Vertrag eintritt. Auf den eintretenden Dritten gehen alle sich aus dem bestehenden Schuldvertrag ergebenden Rechte und Pflichten der ausscheidenden Partei über (vgl. BGH NJW 1985, 2528). Dagegen übernimmt bei der befreienden Schuldübernahme der Neuschuldner lediglich die Schuld einer Vertragspartei, ohne an deren Stelle in das Vertragsverhältnis einzutreten.

Eine gesetzliche Vertragsübernahme sieht das Gesetz in bestimmten Fällen vor (Rdnr. 1). – Zur Haftung beim Verkauf von Verträgen vgl. Koller, JR 1982, 353. Zur Anfechtung einer Vertragsübernahme vgl. BGHZ 96, 302.

II. Voraussetzungen der befreienden Schuldübernahme

Bei der befreienden Schuldübernahme sind der Neuschuldner **7**
und der Gläubiger besonders schutzwürdig. Da der Neuschuldner
mit einer Schuld belastet wird, kann die Schuldübernahme nur mit
seinem Willen geschehen. Auf der anderen Seite muss der Gläubiger einverstanden sein, wenn an die Stelle des bisherigen Schuldners ein anderer (vielleicht weniger solventer) treten soll. Demgegenüber ist der Altschuldner nicht schutzwürdig, da er von
seiner Schuld befreit wird. Dieser Interessenlage trägt das Gesetz in
§§ 414f. Rechnung.

Eine befreiende Schuldübernahme kann auf zwei verschiedenen
Wegen erfolgen:

1. Vertrag zwischen Neuschuldner und Gläubiger

Nach § 414 kann die Schuld von einem Dritten durch Vertrag **8**
mit dem Gläubiger übernommen werden.

Dieser Vertrag bedarf keiner Form, es sei denn, dass die übernommene Verpflichtung (z.B. wegen § 311b I) formbedürftig ist. – Sind die Vertragsparteien
sich darüber einig, dass die Forderung beim Altschuldner nicht beizutreiben
und sie deshalb für den Gläubiger ohne Wert ist, so kann ein Schenkungsversprechen des Neuschuldners an den Gläubiger vorliegen, das nach § 518 I der
Form bedarf.

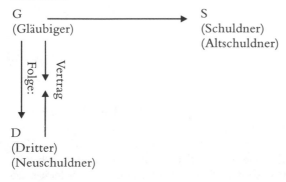

2. Genehmigter Vertrag zwischen Alt- und Neuschuldner

9 Ein Vertrag zwischen Alt- und Neuschuldner reicht nicht aus. Hinzukommen muss die *Genehmigung* des Gläubigers (§ 415 I 1), weil dieser sonst ohne seinen Willen seinen bisherigen Schuldner verlieren würde.

a) Erklärung, Verweigerung und Wirkung der Genehmigung

Die Genehmigung kann erst erfolgen, wenn der Alt- oder der Neuschuldner dem Gläubiger die Schuldübernahme mitgeteilt hat (§ 415 I 2).

Die beiden Vertragsparteien sollen es dadurch in der Hand haben, die Übernahme noch nicht eintreten zu lassen, bis sie sich z.B. über das der Schuldübernahme zugrunde liegende Geschäft geeinigt haben. Demnach ist eine Genehmigung des Gläubigers, der ohne Mitteilung auf andere Weise von dem Vertrag erfahren hat, wirkungslos.

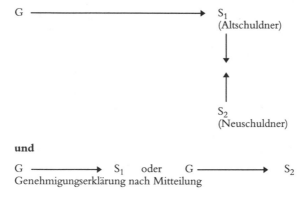

G ————————————→ S₁
                                    (Altschuldner)

                                    S₂
                                    (Neuschuldner)

und

G ———————→ S₁   oder   G ———————→ S₂
Genehmigungserklärung nach Mitteilung

10 Alt- oder Neuschuldner können dem Gläubiger bei oder nach der Mitteilung eine Frist zur Erklärung über die Genehmigung setzen (§ 415 II 2), um so den Schwebezustand zu beenden. Die Genehmigung kann – wie jede Willenserklärung – ausdrücklich oder konkludent erklärt werden. Bloßes Schweigen reicht jedoch nicht aus (Sonderfall: Hypothekenübernahme, § 416; Rdnr. 14). Bis zur

Genehmigung können die Parteien den Übernahmevertrag ändern oder aufheben (§ 415 I 3), weil bis dahin die Rechtsstellung des Gläubigers durch solche Änderungen nicht berührt wird. Wird die Genehmigung (§§ 182 ff.) erteilt, so wirkt sie auf den Zeitpunkt des Vertragsschlusses zurück (§ 184). Bei Verweigerung der Genehmigung gilt die Schuldübernahme als nicht erfolgt (§ 415 II 1). Wenn der Schuldnerwechsel nicht eintritt, so ist der Vertrag zwischen Alt- und Neuschuldner im Zweifel dahin auszulegen, dass der Neuschuldner jedenfalls dem Altschuldner gegenüber verpflichtet ist, den Gläubiger zu befriedigen (§§ 415 III, 329; Erfüllungsübernahme; § 32 Rdnr. 6).

Die Vermutung des § 415 III, dass eine bloße Erfüllungsübernahme gewollt sei, ist widerlegt, wenn die Parteien für den Fall der Verweigerung der Genehmigung eine andere Regelung getroffen haben oder wenn aus dem Vertrag hervorgeht, dass eine der Parteien das Risiko eines Scheiterns der Schuldübernahme tragen soll (BGH WM 1991, 1131).

b) Rechtliche Konstruktion der Schuldübernahme

Streitig ist, wie die Schuldübernahme nach § 415 rechtlich zu erklären ist.   **11**

Die herrschende *Verfügungstheorie* erblickt in dem Vertrag zwischen Alt- und Neuschuldner eine Verfügung vom Nichtberechtigten über die Forderung des Gläubigers, welche dieser als Berechtigter genehmigt. Für sie sprechen sowohl der Wortlaut des § 415 als auch die Motive (II, 144 ff.).

Die *Angebots- oder Vertragstheorie* sieht dagegen in der Mitteilung   **12** nach § 415 I 2 ein Angebot an den Gläubiger, das dieser durch seine Genehmigung annimmt. § 415 hat also nach dieser Ansicht gegenüber § 414 keine selbständige Bedeutung. Die Auswechslung des Schuldners soll auch im Falle des § 415 durch einen Vertrag zwischen Neuschuldner und Gläubiger erfolgen.

Konsequenzen des Theorienstreits: **13**
Hat z. B. der Neuschuldner den Übernahmevertrag wegen arglistiger Täuschung durch den Altschuldner angefochten **(Fall a),** dann wäre vom Standpunkt der Vertragstheorie die Täuschung durch einen Dritten (den nicht am Vertragsschluss beteiligten Altschuldner) erfolgt; demnach wäre die Erklärung des Neuschuldners nur dann anfechtbar, wenn der Erklärungsempfänger (Gläubiger) die Täuschung kannte oder kennen musste (§ 123 II 1). Bei formaler

Anwendung der Verfügungstheorie könnte der Neuschuldner seine Erklärung unabhängig davon anfechten, ob der Gläubiger die Täuschung kannte oder kennen musste, denn hier ist der täuschende Altschuldner selbst Vertragspartner (§ 123 I; so BGHZ 31, 321).

Rein konstruktive Erwägungen vermögen aber ein unterschiedliches Ergebnis nicht zu rechtfertigen. Auch wenn § 415 der Verfügungstheorie folgt, muss der Gläubiger ebenso wie im Fall des § 414 in seinem Vertrauen auf den Bestand des Übernahmevertrages geschützt werden (Näheres: Brox, JZ 1960, 369 ff.).

3. Sonderfall: Hypothekenübernahme

14   Ist zur Sicherung einer Forderung des Gläubigers gegen den Schuldner an dessen Grundstück eine Hypothek bestellt worden und übereignet der Schuldner das Grundstück an den Erwerber, so wird dieser mit dem Eigentumserwerb auch (dinglicher) Schuldner der Hypothek, während der Veräußerer (persönlicher) Schuldner der Forderung bleibt. Ziel des Veräußerers und des Erwerbers wird es sein, dass der Erwerber anstelle des Veräußerers auch persönlicher Schuldner der Forderung wird, insbesondere wenn er die Schuld in Anrechnung auf den Kaufpreis übernommen hat. Das kann nach § 414 oder § 415 geschehen. Eine Erleichterung bringt § 416: Da der Gläubiger bei diesem Schuldnerwechsel deshalb weniger schutzwürdig ist als in den bisher behandelten Fällen, weil er durch die Hypothek am Grundstück gesichert ist, genügt hier für die Schuldübernahme, dass er nach Mitteilung des Veräußerers innerhalb von sechs Monaten dazu schweigt. Hier gilt also – in Abweichung von § 415 – bloßes Schweigen als Genehmigung. Einzelheiten: § 416.

III. Wirkungen der befreienden Schuldübernahme

1. Schuldnerwechsel

15   Der Neuschuldner tritt bei der befreienden Schuldübernahme an die Stelle des bisherigen Schuldners (vgl. § 414).

2. Einwendungen

16   Der Neuschuldner kann Gründe vorbringen, die gegen die *Gültigkeit des Übernahmegeschäfts* sprechen. Bei dessen Nichtigkeit ist es nämlich zu keinem Schuldnerwechsel gekommen. Zur Anfechtung siehe Rdnr. 13.

Durch den Schuldnerwechsel wird die Forderung des Gläubigers nicht verändert. Deshalb kann der Neuschuldner dem Gläubiger die Einwendungen entgegensetzen, die sich aus dem *Rechtsverhältnis zwischen Gläubiger und Altschuldner* ergeben (§ 417 I 1; z.B. Stundung; **Fall b, 1.**).

Dagegen kann der Neuschuldner keine Einwendungen aus dem *Rechtsverhältnis zwischen Alt- und Neuschuldner*, das der Schuldübernahme zugrunde liegt, herleiten (§ 417 II; Abstraktionsprinzip; z.B. Rücktritt vom Kausalgeschäft; **Fall b, 2.**).

Einwendungen aus den *Beziehungen zwischen Neuschuldner und Gläubiger* sind möglich (der Neuschuldner kann mit einer ihm gegen den Gläubiger zustehenden Forderung aufrechnen; § 387; **Fall b, 3.**).

Mit einer dem Altschuldner zustehenden Forderung kann der Neuschuldner nicht aufrechnen (§ 417 I 2; **Fall b, 4.**); denn dann würde die übernommene Schuld aus dem Vermögen des Altschuldners getilgt.

3. Neben- und Vorzugsrechte

a) Nebenrechte

Blieben bei einer Schuldübernahme Nebenrechte (z.B. Bürgschaften, Pfandrechte) bestehen, dann würde damit die Rechtsstellung der Personen beeinträchtigt, die ein solches Nebenrecht bestellt haben; sie werden möglicherweise eher in Anspruch genommen, weil der Neuschuldner weniger solvent ist. Da die Schuldübernahme ohne ihr Zutun erfolgt, müssen sie geschützt werden. Das Gesetz berücksichtigt diese Interessen: Bürgschaften und Pfandrechte (an beweglichen Sachen) für die übernommene Forderung erlöschen (§ 418 I 1); die Hypothek geht auf den Eigentümer über (§§ 418 I 2, 1168 I). Der Gläubiger verliert also Rechte; er ist aber auch nicht schutzwürdig, da ohne seine Zustimmung (§§ 414, 415) eine Schuldübernahme nicht möglich ist. Andererseits bedarf der Bürge oder Pfandrechtsbesteller dann keines Schutzes, wenn er in die Schuldübernahme einwilligt; deshalb bleiben bei Einwilligung die genannten Rechte bestehen (§ 418 I 3).

b) Vorzugsrechte

18   Hatte der Gläubiger gegen den Altschuldner eine Forderung, die im Insolvenzverfahren bevorrechtigt wäre (z. B. Arbeitslohn), und wird die Schuld vom Neuschuldner übernommen, so kann dieses mit der Forderung verbundene Vorzugsrecht nicht im Insolvenzverfahren über das Vermögen des Neuschuldners geltend gemacht werden (§ 418 II; Grund: Schutz der übrigen Gläubiger des Neuschuldners).

IV. Vertraglicher Schuldbeitritt

1. Begriff und Begründung

a) Begriff

19   Vertraglicher Schuldbeitritt bedeutet, dass der Gläubiger durch Vertrag neben dem bisherigen Schuldner noch eine andere Person als Schuldner erhält.

Ein praktisches Bedürfnis für einen vertraglichen Schuldbeitritt besteht vor allem dann, wenn der Gläubiger trotz Übernahme der Schuld durch einen anderen seinen bisherigen Schuldner nicht verlieren will. Durch den vertraglichen Schuldbeitritt wird die Stellung des Gläubigers verstärkt, da dieser für seine Forderungen einen zusätzlichen Schuldner bekommt.

b) Begründung

20   Der vertragliche Schuldbeitritt kann – wie die befreiende Schuldübernahme – entweder durch Vertrag zwischen dem Beitretenden und dem Gläubiger (Rdnr. 8) oder durch Vertrag zwischen dem Altschuldner und dem Beitretenden (Rdnr. 9) begründet werden. Im letzteren Fall ist – anders als bei der befreienden Schuldübernahme – eine Mitwirkung des Gläubigers nicht erforderlich. Der Gläubiger ist hier nicht schutzwürdig, da sich seine Rechtsstellung durch Hinzutreten des Beitretenden nur verbessert.

2. Abgrenzung von der Bürgschaft

21   Vom vertraglichen Schuldbeitritt ist die Bürgschaft (§§ 765 ff.; BS § 32) zu unterscheiden. Der *Bürge* verpflichtet sich, für eine *fremde* Schuld einzustehen; die Schuld des Bürgen richtet sich in ihrem jeweiligen Bestand nach der Hauptschuld. Demgegenüber übernimmt beim *Schuldbeitritt* der Beitretende die Schuld als *eigene*; er will unabhängig von der Schuld des Schuldners haften und wird dazu regelmäßig nur bereit sein, wenn er damit ein eigenes rechtliches oder wirtschaftliches Interesse verfolgt. Der Bürge hingegen will – z. B. aus Gefälligkeit – für einen anderen einstehen. Aus dieser unterschiedlichen Interessenlage ergibt sich auch ein Unterschied für die Form des Rechtsgeschäfts: Der Bürge soll gewarnt werden; deshalb bestimmt § 766 die Schriftform der Bürgschaftserklärung. Der Beitretende weiß, dass er die Schuld als eigene übernimmt und verfolgt dabei ein eigenes Interesse. Deshalb braucht er nicht gewarnt zu werden, so dass der Schuldbeitritt nicht formbedürftig ist.

Ob im Einzelfall eine Bürgschaft oder ein vertraglicher Schuldbeitritt vorliegt, muss durch Auslegung unter Berücksichtigung der unterschiedlichen Interessenlage ermittelt werden. **22**

Dabei kommt es auf die gebrauchte Formulierung allein nicht entscheidend an; maßgebend sind die gesamten Umstände und vor allem der Zweck der Vereinbarung. Die h. M. (BGH NJW 1986, 580) verlangt für den (formfreien) Schuldbeitritt mit Recht ein eigenes wirtschaftliches oder rechtliches Interesse, da wegen dieses Eigeninteresses auf die Warnfunktion des § 766 verzichtet werden kann.

Beispiel: Dem Ehepaar X droht eine Räumungsklage wegen Mietrückstandes. Der Sohn S des Ehepaares X, der bei diesem wohnt, erklärt dem Vermieter, dass er für die Mietschulden der Eltern einstehen werde. Hier liegt keine formnichtige Bürgschaft, sondern ein gültiger Schuldbeitritt vor, da der Sohn ein eigenes wirtschaftliches Interesse an der Aufrechterhaltung des Mietvertrages hat.

Aus dem Gesagten ergibt sich, dass eine formungültige Bürgschaft nicht nach § 140 in einen Schuldbeitritt umgedeutet werden darf.

3. Wirkungen

a) Gesamtschuld

Beim vertraglichen Schuldbeitritt sind dem Gläubiger der **23** Altschuldner und der Beitretende als Gesamtschuldner (dazu § 37 Rdnr. 1 ff.) verpflichtet.

b) Einwendungen

24   Der Beitretende kann entsprechend § 417 I 1 die Einwendungen, die in der Person des Altschuldners bis zum Schuldbeitritt entstanden sind, gegenüber dem Gläubiger geltend machen. Für später entstehende Einwendungen des Altschuldners gelten die §§ 422 bis 425 (vgl. § 37 Rdnr. 13 ff.).

Wurde der Beitrittsvertrag zwischen dem Altschuldner und dem Beitretenden geschlossen, können Einwendungen aus dem Deckungsverhältnis zwischen den beiden Schuldnern entgegen § 417 II auch dem Gläubiger entgegengesetzt werden, solange der Beitrittsvertrag dem Gläubiger noch nicht mitgeteilt worden ist; denn so lange ist dieser nicht schutzwürdig.

V. Gesetzlicher Schuldbeitritt

25   In einigen Fällen entsteht ein Schuldbeitritt kraft Gesetzes. Nachdem der frühere § 419 über die Vermögensübernahme zum 1. 1. 1999 aufgehoben wurde, sind insoweit allerdings nur noch § 613a I, II, § 25 HGB und § 2382 zu nennen:

Wird ein Betrieb oder Betriebsteil auf Grund eines Rechtsgeschäfts auf einen neuen Inhaber übertragen, tritt der Erwerber gem. § 613a I in die Verpflichtungen aus den bestehenden Arbeitsverhältnissen ein, für die gem. § 613a II auch der Veräußerer weiter haftet.

Führt der Erwerber eines Handelsunternehmens dieses unter der bisherigen Firma fort, so haftet er gem. § 25 HGB für die Geschäftsschulden des früheren Inhabers (Brox, HR Rdnr. 166 ff.).

Der Käufer einer Erbschaft haftet gem. § 2382 den Nachlassgläubigern für Nachlassverbindlichkeiten (Brox, ErbR Rdnr. 769).

Elftes Kapitel
Mehrheit von Gläubigern und Schuldnern

Schrifttum: Aderhold, Grundstrukturen der Gesamthand, JA 1980, 136; Bernards, Haftung der Gesamtschuldner aus Verzug, NJW 1988, 680; Boecken/v. Sonntag, Zur Gleichstufigkeit der Schuldner als Voraussetzung einer Gesamtschuld, Jura 1997, 1; Burkert/Kirchdörfer, Der doppelt gestörte Gesamtschuldnerausgleich, JuS 1988, 341; Christensen, Gestörter Gesamtschuldnerausgleich bei familienrechtlichen Haftungsbeschränkungen, MDR 1989, 948; Coester-Waltjen, Gesamthandsgemeinschaften, Jura 1990, 469; Derleder, Zession und Gesamtschuld, Festschrift f. Heinrichs, 1998, 155; Ehmann, Die Gesamtschuld, 1972; Gernhuber, Der Gesamtschuldnerausgleich unter Ehegatten, JZ 1996, 696, 765; Hadding, Zur Mehrheit von Gläubigern nach § 432 BGB, Festschrift f. E. Wolf, 1985, 107; Hüffer, Die Ausgleichung bei dem Zusammentreffen von Bürgschaft und dinglicher Kreditsicherung als Problem der Gesamtschuldlehre, AcP 171, 470; Jürgens, Teilschuld – Gesamtschuld – Kumulation, 1988; Langenfeld, Das Innenverhältnis bei den Gläubigermehrheiten nach §§ 420 bis 432 BGB, 1994; Medicus, Haftungsbefreiung und Gesamtschuldnerausgleich, JZ 1967, 398; ders., Mehrheit von Gläubigern, JuS 1980, 697; Muscheler, Die Störung der Gesamtschuld: Lösung zu Lasten des Zweitschädigers?, JR 1994, 441; Preißer, Grundfälle zur Gesamtschuld im Privatrecht, JuS 1987, 208, 289, 628, 710, 797, 961; Reinicke/Tiedtke, Gesamtschuld und Schuldsicherung durch Bürgschaft, Hypothek, Grundschuld, Pfandrecht an beweglichen Sachen und Rechten, 2. Aufl., 1988; Rütten, Mehrheit von Gläubigern, 1989; K. Schmidt, Quotenhaftung von BGB-Gesellschaftern, NJW 1997, 2201; Schreiber, Die Gesamtschuld, Jura 1989, 353; Selb, Mehrheiten von Gläubigern und Schuldnern, 1984; ders., Die mehrfach hinkende Gesamtschuld, Festschrift f. W. Lorenz, 1991, 245; van Venrooy, Die späte Gesamthänderin – BGH, NJW 1980, 2464, JuS 1982, 93; Wacke, Der Erlaß oder Vergleich mit einem Gesamtschuldner, AcP 170, 42; Weber-Grellet, Die Gesamthand – ein Mysterienspiel?, AcP 182, 316; Weitnauer, Personenmehrheit auf der Gläubiger- und Schuldnerseite, Festschrift f. Hauß, 1978, 373; M. Wolf/Niedenführ, Gesamtschuld und andere Schuldnermehrheiten, JA 1985, 369, 628, 710, 797, 961; Wurm, Das gestörte Gesamtschuldverhältnis, JA 1986, 177.

An einem Schuldverhältnis müssen wenigstens zwei Personen beteiligt sein. Damit ist aber nicht ausgeschlossen, dass sowohl auf der Gläubiger- als auch auf der Schuldnerseite mehrere Personen stehen. Die Beteiligung mehrerer Personen an einem Schuldverhältnis ist vornehmlich in den §§ 420 bis 432 geregelt. Diese Bestimmungen gehen von der Unterscheidung zwischen teilbaren und unteilbaren Leistungen aus (vgl. §§ 420 bis 430 einerseits und §§ 431 f. andererseits). Das Gesetz sieht für eine Personenmehrheit auf der Schuldnerseite drei verschiedene Gestaltungsformen vor, nämlich Teilschuldnerschaft (§ 36 Rdnr. 1 ff.), Gesamtschuldnerschaft (§ 37 Rdnr. 1 ff.) und Schuldnergemeinschaft (§ 38 Rdnr. 1 ff.); dem entsprechen für eine Personenmehrheit auf der Gläubigerseite Teilgläubigerschaft (§ 36 Rdnr. 4 f.), Gesamtgläubigerschaft (§ 37 Rdnr. 32 ff.) und Gläubigergemeinschaft (§ 38 Rdnr. 3 ff.).

§ 36. Teilschuldner- und Teilgläubigerschaft

Fälle:

1   a) Um in den Genuss eines Mengenrabatts zu gelangen, bestellen K 1 und K 2 gemeinsam bei V einen Tankwagen Heizöl mit der Abrede, dass jeder von ihnen die Hälfte des Öls erhalten und auch die Hälfte des Kaufpreises zahlen soll. V will die Lieferung an K 1, der schon gezahlt hat, zurückbehalten, bis auch K 2 seinen Kaufpreis entrichtet.

b) Im Fall a will K 1 das den Käufern eingeräumte Rücktrittsrecht ausüben.

I. Teilschuldnerschaft

Teilschuldnerschaft liegt vor, wenn jeder der Schuldner nur zu einem Teil der Leistung verpflichtet ist (vgl. § 420).

Die Vereinbarung einer Teilschuldnerschaft ist nur bei teilbarer Leistung möglich. Eine Leistung ist teilbar, wenn sie ohne Wertverlust in mengenmäßig verschiedene, qualitativ aber gleichartige Teile zerlegbar ist (z. B. vertretbare Sachen, Geld); denn allein dann ist eine Aufspaltung in mehrere selbstständige Schulden möglich.

Im **Fall a** besteht hinsichtlich der Zahlungsverpflichtung eine Teilschuldnerschaft. Jeder der beiden Käufer schuldet einen (selbstständigen) Teil der Kaufpreisschuld. Der Verkäufer kann nicht den ganzen Kaufpreis von einem der Käufer fordern, auch dann nicht, wenn der andere zur Zahlung des von ihm geschuldeten Preises nicht in der Lage ist.

Bei einer Teilschuldnerschaft handelt es sich um voneinander **2** unabhängige Schulden der einzelnen Schuldner. Deshalb kann jeder von ihnen seine Schuld (z. B. durch Zahlung oder Aufrechnung) tilgen. Andererseits beruhen die Teilschulden auf einem einheitlichen Schuldverhältnis. Daher kann ein Rücktritt oder eine Kündigung nur von allen oder gegenüber allen erklärt werden (vgl. § 351).

Im **Fall a** steht dem V gegenüber K 1 und K 2 die Einrede des nicht erfüllten Vertrages (§ 320) zu, wenn auch nur einer von ihnen (K 2) noch nicht gezahlt hat (§ 320 I 2).

Nach § 420 soll bei einer Schuldnermehrheit die Teilschuldner- **3** schaft (mit gleichen Anteilen) die Regel bilden. Die Aufteilung einer Verbindlichkeit in mehrere Teilschulden wird jedoch im Allgemeinen den Belangen des Gläubigers nicht gerecht. Die Durchsetzung seiner Forderung wird ihm erschwert, weil er gegen alle Teilschuldner vorgehen muss. Außerdem trägt er das Risiko, wenn die Forderung bei einem Teilschuldner nicht beigetrieben werden kann. Deshalb hat das Gesetz in den praktisch wichtigsten Fällen der Schuldnermehrheit, nämlich bei vertraglichen und deliktischen Ansprüchen, zum Schutz des Gläubigers die gesamtschuldnerische Haftung angeordnet (vgl. §§ 427, 840 I). Teilschulden bestehen lediglich dann, wenn sie von den Parteien besonders vereinbart werden.

II. Teilgläubigerschaft

Teilgläubigerschaft ist gegeben, wenn jeder von mehreren Gläu- **4** bigern vom Schuldner nur einen Teil der Leistung zu fordern berechtigt ist. Für sie gilt auf der Gläubigerseite das zur Teilschuldnerschaft Gesagte entsprechend (vgl. § 420).

Im **Fall a** besteht hinsichtlich des Anspruchs auf Lieferung des Heizöls Teilgläubigerschaft. Jeder der beiden Käufer hat ein (selbstständiges) Forderungsrecht auf Lieferung der Hälfte des Öls. Der Verkäufer wird durch Lieferung der Gesamtmenge an einen der Käufer nicht von seiner Verpflichtung gegenüber dem anderen Käufer frei.

5   Haben die Parteien Teilforderungen begründet, dann steht jedem Gläubiger ein eigenes, unabhängig von den Forderungen der anderen Teilgläubiger bestehendes Forderungsrecht zu, über das er selbstständig zu verfügen in der Lage ist. Deshalb kann er auch Schadensersatzansprüche wegen Unmöglichkeit oder Verzuges unabhängig von den anderen Teilgläubigern geltend machen. Seine Rechtsstellung unterscheidet sich daher nicht wesentlich von der eines Einzelgläubigers. Die einheitliche Entstehung der Teilforderungsrechte wirkt sich aber z.B. insofern aus, als die Gläubiger nur gemeinsam vom Vertrag zurücktreten können (§ 351) und beim gegenseitigen Vertrag dem Schuldner wegen der gesamten Gegenleistung der Gläubiger die Einrede des nicht erfüllten Vertrages (§ 320 I 2) zusteht.

Könnte K 1 im **Fall b** allein vom Vertrag zurücktreten, würden die Interessen des V nicht hinreichend berücksichtigt, weil dieser an K 2 weiterhin zum ermäßigten Preis liefern müsste. K 1 ist rechtlich auch nicht in der Lage, durch seine Rücktrittserklärung auf das Rechtsverhältnis V – K 2 einzuwirken. Wie der Rücktritt kann auch die Minderung nur einheitlich ausgeübt werden (§ 441 II im Gegensatz zu § 474 I a. F.).

§ 37. Gesamtschuldner- und Gesamtgläubigerschaft

Fälle:

1   a) D 1 und D 2 stehlen gemeinsam bei G Schmuck im Werte von 10 000 Euro. G verlangt von D 1, D 2 und der Versicherungsgesellschaft V, bei der er gegen Diebstahl versichert ist, Ersatz des entstandenen Schadens.
b) B 1, der sich neben B 2 für die Darlehensschuld des G in Höhe von 500 Euro verbürgt hat, will den Betrag bei Fälligkeit begleichen. G lehnt die Annahme der Geldscheine ab, weil er B 2 in Anspruch nehmen will. Auf dem Rückweg wird dem B 1 das Geld gestohlen. G verklagt B 2 auf Zahlung.
c) G 1 und G 2 haben bei der S-Bank ein gemeinsames Konto errichtet und mit ihr vereinbart, dass jeder allein über das Guthaben verfügen kann. G 1 verklagt S auf Auszahlung des Restguthabens. Daraufhin zahlt S den Betrag an G 2 aus.

I. Gesamtschuldnerschaft

Die bei weitem häufigste Form einer Schuldnermehrheit ist die Gesamtschuldnerschaft. In diesem Fall haben mehrere Schuldner eine Leistung in der Weise zu bewirken, dass der Gläubiger sie nach seinem Belieben von jedem Schuldner ganz oder teilweise, insgesamt aber nur einmal fordern kann (§ 421). Mit der Leistung durch einen Schuldner werden insoweit auch die anderen befreit (§ 422 I). Die Gesamtschuldnerschaft ist für den Gläubiger die sicherste Form der Schuldnermehrheit, weil er schon dann befriedigt wird, wenn auch nur einer der Gesamtschuldner leistungsfähig ist.

1. Entstehung des Gesamtschuldverhältnisses

a) Gesetzliche Anordnung oder Auslegungsregel

In zahlreichen Fällen ergibt sich das Vorliegen einer Gesamt- **2** schuld aus einer gesetzlichen Anordnung oder auf Grund einer Auslegung.

aa) Sind für den aus einer *unerlaubten Handlung* entstandenen Schaden mehrere nebeneinander verantwortlich, so haften sie als Gesamtschuldner (§ 840 I, dazu BS § 43 Rdnr. 13 ff.).

Beispiel: Verletzen A und B den C bei einer Schlägerei, so ist jeder von ihnen nach § 823 I, 830 dem C zum Ersatz des ganzen Schadens verpflichtet. Gemäß § 840 I haften A und B dem C als Gesamtschuldner. Soweit A dem C Schadensersatz leistet, wird B von seiner Verpflichtung gegenüber C frei.

bb) Mehrere Schuldner einer *unteilbaren Leistung* haften unab- **3** hängig vom Rechtsgrund als Gesamtschuldner (§ 431), niemals als Teilschuldner.

Beispiele: Verpflichtung zur Rückgabe der Mietsache; andere Herausgabeverpflichtungen.

Wenn sich dagegen mehrere vertraglich zu einer nicht einzeln, sondern nur **4** gemeinsam erbringbaren Leistung verpflichten, (z. B. Auftritt eines Chors oder Orchesters), wird das regelmäßig nicht als Vereinbarung einer Gesamtschuld, sondern einer gemeinschaftlichen (gesamthänderischen) Schuld (dazu § 38 Rdnr. 1 ff.) aufzufassen sein. Denn bei einer Gesamtschuld kann gem. § 421 der Gläubiger von jedem einzelnen Schuldner die ganze Leistung verlangen, und es ist nicht anzunehmen, dass sich die einzelnen Schuldner zu einer für sie allein nicht möglichen Leistung verpflichten wollen.

cc) Bei gemeinschaftlicher (nicht notwendig gleichzeitiger) *ver-* **5** *traglicher Verpflichtung* zu einer *teilbaren Leistung* ist im Zweifel davon auszugehen, dass sich die Schuldner als Gesamtschuldner verpflichten wollen (§ 427; Ausnahme zu § 420; dazu § 36 Rdnr. 1 ff.). Bei § 427 handelt es sich zwar nicht um eine gesetzliche Anordnung der Gesamtschuld, aber doch um eine gesetzliche Auslegungsregel in diesem Sinne.

Beispiel: Gemeinsame Heizölbestellung von Nachbarn.

6   dd) Eine Gesamtschuld findet sich darüber hinaus sowohl bei rechtsgeschäftlichen Verpflichtungen (§ 769; § 59 I VVG; Art. 47 I WG) als auch bei gesetzlichen Schuldverhältnissen (§§ 42 II 2, 53, 1833 II 1, 2219 II; § 93 II 1 AktG; § 43 II GmbHG). Häufig ergibt sich eine gesamtschuldnerische Haftung als gesetzliche Folge bestimmter Rechtsgeschäfte: §§ 613a II, 2382 I 1; § 25 I 1 HGB. Zu erwähnen sind schließlich die Fälle persönlicher Haftung bei einigen Gesamthandsgemeinschaften (§§ 1437 II 1, 1459 II 1, 1480 S. 1, 2058; § 128 S. 1 HGB).

b) Allgemeiner Gesamtschuldtatbestand

7   Über die genannten speziellen Fälle hinaus enthält § 421 nach heute ganz überwiegender Auffassung einen allgemeinen Tatbestand für die Begründung eines Gesamtschuldverhältnisses. Streitig ist allein noch, ob er diesen abschließend regelt (so z.B. *Staudinger/ Noack,* § 421 Rdnr. 8, 14f., 26). Nach h.M. ist über den Gesetzeswortlaut hinaus ein zusätzliches Kriterium erforderlich (z.B. *Medicus,* SAT, Rdnr. 798).

8   aa) Aus dem Wortlaut des § 421 lassen sich vier Voraussetzungen ableiten:

– Mehrere Personen müssen Schuldner eines Gläubigers sein.

– Diese Personen müssen dem Gläubiger „eine Leistung" schulden. Das setzt nicht notwendig voraus, dass es sich um identische Leistungsgegenstände handelt; es genügt, wenn die Leistungen dazu bestimmt sind, dasselbe Leistungsinteresse des Gläubigers zu befriedigen (z.B.: Naturalherstellung und Geldersatz; BGHZ 43, 227).

– Jeder Schuldner muss zur Bewirkung der ganzen Leistung verpflichtet sein. Daran fehlt es, wenn die Schuldner die Leistung nur gemeinschaftlich erbringen können (§ 38 Rdnr. 1). Bei einer teilbaren Leistung ist nach § 420 im Zweifel eine Teilschuld anzunehmen.

– Schließlich setzt § 421 voraus, dass der Gläubiger die Leistung nur einmal zu fordern berechtigt ist (vgl. auch die Tilgungswirkung in § 422). Keine Gesamt-, sondern eine kumulierte Schuld liegt daher vor, wenn die Schuldner das Leistungsinteresse des Gläubigers mehrfach befriedigen sollen (z.B.: Der Gläubiger bestellt den benötigten Wein vorsichtshalber bei zwei Lieferanten).

bb) Innerhalb der h.M., die in § 421 nur die Mindestvoraussetzungen einer Gesamtschuld normiert sieht, besteht Uneinigkeit **9** darüber, welches *zusätzliche Kriterium* an das Vorliegen einer Gesamtschuld anzulegen ist.

Als überholt kann die Lehre vom *einheitlichen Schuldgrund* gelten. Sie lässt sich insbesondere nicht mit § 769 vereinbaren. Vornehmlich die ältere Rechtsprechung stellte auf die *Zweckgemeinschaft* zwischen den Schuldnern ab (vgl. BGHZ 43, 227; 58, 216; 59, 97). Danach kommt es darauf an, ob die Verpflichtungen zur Erreichung desselben Zwecks miteinander verbunden sind. Damit geht dieses Erfordernis aber über dasjenige der Identität des Leistungsinteresses (Rdnr. 8) nicht hinaus.

Heute wird für das Vorliegen einer Gesamtschuld überwiegend **10** verlangt, dass die Verbindlichkeiten *gleichstufig* oder *gleichrangig* seien (so jetzt insbesondere auch BGHZ 106, 319; 137, 77). Gleichstufigkeit ist danach z.B. bei mehreren Verursachern desselben Schadens wie etwa bei Nebentätern (BS § 43 Rdnr. 12) zu bejahen. Dagegen liegt im Verhältnis zwischen einem Primärschuldner und einem Sekundärschuldner wie z.B. zwischen Hauptschuldner und Bürgen (BS § 32 Rdnr. 27, 36ff.) keine Gleichstufigkeit vor. In den verbleibenden Fällen, in denen auch die Gleichrangigkeit der Verpflichtung nicht eindeutig feststellbar ist, wird die Annahme einer Gesamtschuld nur im Einzelfall begründet werden können. Maßgeblich sind die dem Gesetz (§§ 421 bis 426) zu Grunde liegenden Wertentscheidungen und der durch Auslegung zu ermittelnde Parteiwille. Namentlich wird man annehmen können, dass der Gesetzgeber die Fälle der cessio legis (z.B. § 774 I 1) und des § 255 nicht unter die Regelungen der §§ 421ff. fassen und daher nicht als Gesamtschuld verstanden wissen wollte. Hier soll vielmehr ein Schuldner vor- und der andere nachrangig haften.

Im **Fall a** haften nur D 1 und D 2 gesamtschuldnerisch (§§ 840, 830). Ob- **11** wohl V für dasselbe Leistungsinteresse des G einzustehen hat, ist sie nicht Gesamtschuldnerin neben D 1 und D 2. § 67 VVG, wonach der Anspruch des G gegen D 1 und D 2 auf V übergeht, lässt vielmehr erkennen, dass der Gesetzgeber im Verhältnis der Versicherung zum Schädiger keine gesamtschuldnerische Haftung beabsichtigt hat. – Gibt der Eigentümer seine Sache in Verwahrung und wird sie infolge Verschuldens des Verwahrers gestohlen, so liegt selbst bei Annahme eines gleichen Leistungsinteresses keine Gesamtschuld zwischen dem Verwahrer und dem Dieb vor. Aus § 255 ergibt sich, dass der Verwahrer zum Ersatze nur gegen Abtretung der dem Eigentümer gegen den Dieb zustehenden Rechte verpflichtet ist. Eine Tilgungsgemeinschaft wie bei der Gesamtschuld, bei der die Erfüllung durch einen Schuldner auch die anderen Schuldner gegenüber dem Gläubiger befreit (§ 422 I), so dass kein Anspruch des Gläubigers mehr besteht, der an den zahlenden Schuldner abgetreten werden könnte, ist vom Gesetz nicht gewollt.

2. Außenverhältnis gegenüber dem Gläubiger

12   Ist ein Gesamtschuldverhältnis entstanden, dann richtet sich das Verhältnis der Gesamtschuldner zum Gläubiger im Einzelnen nach den §§ 421 bis 425.

a) Verpflichtung jedes Schuldners zur gesamten Leistung

Der Gläubiger kann, solange die geschuldete Leistung nicht bewirkt ist, nach seinem Belieben jeden der Schuldner ganz oder teilweise in Anspruch nehmen (§ 421).

b) Gesamtwirkung

13   Die Erfüllung durch einen Gesamtschuldner tilgt die Schuld. Deshalb werden dadurch auch die anderen Gesamtschuldner dem Gläubiger gegenüber befreit (§ 422 I 1). Die gleiche Wirkung tritt bei der Leistung an Erfüllungs Statt, der Hinterlegung und der Aufrechnung ein (§ 422 I 2; beachte bei der Aufrechnung § 422 II).

Erlässt dagegen der Gläubiger einem Gesamtschuldner die Schuld (§ 397), so ist es möglich, dass die Parteien des Erlassvertrages nur diesen Gesamtschuldner von der Schuld befreien wollen; dann bleiben die Verpflichtungen der übrigen Gesamtschuldner von dem Erlass unberührt. Ist aber die Vereinbarung zwischen dem Gläubiger und dem Gesamtschuldner dahin auszulegen, dass durch den Erlass auch die Forderung des Gläubigers gegenüber den anderen Gesamtschuldnern getilgt sein soll, werden auch diese befreit (§ 423).

Kommt der Gläubiger gegenüber einem Gesamtschuldner in Annahmeverzug (§§ 293 ff.), wirkt dieser auch im Verhältnis des Gläubigers zu allen Gesamtschuldnern (§ 424), weil die nicht angenommene Leistung zugleich die anderen Schuldner befreit hätte.

Im **Fall b** ist deshalb nicht nur der Gesamtschuldner B 1, sondern auch B 2 wegen Annahmeverzuges des G nach §§ 300 II, 275 (dazu § 26 Rdnr. 13 f.) von seiner Leistung frei geworden (§§ 424, 769).

Außerdem wirkt ein Mitverschulden des Geschädigten, das dieser sich im Verhältnis zu einem Gesamtschuldner anrechnen lassen muss, auch zugunsten der anderen Gesamtschuldner (BGHZ 90, 86, 90 f.).

c) Einzelwirkung

Alle anderen, nur in der Person eines Gesamtschuldners eintretenden Tatsachen beeinflussen die Rechtsbeziehungen der Mitschuldner zum Gläubiger im Regelfall nicht (§ 425 I).   **14**

§ 425 II nennt hierfür neben der die Fälligkeit des Anspruchs herbeiführenden Kündigung und den Leistungsstörungen (Verzug, Unmöglichkeit) die Verjährung (einschließlich deren Neubeginn, Hemmung und Ablaufhemmung), die Vereinigung von Forderung und Schuld sowie das rechtskräftige Urteil. Der Gläubiger kann also z. B. Ersatz eines Verzögerungsschadens nur von dem Gesamtschuldner verlangen, in dessen Person die Voraussetzungen der §§ 280 I, II, 286 erfüllt sind. Die Aufzählung ist nicht abschließend. Deshalb berührt z. B. auch die Verwirkung (dazu § 7 Rdnr. 17) gegenüber einem Gesamtschuldner nicht den Anspruch gegenüber einem anderen Gesamtschuldner (BGH ZIP 2002, 85, 86).

3. Innenverhältnis der Gesamtschuldner

a) Ausgleichsanspruch

Um zu verhindern, dass derjenige, den der Gläubiger in Anspruch nimmt, auch im Verhältnis der Gesamtschuldner die Schuld endgültig zu tragen hat, begründet § 426 I ein Ausgleichsschuld-   **15** verhältnis. Hiernach sind, soweit nicht ein anderes bestimmt ist, die Gesamtschuldner im Verhältnis zueinander zu gleichen Anteilen verpflichtet. § 426 I 1 gibt einen selbstständigen Anspruch, der von einem etwaigen Anspruch aus einem besonderen Rechtsverhältnis (z.B. Auftrag) zu unterscheiden ist. Er verjährt nach § 195 in 3 Jahren.

16   aa) Solange noch keiner den Gläubiger befriedigt hat, ist jeder Gesamtschuldner verpflichtet, an der Befriedigung des Gläubigers mitzuwirken, um auf diese Weise die Inanspruchnahme eines der Gesamtschuldner über den auf ihn im Innenverhältnis entfallenen Anteil hinaus zu verhindern (BGHZ 23, 363; h.M.). Daraus kann sich die Pflicht gegenüber den übrigen Gesamtschuldnern ergeben, die Schuld anteilig beim Gläubiger zu tilgen (BGH NJW 1994, 2231, 2232; vgl. auch MünchKomm/Bydlinski, § 426 Rdnr. 12). Wer dieser Verpflichtung nicht nachkommt, haftet den anderen Gesamtschuldnern nach allgemeinen Regeln (z.B. §§ 280, I, II, 286) auf Schadensersatz (BGH NJW 1974, 693, 694).

17   bb) Wenn ein Gesamtschuldner mehr als den auf ihn entfallenden Teil der Schuld getilgt hat, entsteht für ihn insoweit ein Ausgleichsanspruch gegen die anderen Gesamtschuldner. Da dieser Ausgleich zu einer einmaligen und endgültigen Abwicklung führen soll, haften mehrere ausgleichspflichtige Schuldner dem ausgleichsberechtigten regelmäßig nicht wiederum als Gesamt-, sondern als Teilschuldner (Ausnahme z.B. in Art. 47 I, III WG; Brox, HR Rdnr. 593).

Schulden S 1, S 2, S 3 und S 4 dem G als Gesamtschuldner 1200 Euro und hat S 1 die Forderung des G durch Zahlung getilgt, dann kann er von den übrigen drei Gesamtschuldnern Zahlung von je 300,– Euro verlangen.

18   cc) Ist der Ausgleich von einem Gesamtschuldner (z.B. wegen Vermögenslosigkeit) nicht zu erlangen, so haben alle übrigen diesen Ausfall nach dem Verteilungsmaßstab des § 426 I 1 zu tragen. Insoweit entsteht dem ausgleichsberechtigten Gesamtschuldner ein weiterer Anspruch (§ 426 I 2).

Ist im **Beispielsfall** S 4 vermögenslos, dann ist der auf ihn entfallende Betrag von 300 Euro auf S 1, S 2 und S 3 gleichmäßig (§ 426 I 1), also zu je

100 Euro, zu verteilen, so dass der ausgleichsberechtigte S 1 von S 2 und S 3 zusätzlich Zahlung von je 100 Euro verlangen kann.

dd) In den weitaus meisten Fällen bemisst sich die Höhe nicht **19** nach dem in § 426 I 1 vorgesehenen Verteilungsmaßstab. Beruht das Gesamtschuldverhältnis auf einem gemeinsam abgeschlossenen Rechtsgeschäft (§ 427), dann haben die Gesamtschuldner meistens zugleich eine Abrede über den internen Ausgleich getroffen. Eine von § 426 I 1 abweichende Quote kann sich aber auch aus Inhalt und Zweck des jeweiligen Rechtsverhältnisses ergeben. Häufig trifft das Gesetz selbst eine abweichende Regelung über die interne Lastenverteilung.

So hat bei einer gesamtschuldnerischen Haftung des Verrichtungsgehilfen neben dem Geschäftsherrn (§ 840 I) im Innenverhältnis der Verrichtungsgehilfe den Schaden allein zu tragen (§ 840 II). Vgl. auch §§ 840 III, 841, 1833 II 2; § 17 StVG.

Nach h. M. ist im Verhältnis mehrerer Schädiger der Rechtsgedanke des § 254 heranzuziehen (BGH NJW 1983, 623). Die Höhe des Ausgleichsanspruchs richtet sich folglich danach, inwieweit der Schaden vorwiegend von dem einen oder dem anderen Gesamtschuldner verursacht worden ist; das gilt sowohl für die Fälle des Zusammentreffens von Verschuldens- und Gefährdungshaftung als auch für die Mitschuldner aus Verschuldenshaftung. Das Maß der Verursachung und des Verschuldens des einen Teils kann im Einzelfall dazu führen, ihm den gesamten Schaden aufzuerlegen.

ee) Eine *Störung des Gesamtschuldverhältnisses* tritt ein, wenn die **20** Haftung eines Gesamtschuldners gegenüber dem Gläubiger ausgeschlossen oder beschränkt ist. Der Haftungsausschluss und die Haftungsbeschränkung können auf einer Vereinbarung oder auf Gesetz beruhen.

(1) Die *Vereinbarung über einen Haftungsausschluss* zwischen einem der Gesamtschuldner und dem Gläubiger wirkt sich im Außenverhältnis gegenüber dem Gläubiger und im Innenverhältnis der Gesamtschuldner aus.

Beispiel: S 1 nimmt G in seinem Pkw mit; beide vereinbaren für den Fall eines Unfallschadens einen Haftungsausschluss. Bei einem von S 1 (= Erstschädiger) und S 2 (= Zweitschädiger) gleichermaßen fahrlässig verschuldeten Unfall entsteht dem G ein Schaden von 2000 Euro.

Im Außenverhältnis hat der Gläubiger gegen den Schuldner, mit dem er den Haftungsausschluss vereinbart hat (= S 1 als Erstschädiger), wegen des Haftungsverzichts keinen Anspruch. Im Übrigen lassen sich mehrere Lösungen denken:

21   *Erste Lösung:* Der Gläubiger kann den Schaden in voller Höhe von dem (nicht haftungsbegünstigten) Zweitschädiger (S 2) ersetzt verlangen. Dieser hat keinen Ausgleichsanspruch gegen den Erstschädiger (S 1), da dieser wegen des Haftungsverzichts nicht Schuldner geworden ist, so dass kein Gesamtschuldverhältnis vorliegt. Diese Lösung ist abzulehnen, weil die Vereinbarung eines Haftungsausschlusses zwischen dem Gläubiger und dem Erstschädiger sich zu Lasten des Zweitschädigers auswirkte, der letztlich den ganzen Schaden allein zu tragen hätte.

22   *Zweite Lösung:* Der Zweitschädiger muss zwar dem Gläubiger den ganzen Schaden ersetzen; er kann aber vom Erstschädiger Ausgleich (im Beispielsfall in Höhe von 1000 Euro) verlangen, da der Haftungsverzichtsvertrag nur im Verhältnis der Vertragsparteien, also zwischen Gläubiger und Erstschädiger, von Bedeutung ist. Diese vom BGH (BGHZ 12, 213; 58, 220; vgl. auch BGH NJW 1992, 2286) vertretene Lösung wirkt sich zu Lasten des haftungsbegünstigten Erstschädigers aus: Dieser verliert den durch den Haftungsverzicht erlangten Vorteil auf dem Wege des Rückgriffs des Zweitschädigers; er steht schlechter, als er stünde, wenn er allein für den Schaden verantwortlich wäre. Das aber war von den Parteien des Verzichtsvertrages nicht gewollt; der dadurch begünstigte Erstschädiger sollte überhaupt nicht, also weder vom Gläubiger direkt noch auf dem Umweg über den Zweitschädiger, in Anspruch genommen werden können.

23   *Dritte Lösung:* Der Gläubiger kann den nicht haftungsbegünstigten Zweitschädiger nur insoweit in Anspruch nehmen, als der Zweitschädiger im Innenverhältnis zum Erstschädiger den Schaden zu tragen hätte, wenn ein Haftungsverzicht nicht vereinbart worden wäre.

Im Beispielsfall beschränkt sich demnach der Schadensersatzanspruch des G gegen S 2 auf 1000 Euro. Ein Ausgleichsanspruch des S 2 gegen S1 besteht nicht.

24   Diese Lösung wird von der h. M. vertreten (vgl. etwa Larenz, § 37 III m. N. in FN 38; Medicus, JZ 1967, 398; MünchKomm/ Bydlinski, § 426 Rdnr. 57); sie ist interessengerecht. Der haftungsbegünstigte Erstschädiger ist weder im Außenverhältnis gegenüber dem Gläubiger noch im Innenverhältnis gegenüber dem Zweitschädiger zum Ersatz verpflichtet. Der Zweitschädiger ist gegenüber dem Gläubiger nur insoweit verpflichtet, als der Schaden nach Abwicklung des Innenverhältnisses an ihm hängen bliebe, wenn kein Haftungsverzicht vorläge; durch den Haftungsverzicht des Gläubigers gegenüber dem Erstschädiger soll der Zweitschädiger letzten Endes nicht besser und nicht schlechter stehen als ohne diesen Haftungsverzicht. Der Gläubiger aber muss den Nachteil, dass er nur einen Teil seines Schadens ersetzt erhält, tragen, weil er das – durch seinen Haftungsverzicht – so gewollt hat.

Hat der Zweitschädiger dem Gläubiger in Unkenntnis des Haftungsverzichts den ganzen Schaden ersetzt oder ist er zum Ersatz des ganzen Schadens verurteilt worden, muss ihm ein Ausgleichsanspruch gegen den Erstschädiger zustehen. Dieser kann jedoch den gezahlten Betrag von dem Gläubiger wegen dessen Haftungsverzichts ersetzt verlangen (ergänzende Vertragsauslegung).

(2) Bei der *Vereinbarung einer Haftungsbeschränkung* gilt dasselbe **25** wie bei der Vereinbarung eines Haftungsausschlusses.

Ist im Beispielsfall zwischen G und S 1 vereinbart, dass S 1 bei einem Unfallschaden des G nur für diejenige Sorgfalt einzustehen hat, die er in eigenen Angelegenheiten anzuwenden pflegt, und kommt es zum Unfall infolge leichter Fahrlässigkeit des S 1 und des S 2, so haftet S 1 dem G nicht, wenn er die eigenübliche Sorgfalt angewandt hat. Nach der zuvor vertretenen Ansicht kann G den S 2 nur in Höhe der Hälfte des ihm entstandenen Schadens, also auf Zahlung von 1000 Euro, in Anspruch nehmen.

(3) Ein *gesetzlicher Haftungsausschluss* kann etwa bei einem Ar- **26** beitsunfall (Brox/Rüthers, ArbR Rdnr. 158 ff.), Dienstunfall eines Beamten und Arbeitnehmerhaftung (§ 20 Rdnr. 21 f.) vorkommen.

Beispiel: Der Arbeitnehmer A erleidet bei einem Arbeitsunfall, der von seinem Arbeitskollegen S 1 (= Erstschädiger) und dem betriebsfremden S 2 (= Zweitschädiger) fahrlässig verursacht worden ist, körperliche Schäden. Gem. §§ 104, 105 SGB VII ist S 1 dem A zum Ersatz der Personenschäden nicht verpflichtet. Soweit jedoch die Berufsgenossenschaft B dem A Leistungen aufgrund des Unfalls erbringt, geht der Schadensersatzanspruch des A gegen S 2 gem. § 116 SGB X auf B über. B macht den auf sie übergegangenen Schadensersatzanspruch gegen S 2 geltend.

Die Interessenlage entspricht der beim vertraglichen Haftungsausschluss. Hier folgt der BGH mit Recht der obengenannten dritten Lösung (vgl. BGHZ 51, 37; 55, 11; 58, 355; 61, 51; 94, 173). Der auf die Berufsgenossenschaft übergegangene Schadensersatzanspruch des Verletzten gegen den Zweitschädiger ist auf das beschränkt, was dieser ohne die Regelung der §§ 104 f. SGB VII im Innenverhältnis endgültig hätte leisten müssen.

27   (4) Eine *gesetzliche Haftungsbeschränkung* ist etwa in §§ 708, 1359, 1664 I für Gesellschafter, Ehegatten, Eltern vorgesehen; sie haften nur für die Sorgfalt, die sie in eigenen Anlegenheiten anzuwenden pflegen. Auch hier muss das gelten, was für den Fall der vereinbarten Haftungsbeschränkung (Rdnr. 25) gesagt wurde.

Der BGH wendet jedoch die genannten Haftungsbeschränkungen bei der Teilnahme am Straßenverkehr nicht an (vgl. BGHZ 46, 313; 53, 352; 61, 104), so dass das Problem der gestörten Gesamtschuld insoweit nicht auftaucht. Sonst folgte der BGH hier ursprünglich der zweiten Lösung, so dass der Haftungsbegünstigte im Innenverhältnis ausgleichspflichtig war (vgl. BGHZ 35, 322); diese Ansicht ist später mit Recht aufgegeben worden (BGH NJW 1988, 2667).

Insgesamt ist der dritten Lösung der Vorzug zu geben, so dass ein Haftungsausschluss und eine Haftungsbeschränkung schon beim Anspruch des Geschädigten gegen den nicht haftungsbegünstigten Gesamtschuldner zu berücksichtigen ist.

b) Übergang der Forderung des Gläubigers gegen die übrigen Gesamtschuldner

28   Um die Rechtsstellung des ausgleichsberechtigten Gesamtschuldners zu verstärken, ordnet § 426 II an, dass auf ihn die ursprüngliche Forderung des Gläubigers übergeht, soweit er den Gläubiger befriedigt hat und von den übrigen Gesamtschuldnern Ausgleich verlangen kann. Mit diesem gesetzlichen Forderungsübergang bezweckt das Gesetz vor allem, dass etwaige an der Gläubigerforderung bestehende Sicherungsrechte (z.B. Hypotheken, Pfandrechte) dem befriedigenden Gesamtschuldner erhalten bleiben (§§ 412, 401). Ihm stehen deshalb zwei rechtlich selbstständige Ansprüche zu: einmal der Ausgleichsanspruch nach § 426 I, zum anderen der nach § 426 II auf ihn übergegangene Anspruch des Gläubigers. Einwendungen und Einreden, die einem der Ansprüche entgegenstehen, beeinflussen den anderen grundsätzlich nicht.

Ist beispielsweise der nach § 426 II übergegangene Anspruch verjährt, weil für ihn eine kürzere als die regelmäßige Verjährungsfrist vereinbart wurde (vgl.

§ 202 I), so ist der Schuldner nicht gehindert, aus § 426 I vorzugehen, für den die regelmäßige Verjährungsfrist des § 195 gilt.

Die Anspruchsberechtigung nach § 426 I wirkt sich allerdings im **29** Rahmen des § 426 II insofern aus, als der ursprüngliche Anspruch des Gläubigers nur übergeht, soweit der befriedigende Gesamtschuldner nach § 426 I oder auf Grund eines Vertrages von den übrigen Schuldnern Ausgleich verlangen kann.

Beispiel: Hat S 1 die Darlehensforderung des G in Höhe von 1200 Euro getilgt und steht ihm deshalb gegen S 2, S 3 und S 4 eine Ausgleichsforderung von je 300 Euro zu, dann geht auch die ursprüngliche Forderung des Gläubigers nur in dieser Höhe (900 Euro) auf ihn über.

Ebenso wie für die Forderung nach § 426 I haben die ausgleichs- **30** pflichtigen Schuldner auch für die auf den ausgleichsberechtigten übergegangene Forderung nicht mehr als Gesamt-, sondern als Teilschuldner einzustehen.

Hat ein Gesamtschuldner den Gläubiger nur teilweise befriedigt, **31** dann kann der gesetzliche Forderungsübergang nicht zum Nachteil des Gläubigers geltend gemacht werden (§ 426 II 2). Das bedeutet: Der restliche beim Gläubiger verbliebene Anspruch geht dem nach § 426 II 1 übergegangenen Anspruch (z.B. im Insolvenzverfahren oder bei der Befriedigung aus einem Grundstück; § 1147) vor.

II. Gesamtgläubigerschaft

Bei einer Gesamtgläubigerschaft kann jeder der Gläubiger vom **32** Schuldner die ganze Leistung fordern; der Schuldner braucht nur einmal zu leisten (§ 428), und mit der Leistung an einen Gläubiger wird er von seiner Schuld befreit (vgl. §§ 429 III 1, 422 I 1; Rdnr. 34).

Die Gesamtgläubigerschaft kann *vertraglich vereinbart* werden (§ 311 I). Für sie spricht jedoch – anders als für die Teilgläubigerschaft (§ 420; dazu § 36 Rdnr. 4) – keine Vermutung. Rechtsgeschäftlich wird sie selten begründet. Die Gesamtforderung ist zwar für jeden Gläubiger insofern vorteilhaft, als er ohne Mitwirkung der übrigen die ganze vertragliche Leistung vom Schuldner verlangen kann; zugleich läuft er aber Gefahr, dass sich der Schuldner von seiner Verpflichtung durch Leistung an einen Mitgläubiger befreit. Ist die Leistung unteilbar, dann besteht nach § 432 ohnehin regelmäßig eine Gemeinschaftsforderung (dazu § 38 Rdnr. 10). *Gesetzlich angeordnet* sind Gesamtforderungen nur im Fall des § 2151 III (Brox, ErbR Rdnr. 413).

1. Außenverhältnis gegenüber dem Schuldner

33   Jeder Gesamtgläubiger hat gegenüber dem Schuldner ein selbstständiges Forderungsrecht auf die ganze Leistung, die aber nur einmal geschuldet wird (§ 428 S. 1).

Im **Fall c** sind G 1 und G 2 Gesamtgläubiger; daher kann jeder von ihnen Auszahlung des gesamten Guthabens von S verlangen.

Der Schuldner hat die Wahl, an welchen Gesamtgläubiger er mit befreiender Wirkung leisten will (§ 428 S. 1). Das gilt selbst dann, wenn ein Gläubiger bereits Klage erhoben hat (§ 428 S. 2; **Fall c**).

Ist allerdings bei der Einrichtung eines Gemeinschaftskontos eines Ehepaares Gesamtgläubigerschaft gewollt und jedem Ehegatten eine Einzelverfügungsbefugnis eingeräumt (sog. „Oder-Konto"), muss geprüft werden, ob damit das Wahlrecht der Bank (§ 428) nicht vertraglich ausgeschlossen sein soll, so dass die Bank an den Ehegatten leisten muss, der Zahlung begehrt (vgl. OLG Nürnberg, NJW 1961, 510; OLG Köln, FamRZ 1987, 1139).

a) Gesamtwirkung

34   Das Gesetz hat in verschiedenen Bestimmungen dem Umstand Rechnung getragen, dass der Schuldner nur einmal zu leisten braucht und sich unter den mehreren Gläubigern den Empfänger seiner Leistung aussuchen darf (§ 428).

aa) Da der Schuldner nur einmal zu leisten hat, erlöschen bei *Befriedigung* eines Gläubigers durch Erfüllung, Leistung an Erfüllungs Statt, Hinterlegung oder Aufrechnung die Forderungsrechte aller Gläubiger (§§ 429 III 1, 422 I).

bb) Die gleiche Wirkung tritt nach §§ 429 III 1, 423 ein, wenn ein Gesamtgläubiger mit dem Schuldner in einem *Erlassvertrag* vereinbart, dass das ganze Schuldverhältnis aufgehoben werden soll. Jedoch setzt eine solche Gesamtwirkung voraus, dass der Gesamtgläubiger eine entsprechende Verfügungsbefugnis hat (BGH NJW 1986, 1862).

cc) Die Gesamtforderungen aller Gläubiger erlöschen nach § 429 II ferner dann, wenn sich Forderung und Schuld in einer Person vereinigen (*Konfusion*; § 17 Rdnr. 7). Der Schuldner könnte nämlich als Gesamtgläubiger die Leistung an sich selbst wählen.

dd) Der *Annahmeverzug* eines Gesamtgläubigers wirkt nach § 429 I auch gegen die übrigen Gläubiger, weil die Annahme durch den Gesamtgläubiger die Erfüllung bewirkt hätte.

b) Einzelwirkung

Alle anderen, in der Person eines Gläubigers eintretenden Tatsa- **35** chen wirken nur im Verhältnis zwischen ihm und dem Schuldner (vgl. §§ 429 III 1, 425). Ist beispielsweise das Rechtsverhältnis zwischen einem Gläubiger und dem Schuldner nichtig oder nachträglich verändert worden, dann bleibt davon die Rechtstellung der übrigen Gläubiger unberührt.

Nach § 429 III 1, 425 braucht sich ein Gesamtgläubiger ein schuldhaftes Verhalten eines Mitgläubigers nicht zurechnen zu lassen. Auch eine Kündigung wirkt regelmäßig nur gegen den kündigenden Gläubiger; allerdings werden Gestaltungsrechte nur von den Gesamtgläubigern gemeinsam ausgeübt werden können (BGHZ 59, 187). Die Verjährung läuft gegen jeden Gläubiger gesondert. Schließlich hat die Forderungsabtretung durch einen Gesamtgläubiger keinen Einfluss auf die Rechtsstellung der übrigen.

2. Innenverhältnis der Gesamtgläubiger

Da die Leistung des Schuldners an einen Gesamtgläubiger auch **36** die Forderungen der übrigen zum Erlöschen bringt, begründet § 430 für den Leistungsempfänger gegenüber seinen Mitgläubigern eine Ausgleichspflicht. Für die Ausgleichspflicht ist es unerheblich, auf welche Weise die Gesamtforderungen erloschen sind. § 430 greift deshalb z. B. auch bei Aufrechnung ein, selbst wenn sie vom Schuldner erklärt ist.

Nach § 430 sind die Gesamtgläubiger untereinander zu gleichen Anteilen berechtigt; demnach entsteht mit der Leistung des Schuldners unter den Gläubigern eine Ausgleichspflicht zu gleichen Teilen. Das gilt aber nur, soweit nicht ein anderes bestimmt ist, so dass die Gläubiger durch Vereinbarung den Ausgleich anders regeln können.

Im **Fall c** hat die Bank mit befreiender Wirkung an G 2 gezahlt; ob dieser den Wert der Leistung endgültig behalten darf, richtet sich nach dem Innenverhältnis zwischen G 1 und G 2.

Die Ausgleichspflicht setzt voraus, dass der betreffende Gesamtgläubiger vom Schuldner mehr erhalten hat, als es seinem Anteil entspricht. Der Gesamtgläubiger, der nur seinen Anteil erhalten hat, ist aber ausnahmsweise ausgleichspflichtig, wenn eine Restschuld beim Schuldner nicht beigetrieben werden kann und daher die anderen Gesamtgläubiger leer ausgehen würden.

§ 38. Schuldner- und Gläubigergemeinschaft

Fälle:

1   a) V, der ein ihm gehörendes Gemälde für 10 000 Euro an K verkauft hat, stirbt vor Erfüllung des Vertrages und wird von seinem Sohn S und seiner Tochter T beerbt. An wen soll K sich zwecks Lieferung des Gemäldes wenden?

b) Im Fall a verlangt S von K 10 000 Euro, jedenfalls aber 5000 Euro.

c) M hat ein Haus gemietet, das im Bruchteilseigentum von E 1 und E 2 steht. E 1 will von M die halbe Miete für sich.

I. Schuldnergemeinschaft

Eine Schuldnergemeinschaft liegt dann vor, wenn sich eine Forderung gegen mehrere Personen gemeinsam richtet, die Leistung also nur von allen gemeinsam zu erbringen ist. Im Gesetz ist sie nur für Gesamthandsgemeinschaften vorgesehen.

Das geltende Recht kennt drei Grundformen von Gesamthandsgemeinschaften: Gesellschaft (§ 705), Gütergemeinschaft (§ 1415) und Erbengemeinschaft (§ 2032). Die Besonderheit der Gesamthandsgemeinschaften liegt darin, dass ein Vermögen mehrerer Personen gemeinschaftlich zur gesamten Hand zusteht; dieses Sondervermögen (das Gesellschaftsvermögen bei der Gesellschaft, das Gesamtgut bei der ehelichen Gütergemeinschaft, der ungeteilte Nachlass bei der Miterbengemeinschaft) ist von dem Privatvermögen der einzelnen an der Gesamthand beteiligten Personen getrennt. Diesen steht nur ein Anteil an dem zweckgebundenen Sondervermögen insgesamt, nicht aber an den einzelnen dazu gehörenden Gegenständen (Sachen, Forderungen) zu; der einzelne Beteiligte kann nicht über einen zum Sondervermögen gehörenden Gegenstand verfügen.

Im **Fall a** gehört das Gemälde sowie die Kaufpreisforderung gegen K zum Nachlass als Sondervermögen. Keiner der beiden Miterben kann allein das Gemälde übereignen oder die Forderung abtreten (vgl. § 2040 I).

Für eine Gesamthandsschuld haben alle Gesamthänder gemein- 2 sam mit dem gesamthänderisch gebundenen Sondervermögen einzustehen.

Im **Fall a** ist die von V herrührende Schuld (Lieferung des verkauften Gemäldes) auf die Kinder als Erben übergegangen (§ 1967 II). Beide schulden (in ihrer gesamthänderischen Verbundenheit) gemeinschaftlich dem K die Übereignung und Übergabe des Gemäldes (vgl. § 2059 II; Einzelheiten: Brox, ErbR Rdnr. 691 ff.).

Um in das Sondervermögen vollstrecken zu können, ist ein Vollstreckungstitel gegen alle Gesamthänder erforderlich (§§ 736, 747 ZPO; bei Vollstreckung ins Gesamtgut der Eheleute siehe § 740 I, II ZPO; ZVR Rdnr. 35 ff.).

Neben der Haftung der Gesamthand besteht in den meisten Fällen eine gesamtschuldnerische Haftung der einzelnen Gesamthänder mit ihrem Privatvermögen.

Das ergibt sich für die Erbengemeinschaft aus § 2058, für die offene Handelsgesellschaft aus § 128 HGB und für rechtsgeschäftliche Verpflichtungen der Gesamthänder gegenüber einem Dritten aus §§ 427, 431.

II. Gläubigergemeinschaft

Bei einer Gläubigergemeinschaft steht die Forderung den Gläu- 3 bigern nur gemeinsam zu; die Leistung kann nur allen Gläubigern gemeinsam erbracht werden. Eine solche gemeinschaftliche Forderungsberechtigung kennt das Gesetz bei den Gesamthandsgemeinschaften (Rdnr. 1), der Bruchteilsgemeinschaft (§§ 741 ff.) und den Schuldverhältnissen, die auf eine unteilbare Leistung gerichtet sind (§ 432).

1. Gesamthandsgläubigerschaft

4   Eine gemeinsame Forderungsberechtigung ergibt sich dann, wenn die Forderung zu einem gesamthänderisch gebundenen Sondervermögen gehört.

Eine Gesamthandsforderung steht nur den Gesamthändern in ihrer Verbundenheit zu. Erbringt der Schuldner also nur einem der Gesamthänder die geschuldete Leistung, erlischt die Forderung nicht.

Im **Fall b** steht die Kaufpreisforderung S und T gemeinsam zu; zahlt K an einen der Erben, erlischt die Kaufpreisforderung nicht. Deshalb kann S von K auch nicht Zahlung an sich verlangen.

5   Wegen seiner Gemeinschaftsbindung ist das gesamthänderische Vermögen gegenüber dem sonstigen (ungebundenen) Privatvermögen der Gesamthänder verselbständigt. Deshalb kann der Schuldner gegen eine Gesamthandsforderung nicht mit einer Forderung aufrechnen, die ihm lediglich gegen einen einzelnen Gesamthänder zusteht (vgl. § 719 II; fehlende Gegenseitigkeit).

6   Ansprüche der Gesamthandsgemeinschaft können regelmäßig nur von allen gemeinsam (z.B. § 709 I) oder von einem besonders bestellten Verwalter oder Geschäftsführer eingefordert werden.

Bei der Miterbengemeinschaft gestattet das Gesetz es hingegen dem einzelnen Gesamthänder, eine Gesamthandsforderung im eigenen Namen geltend zu machen; er muss aber Leistung an die Gesamthandsgemeinschaft verlangen (vgl. § 2039 S. 1; **Fall b:** Zahlung des Kaufpreises an S und T).

2. Bruchteilsgläubigerschaft

7   Bei einer Bruchteilsgläubigerschaft (§§ 741 ff.) steht jeder von mehreren Personen ein (einzelnes) Recht zu einem *ideellen* Bruchteil zu. Anders als bei der Teilgläubigerschaft ist der Gegenstand, auf den sich die Gemeinschaft bezieht, nicht real geteilt; vielmehr hat jeder der Teilhaber nur ein durch die Mitberechtigung der übrigen beschränktes (ideelles) Recht an dem (real) ungeteilten Ge-

genstand. Im Gegensatz zur Gesamthandsgemeinschaft besteht eine Bruchteilsgemeinschaft nur an einem einzelnen Gegenstand; jeder Teilhaber einer Bruchteilsgemeinschaft ist – anders als ein Gesamthänder einer Gesamthandsgemeinschaft – befugt, selbstständig über seinen ideellen Anteil an dem Gegenstand zu verfügen (§ 747 S. 1).

Der praktisch wichtigste Fall einer Bruchteilsgemeinschaft ist das Miteigentum nach Bruchteilen. Miteigentum kann entstehen, wenn z. B. Korn des A und des B untrennbar vermischt wird (§§ 948, 947 I) oder E 1 und E 2 gemeinsam ein Grundstück erwerben (vgl. §§ 1008 ff.), ohne dass sie zu einer Gesamthandsgemeinschaft verbunden sind.

Liegt eine Bruchteilsgemeinschaft vor, so erstreckt sich die gemeinschaftliche Berechtigung auch auf die der Gemeinschaft erwachsenen Forderungen. **8**

Beispiele: Forderung aus § 823 I gegen den, der das im Miteigentum von A und B stehende Korn vergiftet; Forderung aus einem Rechtsgeschäft über das von E 1 und E 2 gemeinsam erworbene Grundstück (**Fall c:** Vermietung).

Im Allgemeinen besteht an Forderungsrechten keine Bruchteilsgemeinschaft, weil die nur subsidiär geltenden §§ 741 ff. durch die Sonderregelung der §§ 420 ff. verdrängt werden (h. M.). Anders ist es jedoch, wenn die Forderungen aus einer bereits bestehenden Bruchteilsgemeinschaft (z. B. Miteigentum) erwachsen sind. Wären nämlich derartige mit dem gemeinschaftlichen Gegenstand verknüpfte Forderungen nach § 420 in Einzelrechte zu zerlegen, dann könnte jeder Bruchteilsberechtigte entgegen der Wertung der §§ 755, 743 ohne Rücksicht auf etwaige Lasten über sein Einzelrecht frei verfügen und es für sich verwerten. Damit würde zugleich das gemeinschaftliche Verwaltungsrecht des § 744 I weitgehend ausgehöhlt. **9**

Obwohl im **Fall c** die Leistung des M (die Miete) teilbar ist, hat keiner der Miteigentümer Anspruch auf die halbe Miete. Aus der aufkommenden Miete werden erst die Kosten und Lasten der Unterhaltung des Hauses bestritten; nur der verbleibende Überschuss wird unter E 1 und E 2 verteilt. Deshalb steht beiden die Mietzinsforderung nur gemeinsam zu. Die im natürlichen Sinn teilbare Leistung ist demnach im Rechtssinn unteilbar.

3. Gemeinschaftliche Forderungsberechtigung bei unteilbaren Leistungen (§ 432)

10   Eine gemeinschaftliche Berechtigung mehrerer Gläubiger entsteht schließlich dann, wenn die Forderung auf eine unteilbare Leistung gerichtet ist (§ 432 I). Diese Regelung greift allerdings nur ein, wenn zwischen den mehreren Gläubigern nicht eine andere Rechtsgemeinschaft (z. B. Gesamtgläubigerschaft, Gesamthand) besteht (str.).

Beispiel: Nehmen X und Y am Taxenstand des Bahnhofs ein Taxi, da jeder von ihnen zum Flughafen will, ist ihre Forderung auf Beförderung, also auf eine unteilbare Leistung, gerichtet. Sofern keine andere Rechtsgemeinschaft zwischen X und Y besteht, kommen die folgenden Regeln in Betracht.

a) Außenverhältnis

11   Im Außenverhältnis gegenüber dem Schuldner kann jeder Gläubiger nach § 432 I Leistung an alle oder Hinterlegung für alle verlangen. Da alle Gläubiger nur gemeinsam empfangsberechtigt sind, befreit die Leistung an nur einen von ihnen den Schuldner nicht.

Anders als bei der Gesamthandsgläubigerschaft kann hier jeder Gläubiger über seine Mitberechtigung, d. h. seinen Anspruch darauf, dass an ihn mitgeleistet werde, verfügen.

Im Beispielsfall kann X über seinen Anspruch auf Beförderung zum Flughafen verfügen, also ihn z. B. an seinen Freund abtreten.

Die insoweit bestehende Eigenständigkeit der Forderung wird auch daran deutlich, dass nach § 432 II Tatsachen, die nur in der Person eines Gläubigers eintreten, nicht für und gegen die übrigen Gläubiger wirken.

12   Die Interessenlage stimmt also teilweise mit der bei der Gesamtgläubigerschaft überein (§§ 429 III, 425). Da aber im Falle des § 432 – anders als bei § 428 – nur alle Gläubiger gemeinsam für die Leistung empfangsberechtigt sind, kommt eine entsprechende Anwendung der §§ 422, 423 nicht in Betracht.

Deshalb wirkt sich die Hinterlegung für nur einen oder der Erlass durch nur einen Gläubiger nicht auf die Forderungsberechtigung der übrigen aus. Ebenso entfaltet die von einem Gläubiger ausgesprochene Kündigung oder Mahnung keine Rechtswirkung für die anderen (vgl. Mot. II, 172). Die gemeinschaftli-

che Forderungsberechtigung führt ferner dazu, dass die Gläubiger nicht in Annahmeverzug geraten, wenn der Schuldner die Leistung nur einem von ihnen
anbietet (vgl. dagegen § 429 I). Anders ist es aber, wenn der Schuldner die
Leistung allen Gläubigern angeboten und einer sie abgelehnt hat, weil der
Schuldner hier allen gegenüber an der Erfüllung gehindert wird (MünchKomm/
Bydlinski, § 432 Rdnr. 9).

b) Innenverhältnis

Das Innenverhältnis der Gemeinschaftsgläubiger richtet sich nach **13**
den §§ 741 ff., soweit nicht andere gesetzliche oder rechtsgeschäftliche Regelungen eingreifen.

Paragraphenregister

Die Zahlen verweisen auf die Paragraphen (Fettdruck) und
Randnummern des Buches.

Sachregister

Die Zahlen verweisen auf die Paragraphen (Fettdruck) und
Randnummern des Buches.